LES
PIONNIERS DE L'INCONNU

FORMAT IN-FOLIO.

SAVORGNAN DE BRAZZA

LES
PIONNIERS DE L'INCONNU

ESSAI SUR LES EXPLORATEURS MODERNES

LIVINGSTONE. — STANLEY. — NORDENSKIOLD. —
CREVAUX. — SAVORGNAN DE BRAZZA

PAR

ARMAND SINVAL

Chef d'Institution à Paris

AGRÉGÉ DES UNIVERSITÉS D'AUTRICHE ET DE RUSSIE
CONSEILLER DE COUR EN RUSSIE

Si fractus illabatur orbis
Impavidum ferient ruinæ.

LIMOGES
MARC BARBOU & Cie Imprimeurs-Libraires
RUE PUY-VIEILLE-MONNAIE

1884

PROPRIÉTÉ DES ÉDITEURS

PRÉFACE

La science suit des étapes régulières et progressives dans le temps. Aussi sa caractéristique est-elle en harmonie avec les diverses périodes qu'elle traverse dans le cours des évolutions de l'humanité. Le xviiie siècle est celui de la science concentrée ; le xixe, celui de la science expansive. Aux théories succèdent les applications pratiques ; aux savants, les mécaniciens ; aux inventeurs, les metteurs en œuvre ; aux géographes, les explorateurs. Lavoisier crée la chimie ; M. Pasteur découvre les microbes : Robisson devine la locomotive ; George Stephenson l'assouplit à tous les mouvements : Malte-Brun convie les hommes de cœur aux lointains voyages ; Livingstone, Stanley, de Brazza, Crevaux, Nordenskiold les réalisent : les Continents et les Océans n'ont plus de secrets pour les habitants de notre planète. Ainsi va le monde, prenant de plus en plus possession de lui-même dans l'espace et dans la durée.

Borné spécialement à l'ordre des faits géographiques, le livre qu'Armand Sinval nous fait l'honneur amical de nous dédier, répond à l'impérieux besoin qu'impose à la génération présente la connaissance nécessaire de l'une des parties les plus émouvantes de la science expansive : nous voulons dire la conquête des régions et des populations inexplorées qu'accomplissent en ce moment même, l'intelligence et l'audace des voyageurs, appelé si justement par l'auteur « les *Pionniers de l'Inconnu.* »

Le but qu'il s'est proposé est essentiellement pédagogique. Il a souvent remarqué, dans les nombreuses leçons données à de jeunes auditoires, que les enfants devenaient fort attentifs, lorsque, laissant de côté, pour un instant, la leçon proprement dite, il leur racontait quelques épisodes de ses voyages en Russie ou en Sibérie. Ces figures éveillées demeuraient assez calmes quand Sinval énumérait de son mieux les noms de pays qu'il décrivait, et qu'il en écorchait le moins possible la prononciation étrangère. Mais quel feu dans les regards, quelle curiosité dans les physionomies, quelle tension dans les oreilles, lorsqu'il leur racontait, en touriste convaincu, les anecdotes locales, dessinant les costumes des différents pays, en esquissant les mœurs, retraçant une aventure terrible, un incident comique, ou bien encore initiant ses élèves aux cérémonies singulières, aux superstitions bizarres, qui lui avaient passé sous les yeux.

— II —

On sent, à la lecture du présent ouvrage, que telle est effectivement la préoccupation de l'écrivain : il communique à la page qu'il compose la vie dont il animait sa parole : la flamme y brille, la sincérité y a mis l'empreinte de son cachet : Comme on dit de nos jours, c'est vécu !

Se faisant, en quelque sorte, le compagnon des hommes, qu'il suit dans leur pérégrination hardies, Sinval vit de leur existence, il a de leur âme. Soit au Nord, soit au Midi, il se fait avec eux de tous les climats, parce qu'il reçoit le contre-coup, ou mieux l'étincelle, de tous ces héroïsmes ; et de cette flamme il semble jaillir une contagion de sympathie qui gagne le lecteur.

Le plan de Sinval est simple, net, précis : rappeler rapidement les travaux exécutés avant Nordenskiold pour découvrir le passage Nord-Est, l'exploration des Guyanes avant Crevaux, les tentatives de conquête européenne dans l'Afrique équatoriale avant Livingstone, Stanley, de Brazza ; raconter brièvement aux jeunes élèves les premières années de ces héros, qui se sont senti, sur les bancs mêmes de l'école, le génie des découvertes ; suivre pas à pas leurs pérégrinations à travers l'inconnu, en mettant continuellement sous les regards des enfants l'admirable persévérance de ces chercheurs, que rien ne rebute, et qui n'ont qu'un regret, en mourant, celui de n'avoir pas achevé leur mission ; montrer combien cette persévérance, vertu déjà difficile pour quiconque vit au milieu des siens, est l'acte le plus rude imposé à la volonté humaine, quand on se sent loin de la patrie, loin de tout ce qu'on aime, sans autre témoin d'une lutte incessante, que les déserts, sous la fournaise d'un soleil meurtrier, ou bien les neiges, les glaces, les banquises, peuplées d'êtres inconnus, menaçants, affamés : des deux parts les abîmes de l'infini, avec Dieu seul pour espoir et pour refuge. Quelle matière à réflexions, à projets, à résolutions généreuses !

Ajoutons à cela l'occasion toujours saisie de recueillir les traits des mœurs, les coutumes singulières, les chants de guerre ou d'amour rencontrés en chemin, c'est-à-dire le tableau vivant, changeant, mobile des sentiments et des passions de l'humanité.

Telle est l'impression qui saisit à la lecture de l'ouvrage de Sinval. Cela fait qu'il n'est pas seulement composé pour la jeunesse, mais dans l'intérêt de tous. En effet, il n'est rien, selon nous, de plus utile et de plus moral que la propagande des actes courageux, profitables à la science et à la volonté, capables d'ouvrir aux hommes les saines perspectives du savoir et de l'héroïsme, et voilà pourquoi nous remercions Sinval de nous avoir associé, ne fût-ce que par le nom, à l'enteprise qu'il vient d'achever.

Eugène TALBOT.

Paris, 15 Décembre, 1883

A Monsieur Eugène Talbot

A vous qui avez guidé mes premiers pas ; à vous qui avez su me faire aimer les lettres comme vous les aimez vous-même ; à vous surtout dont la bienveillance ne s'est jamais démentie depuis vingt-cinq ans, ce faible hommage de ma profonde reconnaissance et de mon dévouement sans bornes. Laissez-moi vous remercier d'avoir bien voulu accepter la dédicace de ce livre et souhaiter du fond du cœur à nos enfants des maîtres tels que vous ; à ce compte l'avenir de notre belle patrie, que nous aimons tant tous deux, serait assuré

Votre vieux élève,
Armand SINVAL

INTRODUCTION

« Les longs ouvrages me font peur, disait le bon La Fontaine, et moi, les longues préfaces. Ainsi doit-il être de mes lecteurs. Je serai donc bref.

Et d'abord je ne dirai pas un mot de la manière dont j'ai conçu et exécuté cet ouvrage ; à vous de le juger.

Laissez-moi dire seulement que c'est un ouvrage de *bonne foy*, comme disait Montaigne. Ce n'est qu'une sorte de compilation des documents que l'on a bien voulu me communiquer.

J'ai fait ce livre avec un plaisir extrême, suivant avec le plus grand intérêt les explorateurs en leurs routes sinueuses ; je l'ai fait, heureux surtout d'avoir l'occasion de pouvoir dédier quelque chose à M. Talbot, le savant traducteur de *Lucien*, mon premier et mon plus aimé maître, qui naguère encore, il y a trois ans, s'est souvenu de son ancien élève et n'a pas hésité à venir lui donner l'appui de son autorité et de son éloquente parole.

Ce devoir sacré accompli, je dois tous mes remerciements à MM. Maunoir, Jackson et Aubry de la société de géographie, pour la complaisance qu'ils ont mise à me faciliter la besogne.

Quant aux illustres explorateurs qui ont bien voulu correspondre avec moi et m'aider de leurs conseils, qu'ils reçoivent ici l'expression de ma reconnaissance et de ma profonde admiration.

Armand SINVAL

DAVID LIVINGSTONE

I

LE CENTRE DE L'AFRIQUE

610 ans avant Jésus-Christ, des navigateurs phéniciens entreprirent la circumnavigation des côtes de l'Afrique. On ne se doutait guère, à cette époque, de l'importance de la contrée que Vasco de Gama devait plus tard aborder, sans comprendre lui-même que ce vaste continent, alors complètement inconnu, deviendrait au XIXe siècle la grande attraction de nos plus hardis explorateurs.

La côte septentrionale était connue des anciens sous le nom de Libye, et ce n'est guère qu'au XVIe siècle que l'on commença à connaître cette vaste péninsule en Europe. Le centre, néanmoins, continua à être considéré comme une contrée mytérieuse, un désert immense, prétendait-on, inabordable et inhabitable, que le XIXe siècle devait avoir la gloire de faire connaître au monde civilisé.

« De 1850 à 1854, Henri Barth, géographe allemand, explora l'Afrique intérieure et, le premier, fit faire d'énormes progrès à la géographie de ces contrées inconnues. — « L'expédition, dit M. Vivien de Saint-Martin, se préparait à Londres ; James Richardson en avait tracé le plan, et elle devait avoir, comme celle d'Oudney et Clapperton en 1821, ou pour mieux dire comme toutes les expéditions anglaises, un caractère à la foi commercial et scientifique. James Richardson n'était pas un homme de science ; il fallait lui adjoindre de bons observateurs. A la suggestion du chevalier Bunsen, alors ambassadeur de Prusse à Londres, ce fut à l'Allemagne que l'Angleterre les demanda. Sur les indications de la société de géographie de Berlin, on jeta les yeux sur le docteur Overweg, naturaliste et géologue ; celui-ci, qui était de Hambourg, détermina à son tour son compatriote Henri Barth à se joindre à l'expédition.

« La position des deux jeunes Allemands était, à l'origine, tout à fait surbordonnée, et cependant l'extension imprévue que l'expédition a prise, les découvertes mémorables qui l'ont signalée, le vif et constant intérêt qui s'y est attaché, son retentissement en Europe, et l'éclat qui l'a couronnée, tout cela est dû à l'impulsion que les deux jeunes savants lui imprimèrent dès le début, à la direction qu'ils lui donnèrent, à l'activité surhumaine qu'il y ont déployée, et peut-être plus encore à la froide et persévérante énergie qui n'a pas faibli un instant chez Barth au milieu des rudes épreuves que pendant cinq ans il eut à traverser.

« Ses compagnons tombent, l'un après l'autre, épuisés par la fatigue et minés par le climat ; il se voit seul, et un moment presque sans ressources au fond de ces contrées dévorantes ; il est entouré de peuplades inconnues, dans des pays où chaque pas est un danger, chaque regard un soupçon ou une menace, et sans aucun moyen de communiquer avec l'Europe ; pendant des mois entiers, sa vie est à la merci d'un mot, d'un hasard, d'une imprudence ou d'un caprice ; n'importe, rien ne le détourne de son but. Il observe, il étudie ; et, depuis la région du lac Tchad jusqu'à la mystérieuse Tombouctou, où il a réussi à pénétrer, il recueille de toutes parts une masse incroyable d'informations, au milieu des dangers comme dans les moments les plus calmes. Il a foi en Dieu et en lui-même, et sa confiance ne sera point trompée. Seul de tous ceux qui ont eu part à l'expédition, il a revu sa patrie après cinq années de travaux, de fatigues et de dangers inouïs, et les acclamations qui ont salué son retour inespéré le payèrent en un jour de cinq années de souffrances. »

Vers 1856, le capitaine Burton était allé chercher les sources du Nil et avait découvert le lac Tanganyika. C'était un homme extraordinaire qui avait, comme on dit, le don des langues ; il en connaissait 35 et pouvait, prétend-on traverser l'Afrique de l'est à l'ouest sans faire soupçonner sa nationalité ; c'est grâce à cette faculté d'assimilation qu'il put, le premier, entrer dans les villes saintes de Médine et de la Mecque et qu'il parvint seul jusqu'à Harar sur la côte orientale de l'Afrique.

A cette même époque, Speke, qui était parti avec le capitaine Burton, avait découvert le lac Nyanza qu'il prétendit être la véritable source du Nil, puis en 1860, il fit un nouveau voyage avec Grant, découvrit le lac Louta Nzigé, mais ne put étudier le lac Nyanza.

On connaissait donc bien peu du centre de l'Afrique, lorsque les expéditions successives de Livingstone, de Stanley et de Savorgnan de Brazza vinrent jeter un jour tout nouveau sur ces contrées inexplorées.

II

ÉDUCATION DE LIVINGSTONE ET PREMIERS VOYAGES

« J'ai, pendant ma vie, recherché avec le plus grand soins toutes les traditions qui se rattachaient à notre famille, et je n'ai jamais découvert que parmi nos pères il y ait eu un malhonnête homme. Si donc un jour quelqu'un d'entre vous ou l'un de vos descendants venait à faire quelque mauvaise action cela ne serait pas parce que le germe en était dans son sang, et ses torts n'appartiendraient point à la famille. Soyez honnêtes, c'est le précepte que je vous lègue. »

Je ne sache point de déclaration plus respectable que celle-là et je manquerais à la probité qui est, je crois, le caractère distinctif de notre nature française, si je ne reconnaissais de prime abord que non seulement l'assertion contenue dans ces simples paroles est vraie de tous points, mais aussi que David Livingstone a continué dignement les traditions de sa famille et en a même été le couronnement.

Il y a dans les livres que j'ai parcourus sur ce voyageur intrépide une petite gravure, mal dessinée, si vous voulez, mais qui me donne une idée fort juste de cet homme simple qui a accompli les travaux les plus gigantesques de son siècle avec une sincérité digne des temps antiques. Cette image représente Livingstone porté sur les épaules des indigènes à travers des marais qui sont de véritables étangs. Livingstone à l'air d'un brave ouvrier de nos villes, la figure hâlée, la moustache inculte, et quand on songe à tout ce que cet homme doit souffrir dans cet affreux désert liquide, sans vivres, sans armes, à la merci de quelques serviteurs dévoués, on se prend d'enthousiasme pour cette physionomie de travailleur, de mineur à ciel ouvert, et l'on aime cet homme qui concentre en lui seul tout ce que l'humanité a de courage, de force, d'énergie et de science pour faire faire à la foule de ses semblables un pas de plus dans l'inconnu.

David Livingstone est né à Blantyre (Ecosse) en 1813. Il est le fils d'un négociant en thé. Il fait remarquer dans ses mémoires que sa famille avait été convertie au protestantisme bien des années auparavant. Je ne relaterais pas ici cette particularité si je n'y trouvais une sorte de caractéristique du tempérament de Livingstone, évangéliste des plus sincères avec une pointe de scepticisme. « Ma famille, dit-il, avait été convertie au protestantisme par le laird qui était venu une fois avec un homme armé d'un bâton jaune. Je suppose que ce bâton jaune avait eu beaucoup plus d'influence sur les imaginations que les paroles du prédicant, puisque la nouvelle religion fut longtemps connue sous le titre de religion du bâton jaune. »

Personne mieux que lui ne sut distinguer les fautes des prêtres ; il n'apporte jamais aucun parti pris dans sa manière de juger les choses ; il pensait toujours sans doute à la religion du bâton jaune.

Mais je m'aperçois que j'ai à peine écrit quelques lignes sur Livingstone et que j'en ai déjà presque fait l'apologie. C'est que je ne puis parler froidement de ces intelligences supérieures qui font ce que j'aurais voulu faire (pardonnez-moi, lecteurs, mais je n'ai jamais su dire que ce que je pensais, bien ou mal), c'est-à-dire marcher de l'avant sans souci de l'avenir ni du qu'en dira-t-on, sans même se préoccuper du bien de l'humanité, si j'ose ainsi dire, obéissant quand même à une sorte de loi immuable, qui pousse l'homme de génie vers les découvertes, inconsciemment, si vous voulez, mais fatalement, et avec une abnégation superbe qui semble faire de cet homme de génie un esclave sublime de l'idéal qu'il poursuit !

Et je n'ai pas tout dit, j'ai encore un éloge à faire de Livingstone et ce sera tout ; mais cette fois ce sera un éloge tout personnel et où le lecteur retrouvera le vieux maître d'école que je suis. Livingstone fut un travailleur et un piocheur ; il fut un de ces écoliers modèles que nous aimerions tant à rencontrer et dont les succès seraient pour nous la récompense de toute une vie de travail.

A dix ans, il fut placé dans une filature de coton pour apprendre le commerce. Il apprit le latin tout seul ; il lisait des livres de science en travaillant à son métier, posant, comme il le dit lui-même, le livre sur le métier de manière à lire tout en faisant sa besogne.

C'est alors que la lecture d'un livre, fort en vogue à l'époque, lui donna l'idée de se faire missionnaire. C'était la philosophie de la religion et de la vie future de Th. Dick. Ce livre détruisit dans l'esprit de Livingstone les doutes auxquels sont toujours en proie les croyants sincères qui sont en même temps passionnés pour la science. Ces deux choses sont-elles incompatibles ? Le livre de Dick lui prouva, au contraire, qu'elles se corroborent pourvu que l'on ne comprenne pas la religion d'une façon étroite et qu'on ne veuille pas soumettre la science à des traditions nées de peuples ignorants. Il comprit que les merveilles de la science expliquent Dieu au lieu de servir à la négation, et que Newton, après avoir découvert le mécanisme admirable de la gravitation universelle, avait raison de ne jamais prononcer le nom de la Divinité sans se découvrir.

C'est dans ces dispositions qu'il résolut de vouer son existence au soulagement des misères humaines, de se faire pionnier de la foi. Il se rendit au Cap et y étudia la colonie dont il consigna toutes les mœurs dans ses relations dont nous faisons ici un court résumé.

Nous voici avec Livingstone, au Cap, avec l'intention de faire une expédition à l'intérieur. Il rencontre d'abord nos compatriotes du Transvaal, les boërs, dont il vante l'intelligence, la sobriété et l'hospitalité ; il constate cette curieuse particularité que les endroits parcourus ont tous des noms qui indiquent l'existence antérieure d'espèces d'animaux disparus depuis ; ensuite il se rend dans la vallée du Mabotsa dans le but de convertir les indigènes au protestantisme ; il ne réussit guère qu'à délivrer la vallée des lions qui l'infestaient.

C'est alors qu'il s'établit sur le Colobeng ; il était devenu habile à forger le fer et à bâtir des maisons, un canal fut creusé, une maison d'école élevée, un établissement de missionnaires installé confortablement au centre de l'Afrique avec l'aide de sa femme, la fille d'un autre missionnaire, le révérend Meffat, laquelle faisait des vêtements, le savon et la chandelle.

Il plut pendant la seconde et troisième année, et la quatrième année ne fut pas plus favorable. Ici je signalerai encore un trait d'ironie qui me plaît beaucoup dans le caractère de Livingstone : « Comme les indigènes supposaient, dit-il, qu'il devait y avoir une relation quelconque entre l'annonce de la parole divine dans leurs villages et ces années désastreuses, ils regardaient la cloche de l'église d'un assez mauvais œil ; mais le respect et la bienveillance qu'ils nous témoignaient ne se démentirent pas un instant ; je n'ai jamais eu, du moins que je sache, un seul ennemi dans la tribu, l'unique reproche qu'on m'y ait adressé sortit de la bouche d'un homme influent et plein de sens qui était l'oncle de Séchéli. « Nous vous aimons autant que si vous étiez l'un des nôtres, me dit-il. — Vous êtes le seul homme blanc avec lequel nous puissions devenir familiers ; mais nous voudrions vous voir abandonner ces prédications et ces prières continuelles ; nous ne pouvons pas nous habituer à cela ; vous le voyez vous-même ; il nous est impossible d'obtenir de la pluie, tandis que les tribus qui ne prient jamais en ont abondamment. Le fait était vrai ; nous voyions souvent pleuvoir sur des collines situées à quinze kilomètres de Colobeng, et nous n'avions pas une goutte d'eau.

Je crains, s'il en était innocent, d'avoir plus d'une fois maudit le prince qui dirige l'atmosphère. »

Que dites-vous de cette dernière phrase et aussi de ces braves sauvages si logiques en leur naïve supertition ?

Cependant il ne faudrait pas en induire de là que les relations avec les indigènes soient toujours sans danger. Il faut prendre des précautions, et surtout se défendre d'une sorte de témérité habituelle aux Européens et dont ils ont eu souvent à se repentir, témoin cette terrible anecdote racontée par Burton à qui j'emprunte le récit détaillé d'une perte irréparable due surtout à l'audace irréfléchie d'un de nos compatriotes.

« Vers la fin de 1843, dit-il, M, Maizan, élève de l'école polytechnique et alors enseigne de vaisseau, conçut le projet d'explorer les grands lacs du continent africain, projet qui reçut en 1844, l'approbation du gouvernement français. Arrivé à Bourbon, le jeune enseigne se rendit à Zanzibar avec M. Broquand, accrédité auprès de sa hautesse en qualité de consul. Malgré son âge, l'audacieux voyageur avait toute la science nécessaire pour rendre ses recherches fructueuses, et se trouvait muni de tout ce qui pouvait faciliter son entreprise. Toutefois son matériel, par sa richesse même, était de nature à éveiller la cupidité des sauvages, ainsi que le prouva l'assassin en portant à son cou la pomme dorée qui couronnait la tente de sa victime, et en faisant une tabatière de la boîte en or d'un chronomètre dont il avait retiré le mouvement.

« Le voyageur avait certes commis une imprudence en augmentant ses bagages d'un service de table complet, et de superfluités du même genre ; mais il avait eu raison de se pourvoir de tous les éléments du confort. Quand il s'agit de parcourir un pays où l'on ne trouve aucun des objets les plus indispensables, quiconque a l'expérience des voyages emportera tout ce qui peut lui être utile, quitte à s'en séparer plus tard, et à se réduire, s'il le faut, à la besace du pélerin. Il est toujours facile de se débarrasser du superflu, et le meilleur moyen de se préparer à la dure, est de jouir de toutes ses aises, tant que la chose est possible.

« M. Maizan arrivait à Zanzibar à une époque fâcheuse ; on y parlait des projets ambitieux de la France, toujours soupçonnée de vouloir s'établir dans les divers ports de la côte, et les Banians tremblaient pour leur commerce. Voyant dans l'entreprise du jeune enseigne les préliminaires de l'expédition qu'ils redoutaient, ils usèrent probablement de leur influence sur leur frères de l'Ouzaramo, et obtinrent qu'on les débarrassât du voyageur.

« Toujours est-il que voulant apprendre le Kirahouahili, M. Maizan avait passé huit mois à Zanzibar lorsqu'entra dans le port un vaisseau français qui lui fit quitter la ville en toute hâte, dans la crainte d'un rappel. M. Broquant l'avait prévenu de se méfier d'un fripon qui avait toute sa confiance; le colonel Hamerton l'avait averti du danger que lui faisaient courir l'éclat de ses intruments et le nombre de ses caisses, que l'on supposait pleines de dollars; non seulement il n'écouta pas ces conseils, mais il se rendit trois fois à la côte avant son embarquement définitif, et donna de la sorte à ses ennemis le temps de mûrir leurs projets.

« Il s'abaissa aux yeux des Arabes, en prenant pour *frère*, suivant la coutume des nègres, un indigène de l'Ounyamouézi; et, craignant le retard que lui ferait subir l'apathie des Orientaux, il se mit en marche sans attendre l'escorte que lui avait promise le Saïd !

« C'étaient là de graves imprudences, mais une faute bien plus grave encore fut de se confier seul, et sans armes, au chef d'une tribu sauvage, ainsi que les Européens en ont la fatale habitude. Combien de fois, dans l'Inde Anglaise, n'a-t-on pas eu à déplorer des morts, qui auraient attristé une victoire, et dont la seule cause était cette insouciance du péril, ou cette fausse honte, qui empêche des hommes supérieurs de pourvoir à leur propre sûreté, dans la crainte que les médiocrités qui l'entourent ne viennent à les railler de leur prudence.

« Lorsque les pluies de 1845 eurent cessé, M. Maizan alla prendre terre à Bagamoyo, petit comptoir situé en face de Zanzibar, laissant dans ce village les quarante hommes de son escorte privée, notre voyageur partit, malgré les conseils de son frère d'adoption, avec deux ou trois hommes seulement, et un natif de Madagascar ou des Comores nommé Frédéric, pour aller voir Mazoungéra, chef des Nouakamba, sous-tribu de l'Ouzaramo, fixé à Dhégi la Mhora.

« Il fut accueilli avec une feinte cordialité, qui l'abusa complètement, et resta dans ce village sans concevoir le plus léger soupçon.

« Au bout de quelques jours, passés dans les meilleurs termes avec son faux ami, le jeune homme fut mandé par Mazoungéra; celui-ci lui reprocha les cadeaux qu'il avait faits à d'autres chefs, et, sans vouloir rien écouter, l'Africain, saisi de fureur subite, s'écria, en regardant son hôte :

— « Tu vas mourir à l'instant ! »

« Un corps de sauvages, portant deux longues perches, se précipita dans la case. Frédéric, sauvé par l'épouse du chef, criait à M. Maizan de courir à cette dernière et de la toucher afin d'être inviolable..... mais on se hâta d'éloigner la libératrice; on attacha l'infortuné, par les bras et par les jambes, à l'une des perches dont les esclaves étaient munis, on lui fixa la tête par une corde qui lui passait en travers du front, et il fut porté à cinquante mètres du village auprès d'un baobab. Mazoungéra lui trancha d'abord toutes les articulations, pendant que retentissait le chant de guerre et que le tambour battait une marche triomphale. Puis, entamant la gorge de sa victime, et trouvant son couteau émoussé, l'infâme s'arrêta pour l'aiguiser, et finalement, arracher la tête du tronc avant que la décollation fut complète ! »

DAVID LIVINGSTONE.

Vous voyez donc que, quelque naïfs qu'il soient, nos sauvages savent très-bien ce qu'ils font et ne sont pas embarrassés pour trouver le fort et le faible de ceux qui viennent les visiter.

Ceci posé, et en faisant quelques réserves sur la nécessité du confort comme l'entend Burton, théorie que nous verrons formellement contredite par le célébre Mabroucki, serviteur de Burton et de Stanley, reprenons le récit des voyages de Livingstone.

Sèchélé était le chef d'une tribu de Betjouanas ; il était plein d'intelligence et ressentit une vive sympatihe pour Livingstone, sympathie qu'il ne démentit pas une fois. Il se convertit au christianisme, apprit à lire et à compter, et ne craignait pas d'aller contre les idées de sa tribu qui, disait-il, aurait autrefois mis à mort quiconque aurait osé faire une pareillle innovation.

Rien n'est touchant comme le tableau de la vie patriarchale que menait Livingstone et sa famille dans ces parages. Cependant, il du songer à remonter vers le Nord, les boërs s'opposant à ses essais de civilisation vers l'Est.

Au commencement de juin, accompagné de MM. Murray et Oswel, et de sa femme, il partit pour sa première excursion vers le centre de l'Afrique, qui devait aboutir à une importante découverte ; celle du lac N'gami. Après avoir traversé le Colohari, dont l'abondante végétation et les nombreux habitants démentent le nom de désert qu'on lui a donné, les explorateurs arrivèrent à l'embouchure d'une rivière qui tombe dans le Zouga, et qu'on appelle Tamunak'le. Douze jours après, Livingstone atteignait l'extrémité Nord-Est du lac N'gami.

— « Le 1er Août 1849, nous nous dirigeâmes tous ensemble vers la partie la plus large du lac, et pour la première fois, cette belle nappe d'eau fut contemplée par des Européens. Sa direction nous parut être nord-nord-est et sud-sud-ouest, ainsi que nous pûmes le constater à l'aide de la bousole. D'après les renseignements qui nous ont été donnés, la partie méridionale s'arrondit vers l'ouest, et reçoit au nord-ouest la Tiougué, cours d'eau qui vient du nord. De l'endroit où nous étions placés (sud-sud-ouest), les eaux du lac formaient notre seul horizon ; il nous fut impossible d'en mesurer l'étendue ; mais comme les habitants de ce district prétendaient qu'il leur fallait trois journées de marche pour en faire le tour, nous évaluâmes qu'il pouvait avoir une centaine de kilomètres de circonférence ; d'autre conjectures ont fait porter ce chiffre de cent cinquante à cent soixante kilomètres ; l'étendue réelle doit probablement se trouver entre les deux. »

Quant aux espérances que l'on pourrait fonder sur l'utilité de ce lac comme voie de communication, elles paraissent ne pas pouvoir se réaliser à cause de sa profondeur. Une pirogue ne peut y être manœuvrée qu'à l'aide d'une perche, même à dix ou douze kilomètres de la rive. Lorsqu'en mars ou en avril, arrivent les eaux du nord, elles trouvent les lits des rivières desséchés ; le lac n'a presque pas d'eau et les rives sont encombrées de troncs d'arbres morts enfouis dans la vase, et de roseaux à à travers lesquels le bétail a beaucoup de peine à se frayer un chemin. Ce n'est d'ailleurs qu'au moment de ces inondations que l'eau du lac est douce et potable ; à toute autre époque, c'est-à-dire lorsqu'elle est basse, elle est saumâtre.

Il y avait alors un chef du lac, nommé Léchoulatébé, dont le père, Morémi, avait été vaincu autrefois par Sébitouané. — « Fait prisonnier à cette époque, Léchoulatébé avait passé une partie de sa jeunesse en captivité, dit Livingstone ; mais son oncle, plein d'honneur et de générosité, après avoir payé sa rançon et réuni un certain nombre de familles, avait abdiqué en sa faveur. » Ce jeune homme présomptueux prétendit suivre une politique toute différente de celle de son oncle; on sait en effet que celui-ci recommandait la douceur dans les rapports avec les explorateurs ; Léchoulatébé, au contraire, se départit de cette sage ligne de conduite et se montra fort peu généreux à leur égard. Il leur envoya une chèvre.

Si l'on compare cet envoi à ce que nous avons pu lire des libéralités princières des indigènes aux voyageurs, notamment dans les voyages de M. Stanley, cette chèvre parait une plaisanterie du plus mauvais goût.

Ainsi le jugea Livingstone qui voulait simplement donner la liberté à l'animal, afin qu'en retournant au camp, elle donna au chef une preuve de leur mécontentement. Mais ses compagnons n'osèrent pas et Livingstone, qui savait fort bien que Léchoulatébé n'avait voulu que les insulter, dut prendre un autre parti : il lui fit offrir d'acheter des bœufs et des chèvres.

C'était encore à l'époque où la valeur de l'ivoire n'était pas bien connue dans ces contrées ; aussi Léchoulatébé, qui ne veut pas se défaire de son bétail, dont il a besoin, dit-il, pour son propre estomac, offre-t-il des os d'éléphant et en vend en effet une dizaines de défenses à un marchand pour un mousquet de la valeur de 16 fr. 25 ! Il ne devait pas se passer deux ans avant que les indigènes connussent le haut prix que les Européens attachent à ces os et ne laissassent plus les défenses pourrir à l'endroit même ou l'éléphant était tombé.

Livingstone n'avait pas besoin alors d'ivoire, mais de vivres.

« Cependant, dit-il l'espoir qu'avait Léchoulatébé de réserver le monopole du commerce avec les blancs parce qu'ils lui fournissaient des fusils, le porta à s'opposer à notre passage, si bien qu'il fallut cette année là renoncer à continuer notre marche vers le nord. Nous revînmes donc à Colobeng où je restai jusqu'au mois d'avril 1850, époque où je repartis pour aller retrouver Sébitouané, l'ami de Séchéli et le bienfaiteur de l'ingrat Léchoulatébé.

Sur les instances de Séchéli qui m'accompagnait et au prix d'un fusil de qualité supérieure que je lui abandonnai, Léchoulatébé avait consenti à prendre soin de ma femme et à me faire conduire près de Sébitouané, quand la fièvre me contraignit à revenir sur mes pas. La troisième fois que nous repartîmes pour le nord, Sécomi nous fournit des guides jusqu'à Nchocotso, d'où, après avoir traversé la saline Ntoué-ntoué, nous arrivâmes à une suite de puits nommés les *anneaux;* enfin nous atteignîmes les rives de la Tchobé où nous trouvâmes des Cololos sujets de Sébitouané. Ils nous reçurent avec joie. Leur chef était alors à trente deux kilomètres plus bas sur les bords de la rivière. »

III

SÉBITOUANÉ — LE ZAMBÈSE

Voilà certes une grande figure de guerrier devant laquelle il convient de s'arrêter un instant. Ce que nous louerons le plus dans cet homme extraordinaire, ce ne sera pas son courage, sa force, son agilité à la course et sa supériorité sur tous ses compagnons dans le maniement des armes ; ce sont des choses ordinaires chez ces peuples sauvages élevés dès les premières années de leur vie au jeu terrible de la guerre. Ce qui nous étonne le plus : c'est la politique sage et ferme à la fois dont il a toujours fait preuve et à laquelle il doit ses succès sur les Cafres et les peuplades environnantes. Ce n'est pas le chef classique impitoyable qui ne domine que par la force et la cruauté, c'est au contraire presqu'un Européen qui prend ses ennemis par la douceur après leur avoir fait sentir sa supériorité. — « La tribu dépérit et s'éteindra, lui disait un prophète ; mais tu gouverneras les hommes noirs, et, quand tes guerriers auront pris le bétail rouge, ne laisse pas tuer les vaincus ; ce sont eux qui formeront ton peuple et leur ville sera la tienne. »

Sébitouané ne s'est jamais départi de cette modération, et il n'a eu qu'à s'en louer ; sa réputation d'homme juste et généreux s'étendait au loin, et il régnait sans conteste, fort aimé de tous, sur des peuplades étrangères dont il ne sortait pas.

Sa jeunesse avait été fort tourmentée; comme sa tribu avait été dispersée, il s'était enfui vers le nord avec une bande de maraudeurs. Successivement vainqueur des cannibales de Mélita, des boërs et des Tébélis, non sans de fréquents revers; de nouveau ruiné dans une expédition qu'il tenta vers le sud-ouest, il se dirigea vers les Tocas, puissante peuplade qui habitait les grandes îles que forme le Zambèse après le confluent de la Liambaïe et de la Tchobé.

— « Protégés par cette situation exceptionnelle, ces brigands attiraient les peuplades errantes ou fugitives et, sous prétexte de leur faire traverser le fleuve, ils les déposaient sur les ilots écartés de la rive, les y dépouillaient complètement et les abandonnaient à leur misère. Sécomi avait failli périr dans son enfance, victime d'une trahison semblable; mais un homme, qui vit encore, avait pendant la nuit, donné à sa mère le moyen de s'échapper et de l'emmener avec elle. Le Zambèse est tellement large, que vous ne distinguez pas si c'est le bord d'une île ou celui du rivage que vous avez en face de vous; mais Sébitouané, avec sa prudence habituelle, exigea que le chef qui lui offrait de le conduire sur l'autre rive vint s'asseoir dans le canot où il se trouvait, et il le retint auprès de lui jusqu'à ce que ses gens et ses bestiaux fussent déposés sains et saufs de l'autre coté du fleuve. Voulant se venger de cet échec, les Tocas se réunirent en grand nombre auprès des chutes pour combattre les Cololos, dont ils voulaient couper les têtes afin d'en orner leurs villages comme c'était leur coutume; mais ils furent vaincus et Sébitouané leur enleva tant de bestiaux qu'il lui fut impossible de se rendre compte du nombre des moutons et des chèvres capturés. »

Ce curieux épisode nous rappelle un peu l'histoire des commencements de Rome. La prédiction se réalisait insensiblement; la guerre et les maladies détruisaient peu à peu la vraie tribu des Cololos, mais Sébitouané les remplaçait par les vaincus, qui lui vouaient alors un attachement sans bornes.

Quelque temps après, il réduisit les Cafres autant par la ruse que par la force et il se trouva définitivement maître de tout le pays depuis le confluent de la Liba et de Liamboïe jusqu'à celui de la Cafoué et du Zambèse.

« C'est, dit Livinsgtone, le plus grand capitaine dont on ait jamais parlé au nord de la colonie du Cap. L'organisation militaire de son peuple est celle qu'on retrouve chez tous les Betjouanas et qui, par de certains traits, rappelle les traditions relatives à Sésostris, aux Scandinaves, aux Germains et aux Celtes.

« Tous les garçons de dix à quatorze ou quinze ans sont choisis pour être, pendant toute leur vie, les compagnons de l'un des fils du chef. On les emmène dans quelque endroit retiré de la forêt, où des huttes ont été construites pour leur usage ; les hommes d'un âge mûr y vont leur apprendre à danser et les initier en même temps à tous les mystères de l'administration et de la politique africaine. Chacun de ces jeunes gens doit composer à sa propre louange un hymne, qu'on appelle *Léina*, c'est à dire un nom, et qu'il est obligé de débiter avec une certaine éloquence. Un grand nombre de coups est jugé nécessaire pour leur faire acquérir les talents qu'on essaye de leur donner ; aussi ont-ils en général plus ou moins de cicatrices à montrer quand ils sortent de leur retraite. Les bandes, ou régiments, qu'ils forment sont des *mopatos*, et reçoivent en outre des appellations particulières, telles que les *Tsatsis* (soleils), les *Bousas*, (gouverneurs), etc. Bien qu'ils habitent différentes parties du village, ils se rendent tous à l'appel et agissent sous les ordres du fils du chef qui est leur commandant. Entre eux il règne une sorte d'égalité, de communauté partielle qui se conserve même après leur séparation, et ils s'appellent *molécanés*, c'est-à-dire camarades. Lorsqu'ils transgressent les règlements qui leur sont imposés, par exemple s'il leur arrive de manger seuls quand ils ont dans le voisinage l'un ou l'autre de leurs camarades, s'il y a contre eux preuve de lâcheté, en un mot, s'ils ont commis une faute quelconque, le délinquant peut être battu par ses compagnons. Il est permis également de frapper les membres d'un *mopato* plus jeune, mais jamais celui qui appartient à une bande plus âgée. En temps de guerre, lorsqu'il existe plusieurs de ces compagnies, la plus ancienne ne paraît pas sur le champ de bataille, elle reste au village pour protéger les femmes et les enfants. Si un fugitif vient se donner à une peuplade, il est incorporé dans le mopato correspondant a celui dont il faisait partie dans la tribu qu'il a quittée.

« La cérémonie qu'on appelle la *buguéra*, paraît avoir lieu tous les six ou sept ans, et l'institution du mopato qui en est le résultat a l'utilité d'attacher les membres de la tribu à la famille du chef et de les soumettre à une discipline qui les rend plus faciles à gouverner.

» Quand les jeunes gens reviennent à la ville après avoir fini leurs études, un prix est donné à celui qui est le plus rapide à la course, et qui va le saisir dans un endroit où chacun peut voir le vainqueur. Les membres du mopato sont alors classés parmi les hommes (*banona, viri*) et peuvent siéger dans la *colla* au milieu des anciens. Avant cette époque, ils étaient désignés sous le nom de garçons (*basimane, pueri*). Les premiers missionnaires blâmèrent la buguéra comme entachée de paganisme, et comme étant une école dangereuse où la jeunesse apprenait à désobéir à ses parents. D'après la conduite que nous avons vu tenir aux camarades du mopato, il serait peut-être à désirer que les jeunes missionnaires pussent marcher sur leurs traces.

» Si une offense a été faite à la tribu, les principaux guerriers pointent leurs lances dans la direction du pays qu'habite l'ennemi ; le cri unanime de *houou !* répond à leurs menaces, et celui de *heuzz !* accueille chaque coup de lance qu'ils donnent à la terre. Après ces manifestations, tous ceux qui peuvent porter les armes doivent répondre à l'appel du chef ; et, sous le règne de Sébitouané, quiconque restait alors chez lui était tué sans merci.

» D'ailleurs, loin de suivre l'exemple des autres chefs qui déclaraient la guerre sans en affronter les périls, Sébitouané conduisait toujours lui-même son armée au combat. Tâtant du doigt sa hache d'armes lorsqu'il apercevait l'ennemi : « Elle est coupante, disait-il, et quiconque tentera de s'enfuir, en sentira le tranchant. » On savait qu'il aurait frappé impitoyablement l'homme assez lâche pour déserter le champ de bataille, et il était si rapide à la course, que le poltron n'avait pas d'espoir de lui échapper par la fuite. Quelques-uns de ses hommes s'étant cachés pendant le combat, il leur avait permis de rentrer dans leurs foyers ; mais, à son retour, les faisant comparaître devant lui : « Vous avez mieux aimé mourir ici que de vous faire tuer en combattant l'ennemi, leur dit-il ; vous serez servi selon votre désir. » Et ces paroles furent le signal de leur exécution.

» Sébitouané était au courant des moindres choses qui arrivaient dans le pays, car il savait gagner l'affection de tout le monde, des étrangers aussi bien que de son peuple. Si des pauvres gens venaient chez lui vendre des peaux et des houes, il allait s'asseoir auprès d'eux, quelle que fût leur chétive apparence, et, leur demandant s'ils avaient faim, il ordonnait à l'un de ses serviteurs d'apporter du miel, de la farine et du lait ; il y goûtait devant eux pour éloigner tout soupçon de leur esprit, et leur faisait faire un bon repas, peut-être pour la première fois depuis qu'ils étaient au monde. Ravis au-delà de toute expression de ses manières affables et de sa conduite généreuse, ces étrangers sentaient leur cœur s'émouvoir et s'ouvrir, et non seulement ils donnaient au chef qui les accueillait ainsi toutes les informations qu'ils avaient pu se procurer, mais encore ils chantaient ses louanges et les répandaient au loin. « Il a du cœur et il est sage, » nous disait-on partout, lorsqu'il nous arrivait de parler de Sébitouané. »

J'ai pensé que ces détails intéresseraient le lecteur et je les ai transcrits tout au long ; le peu d'étendue de ces notices ne nous permettra pas toujours de faire d'aussi larges emprunts aux récits de Livingstone.

Après la mort subite de Sébitouané, Livingstone visita toutes les possessions de ce conquérant, et découvrit le Zambèse au centre du continent; on ignorait jusque-là son existence en cet endroit. Il ne parvint cependant pas à trouver une position où il pût s'établir avec sécurité, et se résolut à renvoyer sa famille en Europe et à revenir au Cap.

Il apprit alors que sa maison et la colonie de Colobeng avaient été saccagées par les Boërs; il reprit sa route vers le nord, le 5 janvier, et arriva à Linyanti le 23 mai 1853. C'était là que se trouvait Sékélétou, le successeur de la fille de Sébitouané, qui fit à l'explorateur un accueil des plus cordials et à qui il eut le bonheur de sauver la vie un jour qu'un chef voisin, Mpépé, voulait le tuer pour prendre sa place. Sékélétou voulut ensuite l'accompagner dans ses recherches; mais Livingstone remonta inutilement jusqu'à Libonta, situé en face le confluent de la Liambaïe, sans avoir pu trouver une station convenable et surtout suffisamment salubre. Il revint donc à Linyanti après un voyage de neuf semaines le long du Zambèse.

L'influence civilisatrice du hardi conquérant Sébitouané se fit sentir à Livingstone, lorsqu'il parla aux indigènes des avantages qu'ils auraient à trouver une route pouvant relier leurs villes aux établissements européens, c'est à dire aux possessions portugaises de la côte. Ils comprenaient depuis longtemps l'avantage que leur apporterait une communication directe avec elles. Aussi accueillirent-ils avec un véritable enthousiasme le projet que forma Livingstone d'aller à la recherche de cette route, puisqu'il devait renoncer à l'espoir de trouver un emplacement propre à l'établissement d'une mission sur la Liamboïe.

On partit le 11 novembre 1853 avec une bonne escorte et des provisions en quantité suffisante; les Cololos et tous les autres compagnons de l'explorateur, qu'il désigne lui-même sous le nom général de Zambésiens, firent montre d'une grande adresse à manœuvrer les canots, et, le 19, on arrivait à Séchéké. Toute cette partie du voyage s'accomplit avec beaucoup d'entrain; la nuit venue, on campait où l'on pouvait, et on se remettait en route au point du jour. On fit une halte à Naliélé, et, le 17 décembre, nos voyageurs campaient à Libonta, la dernière ville des Cololos. Partout la végétation s'est montrée abondante; Livingstone constate avec joie que cette partie de l'Afrique, où les géographes supposaient une mer de sable, est arrosée par la magnifique Liamboïe, rivière large de 300 mètres, et peut nourrir autant de millions d'habitants qu'elle en contient de milliers aujourd'hui. Les prairies, les massifs d'arbres, les chants des oiseaux, moins doux cependant que ceux qu'il a entendus dans son enfance, font de cette contrée un site délicieux, plein de fleurs curieuses, de fougères et de lichens.

A quelques jours de là, ils sont reçus par la reine Nyémoéna et sa fille Ménenco, dont l'avidité est bien plaisante. Elle met tranquillement la main sur les présents destinés à Sékélétou, et voyant que Livingstone n'est pas très content, lui dit amicalement avec un geste affectueux sur l'épaule :

— Allons ! mon petit homme, il faut être satisfait comme les autres et ne pas bouder.

Plus tard, quand Livingstone rendit visite à son oncle Chinté, dans la ville de Kébompo, située un peu plus loin, ayant appris qu'on avait donné un bœuf à Chinté, elle se montra fort irritée et dit :

— Cet homme blanc est à moi, puisque c'est moi qui l'ai amené ; le bœuf m'appartient donc et non pas à Chinté.

Elle donna l'ordre à ses gens d'amener l'animal, le fit tuer de suite, et n'en offrit qu'un quartier à son oncle, qui ne parut aucunement blessé de cette manière d'agir.

La lanterne magique que Livingstone avait apportée avec lui les étonnait beaucoup ; mais les femmes en eurent une grande frayeur, croyant les personnages représentés véritablement animés.

Les voyageurs quittèrent cette ville le 26 janvier 1854, et s'engagèrent dans la plaine de la Liba, sorte de marécage parsemé de nombreux villages où ils se reposaient chez les habitants, et où ils trouvaient toujours une cordiale hospitalité. Livingstone ne devait pas toujours être aussi heureux. Néanmoins, la réputation de ces peuplades n'étant pas très bonne, on se hâta de quitter ces parages en se dirigeant à l'ouest, vers la pointe du lac Dilolo.

La légende qui explique la soi-disant origine du nom de ce lac est trop intéressante pour que nous la passions sous silence.

« Une femme appelée Noéné Monenga, qui était chef d'un village, se rendit un soir chez Mosogo, dont la résidence était voisine de la sienne, et qui, ce jour-là, était allé chasser ; elle avait faim et demanda à manger ; la femme de Mosogo lui donna des aliments en quantité suffisante. Monenga poursuivit sa route et arriva dans un autre village qui était situé à l'endroit où le lac se trouve aujourd'hui ; elle fit aux habitants la même demande qu'à la femme de Mosogo ; mais ils lui refusèrent de quoi apaiser sa faim ; et, comme elle leur reprochait vivement leur avarice : « Que ferez-vous pour nous en punir ? » lui demandèrent-ils d'une voix railleuse. Elle se mit à chanter lentement sans leur répondre, et, tandis qu'elle prolongeait la dernière syllabe de son nom, le village tout entier, jusqu'aux oiseaux de basse-cour et aux chiens, s'enfonça et disparut dans la terre à l'endroit où les eaux sont venues prendre sa place. Casimacaté, le chef de ce village, était absent; lorsqu'il revint dans sa famille et qu'il ne trouva plus rien, pas même les ruines de sa cabane, il se précipita dans le lac, où l'on suppose qu'il est toujours; et c'est du mot *ilolo*, qui signifie désespoir, qu'a été formé le nom du lac où ce malheureux aurait cherché la mort. Est-ce une tradition altérée du déluge? Dans tous les cas, ce serait la seule fois que j'aurais entendu faire allusion par les Africains à l'époque diluvienne. »

A partir du lac Dilolo, les relations entre les voyageurs et les indigènes deviennent tout autres ; jusqu'alors ils n'avaient eu qu'à demander pour obtenir tout de bonne amitié; ils étaient accueillis partout avec solennité; on faisait des fêtes pour les recevoir, et les souverains tenaient à honneur de traiter dignement l'homme blanc.

Ici, il faut tout payer, et avec quelle monnaie? L'or n'a point cours ; les verroteries et surtout la poudre sont seules acceptées en échange de volailles et de manioc. Livingstone n'a plus d'amis que ses braves Zambésiens qui, d'ailleurs, paraissent tout disposés à donner leur vie pour lui. Le moindre passage se paie, un nègre au bout d'un sentier exige une rémunération; heureusement que l'on s'en tire avec quelques anneaux de cuivre.

Au village de Nyambi, c'est bien autre chose; ils manquent d'être dépouillés par les Chiboques, qui ne reculent que devant l'attitude décidée des voyageurs ; ils en sont quittes pour un bœuf, un mouchoir, un collier de perles et une chemise; mais les Zambésiens, si satisfaits jusque-là, commencent à perdre courage, et ne parlent rien moins que de retourner à Linyanti.

Livingstone, qui se voyait tout près des établissements portugais et ne voulait à aucun prix perdre le bénéfice d'un voyage si long et si riche en résultats, leur tint tête, et bientôt ils promirent de ne pas le quitter et de le suivre partout où il irait.

Enfin, après avoir franchi la vallée du Couango, Livingstone mit le pied sur le territoire des possessions portugaises, fit halte à Cassangé et enfin arriva à St-Paul-de-Loanda ; les Zambésiens étaient fort inquiets de ce qu'ils deviendraient dans cette ville inconnue, en face de cette mer immense qu'ils ne connaissaient pas. Livingstone aussi n'était pas très rassuré, car il ne connaissait personne dans cette ville, et sa santé s'affaiblissait de plus en plus, minée par une fièvre continuelle et la dyssenterie.

IV

RETOUR CHEZ SÉKÉLÉTOU

Ce fut un grand sujet d'étonnement pour les Cololos, arrivés du centre de l'Afrique dans la ville de St-Paul-de-Loanda, de voir des maisons à deux étages, chose dont ils n'avaient jamais pu se faire une idée, malgré les descriptions réitérées que leur en avait faites Livingstone; et les bâtiments de pierre, et surtout les immenses navires auxquels on grimpait par des cordages.

La santé du docteur se rétablit rapidement, grâce aux soins de M. Gabriel, commissaire de la Grande-Bretagne pour la suppression de la traite. C'était là, en effet, tout le but du hardi explorateur : supprimer la traite des esclaves dans l'intérieur de l'Afrique, cause continuelle d'affaiblissement des peuplades du centre, qui se privaient de bras indispensables à la culture et au développement d'une industrie encore dans l'enfance, mais dont cependant ils semblaient, les Cololos surtout, apprécier les immenses avantages.

Ces marchands d'esclaves qui remontent sans cesse le Zambèse pour trafiquer avec les peuplades riveraines, les voler le plus possible, et user de tous les moyens en leur pouvoir pour les amener à des marchés de peu de profit, non seulement dépeuplent ces contrées si riches, si fécondes, qui deviendraient les plus fertiles du monde si la population indigène pouvait y multiplier tranquillement, mais influent encore terriblement sur le moral de ces pauvres sauvages qui vivent dans une défiance perpétuelle ; de la défiance, ils passent bien vite au découragement, et de bons qu'ils auraient pu être, deviennent rapidement agressifs et cruels.

On offrit plusieurs fois au docteur Livingstone de le ramener en Angleterre ou tout au moins de le conduire dans une île quelconque, à Sainte-Hélène par exemple, où il pourrait prendre du repos et recouvrer complètement la santé ; mais il savait bien que ses fidèles Zambésiens ne pourraient revenir à Linyanti sans lui, et il n'aurait pas voulu les laisser dans l'embarras.

Une des preuves les plus frappantes de l'intelligence des Cololos, c'est que, pendant le temps où Livingstone se soignait, ils trouvèrent le moyen de vivre à l'aide d'un commerce très simple à la vérité, mais qui donne une idée très favorable de leur caractère industrieux : ils partaient au point du jour vers les forêts des environs, en rapportaient une notable quantité de bois de chauffage qu'ils débitaient en fagots, et les revendaient aux habitants de la ville.

Le 20 septembre 1854, on quitta St-Paul-de-Loanda pour l'embouchure du Bango ; les hommes s'y reposèrent quelques jours, puis on gagna le Coango, et enfin de nouveau le pays des Chiboques, où l'on courut un réel danger. Ces gens sont avides, et, voyant la petite caravane riche en étoffes et verroteries de toutes sortes qu'elle devait à la libéralité des habitants de St-Paul-de-Loanda, il avaient résolu de ne pas les laisser passer sans les dépouiller complètement, et au besoin les tuer, si c'était possible. Mais ils avaient compté sans la fermeté de Livingstone qui leur fit bien comprendre que la partie n'était pas égale, et s'en débarrassa facilement sans combattre.

On traverse enfin la vallée de la Tamba, puis le Casaïe en dépit de Kéouéoué ; on atteint le Lotemboua et enfin le lac Dilolo. Les voyageurs retrouvent leurs vieilles connaissances qui les accueillent avec ravissement, Catéma, Chinté, Nyemoéna, Menenco et Sambanza qui procède à la Késendi, pour cimenter les rapports affectueux des deux peuplades. Nous empruntons encore à Livingstone les détails de cette cérémonie :

« Deux personnes réunissent leurs mains (c'est avec celles de Pitsané que Sambanza joint les siennes) ; de légères incisions sont faites sur les mains croisées des deux parties, au creux de l'estomac, sur la joue droite et sur le front de chacune d'elles ; l'opérateur recueille, au moyen d'un brin d'herbe, une petite quantité du sang qui s'échappe de ces incisions, et mêle celui de chacun des opérés à de la bière contenue dans des pots différents ; l'un boit le sang de l'autre, et ils sont unis désormais d'une amitié que l'on suppose inaltérable. Pendant cette libation, quelques-uns des assistants frappent le sol avec des gourdins et ratifient, par certaines phrases consacrées, le traité qui se conclut devant eux ; puis les gens qui composent la suite des deux amis finissent de boire la bière qui reste dans les pots. Les deux héros de la Késendi, considérés à l'avenir comme parents, sont obligés de s'avertir réciproquement du danger qui les menace. Si les Cololos, par exemple, formaient le projet d'attaquer les Londas, Pitsané se trouverait dans l'obligation d'en prévenir Sambanza, qui, en pareil cas, devrait faire la même chose à son égard. La cérémonie se termine par l'échange, entre les deux parents, de ce qu'ils ont de plus précieux. L'époux de Ménenco s'en est allé revêtu de l'habillement complet de serge verte, à parements et à revers rouges, que son ami rapportait de Loanda, et Pitsané a reçu, en outre d'une profusion d'aliments, deux coquillages pareils à celui dont Chinté m'avait fait cadeau lors de ma première visite et dont la valeur est si grande ici.

» Quelque temps après, le hasard établit les mêmes relations entre une jeune femme et moi ; elle avait au bras une grosse tumeur cartilagineuse qu'elle me pria d'enlever; pendant l'opération, une des artérioles qui avaient été ouvertes me lança quelques gouttes de sang dans l'œil. « Vous étiez déjà mon ami, s'écria la patiente ; mais désormais nous sommes parents, et, quand vous viendrez de ce côté-ci, faites moi prévenir, afin que je vous prépare de quoi manger. »

» Mes Zambésiens contractent ces engagements dans toute la sincérité de leur âme, et ils ont tous un ami dans chaque village où nous avons été si bien reçus. Mohorisi a épousé une femme du village de Catéma, et Pitsané en a pris une dans la ville de Chinté. Ces alliances sont en grande faveur auprès des chefs Londas, à qui elles garantissent de bonnes relations avec les Cololos.

» Le 27 juillet, notre rentrée à Libonta donne lieu à des démonstrations de joie inimaginables. Les femmes accourent au devant de nous en dansant et accompagnent leurs acclamations bruyantes des gestes les plus singulièrement expressifs. Quelques-unes sont armées d'une natte et d'un bâton en guise de lance et de bouclier ; les autres se précipitent vers nous, elles couvrent de baisers les mains et le visage des amis qu'elles retrouvent, et soulèvent tant de poussière que nous arrivons avec plaisir auprès des hommes. Ceux-ci, rassemblés dans la cotla où ils sont assis, attendent gravement notre arrivée, d'après les règles du décorum africain. Personne ne croyait plus à notre retour, car les sorciers les plus habiles avaient déclaré que nous étions morts depuis longtemps. Lorsqu'on a exprimé toute la joie qu'on éprouve de nous revoir et que j'ai remercié tout le monde de l'accueil qui nous est fait, j'explique les motifs qui ont prolongé notre absence ; mais je laisse à mes compagnons le plaisir de raconter nos aventures. Pitsané prend la parole et, pendant plus d'une heure, il fait le récit de notre voyage, qu'il présente sous le plus heureux aspect ; il s'appesantit sur le bon cœur de M. Gabriel, sur la bonté des blancs en général, et termine en disant que j'ai fait plus que je ne leur avais promis ; je leur ai non seulement ouvert un sentier qui conduit chez les blancs, mais même je leur ai concilié tous les chefs que nous avons trouvés sur notre passage. Le plus âgé de l'assemblée prend la parole à son tour, et faisant allusion au déplaisir que j'éprouve des razzias qui ont eu lieu en mon absence contre Sébolamacouaia et Léchoulatébe, il me supplie de ne pas retirer mon affection aux Cololos, de ne pas désespérer d'eux, et de gronder Sékélétou, comme s'il était mon enfant. Un autre vieillard m'adresse la même prière, et la séance est levée. »

Comblés de présents par les habitants, ils arrivent le 31 juillet, à Naliélé qu'ils quittent le 13 août, et reviennent à Linyanti où les récits enthousiastes des Cololos transportent de joie Sékélétou qui envoie, quelque temps après, une nouvelle caravane à Loanda : cette caravane est, paraît-il, en plein succès.

Ces peuplades du centre étaient donc enchantées d'avoir pu se mettre en rapport avec les colonies européennes de l'Orient, et elles étaient désireuses de tenter la même entreprise à l'Occident. Pour cela, il fallait trouver vers le Mozambique une route aussi praticable que celle que Livingstone venait de leur ouvrir vers Saint-Paul-de-Loanda.

Ce fut vers ce point que Livingstone résolut de se diriger.

V.

LE BAS ZAMBÈSE

Sékélétou accompagna Livingstone jusqu'aux chutes Chongoué et lui donna 114 hommes pour porter l'ivoire ; la caravane se dirigea vers le nord pour atteindre le pays des Tocas rebelles ou indépendants.

« Je m'arrêtai, dit Livingstone, le 4 décembre, à quatre cents mètres de leur première bourgade, et j'envoyai deux de mes hommes prévenir les habitants de notre arrivée et leur faire part de nos intentions pacifiques. Le chef est venu me voir un instant après, et m'a traité avec beaucoup d'égard ; mais, à l'approche de la nuit, toute la population d'un village voisin est arrivée et s'est conduite d'une façon bien différente. Du cercle d'hommes farouches dont nous étions entourés, se détacha un illuminé, en poussant des cris frénétiques ; les yeux lui sortaient de la tête, ses lèvres étaient couvertes d'écume et tous ses muscles frémissaient. Il s'approcha de moi en brandissant une petite hache d'armes ; et, sans la défense positive que je leur avais faite de porter le premier coup, mes hommes lui auraient certainement cassé la tête. Ils tremblèrent pour moi, et je ne fus pas sans crainte ; mais, ne voulant pas témoigner d'effroi devant des étrangers, et surtout en face des gens de ma suite, je fixai un regard ferme sur la petite hache du forcené. Je me disais que ce serait une sotte manière de quitter ce monde que d'avoir la tête fendue par un sauvage en fureur, ce qui, après tout, vaut encore mieux que de mourir d'hydrophobie ou du *delirium tremens*. Sécouébou avait pris sa lance, comme pour s'amuser à percer un morceau de cuir, mais en réalité pour la plonger au cœur du fou, si par hasard il me menaçait de plus près. Dès que j'eus suffisamment fait preuve de courage, je priai, d'un signe, le chef qui nous avait témoigné de la bienveillance, d'éloigner ce misérable ; ce qu'il fit immédiatement. J'aurais voulu tâter le pouls de notre frénétique, pour savoir si le tremblement convulsif qui agitait ses membres n'était pas une chose feinte ; mais je trouvai plus sage de me tenir à distance de sa hache. Néanmoins, il était couvert d'un flot de sueur qui coula pendant trente à quarante minutes ; après quoi, son accès diminua peu à peu et finit par se calmer. Cette fureur extatique est l'opposé direct du somnambulisme, et je suis étonné qu'on ne l'ait pas essayée en Europe comme on l'a fait du magnétisme.

« Les bravades de cette population nous ayant donné lieu de craindre une attaque, nous fîmes nos préparatifs en conséquence ; mais la nuit et le jour suivants se passèrent dans le plus grand calme. Néanmoins, j'eus la précaution de refuser les guides qu'ils m'offraient et dont l'intention me semblait être de nous mener chez les Choucoulompos, qui ont la réputation d'être les plus féroces habitants de cette partie de l'Afrique. »

Je ne puis m'empêcher de faire ici une réflexion sur les illusions du docteur Livingstone au sujet des mœurs des sauvages qu'il devait pourtant si bien connaître. Il se trouve quelquefois, ce grand homme de bien, dépourvu du plus simple bon sens que le moindre d'entre nous montre tous les jours dans la société. Combien de choses sont de pure convention ! Combien de raisons fort justes pour nous ne sonnent à l'oreille de peuples barbares que comme les sons d'une langue étrangère !

Ces braves sauvages vont tout nus et ne voient aucun mal à cela ; il est même certain qu'ils sont bien plus candides et plus honnêtes que ceux qui éprouvent le besoin de se couvrir. Livingstone ne peut s'empêcher de leur en faire l'observation. Ils ne le comprennent pas du tout, naturellement, et même accueillent ses remontrances avec une douce ironie. Plus loin, il s'étonne de leur manière de saluer : — « Dès qu'ils sont devant vous, dit-il, ils se jettent sur le dos, se roulent par terre, et se frappent la partie extérieure des cuisses en exprimant la satisfaction qu'ils éprouvent de votre visite et en répétant les mots *Kina Bomba*. Cette méthode m'est particulièrement désagréable et je m'égosille à leur crier : « Finissez donc ; je n'ai pas besoin de tout cela. » Mais ils s'imaginent que je ne me trouve pas assez bien accueilli et, plus ils me voient mécontent, plus ils se roulent avec fureur et se frappent les cuisses avec

violence. Je ne saurais dire le sentiment pénible que j'éprouve de leur dégradation

Dégradation de qui, naïf homme de génie que vous êtes ? Ils ne sont pas plus dégradés d'exprimer ainsi leur satisfaction que vous de parler anglais, c'est leur usage à eux ; admettons que le vôtre vaut mieux, mais qu'en peuvent-ils ?

Cette naïveté admirable me rend un peu sceptique à l'égard de quelques paroles rapportées par Livingstone et qui feraient de ces peuples sauvages une pépinière d'honnêtes gens portés à la poésie, affamés de civilisation. Les habitants se jettent à sa rencontre en criant : « Nous sommes fatigués de fuir, donnez-nous le repos et le sommeil ! » Une femme, la sœur de Mongé, lui dit en le quittant : « Il serait si bon de pouvoir dormir en paix sans rêver qu'un homme vous poursuit de sa lance ! » Ceci est d'une poésie un peu bien élevée pour une sauvage du centre de l'Afrique, et je soupçonne Livingstone, le prédicant fervent, d'avoir bien souvent fait dire à ses personnages ce qu'il pensait lui-même et ce qu'il aurait voulu qu'ils disent. Autrement, s'il est vrai que la paix soit leur plus cher désir et qu'il ne demandent qu'à cultiver tranquillement le maïs, nous serions bien coupables de ne pas organiser immédiatement un expédition puissante qui aurait pour but de civiliser tout l'intérieur de l'Afrique et d'établir d'une façon stable des relations entre les deux côtes que les pauvres Cololos étaient les premiers à rechercher.

La caravane n'eut pas trop à souffrir jusqu'au village de Mpendé : quand il pleuvait, on faisait halte et l'on se reposait ; les peuplades s'étonnaient parfois et croyaient avoir affaire à des ennemis, mais quelques paroles suffisaient à les convaincre de la pureté des intentions des voyageurs et ils en recevaient encore d'amples provisions de viande, de riz et de maïs. A Mpendé, Livingstone obtint de passer sur la rive droite du Zambèse, ce qu'il n'avait pu faire encore.

De ce point, le terrain est plus accidenté et les collines semblent les avant-postes des montagnes qui gardent l'entrée du Mozambique. Jusqu'à Tété, le chemin est difficile, rocailleux et très fatigant.

Tété s'élève sur une pente inclinée jusqu'au Zambèse ; elle est entourée d'une muraille d'environ trois mètres de haut ; mais les habitants ont, en assez grand nombre, préféré s'établir hors de ce mur d'enceinte. Les demeures des Européens, au nombre d'une trentaine, ont pour toit une chaume d'herbes et de roseaux. Là, Livingstone laisse la plupart de ses hommes.

Puis, on passa par Senna, on atteignit Quilimané et enfin l'île Maurice. Là, le pauvre Sécouébou, qui devait aller en Angleterre avec Livingstone, devint subitement fou et se jeta à la mer.

Le 22 décembre, le docteur Livingstone était en Angleterre.

VI

NOUVELLE EXPÉDITION CHEZ LES COLOLOS

Dans cette émouvante traversée de l'Afrique, le docteur Livingstone avait pu apprécier la différence considérable qui existe entre la civilisation du Congo et celle des territoires du Mozambique et de Sofala. Là, les indigènes avaient étendu considérablement le commerce d'ivoire, de poudre d'or et d'huile de palme; la traite des esclaves n'était plus qu'un souvenir, même pour les Portugais qui s'étaient livrés autrefois à ce commerce; ici, au contraire, la vente des esclaves était la seule spéculation des indigènes, avec un très peu important trafic de poudre d'or.

Il était donc urgent de changer cet état de choses, et d'imposer à la côte orientale de l'Afrique les bienfaits de la civilisation de la côte opposée. Les Cololos, dont l'intrépide voyageur avait pu apprécier l'intelligence et la bonne volonté, lui semblaient devoir être de puissants auxiliaires; malheureusement, les évènements qui suivirent son départ de cette région lui préparèrent une grande désillusion, ainsi que nous le verrons par la suite.

Une nouvelle expédition fut donc décidée : le docteur Livingstone, Charles Livingstone, le docteur Kirk en devaient faire partie.

Cette expédition, partie d'Angleterre le 1er mars 1858, s'engagea dans l'une des embouchures du Zambèse; après avoir traversé des plaines d'une incroyable fécondité et parfaitement appropriées à la culture de la canne à sucre, les navigateurs se virent obligés de s'arrêter dans une île qu'ils appelèrent l'*île de l'expédition*, parce que le navire *la Perle* ne réussit pas à remonter le Zambèse au-dessus du Doto.

J'ai déjà dit que Livingstone, malgré une foi ardente, n'avait rien du farouche prédicant qui subordonne tout à l'accomplissement de certains devoirs religieux; nous en voyons ici une nouvelle preuve, et bien frappante :

« Plusieurs d'entre nous, dit-il, demeurèrent près de deux mois dans cette île et s'y occupèrent à herboriser et à faire des observations de tout genre, mais plus particulièrement météorologiques et magnétiques. Les autres, à l'aide d'un canot et du Ma-Robert, s'efforcèrent de transporter la cargaison à Choupanga et à Senna. Craignant pour leurs compagnons laissés dans l'*île de l'expédition* au milieu des influences pernicieuses de l'inaction et d'un climat malsain, ils firent toute la dépêche possible. Il y eut pourtant des esprits faibles qui n'en demandèrent pas moins à garder le repos dominical et à prendre leurs repas à loisir. Nos hommes d'équipage, des indigènes qu'ils avaient voulu cependant mettre de leur parti, firent preuve de plus de raison et de cœur. *C'est une pitié que certaines gens ne puissent pas comprendre que l'honnête et fidèle accomplissement d'un devoir tient lieu de prières et d'offices!* »

Eh! oui! c'est bien là l'application sincère de la plus pure morale de l'Evangile.

Partis de Mazaro, où ils coururent quelque danger, les explorateurs se dirigèrent vers Tété. On était à la date du 17 août 1858. On arriva à Tété le 8 septembre. Là, les Zambésiens que Livingstone y avait laissés éprouvèrent la plus grande joie de le revoir, et je ne puis m'empêcher de citer encore ici le récit de Livingstone au sujet de ces pauvres sauvages, car il est bien touchant :

« La première année s'étant passée sans qu'ils eussent perdu aucun des leurs, les habitants avaient pris de la jalousie et leur avaient, disaient-ils, jeté un sort, si bien qu'une trentaine d'entre eux étaient morts de la petite vérole. Ils gagnaient leur vie en troquant, pour quelques denrées, du bois qu'ils allaient couper au loin; et, sans le major Sicard, qui les soutint et leur attribua de la terre et des houes pour la culture, ils seraient tombés dans une profonde misère. Alors six des plus jeunes, fatigués de leur maigre pitance, avaient résolu de chercher à mieux vivre en allant danser devant les chefs du voisinage. Chisaca les avait passablement reçus; mais Bonga, le fils de Nyandé, apprenant qu'ils arrivaient de Tété, leur avait dit : « Qui vous amène, vous qui demeurez chez mon ennemi? Vous apportez un sortilège pour me faire mourir, » et il les mit à mort. « Nous ne nous plaignons pas des trente victimes qu'a faites la petite vérole, ajoutaient les pauvres gens : c'est le Barimo qui les a pris; mais notre cœur souffre pour ces six jeunes gens qui ne devaient pas mourir, et que Bonga nous a tués. » Il n'y avait cependant aucun moyen de songer à obtenir la punition du meurtrier. »

Quelle simplicité! quelle sobriété! mais quelle justesse dans l'expression, et comme tout cela vient bien du cœur, sans aucun apprêt, sans aucune forfanterie!

Un certain temps fut employé à examiner les cataractes de Kébrabasa, puis le lac Thiroua, le grand marais des Eléphants ; on se mit à la recherche du Nyassa des Maravis, et l'on arriva à un village des Mangasyas, nommé Macolongoué.

« Ce village se trouve dans un pli boisé de la première des trois terrasses de la montagne et, comme tous les villages des Mangasyas, il est entouré d'un rempart impénétrable d'euphorbe vénéneux. Cet arbre répand une ombre si épaisse qu'il est difficile de voir du dehors les villageois qu'il abrite. L'herbe ne croît pas à l'ombre de cette haie gigantesque ; cela peut être le motif qui en a généralisé l'emploi. De cette manière, l'ennemi ne rencontre pas, autour des hameaux, de ces chaumes qui lui servent de traînée pour incendier les cases ; et les brandons qu'on voudrait jeter sur le toit des cabanes trouvent dans ce rempart incombustible une barrière qui les arrête.

» A l'extrémité de chaque bourgade est la place publique ou *Boalo*. C'est une aire de vingt à trente mètres, dont le sol est uni et propre, et sur laquelle le figuier banian et d'autres arbres répandent une ombre bienfaisante. Les hommes viennent s'y asseoir pendant le jour ; ils y apportent leur ouvrage, y fument leur tabac ou leur chanvre ; et par les soirées délicieuses où il fait clair de lune, ils y chantent, y dansent, et y boivent de la bière.

» C'est là que, comme tous les étrangers, nous nous arrêtons. Ordinairement des nattes de roseau ou de bambou y sont étendues pour les blancs. Puis les explications commencent, et les échanges de cadeaux habituels ont lieu, suivant un cérémonial fort compliqué, jusqu'à ce que nos Cololos, ennuyés et affamés, s'écrient : « Les Anglais n'achètent pas des esclaves, mais des vivres. » Alors le marché est ouvert.

» Les choses se passent chez Chitimba comme ailleurs. En échange de farine et de pois, nous présentons deux mètres de cotonnade bleue, quantité suffisante pour un habillement complet d'homme ou de femme. Sininyané, le chef de nos Zambésiens, trouvant qu'une partie de cette étoffe est suffisante pour payer la farine, s'apprête à déchirer le morceau. Mais Chitimba fait observer qu'ils est dommage de diviser une pièce qui ferait à sa femme une si belle toilette ; il aimerait mieux nous donner plus de farine et l'avoir tout entière. « Fort bien, répond Sininyané ; mais l'étoffe est très large : veillez à ce que la corbeille qu'on emplira soit très grande ; et ajoutez-y un coq pour que la farine ait bon goût. »

» Les affaires s'animent, chacun veut acquérir d'aussi belles choses que son voisin, et tous s'y empressent de bonne humeur. Les femmes et les filles se mettent à piler du grain, les hommes et les garçons à pourchasser les volailles, qui s'enfuient en criant dans tous les coins du village ; bref, quelques heures après, le marché est encombré de provisions de toute espèce. Néanmoins les prix se soutiennent, car les vendeurs mangeront aisément ce qu'ils n'auront pas placé.

» Nous mîmes, en nous dirigeant vers le nord, une semaine à traverser les hautes terres, puis nous descendîmes dans la vallée fertile de la Chiré supérieure qui est à trois cent soixante-quatre-mètres d'altitude environ.

» Les femmes portent ici le *pélélé* qui les défigure. Comme elles l'agitent sans cesse avec leur langue, on peut croire que c'est pour occuper incessamment ce membre qu'on l'a inventé. Cependant, comme nous demandions à un vieux chef :

» — Pourquoi les femmes portent-elles ces anneaux dans leur lèvre supérieure ?

» — Evidemment pour s'embellir, a-t-il répondu fort surpris de cette question oiseuse. Un homme a de la barbe, les femmes n'en ont pas ; que serait une femme sans pélélé? Une créature ayant la bouche d'un homme, et pas de moustache, ah ! ah ! ah !

» Jamais, pendant les seize années que nous avons passées en Afrique, nous n'avons vu autant d'ivrognes que dans ce pays. Une après-midi, nous entrons dans une bourgade ; nous n'y apercevons pas un homme. Quatre ou cinq femmes seulement buvaient de la bière sous un arbre. Quelques instants après, le docteur sort d'une case en chancelant, sa corne à ventouses lui pendillant au cou, et nous reproche notre infraction à l'étiquette.

» — Est-ce comme cela, dit-il, qu'on entre dans un village sans envoyer dire qu'on arrive ?

» Nos gens ne tardent pas à calmer le praticien, qui, pour avoir trop bu, n'en est pas moins de fort bonne composition ; il va dans son cellier, appelle à son aide et, assisté de deux hommes de notre suite, apporte une grande jarre de bière qu'il nous offre généreusement.

» Tandis que le docteur nous donne cette marque d'hospitalité, le chef se réveille. Il est furieux, et crie aux femmes qu'elles aient à prendre la fuite, ou qu'il va les tuer. Ces dames éclatent de rire à la seule idée qu'on les suppose capables de se sauver et restent à côté de leurs pots de bière. Notre camp s'installe, le dîner se prépare, et nous voilà en train de manger paisiblement, quand des masses de guerriers, inondés de sueur, se précipitent dans le village. Ils nous examinent, se regardent les uns les autres, et reprochent au chef de les avoir dérangés pour rien.

» — Ces gens-là sont tranquilles ; ils ne vous font pas de mal, c'est la bière qui vous aveugle.

» Et, ce disant, ils retournent chez eux. »

Après avoir exploré le lac des Maravis, la petite caravane se mit en marche pour Sechéké ; mais les Cololos qui devaient suivre Livingstone, et qui avaient une famille à Tété, ne le faisaient qu'à regret, quoique on ne les y forçât pas. Une trentaine d'entre eux s'échappèrent ; quelque abandonnés qu'ils fussent, dans cette région où ils n'avaient pas de chef, ils ne pouvaient se soustraire à la force de l'amour paternel, et ils ne se résignaient pas à laisser derrière eux, les enfants qu'ils avaient eus depuis leur établissement dans la colonie.

Le docteur visite le Kébrabasa, qu'il croit franchissable par un bateau à vapeur à l'époque des crues, traverse la plaine de Chicova infestée de lions, et poursuit sa route vers Moachemba, le premier village qui reconnaît la supériorité de Sékélétou.

Le bon docteur remarque toujours avec une sorte de regret l'effroi que cause l'aspect d'un blanc aux noirs qui n'en ont jamais vu ; le voyage est gai, peu pénible ; les voyageurs reçoivent partout un excellent accueil, on leur fournit généreusement les vivres nécessaires ; le gibier que l'on rencontre assez souvent, comme les hippopotames ou des waterbucks, leur donne une ample provision de viande ; mais dès que l'on entre dans un village que les Européens n'ont pas encore visité, les enfants se sauvent en poussant des cris, les femmes se cachent dans leur demeure, les poules gloussent, et, ajoute tristement Livingstone, pourquoi les chiens eux-mêmes s'enfuient-ils à mon approche la queue entre les jambes, comme si j'étais une bête féroce ?

Les indigènes montrent la plupart du temps la meilleure volonté, et se mêlent complaisamment aux travaux du camp pour un mince salaire. Nous trouvons dans le récit du docteur la plaisante anecdote de la culotte du cuisinier. Elle était vieille et sale ; celui-ci l'avait portée jusqu'à ce qu'elle fût complètement usée et impossible. Il se fit piocher un morceau de terrain pour une des jambes ; un autre indigène laboura pour la seconde jambière, et les restes du vêtement payèrent d'autres services non moins pénibles.

Après avoir passé quelque temps à faire un examen approfondi des chutes Victoria qu'il n'avait qu'entrevues à son premier voyage, Livingstone, — qui les appelle la plus grande des merveilles africaines, et en fait une description fort détaillée que nous lui emprunterions volontiers, si le cadre de cet ouvrage ne nous obligeait à nous restreindre, — Livingstone, dis-je, arrive à Moachemba, puis à Séchéké où il constate la décadence de l'empire des Cololos.

On se rappelle que la politique de Sébitouané avait été d'accueillir avec bonté toutes les peuplades qu'il soumettait, et de ne pas les éloigner de ceux de sa race ; Sékélétou, au contraire, faisait une démarcation blessante entre les Cololos et les autres tribus, et provoqua ainsi des révoltes et des défections ; des peuplades entières s'enfuirent vers le nord.

Si l'on ajoute à cela la lèpre dont Sékélétou était atteint, et qui l'empêchait de gouverner et de se montrer à ses sujets ; la déplorable habitude de fumer le chanvre, et les fièvres qui décimaient la population, on comprendra aisément comment s'écroula cet empire puissant sur lequel Livingstone comptait beaucoup pour la civilisation du centre de l'Afrique.

De ce point, Livingstone revint en arrière, rencontra la mission de l'évêque Mackenzie au port Congoné, en janvier 1861, et commença la lutte, à laquelle il voulut vouer désormais ses expéditions, avec les marchands d'esclaves. Mais les Portugais déclarèrent qu'ils combattraient ceux qui entraveraient ce commerce, et, après la mort de madame Livingstone à Choupanga, un naufrage dans les cataractes Murchison, il revint à Bombay dans les premiers jours de juin 1864, avec la résolution formelle de disputer les régions qu'il avait parcourues aux traitants. C'est dans cette lutte qu'il devait trouver la mort. C'est cette dernière partie de la vie de ce glorieux explorateur que nous allons raconter dans le chapitre suivant, et que nous tirons de son *dernier journal*.

VII

DU TANGANIKA OU BANGOUÉOLO

Résumons-nous : au point où nous en sommes arrivés, le docteur Livingstone, le premier Européen qui ait traversé tout le centre de l'Afrique de l'un à l'autre Océan, a découvert le lac Ngami (1er août 1849) et le Zambèse à Séchéké, en 1851. Il découvre le lac Dilolo en 1854 ; plus tard, il décrit les chutes Victoria, découvre la rivière Chiré, le lac Chiroua et relève, en 1859, le contour méridional du Gnassa.

Livingstone, guidé surtout par son tempérament essentiellement doux et chrétien dans la plus pure acception du mot, croit qu'il est possible de supprimer la traite des esclaves dans l'intérieur de l'Afrique, et d'amener les indigènes à se servir des éléphants comme moyen de transport. Il croit qu'on peut arriver à ce résultat non par des escadres nombreuses, mais par de simples établissements et des expéditions dans l'intérieur des terres.

Le docteur avait été témoin de traits de brigandages incroyables de la part des traitants.

Les désirs de Livingstone pourront-ils être un jour réalisés ? La chose demandera beaucoup de temps dans tous les cas. L'état de nature auquel certains utopistes voudraient nous ramener, existe en Afrique sous l'aspect le plus hideux. C'est partout la lutte sans merci du plus fort contre le plus faible ; les vaincus sont vendus, réduits en esclavage ou mangés.

Le cannibalisme existe jusqu'au golfe de Guinée ; dans ces régions on engraisse des troupeaux d'hommes comme ailleurs des bestiaux ; d'où procède ce goût pour la chair humaine ? amour de la viande gâtée, dit Livingstone ; manque de bétail, di le colonel Long-Tey.

« Par un contraste, dont la cause est l'état de nature sans règle, sans mesure et sans instruction où elles vivent, ces peuplades sont en proie à l'anarchie et au despotisme. L'isolement leur est une condition commune. D'un village, on refusait d'accompagner Livingtone jusqu'à la bourgade voisine. Toutes les demeures s'efforcent de se cacher derrière d'énormes haies vives, dissimulant des palissades. C'est que, comme dans la Malaisie, un jeune homme ne passe ici pour un homme qu'après qu'il a tué quelqu'un. Les gens d'Issa, aux environs de Harar, n'ont le droit de décorer leur toison d'une plume d'autruche blanche que lorsqu'ils ont massacré un de leurs voisins (*Bull. de la soc. Khed. de Géog.* n° 4) ; de même, un Mégnouéma ne peut pas se parer de la peau d'un chat musqué ni d'une plume rouge de perroquet sans s'être honoré par un meurtre. « Ils ont de l'industrie, dit Livingstone ; leurs villages sont bien tenus ; l'ordre y règne, ainsi que la justice ; les relations entre les habitants sont bonnes ; mais quiconque s'en éloigne se trouve en danger de mort. » Comment en serait-il autrement ? L'état de guerre isole chacun, existant d'homme à homme, de bourgade à bourgade. Chaque chef, c'est-à-dire chaque village, étant indépendant, les Mégnouéma n'ont ni relations, ni lien national, ni appui autre que leurs inutiles fétiches.

« C'est l'état païen sans cohésion entre les différentes portions de la tribu, » ajoute Livingstone. L'état païen ne nous semble avoir rien à faire avec cette situation. Il n'a pas empêché d'exister, dans l'antiquité, les grands empires de l'Asie, ni de l'Egypte, ni ceux d'Alexandre ou d'Auguste ; pas plus qu'aujourd'hui il n'empêche d'exister ceux du centre de l'Afrique. En réalité, l'émiettement de l'Afrique est le résultat de l'anarchie et de l'absolue décentralisation de l'Etat en communes.

Ailleurs, l'Afrique nous montre le despotisme le plus excessif. Ce Mtesé, qui, par la transformation de sa personne, de sa cour et de ses idées depuis le passage de Speke, a ébloui Stanley, ne laissait pas, un an auparavant, de célébrer l'arrivée de Chaillé Long-bey envoyé du Khédive, par l'immolation de trente victimes humaines. « S'il ne tuait pas quelqu'un de temps à autre, disait à Livingstone un homme du Ganda, ses sujets se figureraient qu'ils est mort. » Quant à ceux-ci, pour les empêcher de se livrer aux meurtres et aux rapines, l'implacable autorité du despote semble nécessaire à Stanley (*Tour du Monde, A. XXXVI, p. 64.*) Casembé abattait les oreilles, les mains et les têtes pour que son pouvoir ne fût pas oublié. Les mutilés sont aussi nombreux parmi les courtisans de Cassongo, chef de Roua, qui, même à son adorateur et conseiller le plus intime, a fait couper les mains, le nez, les oreilles et les lèvres. Le Matiamvo, qui venait de mourir, lors du passage de Livingstone chez Quendendé, au commencement de 1854, se mettait parfois à courir les rues, décapitant tous ceux qu'il rencontrait jusqu'à ce qu'il se fût entouré d'un monceau de têtes humaines, sous prétexte que son pays était trop peuplé (*Exp. dans l'Afrique australe*). Son successeur, le Mata-yafa de Cameron, en fait à peu près autant. Ce despotisme abominable s'étend jusqu'aux lacs de sang sur lesquels navigue le roi du Dahomey et jusqu'au Ouadaï. Ici, le docteur Nachtigal, comme Stanley dans le pays de Ganda, prétend que le souverain Ali, qu'il a trouvé juste et bon, ne saurait maintenir l'ordre sans exécutions nombreuses, sans faire couper les oreilles, les mains, les pieds et le nez de ses sujets (*Bull. de la soc. Khéd.*, n° 4).

Livingstone a été souvent la dupe des traitants; sa grande influence sur les indigènes le faisait respecter des Arabes, et ils se servaient souvent de lui pour couvrir leurs tortueuses manœuvres.

Enivré par leurs présents et les respects qu'ils lui prodiguaient, il consentit à leur servir d'intermédiaire, et ne s'apercevait pas qu'ils ne songeaient qu'à l'amadouer par des égards et des cadeaux, et à s'en servir comme d'une sauvegarde après avoir feint de le protéger. Autre part, il s'étonne que les Arabes lui parlent d'anthropophages chez qui tous les morts sont achetés comme viande de boucherie, ce qui ne s'accorde pas, dit-il, avec cette autre assertion que lesdits cannibales ont des moutons et des chèvres en très grand nombre. Il devait pourtant vérifier le fait chez les Mégnouémas qui regorgent de nourriture et cependant sont anthropophages.

Et cependant, il y a des faits que l'on ne saurait nier et qui font le plus grand honneur à Livingstone. A Zanzibar, il visite le marché aux esclaves. Il est presque ravi de retrouver là les types d'indigènes avec lesquels il a si souvent vécu. Il constate avec tristesse que tous, excepté les enfants, paraissaient honteux de leur position : — « Les dents sont regardées, dit-il ; les jupes sont relevées pour examiner les jambes ; puis on jette un bâton pour que, en le rapportant, l'esclave montre ses allures. Quelques-uns sont traînés au milieu de la foule et leur prix crié sans cesse. » Il est certain que ces humiliations sont beaucoup moins sensibles à ces êtres dégradés qu'elles ne le seraient à un homme civilisé, mais n'est-il pas respectable de songer à améliorer la triste condition de ces pauvres gens qui, somme toute, sont des hommes comme nous, intelligents, braves, généreux souvent, et capables d'avoir tout comme d'autres le sentiment de leur dignité? Eh bien, c'est grâce aux révélations de Livingstone que ce commerce des esclaves est interdit à Zanzibar depuis le mois de juin 1873, et à Madagascar depuis juin 1877.

Le docteur partit de Zanzibar le 19 mars 1866 et gagna la baie de Rovouma le 24. Les chemins sont embarrassés de lianes, le terrain manque souvent sous les pieds des chevaux ; à mesure que les voyageurs remontent le Ravouma, la physionomie des indigènes change ; la population est décimée par la guerre que les villages se font entre eux pour la traite des esclaves, les gens sont tatoués sur le visage et le corps ; les femmes portent de grands anneaux aux lèvres, et les dents sont limées en pointe.

Dans tous le parcours de ces régions, il fallait éviter avec soin la rencontre de ces vagabonds maraudeurs qui ne connaissent que les coups de force, exploitent le faible et ne sont que des paresseux nomades vivant aux dépens des travailleurs ; le pays en est infesté ; chez les Gallas, on les appelle *Proutouma* ; entre le Taguégnica et le Bangouéolo, *Mazitous*, et autour du Guassa des *Aiaous*. C'est à ces deux derniers que l'expédition pouvait appréhender d'avoir affaire.

« Tous les indigènes, dit Livingstone, cultivent du maïs au bord de la Rovouma, ainsi que dans les îles, dont le terrain est moins sec. Presque tous ont des fusils, de la poudre en abondance et une quantité de beaux grains de verre ; ils ont des perles rouges enfilées avec leurs cheveux mêmes, et des cravates de perles bleues, aussi serrées que les cols des soldats.

» Le pélélé est d'un usage ordinaire ; les dents sont limées en pointe.

» On ne connaît pas, dans cette région, le moyen de faire bouillir la marmite avec des pierres chauffées ; mais on y emploie les nids de fourmis termites en guise de four, et l'on creuse des trous dans le sol pour la cuisson du pied d'éléphant, de la bosse de rhinocéros, de la tête de zèbre et d'autres grands animaux.

» Percer une baguette en en faisant tourner une autre avec la paume des mains pour se procurer du feu, est d'une pratique universelle ; il est très commun de voir les bâtonnets qui servent à cet usage, attachés aux vêtements ou aux paquets des voyageurs. Les indigènes mouillent avec la langue l'extrémité de la baguette et la plongent dans le sable pour y faire adhérer quelques parcelles de silice, afin qu'elle pénètre plus aisément dans la pièce horizontale. Ils ont pour cela en grande estime le bois d'un certain figuier qui s'allume très vite. Quand il fait humide, ils préfèrent emporter du feu dans un crottin sec d'éléphant ; celui du mâle a environ vingt centimètres sur trente. Ils se servent également, pour ce transport, de la tige d'une certaine plante qui pousse dans les endroits rocailleux.

» Mettre le poisson, la viande et les fruits sur un châssis, au-dessus d'un feu très lent, pour les faire sécher, est d'une pratique générale ; la salaison n'est pas connue.

» Outre les échafaudages qu'ils emploient comme séchoirs, les Côndés, au lieu de coucher par terre, ont des plates-formes de deux mètres de haut sur lesquelles ils vont dormir ; la fumée du feu qui est au-dessous éloigne les moustiques et, dans le jour, ces estrades servent de lieu de repos et d'observation.

» La poterie semble avoir été connue des Africains dès les temps les plus reculés ; on en trouve des fragments partout, même parmi les os fossiles de l'époque la plus ancienne.

» Marmites et cruches pour l'eau et pour la bière sont fabriquées par les femmes, qui les font à la main et à l'œil, sans l'aide d'aucune machine. Un éclat d'os ou de bambou est employé comme ébauchoir, afin d'étendre les petites mottes d'argile qu'on ajoute pour obtenir plus de rondeur. Le vase, une fois modelé, reste ainsi jusqu'au jour suivant ; le lendemain matin, on y met le bord, on le retouche à plusieurs reprises, et on le polit avec beaucoup de soin ; il est ensuite exposé au soleil jusqu'à parfaite dessication. Un feu clair de bouse de vache séchée, de rafle de maïs ou de chaume, d'herbe et de menu bois, est fait dans un trou pratiqué en terre pour la cuisson finale. Ces vases sont, à cinq ou à sept centimètres du bord, décorés de dessins tracés à la plombagine, ou gravés dans la pâte avant qu'elle ait durci, et, dans tous les cas, imitant le tressage des paniers,

— » Avez-vous entendu parler de gens qui mangent des hommes ou qui ont une queue ? ai-je demandé au chef Tchiricaloma. « Certainement, dit-il ; mais nous avons toujours compris que ces monstruosités là, ainsi que les autres, n'existaient que parmi vous, gens qui allez sur mer. »

Les autres monstruosités auxquelles il faisait allusion désignaient ceux de mes compatriotes qui auraient des yeux derrière la tête, aussi bien qu'au visage. On m'avait déjà parlé de ces derniers, près d'Angola. »

Dans cette partie de leur voyage, les explorateurs souffrirent beaucoup de la famine; ils traversaient des villages ruinés, passaient entre des territoires en guerre les uns avec les autres et le moindre bœuf qu'on leur donnait en échange d'un mètre de calicot était accueilli avec reconnaissance.

Ils se dirigeaient donc vers le sud, tourmentés par la faim, mal servis par leur Cépahis, jusqu'au village de Moembé, appartenant à Mataca. C'est une véritable ville d'un millier d'habitants. A partir de ce moment, l'abondance renait. Sans parler de Mataca qui se montre très hospitalier, tous les villages environnant leur donnent à l'envi de la farine et de la viande. C'est ainsi qu'il arrivèrent au lac Guassa, qu'ils tentèrent vainement de traverser.

En conséquence, le docteur songea à tourner le lac et, arrivé au pied d'une montagne nommée Namasi, se vit abandonné de ses Anjouamais, sur la nouvelle que tout le pays est infesté par les Mazitous. Ce sont ces Anjouamais, guidés par le *fidèle* Mouza, qui firent courir le bruit de la mort de Livingstone.

« Au commencement de décembre suivant, dit M. Belin de Launay à qui j'emprunte cette relation, le docteur Kirk, maintenant vice-consul à Zanzibar, ancien compagnon du docteur Livingstone, écrit que, le 5 de ce mois, neuf hommes de l'île Johanna, ayant fait partie de l'expédition, étaient venus lui dire que vers la fin de juillet ou de septembre, étant à l'ouest du Nyassa, ils avaient été attaqués par un bande de Mazitous, qui avaient massacré le docteur Livingstone et la moitié de sa suite ; que le docteur avait, le soir même, été enterré par les survivants. Tous, malgré des différences dans leur déposition, affirmaient avoir vu le cadavre de Livingstone. Le docteur Kirk craignait que ces récits ne fussent que trop vrais.

» La fatale nouvelle parvint en Angleterre au mois de mars 1867. La Société royale de Géographie se réunit immédiatement, et son président, Sir Roderick Murchison, déclara que, quant à lui, les assertions des hommes de Johanna, en l'absence de toute preuve matérielle, lui semblaient fort douteuses et qu'il soupçonnait ces gens d'avoir, par ennui du voyage ou par peur des sauvages, abandonné leur chef et raconté l'histoire de sa mort pour excuser leur lâche retour. »

Cependant la *Gazette de Bombay* du 28 mars, après avoir constaté que trois hommes, appartenant au bataillon de marine et renvoyés par Livingstone à cause de leur mauvaise santé, étaient revenus à Bombay, sans rien dire qui concernât le meurtre du docteur, ajoutait qu'un de ceux qui étaient demeurés en arrière venait de rentrer, disant qu'à Zanzibar des hommes qui avaient fait partie de l'expédition lui avaient assuré que Livingstone avait été tué parce qu'il persistait à s'avancer dans une certaine direction malgré l'opposition formelle des sauvages. En même temps, le *Times de l'Inde* annonçait que Moussa avait rapporté à Zanzibar une boîte contenant une carte géographique qui pouvait être celle que le docteur avait dressée à son usage pour se rendre compte de la région des lacs de l'Afrique, avant son départ de Bombay. S'il en était ainsi, puisque cette carte serait bien la dernière des choses dont il se fût dessaisi, le journal en concluait que Livingstone, qui n'avait donné aucune nouvelle de lui depuis six mois, devait être bien réellement mort.

D'autre part, on apprenait aussi, en Europe, au mois d'avril, que l'Arabe Moussa, un des fidèles compagnons du hardi voyageur, était entré à Zanzibar, annonçant que Livingstone avait traversé le lac Nyassa vers le milieu de septembre 1866 et qu'après avoir marché quelques journées sur la rive occidentale en se dirigeant vers le nord, il avait été attaqué à l'improviste et tué. Mouss aavait assisté à l'attaque et, caché par un arbre, il avait vu le docteur recevoir le coup mortel, puis s'était immédiatement enfui. Ayant retrouvé les débris de l'expédition, il était revenu au lac avec eux et de là il avait gagné la côte, grâce à une caravane qui s'y rendait.

Heureusement il n'en était rien, et Livingstone continuait son chemin vers le nord ; il traversait successivement les villages de Maranda, Malemboué, Tchitanpangoua, Moamba et Casonzo dans le voisinage du lac Tanganycka.

Ce lac, situé à environ 28° longitude est et à 5° latitude sud, un peu au-dessous de l'équateur, fut découvert le 13 février 1858, par les navigateurs Burton et Speke. Ce dernier traversa le premier le Tanganycka, en atteignit la côte occidentale à l'île de Kesendghé, voisine de la terre ferme, et revint par le même chemin à Caouéla. Le docteur Livingstone est le premier Européen qui, après ces deux explorateurs, parvint à la rive méridionale du lac le 2 avril 1867.

Le lac Tanganicka est peuplé de crocodiles et d'hippopotames ; ses rives sont fréquentées par les éléphants, les buffles et les antilopes pendant le jour, la nuit par les lions, et plantées de palmiers oléifères et d'élaïs, dont la grappe de fruits mûrs exige deux hommes pour la porter. A cet endroit, il a environ 29 ou 32 kilomètres de large. Ses bords sont infestés de Mazitous qui font des razzias de femmes et d'enfants dans les villages.

Le docteur Livingstone n'ayant pu trouver de guides pour traverser ou même longer le lac, se résigne à prendre sa route vers l'ouest, traverse le Lofou et arrive bientôt dans les domaines de Cazembé. Il avait été partout fort bien reçu, grâce à la lettre qu'il tenait du sultan de Zanzibar et sauf de rares exceptions, il ne manqua de rien ; sa santé seulement s'altérait de plus en plus, et la fièvre le minait au point de lui causer de fréquents évanouissements. De Casembé il se dirigea vers le sud et atteignit les rives septentrionales du lac Bangouéolo.

La superficie de ce lac égale à peu près celle du lac Tanganycka. Le docteur ne fit qu'une courte excursion dans les îles, et remonta vers le nord, attiré toujours par le désir de faire le tour du Tanganyika, quoique souffrant fort d'une pneumonie. Il y arriva le 14 février 1869, sans avoir pu parvenir à rétablir sa santé et dans un grand état de faiblesse.

VIII

LE TANGANYIKA

Le docteur Livingstone tenait à sa découverte et la voulait complète. Il fallait suivre la côte occidentale et tâcher de relever les contours de cette admirable nappe d'eau longue, étroite, semblable à un gigantesque fleuve de quarante kilomètres de longueur, et où Livingstone pensait toujours trouver les sources du Nil. Dans tous les cas, la chose qui semblait le préoccuper le plus, c'était de savoir à quel versant appartenait le lac Tanganyika, à l'océan Atlantique ou à la Méditerranée ? Nous verrons à quelle idée il faut s'arrêter ; bornons-nous maintenant à raconter avec les plus grands détails, cette dernière étape de Livingstone qui devait se terminer par sa mort au-dessous du Bangouéolo.

Il s'embarqua le 26 février sur le lac et arriva bientôt à Catouga ; il traversa un archipel composé de 17 îles, d'Ougouha aux îles Késeudjé ; c'est là que plus tard Caméron signala l'embouchure de la Loucouga comme déversoir du Tanganyika, ce qui aurait fourni à Livingstone un indice sur la direction des eaux du lac ; mais il y passe sans l'apercevoir et atteint le Couélé, principal port et marché du Djidjé. Là il se trouva beaucoup mieux et songea à donner de ses nouvelles à ses amis ; mais les Arabes refusèrent de porter ses dépêches ; bien plus, on tâcha de lui faire payer le port de quelques caisses trois ou quatre fois leur valeur; enfin, sur la menace que l'on faisait à Thoni des représailles possibles de Seid-Medjid qui avait donné l'ordre de respecter l'explorateur, on prit les dépêches, mais elles n'arrivèrent jamais à destination.

On voyage à travers des routes très fatigantes par une chaleur insupportable et l'on débouche dans une vallée très riante, la vallée de Momba, pour entrer sur le territoire d'une peuplade renommée pour sa cruauté, les Mégnouémas ; mais à ce moment le passage offrait moins de dangers, le chef de cette tribu ayant fait alliance avec Catomba. Les voyageurs poursuivirent leur route sans s'inquiéter des craintes des gens de la caravane et arrivèrent à Bambarré, l'ancienne résidence de Moinécouss, le chef défunt des Mégnouémas.

« Ce chef est mort tout récemment et a laissé deux fils pour occuper sa place. Moïnembeg, l'aîné des deux et le plus sensé, porte la parole dans toutes les grandes occasions ; mais c'est Moïnemgoï, le plus jeune et le moins intelligent, qui est le chef, l'héritier du pouvoir central.

« Les deux frères étaient inquiets de notre arrivée ; ils nous tenaient pour suspects et l'ont fait voir. Mohamed-Bogarib a demandé l'échange du sang, cérémonie qui se borne à faire une petite incision à l'avant-bras de chacun des contractants et à mêler les deux sangs, en se déclarant amis l'un de l'autre. « Ces gens ne doivent pas voler, nous ne volons jamais, » a dit Moïnembeg, et il a dit vrai. Quelques gouttes de sang ont alors été portées de l'un à l'autre sur une feuille de figuier, et mêlées, avec la feuille, à celui qui coulait de l'incision. « Il ne sera pas pris de volaille, ni d'hommes, a ajouté le chef. — Qu'on saisisse le voleur et qu'on me l'amène, a répondu Bugarib ; celui qui vole est un porc. » Ce sont nos gens qui ont commencé le vol. Les indigènes avaient raison de se méfier de nous. Leur crainte d'ailleurs est naturelle ; nous tombons chez eux comme d'un autre monde ; nul avertissement, pas de lettre, pas de message pour leur dire qui nous sommes et quels sont nos projets ; ils pensent que nous venons pour les piller et pour les tuer. On ne se figure pas leur état d'isolement, leur entier abandon, sans autre appui que leurs charmes et leurs fétiches, qui sont de simples morceaux de bois.

« Les fils de Moïnécouss n'ont qu'une faible partie de la puissance de leur père ; mais ils tâchent d'imiter sa conduite à l'égard des étrangers. Néanmoins, tous nos gens ont peur des Mégnouémas, qui passent pour être cannibales. Un enfant de notre bande s'est introduit dans une hutte, où il est resté coi pour manger une banane ; sa mère, ne le trouvant pas, en a conclu aussitôt que les indigènes l'avaient pris pour le dévorer et s'est mise à courir dans le camp en poussant des cris affreux : « Oh ! les

Mégnouémas ont pris mon enfant pour le faire cuire ! Oh ! mon enfant mangé ! oh ! oh ! oh ! oh ! »

« Après m'être bien reposé à Bambarré, je résolus de me rendre à la Loualaba et d'acheter un canot pour explorer la rivière. Notre marche fut à l'ouest d'abord, puis au sud-ouest, dans un pays d'une beauté qui surpasse tout ce qu'on peut dire ; des montagnes et des villages accrochés aux pentes de toutes les grandes masses, villages situés de la sorte pour que l'eau n'y séjourne pas. Les rues sont fréquemment orientées de l'est à l'ouest, afin que le soleil puisse les sécher promptement ; elles sont généralement alignées, et ont à chaque bout une maison destinée aux réunions publiques et bâtie en face du milieu de la chaussée. Les toitures sont basses, mais très bonnes ; couvertes avec des feuilles qui ressemblent à celles du bananier, seulement plus résistantes, et qui, d'après le fruit de l'arbre qui les donne, paraissent provenir d'une espèce d'euphorbe. Une entaille de cinq à sept centimètres est faite au pétiole dans le sens de la longueur ; par ce moyen, on agrafe la feuille au chevron, qui, lui-même, est souvent fait de la tige d'une fronde de palmier, fendue de manière à être assez mince. L'eau coule avec rapidité sur cette toiture, qui protège efficacement contre la pluie la muraille faite en pisé. Dans les maisons, il y a propreté et confort.

» Où prédominent les pluies du sud-est, le derrière de la maison est tourné de ce côté, et la toiture se prolonge assez loin pour que la pluie n'atteigne pas la muraille. Ces demeures en terre battue restent debout pendant fort longtemps ; il arrive souvent que des hommes reviennent au village qu'ils ont quitté dans leur enfance, et réparent le mur qui s'est endommagé. En général, le sol est argileux et fournit des matériaux convenables pour ce genre de bâtisse.

» On trouve dans chaque maison de vingt-cinq à trente pots de terre, suspendus à la voûte au moyen d'échelettes en corde, d'une fabrication très soignée ; on y ajoute souvent un nombre égal de paniers, attachés de la même manière, et beaucoup de bois de chauffage.

» Les hommes de chaque village refusaient de nous accompagner jusqu'à la bourgade suivante. « Ils étaient en guerre, disaient-ils, et avaient peur d'être mangés. » Souvent ils venaient avec nous dans la forêt ; mais, dès qu'ils approchaient des clairières cultivées par l'ennemi, ils nous quittaient poliment, et nous invitaient à revenir sur nos pas, disant qu'ils nous vendraient les vivres dont nous aurions besoin.

» Tout le pays des Mégnouémas est admirable. Des palmiers couronnent les plus hauts sommets, où leurs frondes, aux courbes gracieuses agitées par le vent, ondulent avec une beauté souveraine. Les grands bois, ordinairement de huit ou dix kilomètres de large, qui séparent les groupes de villages, sont d'une richesse indescriptible. Des lianes sans nombre, de la grosseur d'un câble, suspendent leur réseau à des arbres gigantesques ; partout des fruits inconnus, quelques-uns de la grosseur d'une tête d'enfant ; partout des oiseaux étranges et des singes.

» Le sol est d'une extrême fécondité ; et les habitants, bien que divisés par d'anciennes querelles qui ne s'apaisent jamais, cultivent largement la terre. Ils ont obtenu, par sélection, une variété de maïs, dont l'épi a un pédoncule recourbé comme une faucille. Pendant la formation du grain, l'arc de la tige est tourné de manière que l'enveloppe retombe sur l'épi et le recouvre. De grandes haies, ayant cinq ou six mètres de hauteur, sont faites à travers ces champs, en y plantant des perches qui, reprenant racine, émettent des rejets comme celles de Robinson Crusoé, et jamais ne dépérissent. On tend des sarments de liane d'une perche à l'autre ; et, après la cueillette, les épis de maïs s'accrochent à ces cordons par leur tigelle arquée. Ce grenier vertical forme autour du village un véritable mur ; et les habitants, qui ne sont pas avares, y prennent largement pour donner aux étrangers.

» Les naturels ont entendu parler des méfaits de Hassani, et suspectent nos intentions. « Si vous avez de la nourriture chez vous, disent-ils, pourquoi venir de si loin dépenser vos perles, afin d'acheter ici ? » Les gens de Bogarib leur répondent : « Nous avons besoin d'ivoire. » Mais les Mégnouémas, ignorant la valeur de cette matière, ne voient dans cette réponse qu'un prétexte pour venir les piller.

» Ici, la Louamo est une rivière profonde, d'une largeur de cent quatre-vingt-trois mètres. Nous ne sommes plus qu'à seize kilomètres de l'endroit où elle débouche dans la Loualaba ; mais tout le district a été pillé par les gens de Dagâmbé, qui ont même tué plusieurs personnes ; et chaque chef a été prié de nous refuser le passage.

» Nous sommes à présent dans la saison pluvieuse, et ne devons marcher qu'avec la plus grande prudence. Il est inutile d'essayer d'acheter un canot ; tous ces gens-là sont nos ennemis. Des sentiments si hostiles n'existent que dans les endroits où les agents des traitants se sont mal conduits. Ailleurs, les naturels sont tous bienveillants. Comme nous étions au bord de la Louamo, un de nos hommes fut envoyé de l'autre côté de la rivière pour acheter des vivres ; au moment de gagner le village, il fut pris de panique et ne revint pas ; tout notre monde le regardait comme mort, lorsqu'il fut ramené par des gens que nous n'avions jamais vus, et qui, l'ayant trouvé dans le bois mourant de faim, l'avaient rassasié, et nous le rendaient sain et sauf.

» Cependant, nous avons cru prudent de revenir à Bambarré, où nous sommes rentrés hier. Pendant mon absence, une horde de traitants du Djidji s'est abattue sur ce canton, avide de se procurer de l'ivoire au bon marché fabuleux, dont la nouvelle s'est répandue au loin. Ces gens comptaient cinq cents fusils, et invitèrent Bogarib à se joindre à eux ; mais celui-ci préféra attendre que je fusse revenu de l'ouest. Il est maintenant décidé que nous irons au nord, lui pour acheter de l'ivoire, moi pour atteindre la Loualaba et faire acquisition d'un canot. »

Du 24 décembre au 9 février, on parcourt des chemins difficiles creusés par les éléphants et où Livingstone perd le peu de vigueur qui lui reste ; il est obligé plusieurs fois de s'arrêter dans des cabanes où rien de confortable ne peut lui être offert, et ce n'est qu'au prix des plus grandes fatigues, qu'il atteint Mamohéla ; il ne lui reste que trois compagnons avec lesquels il se dirige vers le nord-ouest, mais bientôt des ulcères aux pieds le forcent à revenir à Bambarré. Les Djidjiens sont en guerre avec les Mégnouémas, et ces luttes se traduisent par des représailles terribles entre les deux peuplades ; de plus, les traitants font un mauvais parti à Livingstone et à Bogarib, qui ne prêchent que la paix.

C'est pendant cette halte forcée que le docteur apprend l'existence du lac Tchibongo, alimenté, dit-il, probablement par le Roua du Londa occidental et la Loufira. Ces deux rivières proviennent de deux sources au sud de Catanga, et au midi de ces deux fontaines, on en rencontre deux autres, la Liambaï et la Lounga. Ces quatre fontaines excitent l'admiration de l'explorateur, qui en conclut que la moitié de cette eau coule dans le Nil, et l'autre dans le Zambèse. Cette idée a été la préoccupation de Livingstone jusqu'au dernier moment, mais on sait qu'aujourd'hui cette idée a été complètement abandonnée.

Le 24 août, les compagnons du docteur tuent des gorilles que les indigènes nomment *socos*.

« Ce grand singe marche souvent debout ; mais alors il se met les bras sur la tête comme pour faire équilibre. Vu dans cette position, c'est un animal très gauche. Un soco adulte poserait parfaitement pour le diable ; il m'ôte l'appétit par son aspect d'une bestialité dégoûtante. Sa face, d'un jaune clair, fait ressortir ses affreux favoris et ses quelques poils de barbe. Son front est vilainement bas, flanqué d'oreilles placées très haut, et surmonte un visage qui est fort éloigné de valoir le grand museau du chien. Les dents sont légèrement humaines ; mais les canines montrent la bête par leur énormité. Les mains, ou plutôt les doigts, sont pareils à ceux des indigènes. La chair des pieds est jaune ; les Mégnouémas prétendent qu'elle est délicieuse.

» Un homme pressait le miel que renfermait un arbre ; apparaît un soco ; l'homme est saisi par le singe, qui bientôt le laisse partir. Un autre était à la chasse ; il manque un soco ; celui-ci prend la lance, la brise, se jette sur le chasseur, qui appelle à son secours, lui coupe le bout des doigts avec ses dents, et s'échappe sain et sauf.

» Cet animal ne mange pas de viande ; sa nourriture consiste en fruits

sauvages, qui sont très abondants ; il fait ses délices de petites bananes, mais ne touche pas au maïs. Quand il a coupé les doigts de l'ennemi, il les crache. Souvent, il mord sans entamer la peau. Après avoir mutilé le chasseur, il le soufflette. Blessé, il arrache la lance qui l'a frappé, mais n'en fait pas usage ; il prend ensuite des feuilles et les met dans sa blessure pour arrêter le sang. Il ne désire pas le combat, attaque rarement un homme désarmé ; et, voyant que les femmes ne lui font pas de mal, il ne les inquiète jamais. « Le soco, disent les Mégnouémas, est un homme qui n'a rien de méchant. » Il est très fort, craint le fusil, mais pas la lance. Quant à la femelle, j'en vis une chez Catomba, prise au moment où la mère fut tuée. Assise, elle mesure quarante-cinq centimètres de hauteur. Tout son corps est couvert de longs poils noirs, qui étaient jolis quand sa mère les soignait.

« C'est la moins maligne de toutes les créatures simiennes que j'ai rencontrées. Elle paraît savoir que je suis pour elle un ami, et reste tranquillement sur la natte à côté de moi. Si on refuse la main qu'elle présente pour qu'on l'aide à marcher, elle baisse la tête, et son visage a les contractions que donnent, à la figure humaine, les larmes les plus amères ; elle se tord les mains supérieures, vous les tend de nouveau, et parfois en ajoute une troisième pour rendre l'appel plus touchant. Elle s'entoure de feuilles et d'herbe pour faire son nid, et ne permet pas qu'on touche à sa propriété. Cette petite créature est fort affectueuse ; elle s'est attachée à moi du premier coup, m'a gazouillé un salut, a flairé mes habits, et m'a tendu la main. Au lieu de la serrer, j'ai tapé légèrement cette main ouverte, sans offense ; ce qui néanmoins a blessé la petite. Dès qu'on l'eut attachée, elle se mit à défaire le nœud de la corde avec ses doigts, et en s'y prenant d'une façon tout à fait méthodique. Un homme ayant voulu l'en empêcher, elle lui lança des regards furieux et essaya de le battre. L'homme avait un bâton ; elle en eut peur, vint s'adosser à moi, et, reprenant confiance, regarda l'homme en face. Elle tend les bras pour qu'on la porte, absolument comme un enfant gâté ; si on n'y fait pas attention, elle pousse un cri de colère qui rappelle celui du milan, se tord les mains, comme si elle était au désespoir, et d'une façon toute naturelle. Elle mange de tout, refait son nid chaque jour, se couvre d'une natte pour dormir, et s'essuie le visage avec une feuille. »

Il est impossible de ne pas admirer la patience et l'énergie du hardi explorateur, abandonné par ses gens, sauf trois, souffrant d'une pneumonie, en proie à des accidents cholériques, et les pieds couverts d'ulcères, ne perdant point courage cependant, et oubliant ses douleurs pour ne songer qu'au but qu'il s'est proposé. Pendant cette halte forcée, attendant des nouvelles d'Europe, Livingstone nous donne quelques détails fort intéressants sur la nature des Mégnouémas, et aussi de l'influence terrible de la réputation des Arabes sur les indigènes. Ils feraient bien du commerce, mais ils craignent ces Arabes qui viendraient avec leurs fusils. Il faut néanmoins affirmer qu'ils sont sanguinaires.

Nous lui emprunterons quelques détails de mœurs qui rappellent ceux que Mme Pfeiffer a donnés sur les Dayacs et les Battacs de la Malaisie.

« Une très jolie petite femme a passé gaiement devant ma porte, il y a bien près d'un mois, je l'ai noté ; elle allait se marier avec Monasimba. On l'avait payée dix chèvres ; ses amis en demandèrent une de plus, qui a été refusée ; ils lui ont persuadé de revenir ; elle s'est enfuie, a pris une fièvre rhumatismale qui s'est déclarée le lendemain, et elle est morte hier. Pas un mot de regret pour la charmante créature ; mais les chèvres, quelle perte ! Ils ne sauraient trop s'en lamenter :

» — Nos dix chèvres ! oh ! nos dix chèvres ! oh !

» Un homme a été tué à moins de huit cents mètres d'ici, par un habitant d'une autre bourgade ; dès lors, querelle entre les deux communes ; le meurtrier a été poignardé, le village réduit en cendres, et toute la population mise en fuite. Le mépris de la vie humaine est poussé, chez ces gens-là, aux dernières limites. Un individu qui a tué une femme sans nul motif, il y a peu de jours, n'a pas même été puni ; il a offert sa grand'mère pour être tuée à sa place, et, la cause entendue, on ne lui a rien fait.

» L'un d'eux met par terre une plume écarlate de leur perroquet, et défie les assistants de la prendre et de la placer dans leur chevelure : celui qui le fait doit tuer un homme ou une femme.

» Une autre de leurs coutumes, est qu'un homme ne porte pas la dépouille du *ngahoua*, ou chat musqué, à moins d'avoir tué quelqu'un.

» Moïnembeg, le plus intelligent des fils de Moïnécouss, m'a dit qu'on avait tué hier un homme à quelques kilomètres d'ici, et qu'on l'avait mangé ; la faim est le motif assigné à cet acte de cannibalisme.

» A propos de nourriture, Moïnembeg a ajouté que les Mégnouémas font tremper de la viande dans l'eau pendant deux jours, afin de lui donner du fumet. Leur goût pour la viande gâtée est la seule raison que je puisse donner de leur anthropophagie. »

Voici d'autre part, ce que nous trouvons dans Mme Pfeiffer :

« Le même jour, j'allai encore visiter une autre tribu placée plus haut sur la rivière. J'y trouvai tout comme chez la première : seulement j'y vis deux têtes d'hommes nouvellement coupées. L'autre tribu ne manquait certes pas de pareils trophées, mais ils étaient déjà anciens, et changés en véritables têtes de mort, tandis que celles-ci, tranchées peu de jours auparavant, avaient un air effroyable. La fumée les avait noircies comme du charbon, la chair était à moitié desséchée, la peau intacte, les lèvres et les oreilles racornies ; la bouche, largement ouverte, laissait voir les mâchoires dans toute leur horreur. Ces têtes étaient encore couvertes d'une chevelure épaisse ; l'une d'elles avait les yeux ouverts, et on les voyait à moitié desséchés, tout rentrés dans leurs orbites. Les Dayacs les sortirent du réseau dans lequel on les avait suspendues, pour me les montrer ; ce fut un affreux spectacle qui ne sortira jamais de ma mémoire.

» Ils coupent les têtes si près du tronc, qu'on ne peut s empêcher de reconnaître chez eux une extrême dextérité. Ils ôtent la cervelle par l'occiput.

» En prenant les têtes à la main, ils leur crachèrent à la figure ; les enfants leur donnèrent des coups et crachèrent par terre. Leurs visages, d'ordinaire calmes et tranquilles, prirent alors une expression terrible de férocité.

» Je frissonnai, mais je ne pus m'empêcher de convenir que nous autres Européens, loin d'être supérieurs à ces sauvages si méprisés, nous valons bien moins qu'eux encore. Chaque page de notre histoire n'est-elle pas remplie de forfaits, de meurtres et de trahisons en tout genre ? Qu'y a-t-il de comparable aux guerres de religion en Allemagne et en France, à la conquête de l'Amérique, au droit du plus fort et à l'Inquisition ? Et même de notre temps, où nous sommes peut-être, par les formes extérieures, plus polis et plus civilisés, en sommes-nous pour cela moins cruels ? Ce n'est pas quelque misérable cabane comme celle des Dayacs ignorants et barbares, mais de vastes salles, et les plus grands palais que bien des hommes célèbres de l'Europe pourraient orner de têtes sacrifiées à leur ambition et à leur soif de pouvoir. Que de milliers d'hommes ont été immolés aux désirs de conquêtes des grands capitaines ! La plupart des guerres ne sont-elles pas entreprises pour assouvir la cupidité d'un seul homme ? Vraiment, je suis étonnée comment, nous autres Européens, nous osons fulminer anathème contre de pauvres sauvages qui tuent leurs ennemis comme nous tuons les nôtres, mais qui peuvent au moins s'excuser, en disant qu'ils n'ont ni éducation ni religion qui leur prêchent la douceur, la clémence et l'horreur du sang.

» On lit dans beaucoup de descriptions de voyages que les Dayacs témoignent leur amour à leur bien-aimée en déposant une tête d'homme à ses pieds. Cependant un voyageur, M. Temningk, prétend que ce n'est pas vrai. Je suis tentée de me ranger à son opinion. Où ces sauvages prendraient-ils toutes ces têtes, si tout amoureux faisait un pareil cadeau à sa fiancée ?

» La triste coutume de la décollation semble plutôt avoir pris son origine dans la superstition ; car quelque sujet tombe-t-il malade, ou

— 54 —

bien entreprend-il un voyage chez une autre tribu, lui et sa tribu s'engagent à faire le sacrifice d'une tête d'homme en cas de guérison ou d'heureux retour. Le sujet meurt-il, on sacrifie une tête et même deux. Dans les traités de paix, plusieurs tribus fournissent également de part et d'autre un homme pour être décapité ; mais, dans la plupart, on sacrifie des porcs à la place d'hommes.

» S'il a été fait vœu de fournir une tête, il faut qu'on se la procure à tout prix. En ce cas, quelques Dayacs se mettent d'ordinaire en embuscade. Ils se cachent dans l'herbe des jungles, haute de trois à six pieds, ou bien entre des arbres ou des branches coupées, sous des feuilles sèches, et guettent leur victime des journées entières. Quelque être humain que ce soit, homme, femme ou enfant, qui approche de leur cachette, ils lui décochent d'abord un trait empoisonné, puis ils s'élancent sur lui comme le tigre sur sa proie. D'un seul coup, ils détachent la tête du tronc. Le corps est couché avec soin, et la tête mise dans un petit panier destiné particulièrement à cet usage et orné de cheveux d'hommes.

» Ces meurtres deviennent naturellement l'occasion de guerres sanglantes. La tribu dont un membre a été tué entre en campagne ; elle ne dépose les armes qu'elle n'ait obtenu en représailles une ou deux têtes. Ces têtes sont ensuite rapportées en triomphe au milieu de chants et de danses, et suspendues solennellement à la place d'honneur.

» Les fêtes qui succèdent à cette vengeance durent tout un mois.

» Les Dayacs aiment tant les têtes humaines que toutes les fois qu'ils entreprennent, en commun avec les Malais, quelque guerre ou quelque expédition de piraterie, ils ne se réservent que les têtes et abandonnent le reste du butin aux cupides Malais. »

Enfin, le 16 février, Livingstone repart après avoir reçu du consul de Zanzibar des nouvelles d'Europe et des hommes.

Ici, je ne puis m'empêcher, après avoir tant usé des documents que l'on a bien voulu me mettre entre les mains, de prendre à mon tour la parole et de dire quelques mots tout personnels sur le caractère du docteur Livingstone. Je ne l'ai pas connu, et je le regrette, car il se peint admirablement dans ses mémoires. Je sais qu'aujourd'hui les tendances sont au scepticisme ; c'est ce qui arrive forcément dans les époques de transition ; en deçà, un fanatisme implacable ; au-delà un scepticisme idiot, jusqu'au moment où l'équilibre s'établit et où la saine raison finit par dominer. Je ne puis oublier que ce livre est spécialement destiné à la jeunesse, et je croirais mentir à mes vingt ans de professorat, si je ne faisais ici tous mes efforts pour prévenir chez les jeunes intelligences qui le liront une exagération funeste.

Livingstone était l'homme prédestiné aux voyages dans l'intérieur de l'Afrique, mais je doute qu'ils eût réussi à y planter son drapeau, ou même un drapeau quelconque. Partout il se montre le prêtre, humain, tolérant, disposé à voir plutôt le beau côté des caractères que le mauvais, et par suite se trompant souvent; jamais il n'a les allures du conquérant qui impose sa volonté et fait siens les territoires qu'il parcourt. Il prend note avec un soin extrême du bien qu'on lui fait; les moindres attentions, un indigène qui lui apporte à manger, une femme qui fait du feu sans qu'on le lui demande, tout cela est enregistré avec émotion; quant aux côtés sauvages des peuplades qu'il rencontre, il a toutes les peines du monde à les constater; il voit sous ses yeux vingt preuves de cannibalsme, et ce n'est qu'après ces preuves réitérées qu'il fait doucement cette réflexion mélancolique : *Décidément ils sont cannibales !*

Il faut de tels hommes pour découvrir les mystères de l'Afrique centrale, étudier les mœurs des indigènes, indiquer les meilleures stations, et donner tous les moyens de parcourir ce continent si peu connu; mais il en faut aussi d'une autre trempe pour civiliser ces peuplades primitives, coloniser ces pays fertiles que l'on croyait des déserts et porter du nord au sud de l'Afrique les bienfaits de la colonisation européenne.

En général, Livingstone dit du bien des Mégnouémas qui l'appellent *l'homme bon;* il est partout reçu chez eux avec bienveillance; chez Casonga à une dizaine de kilomètres de la Loualaba, et dans le Nyangué; il se vante même d'avoir eu une certaine influence morale sur les indigènes, en constatant que Ebed avait donné l'ordre à ses mandataires de ne pas répandre le sang, de faire des présents à tous les chefs et de ne se battre que dans le cas où ils seraient réellements attaqués.

Il devait bientôt en rabattre sur le compte de ces peuplades barbares; c'était à la Tchitoca que l'attendait cette terrible désillusion. On appelle de ce nom la foire qui se tient sur les rives de la Loualaba. Là il se trouve retenu pendant fort longtemps, ne pouvant pas obtenir un canot pour passer cette rivière, parce qu'on fait circuler le bruit qu'il ne veut aller sur l'autre rive que pour tuer les Mégnouémas.

L'aspect de ces marchés, les Tchitocas, si brillants, si animés, le remplit d'admiration, mais il voit avec regret toutes les intrigues des chefs qui tâchent d'engager les traitants dans leurs vielles querelles. Voici comment ils s'y prennent : ils invitent les traitants à venir commercer, leur désignent tel village où l'ivoire est en abondance. Le traitant part avec sa bande; mais on a fait dire au village en question qu'il vient pour se battre, non pour trafiquer, et il est reçu par les ennemis qui l'obligent à se défendre.

Les traitants sont agressifs avec les faibles, mais très accommodants avec les forts; l'un deux, Bogarib se distingue entre tous par cette prudente partialité. Mais il y aussi Dagambé, un devin fort habile, qui a une bande considérable de cinq cents mousquets; c'est lui qui ouvrira la lutte et commencera les massacres, auxquels Livingstone est obligé d'assister. Cette épouvantable scène ne saurait être résumée et je laisserai la parole à Livingstone lui-même :

« Kimbourou, dit-il, a donné trois esclaves à Manilla; en retour, Manilla a pillé et brûlé dix villages. Ravi de cette preuve d'amitié, Kimbourou a offert à Dagambé neuf esclaves pour une semblable opération; il a éprouvé un refus; et aujourd'hui les gens de Dagambé détruisent ses villages, fusillent et capturent ses sujets, pour punir, dit-on, Manilla; en fait, pour apprendre aux indigènes qu'ils ne doivent avoir de relations et ne faire de commerce qu'avec Dagambé et les siens : « Soyez amis avec nous, non pas avec Manilla, ni avec aucun autre ; » c'est là dessus qu'on insiste.

» Malgré les villages en flammes et les coups de fusil qui de temps en temps se tiraient sur les fugitifs, quinze cents personnes vinrent au marché. En arrivant sur la place, je rencontrai tout d'abord Edaï et Manilla, puis trois des hommes que Dagambé a récemment amenés du Djidji. Je m'étonnai de voir ces trois hommes avec des mousquets, et fus sur le point de leur reprocher d'être venus là avec des armes, ce que ne font jamais les habitants ; mais je l'attribuai à leur ignorance des usages du pays; et, la chaleur étant suffocante, je résolus de rentrer chez moi.

» Comme je m'éloignais, je vis un de ces hommes marchander une poule et s'en emparer, je n'avais pas fait trente pas hors de la place, qu'une double détonation m'apprit que le massacre commençait. La foule s'élança de tous côtés, chacun jetant ses marchandises et prenant la fuite. Les trois hommes continuaient à tirer sur les groupes qui étaient en haut du marché, quand des volées de mousqueteries partirent d'une bande postée en bas, près de la crique, et dont les coups se dirigeaient sur les femmes qui se précipitaient vers les canots.

» Une cinquantaine de pirogues étaient là, pressées les unes contre les autres. Dans l'effroi qui les avait tous saisis, les hommes oublièrent leurs pagaies. Les canots ne pouvaient pas sortir tous à la fois ; la passe était étroite, et, voulant tous partir, ils s'en empêchaient. Hommes et femmes, entassés dans les barques, blessés par les balles qui continuaient de pleuvoir, sautaient dans l'eau et s'y débattaient en criant. Une longue file de têtes, sortant de la rivière, montrait que les malheureux nageaient vers une ile située à quinze cents mètres; pour y atteindre, il leur fallait opposer le bras gauche à un courant de trois kilomètres à l'heure. S'ils avaient pris la diagonale pour gagner l'autre rive, le courant les aurait aidés, et, bien que la distance fût de cinq kilomètres, quelques-uns l'auraient franchie. Mais toutes ces têtes au-dessus de l'eau marquaient la ligne de ceux qui devaient périr.

» Les coups de feu continuaient, tombant sur les faibles et sur les blessés. A chaque fois disparaissaient des têtes, les unes tranquillement, coulant à fond et rien de plus ; les autres avec des mouvements désespérés de bras se levant vers le ciel.

» Un canot se chargea d'autant de monde qu'il put en contenir ; tous le firent marcher en *patouillant* avec les bras en guise de rames. Trois autres allèrent au secours des amis défaillants et s'emplirent au point qu'ils sombrèrent.

» Seul dans une longue pirogue, où auraient pu tenir quarante ou cinquante personnes, un homme avait perdu la raison ; il remontait la rivière, pagayant sans but, tournoyant, n'allant nulle part et ne regardant pas ceux qui se noyaient.

» Peu à peu toutes les têtes disparurent ; quelques nageurs, qui avaient pris en aval, gagnèrent la rive et échappèrent au massacre.

» Dagâmbé mit quelques hommes dans l'un des canots restés sans maître et les envoya au secours des malheureux : vingt-deux furent sauvés de la sorte. Une femme refusa d'être prise à bord, préférant la chance de se sauver en nageant à la crainte d'être esclave.

» Ces femmes sont d'habiles nageuses, par suite de leur habitude de plonger dans la rivière pour y pêcher des huîtres ; celles qui ont suivi le courant ont pu être sauvées ; mais les Arabes eux-mêmes estiment le nombre des morts à un chiffre qui varie entre trois cent quarante et quatre cents ; et je les crois loin du compte.

» Dans leur acharnement, les hommes qui fusillaient près des canots ont tué deux des leurs.

» Mon premier mouvement fut de décharger mon pistolet sur les assassins ; mais Dagâmbé protesta contre mon immixtion dans une querelle sanglante.

» Deux misérables mahométans affirmèrent que la fusillade avait été faite par les gens de l'Anglais ; je demandai à l'un d'eux comment il pouvait mentir à ce point ; il ne trouva nulle excuse ; pas un autre mensonge ne lui vint à l'esprit ; il resta confus devant moi qui, lui recommandant de ne pas dire de faussetés si palpables, le laissai bouche béante et l'oreille basse.

» Après cette terrible affaire, les gens de Tagamogo, le principal auteur du crime, continuèrent de tirer sur les habitants de la rive gauche et de brûler leurs villages. Au moment où j'écris ces lignes j'entends les lamentations qui se répandent sur ceux qu'on a tués de l'autre côté de l'eau et qui sont morts, ignorant combien de leurs amis gisent dans les profondeurs de la Loualaba.

« On ne saura jamais le nombre de ceux qui ont péri dans cette horrible matinée, où il m'a semblé que j'étais en enfer. Tous les gens du marché, qui ont pris la fuite de ce côté-ci, ont été poursuivis et dépouillés par les esclaves du camp ; et, pendant des heures les femmes de la suite des traitants ont recueilli et emporté des charges de ce qui était resté sur la place.

« Quelques fugitifs sont venus à moi et en ont été protégés. Dagàmbé en a sauvé vingt-deux et les a libérés de lui-même ; ils ont été amenés ce soir près de ma maison. Dans le nombre sont une femme qui a eu la cuisse traversée par une balle et une autre qui est blessée au bras. J'ai envoyé mes hommes avec le drapeau, car, sans leur pavillon, ils auraient pu être victimes des assassins, et ils ont sauvé quelques personnes.

« Ce matin, seize villages étaient en feu, je les ai comptés. Meurtre et pillage, pourquoi tout cela ? ai-je dit à Dagâmhé et aux autres. Tous rejettent la faute sur Manilla ; et dans un certain sens, il en a été la cause ; mais je ne pense pas admettre, ainsi qu'on me le répète, qu'on a voulu punir Manilla d'avoir fait, lui étant esclave, amitié avec des chefs. Le désir d'inculquer aux indigènes le sentiment de l'importance et de la force des nouveaux venus est un motif plus sérieux ; mais il est terrible de penser que le meurtre de tant de créatures innocentes a pu être prémédité.

« Je compte dix-sept villages en flammes ; la fumée s'élève verticalement et forme un nuage au sommet de la colonne indiquant un foyer d'une extrême ardeur, car toutes les maisons sont ici pleines de bois de chauffage soigneusement empilé. »

Livingstone, navré de tous ces massacres, quitte le Nyangwé pour se diriger vers le Djidji, situé de l'autre côté du Tanganyika. Il traverse le Cahembaï et voit bientôt se confirmer partout la preuve que les traitants ne sauraient apporter aucune civilisation à ces régions, puisque l'incendie n'est pour eux qu'un amusement quand ils n'ont rien à craindre. — « Ces hommes sont pires que les animaux féroces, s'écrie-t-il, si toutefois on peut qualifier du nom d'hommes les esclaves des traitants. N'y a-t-il pas une monstrueuse injustice à comparer les Africains libres, vivant sous leurs propres chefs et sous leurs propres lois, cultivant leurs propres terres, avec les bandits que l'esclavage produit à Zanzibar et ailleurs ! »

Livingstone accepta chez Casongo l'adjonction d'une bande d'Arabes qui se rendaient au Djidji pour chercher des marchandises ; néanmoins, malgré ce renfort, le docteur manqua trois fois de perdre la vie ; on le prenait pour Bogarib. Sa santé d'ailleurs s'affaiblissait de plus en plus ; il manquait d'appétit ; il souffrait moralement d'être obligé, si près du but, de rebrousser chemin.

Pourquoi lui envoyait-on toujours des esclaves de Zanzibar, au lieu d'hommes libres ? Pourquoi confier à ces hommes des caisses et des lettres qui n'arriveraient jamais ? Pourquoi trouvait-il tant de mauvaise volonté dans les pays qu'il parcourait en ce moment, quand partout ailleurs, il était si bien reçu d'habitude ?

Nous ne voudrions prendre parti pour personne ; mais nous ne pouvons ne pas rappeler les griefs du docteur Livingstone contre le docteur Kirk de Zanzibar, griefs qu'il a rassemblés dans une lettre fort longue que nous nous contenterons de résumer.

En arrivant à Caouélé une autre surprise en effet l'attendait : Chérif avait vendu tout ce qui lui appartenait et le docteur était complètement ruiné !

Ce Chérif Baché était un agent du docteur Kirk, chargé par celui-ci de porter à Livingstone une grande quantité d'étoffes, de l'eau-de-vie, du savon, et beaucoup de perles, du sucre, du café et de la cotonnade. Rien de tout cela ne parvint à son destinataire ; Chérif troqua les marchandises contre des esclaves et de l'ivoire, payant de plus les porteurs avec les étoffes du docteur, échangea les perles contre du plomb, du vin de palme ou de banane.

Ce serviteur infidèle prétendit toujours s'appuyer sur le Coran qu'il avait consulté, disait-il, et où il avait appris la mort de *l'homme blanc*. Tout ce qu'il avait se trouvait donc sans propriétaire et il croyait avoir eu le droit de l'employer à sa guise.

D'un autre côté, il soutenait que les ordres qu'il avait reçus de Zanzibar étaient de ramener le docteur par tous les moyens possibles et de l'empêcher de pousser plus loin ses découvertes.

Quoi qu'il en soit, Livingstone se trouvait sans ressources, malade et sans espoir d'obtenir aucun secours. Ce secours devait lui venir du côté où il l'attendait le moins.

IX

STANLEY. — DERNIÈRES ÉTAPES. — LES SOURCES DU NIL

Dans la matinée du 28, au moment où notre explorateur se désespérait le plus et cherchait dans la religion les consolations qu'un croyant comme lui y trouve toujours ; son serviteur Souzi accourut tout haletant et lui jeta ces mots : « Un Anglais ! Un Anglais ! Je l'ai vu ! »

Comme le drapeau des États-Unis flottait en tête de la caravane, il n'y avait pas à douter. Mais d'où pouvait venir ce voyageur inconnu ? Où allait-il ? Que venait-il chercher dans ces régions ? Le bon docteur était bien loin de deviner la vérité ; lui, toujours si humble, si modeste, pouvait-il lui venir à l'idée qu'un Américain, c'est-à-dire un homme d'une nation rivale, avait, sans hésiter, dépensé environ 106,000 francs pour envoyer Henry Maton Stanley, correspondant du *New-York Hérald*, à sa recherche à travers le continent africain ?

« Immédiatement je retrouvai l'appétit, dit-il ; à la place de mes deux repas, aussi minces qu'insipides, je mangeais quatre fois par jour, et les forces me revinrent. »

Halimâ, la ménagère du docteur, n'en revenait pas ; toute la journée, ils mangeaient en causant, et la bonne créature était dans le ravissement de voir revivre celui qu'elle avait vu de si longs jours abattu et sans appétit !

« Je ne suis pas démonstratif, disait le docteur ému, mais cette pensée de M. Benett, cet ordre généreux, si noblement effectué par M. Stanley, c'est bouleversant ! »

A cette époque, ce qui tourmentait le plus Livingstone, c'était de trouver un émissaire du lac Tanguégnica ; il voyait bien des affluents, on lui en avait cité jusqu'à dix-huit, mais pas une de ces rivières ne sortait du lac.

Il remonta donc la Loussizé en pirogue et ne pensa plus qu'à redescendre dans le Djidji où l'attendait Stanley malade. La seule probabilité à laquelle il ait pu s'arrêter alors, c'était que la décharge du lac devait se faire par la Lougomba, dans la Loualaba, que cette rivière joint sous sous le nom de Louomo ; c'était aussi l'opinion de Cameron.

Stanley insistait beaucoup pour que Livingstone retournât en Angleterre le plus tôt possible et reprît des force pour continuer ensuite l'œuvre commencée. Et plût à Dieu qu'il l'eût écouté; nous n'aurions peut-être pas à déplorer sa perte aujourd'hui ! Malheureusement pour la science, mais heureusement pour l'exemple qu'il a donné à ceux qui voudront l'imiter, Livingstone ne voulait pas abandonner la partie, et la découverte des sources du Nil était toujours pour lui « *la grande affaire.* »

Quoi de plus touchant que cette lettre de sa fille Agnès lui écrivant : — « quel que soit mon désir de vous revoir, j'aime mieux que vous réalisiez vos plans de manière à vous satisfaire que de revenir pour m'être agréable. — Bien pensé et bien dit, Nannie, ma mignonne, s'écrie Livingstone ; *elle est un éclat du vieux bloc !* » En vérité, ces héros ne sont pas seuls, ils sont une famille !

Arrêtons-nous donc un instant ici pour dire quelques mots de ces fameuses source du Nil qui ont excité la curiosité de tant de navigateurs.

— « Enfin je m'approchai, en courant, de l'île située au milieu des marais et tapissée de gazon. Je la trouvai semblable à un autel (c'en est en effet un, car les naturels y font des sacrifices quotidiens), et je fus dans le ravissement en contemplant la principale source qui jaillit du milieu de cet autel. Certes, il est plus aisé d'imaginer que de décrire ce que j'éprouvai alors. Je restais debout en face de ces sources, où depuis trois mille ans le génie et le courage des hommes les plus célèbres avaient en vain tenté d'atteindre. Des rois ont voulu y parvenir à la tête de leurs armées; mais leurs expéditions ne se sont distinguées les unes des autres que par le plus ou le moins d'hommes qui y ont péri ; et toutes se ressemblent par l'inutilité de ces pertes. La gloire et les richesses ont été promises pendant une longue suite de siècles à l'homme qui aurait le bonheur d'arriver où les armées ne pouvaient pénétrer, mais pas un seul n'avait encore réussi ; pas un seul n'avait pu satisfaire la curiosité des souverains qui les employaient, remplir les vœux des géographes, et triompher d'une ignorance honteuse pour le genre humain. Mais quoique je ne sois qu'un particulier, je triomphais, dans mon imagination, et des rois et de leurs armées, et toutes mes réflexions m'enorgueillissaient de plus en plus ; car, le premier des Européens, *j'avais vu les sources du Nil !* »

C'est ainsi que s'exprimait, avec un touchant enthousiasme, Jacques Bruce, le célèbre explorateur écossais, et cependant il était dans l'erreur, et cette erreur fut partagée par toute l'Europe pendant un demi-siècle, jusqu'en 1840.

En 1863, MM. Speke et Grant ont cherché les sources du Nil jusque dans le lac Nyanza, c'est-à-dire à 350 lieues de celle que Bruce croyait avoir découverte.

Speke croit que le Nil Victoria, débouchant du lac Victoria et tombant dans le lac Albert est la source du vrai Nil. Burton prétend qu'il existe deux lacs passant sous le même méridien ; le vrai Nil peut y passer et, de fait, le lac Tanguégnicka est immédiatement au sud du lac Albert. Il reviendrait donc à savoir si le lac Tanguégnika a un écoulement vers le nord et s'il tombe dans le lac Albert ; dans ce cas, les vraies sources du Nil seraient peut-être trouvées. Ce sont en effet les grandes espérances que faisaient naître les voyages de Livingstone en 1867 ; malheureusement, il ne devait pas, lui non plus, arriver à un résultat complètement satisfaisant, il devait mourir à la peine sans avoir résolu le problème tant cherché.

Remontons encore plus haut et nous verrons que cette question a excité de tous temps la curiosité des hommes de science. Ce fleuve a dû surtout sa célébrité à ses débordements périodiques, particularité qui n'est qu'à lui seul et dont on n'a jamais pu découvrir les causes.

Hérodote manifestait un grand désir de connaître la cause de ce phénomène inexplicable ; il avoue avoir questionné beaucoup de voyageurs et de transfuges égyptiens, mais n'avoir pu recevoir d'eux aucun éclaircissement. Deux cents ans après Hérodote, Eratosthène, bibliothécaire d'Alexandrie, décrivit la partie supérieure du Nil, et attribue la cause de ses débordements annuels aux pluies périodiques qui tombent sur les grands plateaux d'où il descend. Lucain, dans sa *Pharsale*, fait dire à César : « Que ne puis-je connaître l'origine de ce fleuve qui soustrait sa tête à nos regards depuis tant de siècles ; il n'est rien que je misse à si haut prix. » Néron envoya deux centurions à la recherche de ces sources mystérieuses, lesquels parvinrent jusqu'aux immenses marais situés par 9° de latitude N. Au IIe siècle de notre ère, Ptolémée affirme l'existence de deux grands lacs situés au sud de l'équateur : nous avons déjà vu qu'il ne s'était pas trompé.

Quand on pense que, depuis Néron jusqu'en 1839, personne ne put dépasser la ligne où s'étaient arrêtés les deux centurions ! Aussi, devant ce monde inconnu, réputé infranchissable, même inaccessible, combien s'exaltait l'imagination et combien de légendes plus terribles les unes que les autres couraient sur cet étrange pays ! Et il n'y a pas bien longtemps, on croyait encore à l'existence d'une tribu, celle des Nyam-Nyam, dont les membres étaient tous munis d'un appareil caudal, comme les singes.

Au XVIe siècle, les Portugais arrivèrent aux sources du Nil Bleu par l'Abyssinie. En 1698, le docteur Poncet, appelé comme médecin par l'empereur d'Abyssinie, en profita pour explorer le pays et donner quelques renseignements qui se concordaient avec ceux donnés par les Portugais. En 1770, Jacques Bruce, comme nous l'avons vu plus haut, découvrit aussi les sources du Nil Bleu qu'il prit pour le vrai Nil. En 1819, Caillaud, de Nantes, reconnut que le Nil Bleu n'était qu'un affluent et que le vrai Nil devait prendre sa source dans les montagnes de la Lune. On reconnut en outre qu'au-dessus des Karthoum, vers le sud, il y a d'immenses marais formés par les inondations, pleins de végétations spongieuses et habités par de nombreux crocodiles ; la surface est envahie par des nuées d'insectes avides de sang, et la fièvre et la peste déciment les voyageurs ; Brun-Rollet y trouva la mort.

En 1856, le Ferrarais Bolognési découvrit un lac qu'il prit pour la haute mer et visita le pays des Dinkas et des Dours où il obtint une grande quantité d'ivoire. Guillaume Lejean alla jusqu'à Gondokoro, en 1851. C'est alors que l'on eut l'idée de prendre le Nil à rebours en partant de Zanzibar ; c'est dans une expédition semblable que périt M. Maizan dont nous avons raconté la fin tragique.

On remarquait avec étonnement que les sauvages auxquels on demandait des renseignements avaient tous plus ou moins connaissance des grands lacs situés vers le sud ; de plus, les missionnaires avaient découvert en 1849, presque sous la ligne, deux montagnes fort élevées (six mille mètres) couvertes de neiges éternelles.

La société de géographie de Londres confia une mission dans ces parages aux capitaines Burton et Speke ; ils arrivèrent, eux aussi, à la région des monts de la Lune, s'enfoncèrent dans l'Ounyamouési et arrivèrent au lac Tanganyika. Speke ayant aperçu vers le nord la pointe d'un lac (le lac Nyanza), auquel il donna le nom de lac Victoria, repartit en 1860, avec le capitaine Grant, explora l'extrémité septentrionale du lac, mais ne put rien voir de la côte orientale. Il était persuadé néanmoins que c'étaient là les sources du vrai Nil et le proclama à Londres prématurément.

Baker fit la même route et arriva au lac N'zigé. La question est donc encore pendante aujourd'hui. Prétendre que les lacs Albert et Victoria sont les sources du Nil serait aussi exact que de dire que le lac de Genève est la source du Rhône, dit M. Louis Asseline. Ce qu'il y a de certain, ajouta-t-il, c'est que l'Albert-Nyanza, situé à 1500 pieds au-dessus du niveau général des pays environnants, est le grand réservoir du Nil.

» Cette question des sources du Nil, dit M. Vivien de Saint-Martin, se complique de considérations dont on ne paraît pas se préoccuper suffisamment. Que l'on veuille déterminer, sur la carte ou sur le terrain, la source d'un simple courant, d'une rivière peu étendue, et cela ne souffre aucune difficulté, il n'y a là ni voile mystérieux, ni complications physiques.

Mais il en est autrement lorsqu'on veut reconnaître l'origine de ces vastes artères fluviales qui recueillent les eaux de la moitié d'un continent. Peut-on dire avec certitude, parmi les torrent qui descendent du flanc neigeux des Alpes des Grisons, lequel est la vraie source du Rhin? Est-ce le Mittel, est-ce le Hinter, est-ce le Vorder-Rhein? A vrai dire, c'est seulement à Coire que le Rhin commence réellement.

» Si le point initial d'un grand fleuve est un problème si compliqué et d'une solution si difficile, même au cœur de l'Europe, que sera-ce donc au fond des contrées barbares et à peine connues de l'Afrique intérieure?

» N'oublions pas ce qu'est le Nil dans la partie extrême de son bassin, où se trouvent ses origines. Ce n'est plus, comme en Nubie et en Egypte, un canal unique contenu dans une vallée sans affluents; c'est un vaste réseau de branches convergentes venant de l'est, du sud et du sud-ouest, et toutes ensemble se déployant probablement en un immense éventail qui embrasse peut-être la moitié de la largeur de l'Afrique sous l'équateur. Quelle sera parmi ces branches supérieures, celle que l'on devra considérer comme la branche mère ! Là est la question. Il est de fait que l'opinion locale, et nous avons sur ce point des témoignages fort anciens, a toujours regardé notre fleuve blanc, Bahr-El-Abiad des Arabes, comme le corps principal du fleuve ; mais en admettant cette notion comme physiquement exacte, et nous la croyons telle, il reste encore à reconnaître de quelles branches supérieures se forme le Bahr-El-Abiad. Alors seulement on pourra poser utilement la question du *Caput Nili*.

» Dans mon humble opinion, il n'y a dans cette recherche qu'un *criterium* décisif, c'est la raison critique. Je m'explique : si incomplète que soit encore en ce moment notre connaissance des parties intérieures de l'Afrique australe, et en particulier de la zone qui s'étend presque d'une mer à l'autre sur une longueur de plusieurs degrés, aux deux côtés de l'équateur, les explorations récentes du docteur Livingstone dans le sud, du docteur Barth au nord-ouest, de MM. Burton et Speke dans la région des grands lacs, sans parler des reconnaissances mêmes du Bahr-El-Abiad et de quelques-uns de ses tributaires, suffisent déjà pour mettre en évidence ce fait très important que l'origine de tous les grands fleuves de l'Afrique, le Zambèze, la Binoué, le Chari, aussi bien que le Nil, converge vers la zone équatoriale.

» Cette disposition est un trait caractéristique de la configuration africaine. Les détails nous sont encore inconnus ; mais nous pouvons rendre compte de l'ensemble. La conséquence évidente, c'est que cette zone centrale, d'où rayonnent tous les grands cours d'eau qui vont aboutir aux trois mers environnantes, est la partie la plus élevée du continent. Il doit y avoir là un système d'Alpes africaines, dont les pics neigeux du Kénéa et du Kilimandjoro, au-dessus des plages du Zanguebar et les groupes des montagnes élevées aperçues par le capitaine Speke à l'ouest du Nyanza, nous donnent une première idée. Or, c'est une loi générale des pays d'Alpes, qu'il s'y trouve un nœud, un massif culminant, d'où sortent les plus grands cours d'eau dans toutes les directions. Une conséquence naturelle se tire de ces considérations : c'est que s'il existe un massif culminant au cœur de la zone équatoriale, celle des branches dont se forme le fleuve Blanc qui sortirait de ce massif, devrait être regardée, à l'exclusion de toutes les autres, comme la vraie tête du Nil. »

X

MORT DE LIVINGSTONE

« Il est certain, dit le docteur Livingstone, que quatre grandes sources jaillissent sur la ligne de faîte, à huit jours de marche au sud de Catanga. Elles deviennent bientôt de grande rivières. Deux de ces rivières vont au nord vers l'Egypte, les deux autres vont au sud dans l'Ethiopie intérieure.

» Les premières sont la Loufira ou Bartle-Frère, qui se jette dans le Camolondo, celui-ci se déchargeant dans la Loualaba, rivière de Webb, qui est la principale ligne du drainage. L'autre Loualaba, celle d'Young, traverse le Tchibongo (lac de Lincoln) et, avec la Lomamé, va rejoindre la rivière de Wibb.

» Au sud, la fontaine Liamonbaï, celle de Palmerston, est la source du haut Zambése ; et la Lounga, fontaine d'Oswell, est la tête du Kafoué, toutes deux s'écoulant dans l'Ethiopie intérieure.

» Il est possible que là ne soient pas les quatre fontaines dont le trésorier de Minerve a parlé à Hérodote dans la ville de Saïs ; mais il il en serait pas moins utile de les découvrir, en tant qu'elles sont placées dans les cent derniers des onze cents kilomètres de la ligne de faite, d'où proviennent la plupart des sources du Nil.

» Je me propose donc, en quittant le Gnagembé, de me rendre au Fipa, de tourner ensuite l'extrémité méridionale du Tanganyika, de passer le Chambèze, de longer la rive méridionale du Bangouéolo, et de prendre droit au couchant, pour gagner les fontaines indiquées. »

» En suivant cette route, s'il y a d'autres sources du Nil plus méridionales, j'en acquerrai la certitude, car elles ne pourront exister sans que je les rencontre. »

Voilà donc les derniers projets de Livingstone, et ce sont ces derniers efforts dans la découverte de l'inconnu, que nous allons retracer rapidement.

M. Stanley lui avait fait de riches présents, et le docteur se trouvait de nouveau largement approvisionné. Il avait confié au reporter son journal, scellé de cinq cachets avec défense expresse de l'ouvrir.

Ainsi, au Gnagnembé, le docteur rend visite à plusieurs chefs arabes, demandant à tous des renseignements, mais craignant encore de se tromper et de suivre le Congo. Malgré cependant cette perpétuelle préoccupation, rien ne lui échappe, et il pense surtout à cette fameuse station de missionnaires, qu'il s'était flatté de trouver dès le commencement de son voyage, et qu'il n'avait pu découvrir nulle part. Le Caragoué, par exemple, lui paraît une région des mieux situées pour l'établissement d'une mission. On y cultive le café et le sucre de canne ; le riz et le froment abondent ; on a à profusion les grenades, les goyaves, les citrons, les oranges ; on trouve de la vigne, et le papayer croît partout. Ajoutez à cela les oignons, les radis, les courges et les pastèques, une température entre seize degrés et vingt-quatre en hiver, et de vingt-sept à vingt-huit en été, il est certain que cet endroit serait excellent pour établir une colonie qui trouverait aisément le moyen de se suffire à elle-même.

Le 3 juillet, le docteur Livingstone apprend la mort d'un ami, sir Roderick Murchison, et il fait cette singulière réflexion : « C'est la première fois de ma vie que je me sens disposé à me plaindre! » Dans l'amertume de la douleur le docteur ne fait pas attention qu'il ne trouve cette perte aussi douloureuse, que parce que le temps a déjà cicatrisé les blessures que la mort lui a faites : il y avait dix ans que madame Livingstone était morte à Choupanga.

A l'embouchure de la Loangoua de Zoambo, les voyageurs rencontrèrent des chasseurs d'hippopotames, appelés Combouès. Ce sont des types extrêmement curieux, des hommes forts, admirablement découplés et doués d'une grande force musculaire; ils sont d'une bravoure et d'un sang-froid extraordinaires, dans cette chasse très dangereuse qui exigent ces qualités au plus haut degré. Voici au surplus comment ils procèdent.

Ils sont deux par canot; ces embarcations ressemblent assez à ceux que nous voyons sur la Seine, les jours de régates. Ils rament avec une très grande circonspection, effleurant à peine l'eau de leurs pagaies, et ne se parlant que par signes: ils se dirigent vers un hippopotame endormi. Celui qui est à l'avant du canot, dès qu'on approche de l'animal, laisse sa pagaie, se lève et sans imprimer aucune oscillation au bateau, ce qui serait fatal en le faisant chavirer, lance son harpon sur l'énorme bête dans la région du cœur. En même temps, l'autre fait reculer la barque. Si l'animal n'est pas blessé profondément, il reparaît à la surface de l'eau, ouvrant une gueule formidable; alors le chasseur lui lance son second harpon. Il arrive alors souvent que l'hippopotame rejoint le bateau, et le broie entre ses mâchoires comme nous ferions d'une noix. Mais les hardis chasseurs ont vu le coup; ils se sont jetés à l'eau et gagnent la rive; d'autres chasseurs harcèlent la bête qui finit par succomber.

Ces gens sont chasseurs de père en fils, et ce sont les seuls de ce genre que Livingstone ait rencontrés dans tous ses voyages en Afrique.

Forcé d'attendre à Couihara les gens de Bagamoyo, que lui avaient annoncés Stanley et le consul américain, le docteur, caressant toujours son idée favorite, donne des renseignements précieux sur la manière dont on pourrait établir une station dans ces parages. Je les reproduis ici, parce qu'il est bon de faire tout son possible pour qu'une idée civilisatrice fasse son chemin, et nous croirions manquer au but que nous nous sommes assigné en écrivant ce livre, à savoir la diffusion des connaissances ethnologiques dans toutes les classes, si nous ne répétions ici, avec Livingstone, que le centre de l'Afrique est une terre hospitalière où les relations avec les indigènes sont plus faciles qu'on ne le croit, et où l'on arriverait du même coup à réaliser trois *desiderata* qui seraient forcément la conséquence les uns des autres : la suppression de la traite, une connaissance approfondie de ces contrées inexplorées, et la civilisation de ces peuplades barbares qui sont éminemment intelligentes, et très accessibles aux idées européennes.

Si l'on établissait une mission dans ces parages, il serait bon de ne pas froisser le fanatisme musulman. Ces gens ont une connaissance très restreinte de leur religion; ils ne sauraient lire le Coran; Livingstone n'a rencontré qu'un seul des chefs indigènes qui eût envoyé ses enfants à

Zanzibar afin qu'un jour ils sachent lire et écrire. Il ne faudrait donc pas songer, pour le moment du moins, à introduire le christianisme dans le centre de l'Afrique; quelques mots adroitement dits sur Mahomet au sujet de sa croyance à un Dieu unique, suffisent à contenter les mahométants de ces pays.

Le docteur insiste sur la nécessité de n'employer aux travaux que les naturels des environs. « Ceux qui viennent de loin, dit-il, se croient eux-mêmes missionnaires et en abusent. Il est toujours préférable de former de bons serviteurs sur place. »

Ce fut le 15 août seulement, que le docteur reçut les gens de Stanley.

« La nouvelle bande de Livingstone, dit M. Waller, se composait alors de Souzi, de Chouma et d'Amoda, qui étaient avec lui depuis 1864; de Mabrouki et de Gardner, deux Nassickais, loués en 1865; et des cinquante-sept hommes envoyés par M. Stanley, dont quelques élèves de Nassick, parmi lesquels se trouvait Jacob Wainwright, qui, sachant lire et écrire, a joué un rôle important après la mort de Livingstone.

Ce voyage, entrepris le 25 août 1872, est le dernier de notre hardi explorateur; le lecteur ne sera donc pas étonné de nous voir le suivre pas à pas dans cette dernière étape si douloureuse, où toutes les vertus du chrétien, la patience, la douceur et la résignation brillent d'un si pur éclat. Pourtant, dès l'entrée en campagne, on avait rencontré une grosse vipère *inflata*; quatre-vingt-onze centimètres environ, et la grosseur du bras; les indigènes disaient que c'était un très bon présage, et ce voyage devait être le plus désastreux qu'il ait fait.

Le 19 septembre, le docteur tombe malade; il mange peu ou point; la chaleur est insupportable, et tout le monde en est incommodé. Livingstone particulièrement perd toute son énergie; néanmoins il continue sa route et arrive, le 11 octobre, au district de Coléma. De temps en temps, on aperçoit de loin les rives du Tanganyika, mais bientôt elles se trouvent cachées par des collines. Toute cette région est ravagée par la guerre que se font les peuplades voisines, et aussi les traitants; la culture est interrompue dans la crainte d'une invasion; il est donc difficile de se procurer le nécessaire. Les chemins sont très accidentés; ce ne sont que collines et montagnes et terrains détrempés.

A Kitanda, les voyageurs sont bien reçus par le chef, et en profitent pour se reposer de leurs fatigues et pour se préparer en même temps à la prochaine étape qui promet d'être pleine de difficultés. Il est impossible, en effet, d'arriver au lac par les sentiers qui seraient impraticables pour les bagages; il faudra donc suivre la cime des monts!

Les voyageurs appelaient la pluie de tous leurs vœux; la terre était brûlante ; un âne venait d'être piqué de la tsetsé, ce terrible insecte de l'Afrique centrale auquel les bestiaux ne résistent pas. Livingstone avait toujours cru que l'âne ne craignait pas ses morsures et que, par suite, il devenait un précieux quadrupède pour les explorations africaines ; mais à Couihora il dut reconnaître son erreur puisqu'il y perdit son âne avec tous les symptômes que produit le venin de la tsetsé.

Cette pluie, que l'on demandait depuis si longtemps, devait enfin arriver, mais en telle quantité qu'elle devait être une des causes les plus puissantes des désastres qui suivirent. L'Africain n'aime pas la pluie ; il perd toute sa force, il est abattu et sans courage pendant les plus gros orages. Or, à partir du 8 décembre, ce ne furent que des pluies torrentielles. Il fallait aussi se mettre en garde contre la malice des chefs qui ne se gênaient pas pour donner de fausses indications et faire prendre une route trois ou quatre fois plus longue. La marche était fort pénible par des chemins couverts d'herbes, à travers des marais pleins de sangsues, très profonds à cause des pluies. « Le voyage, dit-il, n'était qu'une série de plongeons, avec de l'eau jusqu'au-dessus des hanches. »

Les indigènes montraient le plus mauvais vouloir ; ils avaient une peur affreuse des armes à feu. Il était impossible de s'orienter ; rien que de l'eau, et le docteur en est réduit à se faire porter.

« Et cela est bien difficile, dit-il, à travers ces nappes d'eau remplies d'herbes. L'une d'elles avait plus de six cents mètres de large. Ce matin, dans la première section, l'eau montait jusqu'à la bouche de Souzi ; j'avais les jambes et le siège mouillés. Des hommes marchaient devant nous pour couper les herbes, afin d'assurer la passe au bord d'une piste d'éléphants. Quand l'un ou l'autre tombait dans un des trous de cette piste, il fallait se mettre deux pour le retirer. Les armes étaient portées derrière nous, à bras tendu. Tous les dix ou douze pas, nous rencontrions une eau vive qui fuyait dans son propre canal, tandis que sur le tout, un large courant passait à travers les herbes. Mes gens me prennent tour à tour : Souzi d'abord, ensuite Faridjala, puis un homme robuste et de grande taille, qui ressemble à un Arabe ; puis Amoda, Tchanda et Ouadé-Sélé. A chaque relai, on m'enlève et l'on me replace sur d'autres épaules secourables. Au bout d'une cinquantaine de mètres, ils sont hors d'haleine ; rien d'étonnant. Ce passage a été rude pour les femmes de notre bande. Tous se sont entr'aidés. Il nous a fallu une heure et demie pour sortir de là. L'eau était froide, ainsi que le vent ; mais il n'y avait pas de sangsues. »

Obligé de rebrousser chemin, puis de prendre une autre route, le docteur perdait ses forces et était miné par la fièvre. Aux environs du

Bangouéolo, le chef Matipa montre tant de mauvaise volonté que Livingstone est obligé d'employer la force pour en obtenir des pirogues afin d'aller établir un camp sur la rive gauche de la Chambèze. Enfin, on réussit à s'avancer encore un peu vers le sud; les pluies étaient toujours abondantes et l'on ne manquait guère de vivres, car on avait du poisson en quantité et l'on recevait du manioc à profusion dans tous les villages que l'on rencontrait.

Le docteur avait de fréquentes hémorragies et s'affaiblissait à vue d'œil. On se trouvait alors au sud de Bangouéolo, chez le chef Caloungandjovou. Livingstone, depuis quelques jours déjà, n'avait même pas la force de rédiger un journal détaillé; quelques noms de rivières, parfois la date seule du jour et c'est tout ce qu'il a pu nous laisser de ces tristes journées.

« Les derniers kilomètres (1) que devait faire le grand voyageur s'accomplirent d'abord à travers des marais, puis en terrain sec : marche si douloureuse pour lui que Chouma, l'un de ses porteurs, dit qu'à chaque instant il le suppliait de s'arrêter. Si grande était sa faiblesse, qu'il n'essaya pas même de se mettre sur son séant, et qu'à un endroit où on fut obligé de le lever, à cause d'un arbre qui barrait le chemin, il tomba dans un assoupissement dont ses gens furent très fort alarmés. On le recoucha; il revint à lui; mais il était si faible qu'il pouvait à peine parler.

» A quelque distance de là, il fut pris d'une grande soif et demanda s'il y avait de l'eau; on n'en trouva pas une goutte. Pour ne pas être trop séparés des autres, ses porteurs pressaient le pas, quand, à leur grande joie, ils virent arriver Faridjala portant de l'eau que Souzi, toujours attentionné, envoyait du village.

» Ils continuèrent leur route, croyant que cette étape ne finirait jamais. En arrivant dans une éclaircie, le docteur les pria de le déposer à terre et de l'y laisser; ils essayèrent de l'encourager en lui disant qu'on voyait les huttes du village, et qu'il serait bientôt dans la maison qu'on bâtissait pour lui. Ils avancèrent un peu; mais ils durent s'arrêter dans un jardin situé hors de l'enceinte, où le malade resta pendant une heure.

» Enfin ils gagnèrent le bourg; la case n'était pas achevée; ils durent poser leur maître sous la projection d'un toit formant véranda pendant qu'on se hâtait de terminer sa maison, car une pluie fine tombait par instants. Ensuite, le lit fut posé sur un échafaudage qui le préserva du contact du sol, et placé en travers du fond arrondi de la case. Dans la fe-

---

(1) M. Belin de Launay.

nêtre, dont il ferma l'ouverture, on plaça les ballots et les caisses, l'une de celles-ci faisant l'office de table. On fit du feu devant la porte ; et Madjouaïa, l'un des Nassickais, resta dans la chambre, où il coucha pour servir le maître pendant la nuit.

» Le 30 avril, Livingstone demanda son chronomètre et expliqua à Souzi comment il fallait le tenir, de manière qu'il l'eût dans la paume de la main, tandis qu'il tournerait lentement la clef.

» Les heures s'écoulèrent. A la nuit tombante, ceux des hommes qui devaient faire la veillée allèrent s'asseoir autour des feux ; les autres se retirèrent en silence et regagnèrent leurs huttes avec la conviction que la fin était prochaine.

» Vers onze heures, Souzi, dont la case touchait à celle du malade, fut appelé. De grands cris retentissaient dans le lointain. « Est-ce que ce sont nos hommes qui font tout ce bruit ? demanda Livingstone. — Non, dit le serviteur ; ce sont les villageois qui chassent les buffles de leurs champs de Sorgho. »

» Peu de minutes après, Livingstone dit d'une voix lente, comme un homme en délire : « Cette rivière, est-ce la Louapoula ? » Souzi lui répondit qu'ils étaient dans le village de Tchitambo et que la rivière voisine était la Molilamo. Il garda le silence pendant quelque temps, puis s'adressant encore à Souzi, mais cette fois dans le langage de la côte, il lui demanda : « A combien sommes-nous de la Louapoula ? — Je pense que nous en sommes à trois jours, maître, » répliqua Souzi.

» Et une minute après, comme sous l'influence d'une douleur excessive, le docteur fit entendre cette plainte : « Oh ! Dear ! Dear ! » à demi soupirée, à demi parlée ; puis il retomba dans l'assoupissement.

» Au bout d'une heure, Souzi fut rappelé. Livingstone le pria de faire chauffer de l'eau ; quand elle fut chaude, il demanda sa boîte à médicaments, où il choisit du calomel avec beaucoup de difficultés, car il semblait ne plus voir assez pour lire les étiquettes. Il fit poser le calomel auprès de lui, verser un peu d'eau dans une tasse, mettre une tasse vide à côté de l'autre, et murmura d'une voix faible : « C'est bien ; maintenant vous pouvez vous en aller. » Ce sont les dernières paroles qu'on lui ait entendu dire.

» Il pouvait être quatre heures du matin, lorsque Madjouaïa vint de nouveau trouver Souzi : « Viens voir maître, dit-il, j'ai peur ; je ne sais pas s'il est vivant. »

» Souzi réveilla Chouma, Choupiré, Magnasiré et Mathieu, et les six entrèrent dans la chambre. Le lit était vide. Agenouillé au bord de sa couche, Livingstone paraissait être en prières ; et, par un mouvement instinctif, chacun d'eux recula. « Quand je me suis réveillé, dit Madjouaïa, il était comme à présent et, puisqu'il ne se remue pas, j'ai peur qu'il ne soit mort. » On demanda au Nassickais s'il avait dormi longtemps ; il répondit qu'il ne savait pas, mais probablement le temps avait été assez long.

» Les hommes se rapprochèrent. Une bougie collée sur la table par sa propre cire jetait une clarté suffisante pour y bien voir. A genoux, et penché en avant, Livingstone avait la tête dans ses mains, qui étaient croisées sur l'oreiller. Ils le regardèrent pendant quelques instants et ne virent aucun signe de respiration. Mathieu lui posa doucement le doigt sur la joue ; elle était froide. Livingstone était mort.

» Ils le replacèrent religieusement sur son lit ; et, après l'avoir étendu et recouvert avec soin, ils sortirent pour se consulter. Presque aussitôt, les coqs chantèrent ; et comme il était près de minuit lorsqu'il avait parlé pour la dernière fois, nous pouvons dire avec une assez grande certitude, qu'il expira le 1er mai, un peu avant l'aube. »

Les serviteurs de Livingstone ne se dissimulèrent pas un seul instant la gravité de leur situation ; leur premier mouvement fut de cacher au chef la mort du docteur et d'aviser ensuite au moyen d'emporter son corps à la côte. Heureusement que, dans la nouvelle escorte qu'il devait à M. Stanley, Livingstone comptait non seulement des gens d'une fidélité et d'un zèle éprouvés, mais encore assez intelligents pour prendre la décision que les évènements comportaient. L'un d'eux savait lire et écrire et a été d'une grande utilité en ces pénibles circonstances.

On demanda donc la permission à Tchitambode de s'installer en dehors des cases, afin de pouvoir cacher le cadavre aux regards des indigènes. Mais, le lendemain, le secret était déjà dévoilé et Tchitambo vint reprocher à Souzi sa méfiance. « Je sais, dit-il, que vous n'avez aucune mauvaise intention, et je vous offre même de rendre à l'Anglais les honneurs funèbre, usités dans le pays.

Cette offre fut naturellement acceptée. Le troisième jour les naturels vinrent à la case de Livingstone, vêtus d'une pièce de calicot blanc ; le chef portait en outre une sorte de manteau d'étoffe rouge sur les épaules. Les femmes poussèrent des lamentations terribles accompagnées du son des tambourins et des volées de mousqueterie des gens du défunt.

Il fallait songer maintenant à préparer le corps pour parvenir à le transporter jusqu'à Zanzibar ; on l'ouvrit ; à la place des intestins on mit une quantité de sel ; le cœur et le foie furent enterrés au pied d'un arbre, et le cadavre ainsi *embaumé* fut placé au centre d'une case circulaire ouverte par en haut afin qu'il fût bien exposé à l'air et au soleil. Cette préparation, d'ailleurs n'offrait guère de difficulté, car le corps du pauvre explorateur, épuisé par les souffrances, les fatigues et les privations de toutes sortes, n'offrait plus que l'apparence d'un squelette. Au bout de quelques jours, il se trouva suffisamment sec ; on le ficela, on l'introduisit dans un cylindre fait de l'écorce d'un arbre ; on enveloppa ce cylindre d'un morceau de toile à voile, et on fixa au ballot une forte perche afin qu'il pût être porté par deux hommes.

Tchitambo promit de veiller sur le lieu où le cœur du voyageur avait été enterré et d'empêcher le gazon d'y pousser. Il ne dissimula pas néanmoins aux gens de Livingstone qu'il pourrait bien ne pas s'acquitter longtemps de ce devoir, prévoyant qu'il serait peut-être forcé de fuir devant les Mazitous.

XI

RETOUR A LONDRES

Quelles difficultés avait à vaincre la petite caravane pour revenir à Zanzibar ! les chemins ne lui étaient pas bien connus, et, de plus, il fallait à tout prix que les peuplades qu'ils devaient traverser ignorassent que l'on transportait un mort. Ces sauvages ont très peur des cadavres ; ils se figurent qu'ils se vengent sur les vivants, et cela par des moyens terribles. Or chacun sait, étant admis la légende, et une foi sincère dans cette légende, que le plus brave en face d'un vivant perd tout courage vis-à-vis d'un cadavre que son imagination voit armé d'une puissance surnaturelle.

Une épidémie sérieuse se déclara tout d'abord parmi les hardis serviteurs de Livingstone ; il y avait déjà vingt jours qu'ils avaient quitté Tchitambo, que la moitié des voyageurs étaient hors d'état de continuer leur route, et l'on n'était pas encore arrivé à la Louapoula. Cette rivière, qui sert de déversoir au Bangouéolo, et dont la vue aurait causé une si grande joie à celui qui la traversait alors sans en avoir conscience, est fort large et il faut bien deux heures pour la franchir. On l'aperçut bientôt vers le vingt-deuxième jour, et on la traversa.

C'est en deçà de cette rivière que le pauvre âne de Livingstone fut tué par un lion, pendant la nuit.

Je ne voudrais pas, après ce long récit, m'appesantir trop longtemps sur les péripéties du retour de cette caravane funèbre ; mais je ne puis m'empêcher de rapporter ici une bien curieuse décision d'un chef au sujet d'un naturel blessé par un homme de la caravane. Ce chef avait fait cadeau aux voyageurs d'une vache ; mais ces animaux sont tellement sauvages qu'il fallait la chasser et l'abattre. Un des chasseurs atteignit un indigène à la cuisse. En cette occurrence, voici le jugement que rendit le chef :

» Vous me devez une indemnité, destinée au père du blessé, parce que vous êtes mon hôte et que je deviens responsable de votre erreur ; mais comme aussi j'avais recommandé à mes gens de se tenir à l'écart de l'endroit où l'on devait chasser la vache, il n'a été atteint que parce qu'il avait négligé de m'obéir. Les choses en resteront donc là. »

Les peuples civilisés offrent-ils beaucoup d'exemples d'une pareille justice dans les débats privés ? Ces hommes sont capables des meilleurs sentiments ; ils sont travailleurs, durs à la fatigue, capables de fidélité et de dévouement, et ils sont singulièrement aptes à comprendre l'avantage des communications d'une peuplade à l'autre au point de vue commercial. C'est grand dommage que l'on ne soit pas arrivé encore à coloniser d'une façon stable ces pays, par l'installation de postes géographiques : on rendrait facilement les indigènes moins craintifs et partant plus sociables, et on supprimerait rapidement les déprédations des traitants.

Une escarmouche que la caravane dut engager dans le village de Tchabouindé, signala seule le trajet de la petite troupe jusqu'à Casékéra où on rencontra le lieutenant Cameron. Les voyageurs espéraient y trouver le fils de Livingstone dont on leur avait annoncé l'arrivée, mais la nouvelle était fausse. On ne saurait trop louer la fermeté dont les serviteurs de Livingstone firent preuve dans l'accomplissement de ce qu'ils considéraient comme un devoir. Le lieutenant les engageait à enterrer les restes du docteur à Couihara ; mais ils persistèrent dans leur première résolution, tout en comprenant d'avance que la répugnance des habitants à recevoir un cadavre, leur créerait des embarras sans cesse renaissants. Nous rendons ici d'autant plus énergiquement justice au courage et à l'abnégation de ces braves gens, que l'on paraît ne pas les avoir récompensés selon leurs mérites lorsqu'on reçut d'eux les restes du docteur Livingstone et, ce qui est bien plus précieux encore, ses derniers écrits ! Ils avaient fait semblant de renvoyer le corps du docteur à Couihara, afin de continuer leur route plus commodément sans être en butte à la malveillance des indigènes, et, parvenus à Bagamoyo, le consul britannique reçut le cadavre sans inviter ces vieux serviteurs à l'accompagner plus loin.

Au mois de février 1874, la dépouille de Livingstone atteignit Zanzibar, arriva en Angleterre le 16 avril et fut inhumée à Westminster-Abbey le 18 avril 1874. On grava sur la pierre du tombeau ces mots qu'il avait écrits juste un an avant sa mort, chez les Mouéziens, et qui expriment le vœu de toute la vie du hardi voyageur :

« Tout ce que je peux ajouter dans mon isolement est ce vœu sincère : Puissent les bienfaits descendre sur quiconque, Américain, Anglais ou Turc, aidera à guérir cette plaie saignante de l'humanité (le commerce d'esclaves). »

Ne serait-ce pas là aussi la dernière prière de cet homme de bien, alors que, près de rendre le dernier soupir, il trouva encore la force de descendre de son lit pour se mettre à genoux et mourir en demandant une dernière fois au Maître de toutes choses la réalisation de ce qui avait été le but de toute sa vie ?

FIN DE LIVINGSTONE.

LES PIONNIERS DE L'INCONNU

HENRY MORTON STANLEY

HENRY MORTON STANLEY

PREMIÈRE PARTIE

A LA RECHERCHE DE LIVINGSTONE

I

DÉTAILS BIOGRAPHIQUES

L'explorateur africain Henry Morton Stanley est né en 1843. Quoique les derniers évènements dont le centre de l'Afrique a été récemment le théâtre et l'apparition de M. Savorgnan de Brazza au Congo, aient donné lieu à quelques polémiques acerbes, issues des rivalités forcément existantes entre des nationalités différentes, nous tâcherons dans cette courte notice de ne pas nous écarter de la neutralité que nous avons cru devoir nous imposer dans tout le cours de cet ouvrage, et de parler de ces deux hommes célèbres avec la plus stricte impartialité. Ce livre est pour les jeunes gens : or, pour nous, celui qui se dévoue pour l'humanité et fait faire un pas de plus à la science et à la civilisation est notre compatriote, à quelque pays qu'il appartienne, et mérite d'être proposé comme exemple aux nouvelles générations : nous parlerons donc de M. Stanley avec toute l'admiration dont il est digne.

Après la guerre d'Amérique, M. Stanley devint correspondant de journaux. En 1867, il fut choisi par le New-York Hérald pour suivre comme reporter l'armée anglaise en Abyssinie, puis il effectua différents voyages en Espagne et autres pays. Voilà tout ce que nous pouvons savoir de M. Stanley, même d'après une notice anglaise qu'il a bien voulu nous adresser lui-même. Nous aurions bien voulu recueillir quelques anecdotes, mais sa modestie a été inexorable, et nous avons dû nous contenter de ces quelques lignes. Qu'il en soit ainsi ! Nous prendrons notre revanche en faisant le récit de ses hardis et périlleux voyages.

La destinée de M. Stanley est une des plus curieuses qui se puissent voir, et, à son sujet, je me rappelle avec émotion un *reporter* tout aussi remarquable, que j'eus le plaisir de rencontrer bien souvent à Kischinieff (Bessarabie), au moment de la guerre Turco-Russe. Il se nommait Mac-Gahn. Il était correspondant du New-York Hérald aussi, je crois. Il avait été au pôle nord ; il avait suivi la guerre de Khiva avec le général Skobelef, (et ce, malgré le gouvernement russe), et s'en vint mourir misérablement du tiphus en Moldavie ! Je le vois encore à Kischinieff, au restaurant où il avait l'habitude de prendre ses repas, le pied entortillé de linges, souffrant d'une entorse qu'il s'était donnée en arrivant. Le général Skobelef apparaissait souvent sur son cheval blanc, suivi d'un indien à perruque rouge ; il s'approchait de la fenêtre du rez-de-chaussée.

— Comment vas-tu, Mac-Gahn.
— Et toi, général.
— Un verre d'eau-de-vie, n'est-ce pas ?

Et le général descendait de son cheval, et venait s'asseoir à la table, buvant aux succès futurs des armées russes dans cette guerre dont il devait être le surprenant héros, devenu légendaire parmi les Turcs. Pauvre Mac-Gahn ! échouer ainsi après tant de voyages au fond d'une bourgade Moldave ! Cela dut lui être une grande douleur et un grand désappointement. J'écrirai un jour son histoire.

Et aussi pauvre Skobelef ! Il est mort aussi celui-là, subitement, après quelques malencontreux discours anti-germaniques.

Mais revenons à M. Stanley.

« Le 16 octobre de l'an du Seigneur 1869, dit M. Stanley, j'étais à Madrid, rue de la Croix ; j'arrivais du carnage de Valence. A dix heures du matin, Jacopo m'apporte une dépêche ; j'y trouve les mots suivants : « Rendez-vous à Paris ; affaire importante. » Le télégramme est de James Gordon Bennett fils, directeur du New-York Hérald.

« A trois heures j'étais en route. Obligé de m'arrêter à Bayonne, je n'arrivai à Paris que dans la nuit suivante. J'allai directement au Grand-Hôtel, et frappai à la porte de Bennett.

« — Entrez! dit une voix. »
» Je trouvai M. Bennett au lit.
» — Qui êtes-vous? demanda-t-il.
» — Stanley.
» Ah! oui... Prenez un siège ; j'ai pour vous une mission importante.
» Il se jeta sa robe de chambre sur les épaules, et me dit vivement :
» — Où pensez-vous que soit Livingstone ?
» — Je n'en sais vraiment rien, Monsieur.
» — Croyez-vous qu'il soit mort ?
» — Possible que oui, possible que non.
» — Moi, je pense qu'il est vivant, qu'on peut le trouver, et je vous envoie à sa recherche.
» — Avez-vous réfléchi, Monsieur, à la dépense qu'occasionnera ce voyage ?
» — Vous prendrez d'abord vingt-cinq mille francs ; quand ils seront épuisés, vous ferez une traite d'autant, puis une troisième, et ainsi de suite ; mais, retrouvez Livingstone.
» — Dois-je aller directement à la recherche de Livingstone ?
» — Non ; vous assisterez à l'inauguration du canal de Suez. De là, vous remonterez le Nil. J'ai entendu dire que Baker allait partir pour la Haute-Egypte ; informez-vous le plus possible de son expédition. En remontant le fleuve, vous décrirez tout ce qu'il y a d'intéressant pour les touristes, et vous nous ferez un guide, un guide pratique ; vous direz tout ce qui mérite d'être vu et de quelle manière on peut le voir. Vous ferez bien, après cela, d'aller à Jérusalem ; le capitaine Warren fait, dit-on, là-bas, des découvertes importantes ; puis à Constantinople, où vous vous renseignerez sur les dissentiments qui existent entre le kédive et le sultan. Après..... Voyons un peu..... Vous passerez par la Crimée et vous visiterez ses champs de bataille ; puis vous suivrez le Caucase jusqu'à la mer Caspienne : on dit qu'il y a là une expédition russe en partance pour Khiva. Ensuite vous gagnerez l'Inde, en traversant la Perse ; vous pourrez écrire de Persépolis une lettre intéressante. Bagdad sera sur votre passage ; adressez-nous quelque chose sur le chemin de fer de la vallée de l'Euphrate ; et quand vous serez dans l'Inde, embarquez-vous pour rejoindre Livingstone. A cette époque, vous apprendrez sans doute qu'il est en route pour Zanzibar ; sinon, allez dans l'intérieur, et cherchez-le jus-

qu'à ce que vous l'ayez trouvé. Informez-vous de ses découvertes. Enfin, s'il est mort, rapportez-en des preuves certaines. Maintenant, bonsoir, et que Dieu soit avec vous.

» — Bonsoir, Monsieur. Tout ce que l'humaine nature a le pouvoir de faire, je le ferai, ajoutai-je; et, dans la mission que je vais accomplir, veuille Dieu être avec moi. »

Que dites-vous de ce stupéfiant programme ? Et que dites-vous aussi de la sérénité avec laquelle M. Stanley accepte ce fantastique itinéraire sans sourciller ? En vérité, ces Américains sont bâtis autrement que les autres ; ils font tout grand, et, comme les arbres de leur pays, l'énergie semble être un produit du climat.

Le 6 janvier 1871, M. Stanley était à Zanzibar. Il commença par tâcher de s'aboucher avec le docteur Kirk, qui avait voyagé avec Livingstone, afin d'avoir quelques renseignements sur la personnalité du célèbre explorateur. Ceux qu'il reçut n'étaient pas encourageants. On lui dépeignait Livingstone comme un homme difficile à vivre, ne désirant pas avoir de compagnon, et tenant son journal de la façon la plus irrégulière. Restait la question matérielle des choses essentielles à un pareil voyage, et l'énumération en est assez plaisante :

Pour deux ans : — 16,000^m de calicot blanc de 1^m de largeur ;
8,000^m de cotonnade bleue ;
5,200 d'étoffes de couleur ;
Fil de cuivre, perles blanches, jaunes et vertes, comme monnaie courante ;
Provisions de bouche, ustensiles de cuisine, sacs, tentes, cordes, ânes, toile, goudron, aiguilles, outils, armes, munitions, médicaments, couvertures, etc.

D'anciens serviteurs de Grant, de Burton et de Speke formèrent son escorte ; parmi eux se détache une figure originale, celle de Mabrouki, qui avait accompagné Burton ; celui-ci ne le flatta pas, mais M. Stanley ne s'arrêta pas à la mauvaise humeur de son précurseur et le prit tout de même. Voici le portrait qu'en fait Burton :

« Mabrouki est l'esclave d'un chef arabe qui me l'a prêté pour cinq dollars par mois, et dont j'ai fait mon serviteur particulier. C'est le type du nègre à encolure de taureau : front bas, petits yeux, nez épaté, large et puissante mâchoire, pourvue de cette force musculaire qui caractérise les plus voraces parmi les carnivores.

» Mabrouki est à la fois le plus laid et le plus coquet de la bande ; il raffole de parure. D'un caractère détestable, il tombe d'un excès de colère ou d'orgueil dans un état d'abattement et de servilisme. Paresseux et maladroit, il gâte, brise ou dérange tout ce qu'il touche; il a fallu lui interdire de s'occuper d'autre chose que de mener les ânes, ou bien de dresser les tentes. C'est Bombay, son compatriote, qui m'a procuré ce trésor; il était, lui, le servant d'armes du capitaine. Tous deux, au reste, avaient parfaitement débuté; j'étais dans l'admiration en les voyant braver le soleil à midi, et ronfler tranquillement par les nuits les plus froides, sans autre précaution contre la brise qu'un feu mourant sous la cendre. Emu de pitié, en un moment fatal, je jetai sur leurs épaules deux couvertures anglaises qui les démoralisèrent instantanément. Ils apprirent à rester au lit le matin, et comme on les obligea d'en sortir, leur dos arrondi, leur corps replié sur lui-même, ne se montrèrent plus que soigneusement enveloppés dans la crainte de l'air humide; enfin, à chaque halte, ils se firent une case hors de la portée de la voix, pour que personne ne les appelât à l'ouvrage. »

Le 5 février, on mit à la voile.

Après une courte halte à Bagamoyo, Stanley, sur le conseil d'un brave coquin du pays, le dit conseil taxé à 3,837 fr. 60 c., se décide à envoyer ses hommes en avant par petites caravanes, les grandes excitant, disait-on, la cupidité des chefs.

En tout, cela formait cinq groupes, au total 192 hommes. Ces petites caravanes se trouvèrent à peu près toutes à leur poste, ainsi qu'il avait été convenu, excepté la quatrième qui avait beaucoup de malades. Après avoir passé le Kingani, on atteignit Simbamouenni, où on essaya de faire payer une seconde fois à M. Stanley un tribut déjà soldé.

Tout ce commencement du voyage de M. Stanley offre des parties comiques, en même temps que l'inexactitude de tous les gens qu'il a sous ses ordres explique surabondamment l'impatience fébrile du voyageur.

Les uns ne se trouvent pas au rendez-vous assigné; les autres, envoyés à leur recherche, restent trois ou quatre jours absents; ceux qu'on dépêche à leur tour vers eux les trouvent attablés chez un chef généreux. La reine de Simbamouenni profite aussi de toutes les occasions pour satisfaire son avidité; elle enchaîne les hommes après les avoir dépouillés. Heureusement, elle les rend bientôt à la liberté, effrayée par le discours singulièrement exagéré, mais bien typique, d'un bon Arabe qui a connu Stanley.

« — L'homme blanc, s'écrie-t-il, le *mousoungou*, a deux fusils qui peuvent tirer quarante coups sans s'arrêter, et qui envoient leur plomb à une demi-heure de marche. Je ne parle pas d'autres fusils, dont la charge est effrayante. Il a des balles qui éclatent et qui mettent un homme en pièces. Du haut de la montagne, il exterminerait tous les gens de la ville, hommes, femmes, enfants et guerriers, avant que pas un de vous pût arriver au sommet. Il viendra; ce sera la guerre; la route sera fermée. Le sultan de Zanzibar marchera contre vous; les hommes de l'Oudoé et ceux du Cami prendront leur revanche; et de la cité de votre père ils ne laisseront pas pierre sur pierre. Délivrez les soldats du *mousoungou;* faites-leur donner le grain qu'ils demandent, et laissez-les partir avec tout ce qu'ils réclament; car peut-être l'homme blanc est-il déjà en route pour vous attaquer. »

Entre temps, Stanley dut se défaire d'une malencontreuse charrette qu'il avait fait fabriquer avant son départ et sur laquelle il fondait les plus grandes espérances. Malheureusement, les pays ont leurs véhicules propres, et il est toujours imprudent de juger des besoins d'un pays inconnu par ceux des régions qu'on a traversées. Sa charrette dut être abandonnée et jetée dans un bourbier.

Partout où l'on passait, l'étonnement était à son comble à la vue d'un homme blanc. Le voyageur en marque son dépit, relégué qu'il se trouve au rang d'animal curieux. Néanmoins, il ne peut s'empêcher de remarquer que ces braves gens, tout sauvages qu'ils sont, n'abusent pas de leur force et se contentent de satisfaire leur curiosité.

Le hardi explorateur américain n'est pas homme d'ailleurs à perdre son temps; il vient facilement à bout de la volonté de ses hommes; il se débarrasse sans hésiter de ceux qui ne pourraient qu'entraver sa marche; il n'a qu'un but : arriver ! Aussi parcourt-il avec une grande activité le Mounga-Mkali, où plusieurs caravanes se joignent à la sienne, le Gogo septentrional, le Moucoundoucou, les ruines du Mgongo-Tembo et de Roubouga, et enfin il atteint le district du Mouézi. Ici nous laissons encore la parole à M. Stanley :

« — Mkésihoua, chef des Mouésiens du Mnagnembé, résidait à Couicourou, qu'habitait également Séid ben Sélim, gouverneur de la colonie arabe. Celui-ci me pria de l'accompagner à sa demeure.

» Sur notre passage, la foule était compacte. Les pagazis par centaines, les guerriers et leur chef, les enfants, noirs chérubins, entre les jambes de leurs parents, jusqu'aux bébés suspendus au dos de leurs mères : tous payaient de leurs regards fixes le tribut qui était dû à ma couleur. Mais l'ovation était muette : seuls, le vieux chef et les Arabes m'adressaient la parole.

» La maison de Ben Sélim occupait l'angle nord-ouest d'un enclos situé dans le village, et protégé par une forte estacade. Le thé y fut servi dans une théière en argent, accompagnée d'une cloche de même métal, sous laquelle fumait une pile de crêpes. Je fus convié à en prendre ma part. Un homme qui vient de faire à jeun treize kilomètres en plein soleil, et qui naturellement a bon appétit, est dans d'excellentes conditions pour partager le repas qu'on lui offre.

» Après cette collation, les questions commencèrent : politiques, commerciales, curieuses, cancannières, futiles, graves, et, entre autres, celles-ci :

» — Qu'est devenu cet Hadji Abdallah que nous avons vu ici il y a une douzaine d'années avec Spiki?

» — Hadji Abdallah! je ne le connais pas. Ah! si fait : nous l'appelons Burton. Il est maintenant consul à Damas, la ville que vous nommez El Cham.

» — Heh! heh! belyouz! Heh! heh! à El Cham? N'est-ce pas auprès de Betlem et de Koudis?

» — Oui, environ à quatre jours de marche.

» — Et Spiki?

» — Il s'est tué à la chasse.

» — Ouallah! Spiki est mort! Triste nouvelle. Moch Allah! Un homme excellent! excellent! Ough! Spiki est mort!

» — Dites-moi, cheik séïd, où est Cazé?

» — Cazé? je ne sais pas.

» — Comment! vous y étiez avec Burton, avec Speke, et plus tard avec Grant. Vous y avez passé avec eux plusieurs mois ; cela doit être près d'ici. N'est-ce pas chez Mousa-Mzouri que Hadji Abdallah et Speke ont demeuré?

» — Oui, mais à Tabora.

» — Alors, où est Cazé? je le demande à tout le monde, personne ne peut me le dire. C'est pourtant bien ainsi que les trois voyageurs ont nommé la place où vous les avez connus. Vous devez savoir où est Cazé.

» — Je n'ai jamais entendu ce nom-là. Mais, attendez, en idiome local, Cazé veut dire royaume; peut-être ont-ils nommé ainsi l'endroit où ils se sont arrêtés en arrivant. Toujours est-il que je leur ai souvent rendu visite. Abdallah demeurait chez Snay ben Amir; plus tard, Spiki et Grand occupèrent le Tembi de Mouza-Mzouri, et les maisons où je les ai vus sont toutes les deux à Tabora.

» — Merci, cheik séïd. Maintenant je vous quitte. Il faut que j'aille retrouver mes hommes et que je leur fasse donner des vivres.

» — Je vais avec vous, pour vous montrer votre demeure; elle est à Couihara, et de chez vous à Tabora, il n'y a qu'une heure de marche. »

Ces contraditions dans la manière de désigner les pays sont bien amusantes ; lisez plutôt ce curieux récit de Francis Wey dans l'*Oberland* :

» — Comment appelez-vous cet endroit ? demanda M. Adolphe au premier qu'il rencontra.

» — Unterstock, répondit-on.

» L'homme qui le suivait ayant entendu la question, nous cria en passant :

» — Bottingen ! ia, ia, Bottingen. »

Nous étions fort embarrassés. Le guide, qui était demeuré en arrière, nous rejoignit alors et dit :

» — Nous voici à Benzenfluh.

Nous ne savions trop qu'en penser, lorsqu'une enfant sortit du pré, poursuivant sa vache, et nous apprit que nous étions devant Guttanem, ce qui accrut nos incertitudes. Enfin, un essaim de jeunes filles, accouru sur le bord du chemin pour nous voir et nous offrir des morceaux de cristal de roche, interrogées à leur tour, s'écrièrent en chœur :

» — Guttanen ! Guttanen ! Guttanen !

En quelque lieu de la Suisse allemande que vous soyez, ne questionnez jamais plus d'une personne sur le nom des localités, si vous voulez savoir à quoi vous en tenir. »

Il peut bien en être de même dans l'Afrique centrale ; et, si nous avons rapporté tout ce passage, c'est parce qu'en effet la chose arrive fréquemment ; mais ici nous trouvons dans Livingstone une autre explication plus plausible : cet explorateur prétend, en effet, que le mot *Tabora* est le nom appliqué le plus souvent à tout l'espace compris entre les collines ; il est donc raisonnable que Cazé ou Cadzé soit une *Tabora*.

Cette ville que Stanley appelle Tabora, est d'ailleurs fort bien située et fournie de tout ce qui est nécessaire à la vie. L'appartement que l'on offre au voyageur est très confortable ; la maison a une chambre à coucher, une salle de bain, une soute aux poudres, un arsenal, etc. Cet endroit avait été déjà honoré de la visite d'illustres explorateurs et décrit minutieusement par Burton, Speke et Grant.

Les habitants, au nombre de cinq mille, vivent dans un grand luxe, et se montrèrent fort généreux à l'égard des voyageurs. Ils donnèrent des provisions en grande quantité et poussèrent la considération qu'ils témoignaient à M. Stanley jusqu'à le prier de faire partie d'un conseil de guerre.

Manoua-Séra, souverain du Nyanyembé, s'était brouillé avec les trafiquants arabes à qui il avait voulu imposer une taxe ; ceux-ci, qui jusque-là n'avaient rien payé, le menacèrent de le détrôner; Manoua-Séra n'ayant pas voulu accepter leurs conditions, fut poursuivi et attaqué comme une bête fauve; les Arabes s'étaient établis à sa place et avaient même dépouillé le vieux Maoula, qui avait voulu soutenir Manoua-Séra.

Cette guerre avait été désastreuse; les Arabes ne connaissent pas de frein et se livrent sans réserve au pillage le plus éhonté. Maoula fut bientôt pris et décapité par Abdallah, et les Arabes restèrent maîtres du pays. C'était cependant parmi eux que se trouvait M. Stanley, et il lui était difficile de ne pas reconnaître leur activité, leur libéralité et leurs aptitudes au développement d'un commerce régulier et bien entendu dans l'intérieur de l'Afrique, tout en avouant l'illégalité des moyens qu'ils emploient la plupart du temps.

Il s'agissait alors d'un nommé Mirambo qui, grâce à une conscience des plus élastiques et fort peu de scrupules sur le choix des moyens, avait fini par imposer sa souveraineté aux environs de Cazé. Il menaçait d'envahir tous les districts environnants, et c'est contre lui que l'on désirait marcher. La guerre fut décidée.

M. Stanley, pensant s'ouvrir plus facilement de cette façon une route pour arriver à Livingstone, résolut de marcher avec les Arabes; mais ceux-ci, vainqueurs d'abord, négligèrent quelques-uns de ses conseils, et une déroute générale s'ensuivit, dans laquelle les Arabes montrèrent une grande indifférence envers les malades et les blessés; chacun ne songeant qu'à soi et fuyant tous à qui mieux mieux. M. Stanley perdit là Ouledi, l'ancien serviteur de Grant, et le petit Mabrouki.

L'explorateur fit sentir aux Arabes qu'il n'avait plus aucune raison pour s'occuper de leurs querelles. Mais la guerre n'était pas finie; Mirambo parvint à se défaire d'Abdallah et livra Tabora aux flammes. Le pays était ruiné et les trafiquants ne pensaient plus qu'à l'abandonner.

D'un autre côté, la fièvre tourmentait M. Stanley, et aussi une sorte de prostration due au découragement qui envahit cet homme, né bon et généreux, en face des turpitudes de la trahison et de la lâcheté. Il se trouvait seul, bien seul, et les Arabes ne manquaient pas d'exploiter cette disposition d'esprit en l'irritant par les pronostics les plus lugubres.

Enfin, bien décidé à ne plus se mêler aux différends des indigènes et à ne plus penser à Mirambo, M. Stanley partit de Couihara le 20 septembre. Il eut d'abord maille à partir avec la mauvaise volonté de sa troupe; Shan, l'un d'eux, un blanc cependant, se disait malade; les autres désertaient dès que l'occasion s'en présentait ; on fut même obligé d'employer les corrections corporelles et la chaîne... triste extrémité pour un Européen !

Ce fut au milieu de ces péripéties et après s'être débarrassé de Shan, que l'on arriva à Gounda.

« C'est, dit M. Stanley, un gros bourg qui peut compter quatre cents familles, environ deux mille âmes. Il est défendu par une estacade ayant embrasures, fossé et contrescarpe. Des bastions rapprochés, percés de meurtrières, d'où les tireurs les plus habiles peuvent viser les chefs ennemis, dominent cette enceinte, dont le bois a trois pouces d'épaisseur, et dont la base est protégée par un talus de plus d'un mètre d'élévation. Autour de la place, dans un rayon de deux à trois kilomètres, le sol a été dépouillé de tout ce qui permettait à l'ennemi de dissimuler son approche. Trois fois Mirambo a essayé de prendre le village, trois fois il a été repoussé ; et les habitants de Gounda peuvent se vanter à juste titre d'avoir résisté au plus hardi forban qu'ait vu le pays de Mouézi depuis plusieurs générations. »

La fièvre règne en permanence dans ces régions.

Poursuivant leur route, les voyageurs rencontrèrent les champs de Magnéra, qui vint lui-même faire visite à M. Stanley, non sans difficulté, et après avoir reçu de riches cadeaux ; les provisions qu'il apporta récompensèrent dignement d'ailleurs M. Stanley de sa libéralité. Cette visite fut très amusante ; les Africains ne pouvaient revenir de leur admiration à la vue des armes à feu, des revolvers, et la boîte à médicaments surtout, les surprit fort ; l'ammoniaque, mis sous le nez du chef, le renversa du coup et excita les rires inextinguibles de l'assemblée.

Après Magnéra, le Gombé, précédé d'un parc magnifique, peuplé de springboks. Ce sont des gazelles, et il y en a de plusieurs espèces. On les appelle *gazelles euchores, gazelles à bourse, gazelles à parade, antilopes pygargues, antilopes sauteuses*, noms qui expriment tous les traits qui les caractérisent. Elles ont de vingt-quatre à vingt-huit pouces à l'épaule ; l'arrière-train est un peu plus élevé ; avec cela, quatre pieds de longueur tout au plus, un repli longitudinal sur la croupe, renfermant de longs poils blancs érectiles ; cette gazelle est fauve au repos et d'un blanc neigeux lorsqu'elle fuit en ouvrant sa bourse. Son départ, dit Mme H. Lorreau, à qui j'emprunte ces détails, est une série de bonds étranges : douze pieds de hauteur, l'aisance de l'oiseau, on dirait un vol. Après quelques-uns de ces bonds prodigieux, auxquels le déploiement de la bande neigeuse donne une apparence fantastique, la troupe se met à courir : un trot léger, rapide, sans effort, des mouvements de tête pleins de grâce, un jeu plutôt qu'une fuite. La piste d'un lion, d'un chariot, la trace d'un objet ou d'un être suspect, et d'un saut l'espace est franchi. Il faut lire dans les anciens récits de chasse ou de voyage, le tableau des migrations des springboks. Nous ne savons de comparable que le passage du pigeon voyageur, raconté par Audubon. Les mêmes termes sont employés dans les deux cas : *ces légions coulaient à flots pressés et depuis des heures.* La plaine, à perte de vue, n'est qu'une nappe vivante, dit Cumming, et j'affirme que, dans le seul champ de ma vision, le nombre des springboks était de plusieurs centaines de milles. Nous pourrions citer vingt témoignages non moins affirmatifs.

Cela nous rappelle les grands troupeaux de buffle qui, en Amérique, arrêtent un convoi pendant trois ou quatre heures.

J'ai beaucoup de peine à résister au plaisir de citer M. Stanley ; mais quoi ? Il ne m'est pas permis de faire un ouvrage avec la plume des autres, et pourtant M. Stanley est si intéressant ! Et cela se comprend : c'est un reporter, et un reporter de joyeuse humeur, qui vous rend compte de ses moindres impressions, et tout cela, sur un ton de gauloise fantaisie qui n'a rien de la raideur anglaise. Les explorateurs que je me suis promis d'étudier ont leur manière d'écrire à eux, et c'est bien de ceux-là que Buffon a pu dire ; le style, c'est l'homme. Ils n'ont pas le temps d'écrire, et de *grimer*, pour ainsi dire leurs phrases ; tout est fait au pied levé, ce sont des notes, et leur caractère, s'y décrit tout entier. Nordenskiold est net, rempli de faits scientifiques sans aucun ornement, Livingstone a cette douce philosophie du pasteur protestant, évangélisant partout et quand même ; Stanley est journaliste avant tout ; Crevaux est........ français, et ma foi ! je crois que cela veut tout dire.

M. Stanley tue des gazelles et se reproche de mettre à mort ces innocentes bêtes ; il vise par trois fois des zèbres, les nobles habitants de l'Afrique, et par trois fois laisse tomber tomber son fusil à terre, honteux d'occire de si beaux animaux ; bientôt pourtant une protestation muette, mais décisive, d'un habitant de l'onde le ramène à cette loi immuable et désolante de notre condition sur la terre, à savoir que la vie n'est qu'une lutte, que l'on se mange les uns les autres, et que les uns sont faits pour être mangés et les autres pour être mangeurs : il veut se baigner, mais au moment où il s'apprête à piquer une tête dans la plus belle eau que l'on puisse voir, un monstre apparaît, prêt à recevoir son corps, et lui fait faire un mouvement en arrière qui le sauve heureusement du crocodile, lequel s'apprêtait à faire un repas des plus succulents de la chair d'un explorateur américain.

Ce pays était le paradis des chasseurs ; aussi les gens de M. Stanley s'en donnèrent-ils à cœur joie ; grands amateurs de viande, ils auraient bien voulu rester en cet endroit et y faire bonne chère ; mais l'explorateur ne perdit pas de vue le but de son voyage et les obligea à partir, ce qui ne fut pas chose facile. Il fallut les menacer de brûler la cervelle au premier qui ferait le récalcitrant et notamment à un grand diable de deux mètres de haut, aux épaules invraisemblables qui faisait mine de mettre en joue M. Stanley. Heureusement, grâce à son énergie et aussi à l'intervention de Mabrouki, on put se remettre en route et traverser le pays de Conongo.

Ces pays ont des singularités qui étonnent fort les Européens à leur premier voyage dans le centre de l'Afrique : — Qu'est ce que l'oiseau à miel ? Son intelligence tient du prodige. Dès qu'il voit un homme, il l'appelle et le force à le suivre ; il saute de branche en branche, et le conduit droit à une ruche où l'indigène fait une ample moisson de miel. — Et l'arbre à pêches, qui produit jusqu'à trois ou quatre hectolitres de fruits ! Et les nids de fourmis qui peuvent servir d'observatoires ; et les jungles dont Livingstone, Stanley, et Burton nous ont laissé des descriptions terrifiantes.

« C'est un mélange confus de broussailles et de grands arbres, dit Burton, qui vous enserre de toutes parts et qui n'est pas moins triste à la vue qu'effrayant pour l'imagination. La terre, noire et grasse, ne déchire cette couche épineuse que pour se voiler d'herbes raides et tranchantes, ayant quatre mètres de hauteur, et dont chaque lame a deux centimètres de large. D'énormes épiphytes couvrent les arbres de la racine au faite, les enveloppant d'un linceul impénétrable, et se réunissent en masses compactes, qui représentent des nids gigantesques. Le sentier disparait, *tué,* suivant l'expression des indigènes, par un amas de lianes rempantes, qui se tordent, se courbent, se dressent dans tous les sens, accrochent, enlacent, étreignent tout ce qui les environne, et finissent par étrangler jusqu'au baobab lui-même.

» Le sol, toujours saturé d'eau, exhale une odeur d'hydrogène sulfuré ; on peut croire, en maint endroit, qu'un cadavre est derrière chaque buisson. Des nuages livides, chassés par un vent froid et furieux, se heurtent et crèvent en larges ondées ; ou bien un ciel morne et lourd enveloppe la forêt d'un voile funèbre. Même par le beau temps, l'atmosphère de ces lieux sinistres est d'une teinte blafarde et maladive ; et ses brumes, en concentrant les rayons du soleil, ne laissent passer qu'une chaleur moite et suffocante. Il en résulte un alanguissement physique, prostration morale dont on ressent l'effet dans tous ces climats qu'une humidité perpétuelle, tour à tour froide et chaude, rend aussi insalubre que désagréable.

» Enfin, pour que rien ne manque à cet odieux tableau, de misérables cabanes, entassées au fond des jungles, abritent quelques malheureux, amaigris par un empoisonnement continu, et dont le corps et les membres déformés par les ulcères, témoignent de l'hostilité de la nature envers la race humaine. »

II

LIVINGSTONE !

Si je vous disais qu'en écrivant ce mot en tête du chapitre, je me suis senti une envie furieuse de relire tout ce qui se rapporte à cette mémorable rencontre de Stanley et du célèbre explorateur, n'ayant pas le courage d'écrire une ligne avant d'avoir revu toutes les péripéties de ce problème si hardiment résolu ! C'est comme le cinquième acte d'un drame ; les faits ne vont pas assez vite, on voudrait d'un saut franchir les distances et arriver tout de suite au dénouement.

Il s'en fallut de peu que notre chercheur, qui venait apporter au docteur aide et secours, ne se trouvât lui-même complètement ruiné et hors d'état de tirer Livingstone de la misère où il était alors plongé. Ces peuplades sont d'une étrange avidité ; il est impossible de traverser un village sans payer un tribut, souvent exhorbitant. Malheur à celui qui, dans l'espoir d'avoir la tranquillité, se laisse trop facilement exploiter ! Les désirs des chefs n'ont plus de limites ; de quarante mètres d'étoffes dont ils se seraient d'abord contentés, ils arrivent facilement à quatre et cinq cents ! Les ballots disparaissent, les provisions diminuent et ne sont pas remplacées, et la moindre faiblesse vous expose aux outrages et aux menaces.

Heureusement, un Arabes chrétien, Sélim, élève de l'évêque Gibot, fut d'un grand secours à M. Stanley, sans compter Asmani et Bombay qui arrivaient toujours à faire baisser un peu les prétentions des chefs.

Le premier chef que l'on rencontra fut Simba, fils de Mkésihova, chef du Gnagnembé : Stanley avait malheureusement la réputation d'être riche et libéral, il n'en fallait pas plus. On n'en sortit pas à moins d'une dizaine de mètres d'étoffe ; mais dans le pays de Zavira, redoutable à tous égards, chaque chef demandait quarante, cinquante mètres et on avait la perspective d'en rencontrer encore cinq ou six semblables jusqu'au Tanguégnica.

Stanley ne pouvait abandonner pourtant son projet ; le pays était très difficile, les villages abandonnés, la végétation presque nulle ; les hommes avaient mangé leur dernier morceau de viande ; la caravane n'avait plus que du thé et du sucre. Pour quarante-cinq affamés c'était une maigre pitance. Mais on avait eu des nouvelle de Livingstone sur les bords du Malagarazi ; on avait parlé d'un homme blanc au pays de Djidji... il fallait aller de l'avant coûte que coûte.

Il fallait aussi éviter les chefs dont les prétentions augmentaient de jour en jour. Stanley s'avisa d'un stratagène. Deux Zanzibariens étaient venus lui réclamer le tribut de la part d'un roi de l'Ouhha. Après bien des discussions, le prix du passage fut réglé, mais Stanley demanda aux deux Zanzibariens le moyen d'éviter les autres chefs qui se trouvaient sur sa route. Ceux-ci, étonnés d'abord, finirent par céder à l'offre de quarante mètres d'étoffe et consentirent à guider la caravane à travers le jungle.

En effet, tout se passa ainsi qu'il avait été convenu et le lendemain on se trouvait en vue du Tanguégnica ! Inutile de décrire la joie des voyageurs ; c'est du délire ; tous jetaient leur coiffure en l'air, invoquaient et remerciaient Allah ; quant à M. Stanley, une joie indéfinissable l'envahissait. Livingstone était là !

« Good morning, sir ! »

« — Je retourne vivement la tête, dit M. Stanley, cherchant qui a proféré ces paroles ; et je vois une figure du plus beau noir, celle d'un homme tout joyeux, portant une longue robe blanche, et coiffé d'un turban de calicot, un morceau de cotonnade américaine, autour de sa tête laineuse.

« Qui diable êtes vous ? demandai-je.

« — Je m'appelle Souzi, le domestique du docteur Livingstone, dit-il avec un sourire qui découvrit une rangée de dents éclatantes.

» — Le docteur est ici ?

» — Oui, monsieur.

» — Dans le village ?

» — Oui, monsieur.

» — En êtes-vous bien sûr ?

» — Très-sûr ; je le quitte à l'instant même.

» — Good morning, sir, dit une autre voix.

» — Encore un ! m'écriai-je.

» — Oui, monsieur

» — Votre nom ?
» — Chumá.
» — L'ami de Nouikotoni ?
» — Oui, monsieur.
» — Le docteur va bien !
» — Non, monsieur.
» — Où a-t-il été pendant si longtemps.
» — Dans le Mignéma.
» — Souzi, allez prévenir le docteur.
» — Oui, monsieur.
Et il partit comme une flèche. »

Ceux de nos lecteurs qui ont lu notre relation des voyages de Livingstone, se rappellent que son séjour chez les Magnouémas lui avait été funeste. Les traitants avaient plusieurs fois entravé sa marche les chefs, la plupart cannibales, s'étaient montrés fort peu hospitaliers ; de plus, sa santé s'affaiblissait ; il avait des ulcères au pieds ; il avait été forcé d'être témoin d'un horrible massacre au marché de Gnangoué ; toutes ces circonstances l'avaient obligé à rebrousser chemin : arrivé à Caouélé dans le Djidji, il avait appris que Chérif avait tout vendu et qu'il se trouvait réduit à la dernière misère.

C'est dans cette situation que Stanley trouvait le docteur. Comme je l'ai écrit en tête de cet ouvrage, ce livre est un livre *de bonne foy*, c'est-à-dire sans forfanterie et fait seulement pour être utile, si faire se peut ; mais je ne sais comment exprimer ici ce qui se passse en moi quand je me représente l'entrevue soudaine pour Stanley, inespérée pour Livingstone, de ces deux hommes, bons, braves, généreux tous deux, donnant sans hésiter tout ce que la nature a pu mettre en eux de force, de volonté et d'intelligence à la même idée scientifique, et se retrouvant là au milieu des sauvages, l'un désespéré, mais plein de confiance en Dieu, l'autre plein de force et de jeunesse, le visage rayonnant de toute la joie que peut mettre au cœur d'un honnête homme la satisfaction du devoir accompli.

Oh ! comme je comprends bien Stanley écrivant sans rougir ces mots bien plus français qu'américains et que nous autres vieux Gaulois entendons à merveille :

— Que n'aurais-je pas donné pour avoir un petit coin du désert où, sans être vu, j'aurais pu me livrer à quelque folie : me mordre les mains, faire une culbute, fouetter les arbres ; enfin donner cours à la joie qui m'étouffait ! Mon cœur battait à se rompre ; mais je ne laissais pas mon visage trahir mon émotion, de peur de nuire à la dignité de ma race. »

Livingstone était là devant la porte de sa case, vieilli, amaigri, et regardant sans vouloir à peine y croire, cet américain qui lui tombait du ciel et lui semblait comme un rayon de soleil dans sa nuit.

Vous vous rappelez que Stanley n'avait pas eu de très bons renseignements sur le caractère de Livingstone, lors de son entrevue avec le docteur Kirk ; aussi ce ne fut qu'avec une sorte de crainte respectueuse qu'il s'avança vers lui. Mais ils n'avaient pas dit deux mots tous deux qu'ils s'étaient compris et aimés.

Ils avaient bien des choses à se dire : Stanley apportait des lettres qui étaient depuis 365 jours en route ; de plus, l'Europe, depuis le départ de Livingstone, avait été le théâtre d'une foule d'évènements importants.

En Espagne, la reine Isabelle avait été renversée et la révolution avait proclamé la liberté des cultes, premier pas que fait tout peuple civilisé vers l'indépendance absolue des idées et des croyances ; — le Danemark avait perdu une partie de son territoire ; — enfin la terrible guerre franco-prussienne avait semé partout la terreur et amené l'effondrement de l'empire.

Et Livingstone avait aussi à raconter ses voyages ; récit émouvant qu'il résuma en quelques pages et que nous avons déjà rapportés en détail. Entre mars 1866 et octobre 1871, il avait découvert trois lacs ; le Bangouéolo, le Moéro ét le Kémolondo réunis par la rivière de Webb qui, précipitée dans la Bangouéolo sous le nom de Chambèze sort par le nord du lac sous le nom de Louapoula pour se rendre dans le Moéro ; Livingstone acquit ainsi la certitude que le Chambèze n'a rien de commun avec le Zambèze, et que la rivière à laquelle il donnait le nom de Webb ne pouvait être le Congo, dont l'origine se trouve sur le versant occidentale de la ligne de faîte, à peu près sous la même latitude que le lac Bangouéolo.

On se souvient qu'Hérodote, dont les récits, au milieu d'une foule de légendes et de descriptions fantaisistes auxquelles les historiens sérieux ne sauraient accorder grande créance, renferment cependant beaucoup de vérités dont on a reconnu plus tard l'exactitude, a fait une peinture des sources du Nil conforme aux récits que lui avait fait le trésorier de Minerve dans la ville de Saïs. Cette description parle de quatre fontaines que l'on a signalées bien souvent à Livingstone et dont il n'a jamais réussi à approcher. Ces quatre fontaines se déverseraient au nord dans la Loualaba, au sud dans le Zambèze.

Il serait donc possible, d'après lui, que la rivière de Webb rencontrât quelque part, le vieux Nil, et dès lors la question des sources serait résolue.

Livingstone aurait donc pu atteindre ce but tant convoité depuis des siècles, si les traitants arabes n'avaient entravé sa marche et ne l'avaient forcé de rebrousser chemin vers le Djidji.

Ainsi s'écoulaient les heures en récits pressés; Livingstone recouvrait la santé et répétait à chaque instant: Vous m'avez sauvé la vie! Stanley

Entrevue de Livingstone et de Stanley.

écoutait cette voix douce, harmonieuse, où se dévoilait toute l'âme du du célèbre voyageur.

Livingstone n'avait pu parvenir à explorer la partie septentionale du Tanguégnica; il fallait pourtant savoir si cette partie du lac se reliait au lac Albert par un cours d'eau. Il fut décidé que l'on demanderait un canot à Séid ben Medjid et que l'on partirait avec les rameurs de Stanley. Il s'agissait surtout de savoir où se jetait le Roussizi, rivière sur la situation exacte de laquelle on n'avait pu encore être fixé. Les Arabes prétendaient que le Roussizi sortait du lac et se rendait au lac Albert ou au lac Victoria.

Les sites parcourus dans ces premières étapes sont admirables : les rives sont couvertes de hameaux de pêcheurs enfouis dans des bosquets de palmiers, de bananiers, de figuiers du Bengale et de mimosas; la terre est féconde, les jardins sont pleins d'une luxuriante végétation ; la pêche ne laisse rien à désirer. M. Stanley fait observer avec raison que la vie des habitants de ces parages doit être bien douce et que les souffrances qu'ils endurent lorsqu'ils sont arrachés à cet Eden pour traîner des chaînes à la suite d'odieux trafiquants doivent dépasser tout ce que l'on pourrait s'imaginer.

Il fallait user de ruse avec les chefs des districts qui commençaient toujours par demander avant de rien apporter. Mais Livingstone n'était pas homme à se laisser prendre à ces pièges grossiers et obtenait toujours ce qu'il voulait ; néanmoins les indigènes avaient plus d'un tour dans leur sac; ils distribuèrent du vin de palme aux gens chargés de veiller sur le canot, et pendant le pesant sommeil de Souzi et de Bombay, alourdis par la perfide boisson, volèrent tout ce qu'ils purent, cartouches, balles et même une ligne de Sonde de 1663 mètres, sans compter de la farine et du sucre.

Il s'en fallut de peu que la même chose ne leur arrivât un peu plus loin : trois ou quatre bandes de noirs étaient venus les saluer après la chute du jour, ce qui ne se fait jamais dans cette partie de l'Afrique. Aussi les voyageurs, soupçonnant avec raison un piège, profitèrent-ils d'un moment où les indigènes s'étaient éloignés, pour repousser sans bruit leur canot au large et échappèrent ainsi à un danger imminent.

Enfin les voyageurs arrivèrent à l'embouchure du Roussizi et purent s'assurer par eux-mêmes que cette rivière entre dans le lac et ne lui sert pas de débouché comme on l'avait cru jusqu'alors. Un chef nommé Rouhinga avait d'ailleurs donné des renseignements très précis sur cette partie du lac ; d'après lui, le lac Kivo, étendue d'eau au nord du Tanguégnica, est entouré de montagnes au nord et au couchant. C'est du côté nord-ouest que sort le Roussizi, d'abord petit ruisseau rapide, puis grossi de beaucoup de rivières et ayant déjà quatorze affluents lorsqu'il reçoit la Rouanda, le plus large de tous.

La question se trouvait donc résolue, mais celle d'un affluent du Tanguégnica restait obscure; Livingstone était persuadé qu'il devait y en avoir un et en effet Caméron le découvrit plus tard; c'est le grand cours d'eau Loucouga qui sort de l'extrémité sud-ouest du Tanguégnica.

Rien ne retenait désormais les voyageurs et ils pouvaient revenir au au Djidji satisfaits de leur tâche accomplie. Quelques îlots rocheux découverts au nord-est du cap Cabogi par 3° 41' latitude méridionale reçurent le nom d'îlots du New-York Hérald. Après vingt huit jours d'absence, ils revinrent au Djidji le douze décembre où M. Satanley trouvait une lettre du consul Webb.

Les voyageurs avaient fait plus de 480 kilomètres.

III

SÉPARATION

La demeure de Livingstone à Djidji est un monument historique, dit M. Stanley, et nous sommes bien de son avis. C'est là où le grand explorateur a souffert sans perdre courage, où il a rencontré un secours inespéré, sans cependant vouloir abandonner sa tâche. Il aurait bien pu retourner à Londres avec M. Stanley, mais il n'avait pas achevé son œuvre et rien ne pouvait l'en détourner.

« — Je serais assurément très heureux de voir ma famille; oh! très heureux! Les lettres de mes enfants m'émeuvent plus que je ne saurais dire; mais je ne peux pas m'en aller, il faut que je finisse ma tâche. C'est le manque de ressources, je vous le répète, qui m'a seul retardé. Sans cela, j'aurais complété mes découvertes et suivi la rivière que je crois être le Nil, jusqu'à sa jonction avec le lac de Baker ou avec la branche de Péthérick. Un mois de plus dans cette direction, et j'aurais pu dire : mon œuvre est terminée. Pourquoi s'être adressé aux Banians pour avoir des hommes ? Je ne le devine pas. Le docteur Kirk savait bien ce que valent les esclaves; comment a-t-il persisté à leur confier mes bagages ? »

Il fallut songer à préparer la caravane de retour à Couihara; pendant que M. Stanley s'occupait de ces détails, Livingstone faisait sa correspondance. Puis vint la Noël, la *Christmas*, que tout bon Anglais doit célébrer avec beaucoup de solennité... Enfin l'on partit le 27 décembre.

M. Stanley fait remarquer qu'à l'embouchure du Malagarazi et à Sigounga on fonderait avantageusement des missions.

« A l'entrée de la petite baie, dit-il, se voyait une île charmante qui nous fit songer à des missionnaires, auxquels elle offrirait un siège excellent : assez d'étendue pour contenir un grand village, et dans une position facile à défendre : un port bien abrité, des eaux calmes et poissonneuses, où des pêcheries pourraient s'établir; au pied de la montagne, le sol le plus fécond et pouvant suffire aux besoins d'une population cent fois plus nombreuse que celle de l'île ; le bois de charpente sous la main ; tout le pays giboyeux ; enfin, dans le voisinage, des habitants doux et polis, enclins aux pratiques religieuses, et n'attendant que des pasteurs. »

Dès que toute la caravane se trouva réunie on partit du delta du Loadjéri ; mais les erreurs continuelles du guide obligèrent Stanley à se servir de la boussole, avec laquelle on arriva tout droit à l'ancien camp d'Itaga, au grand ébahissement du guide qui avait manifesté son incrédulité au sujet de la *petite machine*.

Il y avait quelques jours que l'on souffrait de la faim, Stanley avait la fièvre et des blessures aux pieds ; Livingstone souffrait aussi beaucoup de la fatigue ; ce fut donc avec une grande joie que l'on vit les indigènes d'Itaga apporter des vivres : deux zèbres furent tués et mangés ; on se retrouvait de nouveau dans l'abondance.

Le 18 février, les voyageurs arrivèrent dans la vallée de Couihara, après cinquante-trois jours de marche depuis le Djidji.

C'était là que les deux explorateurs devaient se quitter ; l'un pour retourner à Londres, l'autre pour s'enfoncer de nouveau dans le sud. On trouva les caisses envoyées pour Livingstone ; mais leur ouverture fut une cruelle déception ; elles avaient été dévalisées ou ne contenaient presque rien d'utile.

Stanley fit ses préparatifs de retour, et Livingstone écrivit les lettres qu'il devait emporter avec le journal du docteur. Nous transcrivons ici celle que Livingstone adressait à M. Bennett fils, qui avait si généreusement envoyé à sa recherche :

Djidji-sur-Tanguégnica (Afrique orientale), novembre 1871.

« A James Gordon Bennett fils, Esq. »

« Mon cher Monsieur,

» Il est en général assez difficile d'écrire à une personne que l'on n'a jamais vue ; il semble que l'on s'adresse à une abstraction. Mais, représenté que vous êtes dans cette région lointaine par M. Stanley, vous ne m'êtes plus étranger; et, en vous écrivant pour vous remercier de l'extrême bonté qui vous a inspiré son envoi, je me sens complètement à l'aise.

» Quand je vous aurai dit l'état dans lequel il m'a trouvé, vous comprendrez que j'ai de bonnes raisons pour employer, à votre égard, les termes les plus forts d'une ardente gratitude.

» J'étais arrivé au pays de Djidji, après une marche de six cent cinquante à huit cents kilomètres, sous un soleil éblouissant et vertical ; ayant été harcelé, trompé, ruiné, forcé de revenir alors que je touchais au but ; obligé d'abandonner ma tâche dont j'apercevais la fin ; et cela par des métis musulmans, que l'on m'envoyait de Zanzibar, des esclaves au lieu d'hommes.

» Cette douleur, aggravée par les tableaux navrants que j'avais sous les yeux, de la cruauté de l'homme envers son semblable, faisait chez moi de grands ravages et m'avait affaibli outre mesure ; je me sentais mourir sur pied. Je n'exagère rien en disant que chacun de mes pas dans cet air embrasé était une souffrance, et j'arrivai à Djidji à l'état de squelette.

» Là, j'appris que des marchandises que j'avais demandées à Zanzibar, et qui valaient encore douze mille cinq cents francs, avaient été confiées à un ivrogne, qui, après les avoir gaspillées sur la route, pendant seize mois, avait fini par acheter, avec le reste, de l'ivoire et des esclaves dont il s'était défait.

» La divination, disait-il, au moyen du Coran, lui avait appris que j'étais mort. Il avait envoyé, à ce qu'il ajoutait, des esclaves dans le Mégnéma pour s'assurer du fait ; les esclaves ayant confirmé la réponse du Coran, il avait écrit au gouverneur du Gnagnembé pour lui demander l'autorisation de vendre, à son profit, le peu d'étoffes que ses débauches n'avaient pas absorbées.

» Il savait bien, cependant, que je n'étais pas mort, et que j'attendais mes valeurs avec impatience : des gens qui m'avaient vu le lui avaient dit. Mais, n'ayant aucune moralité et se trouvant dans un pays où il n'y a d'autre loi que celle du poignard ou du mousquet, il me dépouilla complètement.

» Je me trouvais donc entièrement épuisé au physique, et je n'avais d'autre ressource qu'un peu d'étoffe et de rassade, que j'avais eu la précaution de laisser à Djidji, en cas de nécessité.

» La perspective d'en être réduit avant peu à tendre la main aux habitants du pays, me mettait au supplice. Cependant, je ne pouvais pas me désespérer. J'avais beaucoup ri autrefois d'un ami qui, en atteignant l'embouchure du Zambèze, s'était plongé dans la désolation parce qu'il avait brisé la photographie de sa femme. Après un pareil malheur, disait-il, nous ne pouvions réussir. Depuis lors, il y a pour moi quelque chose de si burlesque dans la seule pensée du désespoir, que je ne saurais m'y abandonner.

» Alors que je touchais à la plus profonde misère, de vagues rumeurs, au sujet de l'arrivée d'un européen, vinrent jusqu'à mon oreille. Je me comparais souvent à l'homme qui descendait de Jérusalem à Jéricho, et je me disais que ni prêtre, ni lévite, ni voyageur ne pouvait passer près de moi. Pourtant le bon samaritain approchait.

» Il arriva; un de mes serviteurs accourant de toutes ses forces et pouvant à peine parler, me jeta ces mots : « Un Anglais qui vient ! je l'ai vu ! » Puis, il repartit comme une flèche.

» Un drapeau américain, le premier qui ait paru dans cette région, m'apprit la nationalité du voyageur.

» Je suis aussi froid, aussi peu démonstratif que nous autres insulaires nous avons la réputation de l'être. Mais votre bonté a fait tressaillir toutes mes fibres. J'en suis réellement accablé et ne peux que dire en mon âme : « Que les plus grandes bénédictions du Très-Haut descendent sur vous et sur les vôtres ! »

» Les nouvelles qu'avait à me dire M. Stanley étaient bien émouvantes. Les changements survenus en Europe, le succès des câbles atlantiques, l'élection du général Grant, et beaucoup d'autres faits non moins surprenants, ont absorbé mon attention pendant plusieurs jours et produit sur ma santé une action immédiate et bienfaisante. Sauf le peu que j'avais glané dans quelques numéros du *Punch* et de la *Saturday Review* de 1868, j'étais sans nouvelles d'Angleterre depuis des années. Bref, l'appétit me revint, et au bout d'une semaine j'avais retrouvé des forces.

» M. Stanley m'apportait une lettre bien gracieuse, bien encourageante de lord Clarendon. Cette dépêche de l'homme éminent, dont je déplore sincèrement la perte, est la première que j'aie reçue du *Foreign-Office* (Ministère des affaires étrangères) depuis 1866.

« C'est également par M. Stanley que j'appris que le gouvernement britannique m'envoyait une somme de vingt-cinq mille francs. Jusque-là rien ne m'avait fait pressentir cette assistance pécuniaire. Je suis parti sans émoluments; aujourd'hui le manque de ressources est heureusement réparé; mais j'ai le plus vif désir que, vous et vos amis, vous sachiez que, malgré l'absence de tout encouragement, pas même une lettre, je me suis appliqué à la tâche que m'a confié sir Roderick ; que je m'y suis appliqué, dis-je, avec une ténacité de John Bull, croyant qu'à la fin tout s'arrangerait.

» La ligne du partage des eaux de l'Afrique centrale, de ce côté-ci de l'équateur, a une longueur de plus de onze cents kilomètres ; les sources que sépare cette ligne de faîte sont innombrables ; c'est-à-dire que, pour les compter, il faudrait la vie d'un homme. De ce déversoir, elles convergent et se réunissent dans quatre grandes rivières, qui, à leur tour, rejoignent deux puissants cours d'eau de la grande vallée du Nil. Cette vallée commence entre le douzième et le dixième degré de latitude méridionale.

» Ce ne fut qu'après de longs travaux que je vis s'éclairer l'ancien problème, et que je pus avoir une idée précise du drainage de cette région. Il me fallut chercher ma route, la chercher sans cesse à chaque pas, et presque toujours à tâtons. Qui se souciait de la direction des rivières ? Nous buvons tout notre content, et nous laissons le reste couler, m'était-il répondu.

» Les Portugais n'allaient chez Cazembé que pour y acheter de l'ivoire et des esclaves, et n'y entendaient pas parler d'autre chose. Pour moi, c'était le contraire, je ne m'informais que des eaux ; questions sur questions, que je répétais sans cesse, au point d'avoir peur d'être accusé de folie.

» Mon dernier travail, auquel le manque d'auxiliaires convenables apporta de grands obstacles, consista dans l'examen du canal d'écoulement que j'ai suivi à travers le Mégnouéma ou Mégnéma, et qui, sur une largeur de seize cents à cinq mille mètres, n'est guéable en aucun endroit à aucune époque de l'année. La ligne de ce canal présente quatre grands lacs. J'étais voisin du quatrième quand il m'a fallu revenir.

» La Loufira ou rivière de Bartle-Frère, qui vient du couchant, tombe dans le lac Kémolondo ; le Lomani, grande rivière qui vient également de l'ouest, se jette dans le même lac, après avoir traversé le lac Lincoln, et semble former la branche occidentale du Nil, sur laquelle sont les établissements de Péthérick.

» Je connais actuellement près de mille kilomètres de ce système fluvial ; malheureusement, les derniers deux cents, ceux que je n'ai pas vus, sont les plus intéressants. Si l'on ne m'a pas trompé, on y trouve quatre fontaines sortant d'un monticule terreux ; l'une de ces quatre sources ne tarde pas à être une grande rivière.

» Deux de ces fontaines s'écoulent au nord, vers l'Egypte, par la Loufira et la Lomani ; les deux autres vont au sud, dans l'Ethiopie intérieure, et forment le Cafoué et le Liambaye, qui est le Haut-Zambèze.

» Ne serait-ce pas de ces quatre fontaines que le trésorier du temple de Minerve parla jadis à Hérodote, et dont la moitié des eaux se dirigeait vers le Nil, et l'autre moitié vers le sud ?

» J'ai entendu parler si souvent de ces quatre fontaines, en différents endroits, que je ne doute pas de leur existence ; et malgré le désir poignant du retour, qui me saisit chaque fois que je pense à ma famille, je voudrais couronner mon œuvre en en faisant de nouveau la découverte.

» Une cargaison, valant 12,500 fr. a été encore confiée, chose inexplicable, à des esclaves. Elle a mis un an, au lieu de quatre mois, pour venir dans la Gnagnembé, où elle se trouve à présent ; il faut que j'aille la chercher pour continuer mes travaux, et je suis obligé de le faire à vos dépens.

» Si mes rapports, au sujet du terrible commerce d'esclaves qui se fait à Djidji, peuvent conduire à la suppression de la traite de l'homme sur la côte orientale, je regarderai ce résultat comme bien supérieur à la découverte des sources du Nil. Maintenant que, chez vous, l'esclavage est à jamais aboli, aidez-nous à atteindre ici le même but. Ce beau pays est frappé comme une malédiction céleste ; et, pour ne pas porter atteinte aux privilèges esclavagistes du petit sultan de Zanzibar, pour ne pas porter atteinte aux droits de la couronne de Portugal, droits illusoires, un mythe, on laisse subsister le fléau, en attendant que l'Afrique devienne pour les traitants portugais une nouvelle Inde.

» Je termine en vous remerciant du fond du cœur de votre grande générosité.

Votre reconnaissant,
DAVID LIVINGSTONE.

Nous ne voulons pas nous arrêter plus qu'il ne convient sur cette lettre de Livingstone, mais nous y constaterons deux passages bien caractéristiques. Il avait bien ri, dit-il, en voyant un de ses compagnons se désespérer parce qu'il avait brisé la photographie de sa femme. Nous voyons là un effet de cette exubérante gaieté dont parle Stanley et de ce rire homérique qui illuminait toute sa face et désarmait même les sauvages. Il riait des pieds à la tête, dit Stanley.

Et puis, une fois les remerciements faits à M. Bennett, il se livre tout entier à cette idée généreuse qui paraît avoir guidé tous les pas de Livingstone dans l'Afrique équatoriale, l'abolition du commerce d'esclaves. C'est bien là le but que dans son âme chrétienne il poursuit sans cesse et dont rien ne saurait le distraire.

Revenons à M. Stanley.

« Ce soir, dit-il, un groupe d'indigènes s'est réuni devant ma porte pour y exécuter en mon honneur, une danse d'adieux. C'étaient les *pagazis* de Singéri, chef de la caravane de Mtésa. Mes braves sont allés rejoindre ce groupe ; et, en dépit de moi-même, entraîné par la musique, je me suis mis de la partie, à la grande satisfaction de mes hommes ; ils étaient ravis de voir leur maître se départir de sa raideur habituelle.

» Une danse enivrante, après tout, bien que sauvage. La musique en est vive ; elle sortait de quatre tambours sonores, placés au milieu du cercle. Bombay, toujours comique, était coiffé de mon seau ; le robuste Choupéri, l'homme au pied agile et sûr, avait une hache à la main, une peau de chèvre sur la tête ; Mabrouki, tête de taureau, tout à fait dans son rôle, faisait des bonds d'éléphant solennel ; Baraca, drapé dans une peau d'ours, brandissait une lance ; Oulimengo, armé d'un mousquet, paraissait affronter cent mille hommes, tant il avait l'air féroce ; Khamisi et Camna, dos à dos devant les tambours, lançaient ambitieusement des coups de pied aux étoiles ; le géant Asmani, pareil au Dieu Thor, se servait de son fusil comme d'un marteau pour broyer des bandes imaginaires.

» Toute autre passion dormait ; il n'y avait là, sous le ciel étoilé, que des démons jouant leur rôle dans un drame fantastique, entraînés au mouvement par le tonnerre irrésistible des tambours.

» La musique guerrière s'arrêta pour faire place à une autre. Le chorége se mit à genoux, et se plongea la tête à diverses reprises dans une excavation du sol ; puis il commença son chant grave, d'une mesure lente, dont le chœur, également agenouillé, répéta d'une voix plaintive les derniers mots à chaque verset.

» Il m'est impossible de rendre les paroles, le ton et l'accent passionné de ce chant dont le rhythme était parfait, et qui avait pour objet de célébrer la joie de ceux qui retournaient avec moi à Zanzibar et la douleur de ceux qui demeuraient avec Singéri. »

Le heures se succédaient rapidement, trop rapidement an gré des deux voyageurs : Stanley heureux d'avoir atteint le but, d'avoir trouvé un si aimable compagnon, Livingstone tout triste de se voir bientôt seul de nouveau, devant l'inconnu.

Enfin le moment arriva et les deux hommes se quittèrent, avec quelle émotion, on le devine !

IV

RETOUR

Chemin faisant, M. Stanley retrouva l'endroit où avait été enterré Facqhar ; il fit un *cairn* avec des pierres afin de perpétuer le souvenir du premier blanc qui soit mort dans cette partie de l'Afrique. Puis il fallut traverser des pays inondés ; sur cent villages, trois restaient à peine et les eaux retirées avaient laissé à nu une horrible scène de désolation. Dans une de ces traversées par des plaines inondées, M. Stanley faillit perdre les preuves de sa rencontre avec Livingstone et, ainsi que nous le verrons plus tard, cette perte aurait été très préjudiciable au hardi voyageur. Un coureur nommé Rojab, au lieu de suivre à califourchon la poutre que l'on avait mise en travers du marais à traverser, se jeta à l'eau ayant sur sa tête la précieuse boîte qui contenait les lettres et le journal de Livingstone. A un certain endroit, il perdit pied et faillit disparaître sous l'eau.

M. Stanley le menaça de son révolver, et l'homme finit par arriver au rivage ; mais on lui ôta la garde de la précieuse cassette que l'on donna à un serviteur d'une fidélité éprouvée.

Il fallut encore traverser l'affreuse jungle de Msohoua où les voyageurs avaient déjà tant souffert, puis on rentra le 6 mai à Bagamoyo.

Là une nouvelle surprise attendait M. Stanley ; il retrouva le frère de Livingstone, Oswald, qui avait été envoyé à la recherche du docteur. De prime abord, il fut convenu qu'il continuerait sa route et rejoindrait David Livingstone avec la caravane que M. Stanley se préparait à lui envoyer. Puis tout d'un coup, il changea d'avis, et la caravane dut partir seule sous la conduite d'un Arabe et avec les compagnons de Stanley.

Quant au consul Kirk, il fut impossible d'en obtenir aucun service ; il prétendait avoir été insulté par Livingstone ; j'ai raconté dans la vie de ce dernier les griefs que le docteur pensait avoir contre lui.

Le 29 mai M. Stanley repartit pour l'Europe. Il reçut peu de temps après de la société Géographique de Londres une médaille et une tabatière de la reine Victoria, mais nous devons raconter au prix de quels déboires il avait dû acheter ces deux objets.

Et ici que l'on me permette de placer une petite appréciation toute personnelle :

M. Stanley, avant d'être le voyageur que l'on connaît maintenant était *reporter*, un journaliste, et son style se ressent de cette profession. Il écrit gaiement, si je puis m'exprimer ainsi, avec une pointe gasconne, tout américain qu'il soit, et ses écrits n'ont aucunement l'allure des graves relations des hommes de science qui comme Nordenskiold, ont la phrase serrée, nourrie de faits, peu ornée, et ne donnant rien à la fantaisie.

Je crois que cette manière d'écrire de M. Stanley a dû être le point de départ des plaisanteries que l'on a faites sur son épopée à travers l'Afrique. On a été jusqu'à supposer que tout cela avait tout juste la valeur d'un roman d'Alexandre Dumas et que M. Stanley n'avait jamais vu Livingstone qu'en rêve ! « *Eh ! quoi*, disait Montaigne, *ces gens-là ne portent pas de haut-de-chausses !* »

« Et ! quoi ! disait-on de Stanley, cet homme raconte un voyage à travers le jungle comme il écrit un article de journal, un fait divers ; cela n'est pas sérieux ! »

Ce doit être en effet un terrible crève-cœur pour l'illustre voyageur, après avoir trouvé Livingstone, lui avoir serré la main, avoir recueilli de sa bouche ces paroles fortifiantes : *Vous avez fait ce que bien des voyageurs plus expérimentés n'eussent pas fait*, de se voir traiter de *charlatan* par la société de Géographie de Londres.

On éplucha les lettres de Livingtone ; on leur trouva un style plus américain qu'Anglais ; on finit par découvrir que c'était Livingstone qui avait découvert Stanley et avait sorti celui-ci de la misère !

« Comment m'avez vous traité, dit M. Stanley aux journaux anglais, pour avoir fait ce qu'à ma place vous auriez fait vous-même ? Mon voyage a été mis en doute, mon récit contesté ; les lettres que j'apportais à l'appui furent taxées de faux ; mes publications raillées. Bafoué par les uns, malmené par les autres, je me suis vu assailli de grondements, comme si j'avais fait un crime.

« Ah ! que Livingstone se doutait peu que son humble ami recevait un pareil accueil ! qu'il était loin d'imaginer que mes efforts, tentés et soutenus de bonne foi, sans conscience de la malice ou de l'envie qu'ils pouvaient susciter, me vaudraient de pareilles attaques ! »

Heureusement l'heure de la réhabilitation allait sonner. Le 3 août 1872, les journaux anglais publièrent les lettres suivantes dont la traduction fut reproduite par les feuilles françaises.

Londres le 2 août.

« M. Henry Stanley m'a remis aujourd'hui le journal du docteur Livingstone, mon père, scellé et signé par lui, avec des instructions écrites extérieurement, signées par mon père, nos meilleurs remerciements lui sont dûs. Nous n'avons pas la moindre raison de douter que ce ne soit là le journal de mon père, et je certifie que les lettres apportées ici par M. Stanley sont des lettres de mon père et non d'autres.

Tom. D. Livingstone.

Le 2 août 1872.

« Je n'ai pas appris avant que vous me l'eussiez fait connaître qu'il existât aucun doute sur l'authenticité des dépêches du docteur Livingstone, que vous avez communiquées à Lord Lyons, le 31 juillet. Mais, en conséquence de votre communication, j'ai fait sur cette affaire une enquête, d'où il résulte que M. Hammond, sous-secrétaire d'Etat au Foreign-Office, et M. Wylde, chef du département des Consulats et de la traite des esclaves, n'ont pas le moindre doute sur l'authenticité des documents reçus par Lord Lyons et qui ont été livrés à l'impression. Je ne veux pas laisser échapper cette occasion de vous témoigner mon admiration pour les qualités qui vous ont permis de venir à bout de votre mission et d'obtenir un résultat qui a été salué avec un si grand enthousiasme aux Etats-Unis et dans ce pays.

Je suis, Monsieur, etc.

GRANVILLE.

Le dernier journal de Livingstone dont nous avons donné autre part un résumé est venu corroborer les lettres ci-dessus et mettre, par cette sorte de testament posthume, M. Stanley à l'abri de toute critique et de toute accusation.

DEUXIÈME PARTIE

LE LAC VICTORIA NYANNZA

Ce voyage avait éveillé chez M. Stanley la noble ambition de faire aussi des découvertes dans le centre de l'Afrique, mais la mort de Livingstone lui donna plus que jamais l'envie de parfaire l'œuvre du grand explorateur.

Il apprit cette mort en avril 1874 : Le corps de Livingstone était rapporté en Angleterre et M. Stanley eut l'honneur, le jour des funérailles, de porter l'un des coins du poêle. Il est inutile de parler ici de l'impression produite sur le hardi reporter par la triste fin de celui qui avait été son ami ; elle se devine et M. Stanley ne songea plus qu'à donner sa vie aux grandes explorations et aux découvertes qui resteraient à faire.

Comme il travaillait jour et nuit à acquérir de nouvelles connaissances et à combiner les divers moyens à employer pour arriver à des résultats décisifs, l'offre lui fut faite par le rédacteur en chef du *Daily Télégraph* d'achever l'œuvre de Livingstone. M. Bennett consentit à prendre part à une nouvelle expédition, et son départ fut décidé.

Quelques jours avant, le *Daily Télégraph* annonça l'expédition en ces termes :

« Le but de l'entreprise est de continuer l'œuvre interrompue par la mort du regretté Livingstone, de résoudre s'il est possible, les problèmes que présente la géographie du centre africain, d'explorer les lieux que fréquentent les marchands d'esclaves et de faire connaître ce qui s'y passe. Le Commandant de l'expédition représentera les deux pays, dont le commun intérêt au salut de l'Afrique a été si bien démontré lors de la recherche du grand explorateur anglais par l'énergique correspondant américain. Dans cette recherche mémorable, M. Stanley a déployé les qualités les plus éminentes du voyageur ; et des ressources considérables, mises à sa disposition, venant se joindre à sa complète expérience des conditions d'un voyage en Afrique, on peut espérer que cette entreprise aura de très importants résultats pour la science et pour la cause de l'humanité et de la civilisation. »

On était déjà loin des invectives qui avaient accueilli autrefois les premières lettres de M. Stanley ; que devenait le *vaste et immoral hunbreg* (blague) de Sir Henry Rawlinson, président de la Société royale de géographie de Londres ? Et aussi les discours plus qu'agressifs de M. Kieper de la société géographique de Berlin ? M. Stanley était désormais un voyageur éminent sur lequel on pouvait compter et qui devait couvrir de gloire son pays.

M. Stanley dut tout d'abord s'inquiéter des objets à prendre et des compagnons à choisir. Il fit construire une *barge* fort ingénieuse qui se démontait en plusieurs pièces et dont chaque morceau pouvait être facilement porté séparément : la construction en fut confiée à M. James Messenger, constructeur naval à Teddington, près de Londres.

Quant aux compagnons qu'il devait prendre, il n'avait que l'embarras du choix ; car il reçut plus de douze cents lettres ! Tous ceux qui écrivaient vantaient leur expérience, leur science, leur énergie, leur connaissance de l'Afrique. « Il m'eût été facile, dit M. Stanley, d'emmener cinq mille Anglais, cinq mille Américains, deux mille Français, deux mille Allemands, cinq cents Italiens, deux cent cinquante Suisses, deux cents Belges, cinquante Espagnols et cinq Grecs. »

Il se contenta d'un nommé Frédéric Barker, jeune homme qu'il avait rencontré à l'hôtel Langham, et qui voulut à toute force faire partie de l'expédition ; de Francis et Edouard Pocock, fils d'un pêcheur du comté de Kent.

Le 15 août 1874, M. Stanley quittait l'Angleterre pour la côte occidentale d'Afrique.

I

ZANZIBAR

Le 21 septembre 1874 M. Stanley arrivait à Zanzibar.

L'aspect du rivage est plein de charmes pour qui vient de visiter les côtes désolées d'Aden et de Guardefui ; la terre est d'une richesse exubérante, la végétation est luxuriante et le sol est couvert de vertes plantes grasses.

La ville se montre peu à peu à travers les mâts de vaisseaux ; ce sont de massifs bâtiments carrés, blanchis à la chaux, bordés du côté de la mer d'une vaste bande de sable. A l'arrivée du navire, les Européens se précipitent pour obtenir les nouvelles qu'ils attendent ; les hommes de couleur se confondent en un mélange pittoresque, bruns, noirs, jaunes, chacun parle sa langue, le *Kissouahili* ou langue de *Souakil* (langue de la côte), l'arabe, l'anglais, le français, l'indien, le persan, etc.

« La vie que mène à Zanzibar celui qui se dispose à explorer l'Afrique est une vie très active. Le temps fuit rapidement et du matin au soir chaque minute doit être employée à l'achat de différents genres d'étoffes, de grains de verre, de fil métallique, objets demandés par les indigènes des pays où l'on veut aller, et qu'il a fallu d'abord choisir.

» De vigoureux portefaix, à demi-nus, arrivent chargés de grandes balles de calicot, de tissus de couleur, rayés, frangés, quadrillés, de mouchoirs et de calottes rouges. Des sacs de perles bleues, rouges, vertes, blanches, jaune d'ambre, petites et grosses, rondes et ovales ; des rouleaux de gros fil de laiton, rouleaux sur rouleaux, entrent continuellement. Il faut examiner, assortir, dénombrer, ranger séparément tous ces articles ; les faire mettre en sac, en paquet, en ballot, en caisse, suivant leur nature et leur valeur respective. Des tas d'enveloppes, de couvercles, de toile d'emballage, de zinc, de planches brisées, de papiers en lambeaux, de sciure de bois, et d'autres débris couvrent les planchers de la maison. Portefaix, domestiques et maîtres, employés et employeurs, vont et viennent au milieu de cette litière, roulant des balles ou culbutant des caisses. Un déchirement de papier ou d'étoffe, un bruit de marteau, la demande du pot à couleurs pour marquer les paquets, celle du nombre des ballots ou des sacs, demandes faites d'une voix précipitée, des cris, des soupirs, le halètement des poitrines, s'entendent depuis l'aube jusqu'à la nuit. La sueur ruisselle du corps, le mouchoir est sorti précipitamment, passé sur la figure et remis dans la poche ; les mains, les bras, les manches de chemises des employés font le même service, avec la même hâte.

» La chaleur a été brûlante, le soleil éclatant; vers le soir, vient la fatigue. On gagne son fauteuil, et la pipe ou le cigare, une tasse de thé, complètent cette journée si remplie. » (1)

Au moment du voyage de M. Stanley, le sultan de Zanzibar était le prince Bargash pour lequel on ne saurait avoir trop d'estime ; c'est un adversaire décidé du commerce d'esclaves, et la chose est étrange venant d'un Arabe élevé dans le mépris de la race noire. C'est un souverain indépendant dont le pouvoir s'étend sur environ cinquante mille kilomètres carrés et plus de cinq cent mille âmes. Le prince, fort bien accueilli à Londres en 1875, changea tout-à-fait d'allures à partir de cette époque et fit dès lors ce qu'il put pour entraver le commerce d'esclaves que Livingstone avait toujours combattu de toutes ses forces; c'est du reste à l'initiative de ce célèbre philanthrope que l'on doit l'envoi à Zanzibar d'un délégué spécial, sir Bartle-Frère, pour un traité avec ce Prince.

Il est certain que l'influence de Bargash ne saurait se faire sentir activement sur les Arabes de l'intérieur, mais il est permis de penser que peu à peu sa politique conciliatrice récoltera un nombre toujours croissant d'adhérents, s'il sait la maintenir avec fermeté et d'une manière conforme à ses promesses.

M. Stanley fait observer que si le girofle, la cannelle, le poivre, l'ivoire, l'écaille, l'orseille, le caoutchouc, le copal et les peaux sont d'un commerce ancien dans cette région, il reste encore beaucoup de produits à exploiter, tels que le cocotier, l'élaïs, la canne à sucre, le riz, le coton et le sorgho. Malheureusement, les moyens de transport sont insuffisants et le tramway, dit-il, est le seul moyen d'assurer à ces contrées riches entre toutes, une exploitation sérieuse.

En arrivant à Zanzibar, l'explorateur se trouve en présence de trois castes bien différentes et sur lesquelles M. Stanley nous donne des détails fort curieux et aussi fort utiles pour les voyageurs à venir : les Arabes, les *Voua-Ngouana* ou esclaves libérés, et les *Vouanyomouési* ou nègres de l'intérieur.

L'Arabe est l'aristocrate de la population Zanzibarite ; il est adroit en affaires, mais son amitié est solide ; il est facile de s'entendre avec les Arabes, à la condition de savoir *manœuvrer* et de ne leur permettre de vous

---

(1) *Le Continent mystérieux*, trad. de Mme Loreau, p. 27.

tromper qu'autant que vous le voulez bien. J'imagine que le commerce que peuvent avoir les Européens avec les Arabes ressemblent un peu à ce que j'ai dit des Juifs autre part (1) : *il faut savoir en jouer*. A part cela, ils sont sociables, francs, hospitaliers, obligeants.

» Le savoir-vivre d'un gentleman arabe est parfait; jamais, chez lui, un sujet inconvenant n'est abordé devant le visiteur ; une impertinence est immédiatement réprimée, et l'incivilité n'est pas permise. Il a certainement les vices de son éducation, de sa nature et de sa race ; mais l'excellence traditionnelle de ses manières permet rarement aux étrangers de voir ses défauts. »

Les Voua-Ngnouana sont capables de dévouement et d'affection ; mais il faut les envisager avec toute liberté de jugement et sans aucun des préjugés que l'on a d'habitude contre la race noire ; il faut se rappeler que ces gens sont en retard sur nous de quelques milliers d'années et tenir compte seulement des qualités humaines qu'ils montrent et qu'une civilisation plus avancée ne pourrait que développer. Leur ambition est d'avoir une maison, un jardin, une chèvre et des poulets ; une fois ceci acquis, ils se considèrent comme plus heureux que les plus riches Arabes. Mais ils n'aiment pas louer leurs services à ces derniers, qui sont, disent-ils, fiers, durs, exigeants, grossiers et *mauvaises paies*. Ils préfèrent les expéditions commerciales ou autres, où ils sont bien payées, bien nourris et ont moins à faire.

Ce sont les Voua-Ngouana qui ont permis à Burton, Speke, Grant et Livingstone de faire leurs découvertes et la science géographique leur doit beaucoup.

Les Africains de l'intérieur, que l'on ne considère aujourd'hui que comme des *pagazis* ou porteurs, paraissent appelés à jouer un rôle plus important dans l'avenir : Ils sont vigoureux et les maladies ont peu de prise sur eux ; ils sont orgueilleux, et, une fois la glace rompue, ont un dévouement sans bornes pour celui qu'ils ont accepté pour chef.

Les préparatifs étaient faits ; il s'agissait maintenant de choisir les hommes de l'escorte et le choix était difficile parmi une foule innombrable de mendiants, infirmes, boiteux, portefaix surannés qui se présentèrent.

Lorsque M. Stanley, renvoya ses hommes, lors de son premier voyage à la recherche de Livingstone, il écrivait ceci : « Je me trouvai comme isolé ; ces compagnons de route, ces amis noirs qui avaient partagé mes

---

(1) *Cent lieues sous la neige*.

périls, s'éloignaient, me laissant derrière eux. De leurs figures affectueuses, en verrai-je jamais aucune? »

Ce fut donc surtout ses anciens serviteurs qu'il rechercha ; il en retrouva une trentaine qu'il enrôla immédiatement. C'était sur ceux-là qu'il pouvait compter, d'autant plus qu'il y en avait parmi eux quelques uns qui avaient déjà accompagné Burton, Speke et Grant.

Mais cela ne suffisait pas et il y en avait beaucoup d'autres qui attendaient les ordres de M. Stanley; il prit ce qu'il put, se fiant aux paroles de celui-ci, à la physionomie de celui-là, ce qui ne l'empêcha pas d'être trompé par beaucoup d'entre eux ; mais il ne s'en aperçut que plus tard, à son grand détriment.

Frédéric Barker et les frères Pocok sollicitèrent l'autorisation d'avoir, eux aussi, un pavillon britannique, ce que M. Stanley leur accorda de grand cœur ; de nombreuses acquisitions furent faites chez l'un des plus riches négociants de la ville, Tarya Topan, et le 12 novembre, après le Ramadan, le carême des musulmans, on leva les ancres et l'on cingla vers la côte, d'où l'on devait partir pour l'inconnu.

II

PREMIÈRES ÉTAPES JUSQ'AU LAC VICTORIA

Les voyages de M. Stanley sont intéressants, surtout en ce sens que le célèbre explorateur ne se préoccupe pas seulement des avantages qu'il peut trouver dans sa propre expérience, mais songe constamment à en faire profiter les voyageurs à venir ; c'est aussi pour ces raisons que nous qui n'écrivons que pour l'instruction des races futures, nous insistons sur ces préliminaires du voyage. Il en sera de même toutes les fois que nous trouverons dans M. Stanley un renseignement qui puisse être utile aux explorateurs de l'avenir.

« Bagamoyo, Vhouinndi et Saadani, villages de l'est de l'Afrique, offrent des points de départ exceptionnels pour l'exploration de l'intérieur du Continent, dit-il, et voici pourquoi :

1° Le voyageur et les hommes qu'il emmène ne se connaissent pas, et il est nécessaire de s'étudier mutuellement avant de se risquer en pays sauvage.

2° Les habitants de ces bourgades maritimes ont l'habitude de voir leur existence, normalement tranquille, troublée par l'arrivée tumultueuse d'étrangers qui viennent, soit par mer, soit du Continent, trafiquants Arabes se dirigeant vers l'intérieur et longues files d'indigènes venant de l'Ounyamouési.

3° L'expédition qui ne s'est pas complétée à Zanzibar peut, dans ces ports, recruter des volontaires appartenant à des caravanes indigènes et désireux de regagner leurs foyers. Elle trouvera, dispersés sur les routes qui partent d'un village, des Vouanyamouési retournant dans leur province et pourra, s'il est nécessaire, augmenter son effectif ou réparer les pertes qu'elle aura faites.

Ce fut en effet à Bagamoyo que M. Stanley eut une idée de la qualité des gens qu'il avait enrôlés : un certain nombre de personnes de Vouangouana avaient cru devoir traiter la ville en pays conquis, et il fallut les punir avec la dernière rigueur.

Là se trouve la mission des universités sur laquelle le voyageur donne de grands détails auxquels nous ne nous arrêterons pas; nous prendrons seulement acte de ceci, qui me paraît commun à tous les religieux, désireux de faire des prosélytes, que les prêtres ne comprennent pas assez le peu d'influence de la religion pure sur les sauvages. N'est-il pas vrai que la religion et surtout la morale mènent à une civilisation plus élevée, laquelle entraîne à sa suite une infinité d'avantages matériels ? Ce sont ceux-là qu'il faut d'abord faire comprendre aux noirs.

L'Africain est matérialiste et a l'intuition de la bassesse de sa condition ; il commence toujours par respecter les blancs, *qui savent tout;* il ne demande pas mieux que d'apprendre pour se relever à ses propres yeux ; mais il se décourage bien vite à n'entendre que des lieux communs de morale et de théologie, auxquels il ne comprend rien.

Il faut d'abord que la nouvelle science ait pour lui un résultat matériel immédiat, qu'il y trouve plus de bien-être et qu'il entrevoie dans l'avenir une situation bien supérieure à celle qu'il a aujourd'hui. C'est là ce dont les missionnaires doivent se pénétrer s'ils veulent que les stations qu'ils établiront dans le centre de l'Afrique portent leurs fruits.

Comme il fallait quitter Bagomoyo dont le gouverneur montrait une grande malveillance pour les hommes de la caravane, le 17 novembre on partit accompagné des malédictions de la population indigène. Le moral de la troupe était excellent ; mais la chaleur devenant insupportable, il fut bien difficile de faire aller tout le monde jusqu'au bout; deux hommes tombèrent malades, un chien mourut et les trois autres mâtins que l'on avait emmenés ne valaient guère mieux.

A partir de ce moment, jusqu'au grand village de Mpouapoua, la marche de la caravane n'offre aucun incident bien remarquable, si l'on excepte la rencontre de quelques lions aux environs de Kitannghé, et la désertion d'une cinquantaine d'engagés. Quelles que fussent les précautions que prit M. Stanley pour prévenir ou punir ces défections, il était évident que rien ne pourrait faire rentrer dans le devoir les vauriens qui

Les lions.

s'étaient glissés dans sa troupe, ni les bons traitements, ni l'argent, ni l'abondance des vivres.

Cette première partie du voyage s'effectuait d'ailleurs dans des régions fertiles où ne manquaient ni l'eau, ni la végétation ; on passait les rivières à gué, le gibier abondait, éléphants et zèbres se trouvaient à tout moment au bout des fusils ; les habitants, quoique très défiants à cause du voisinage des Vouamassaï, tribus de maraudeurs, ne montraient cependant pas de malveillance à l'égard des voyageurs.

Mais l'ère des souffrances allait commencer : au sortir de Mpouapoua, après avoir traversé un village presque abandonné, Tchounyou, puis le Marennga Mkali et ensuite le bourg de Itoumbi où la caravane dressa son camp, le ciel se couvrit et les averses commencèrent. A Doudoma, vers le 23 décembre, la route, complètement détrempée, devint très fatigante.

« Ma tente, dit Stanley, est nécessairement établie sur une terre détrempée, dont le va-et-vient de mes gens a fait une pâte criblée d'empreintes d'orteils, de talons, de clous de souliers, de pattes de chien. Les parois ont de grandes plaques de boue; les coins pendent, boiteux et flasques; tout cela a un air de désolation qui ajoute à ma misère. Assis sur mon lit, élevé d'un pied au-dessus de la bourbe, je réfléchis mélancoliquement à ma situation. Mes hommes partagent évidemment mes tristes pensées; ils ont la mine des gens fortement inclinés au suicide, ou pour le moins décidés à attendre dans la plus complète inertie que la mort vienne les délivrer de leurs souffrances.

» Il a plu à torrents ces deux derniers jours; tout à l'heure encore l'eau tombait à nappe.

» La pluie rend la marche très pénible; elle défonce le sentier, le rend glissant, augmente le poids des ballots, gâte l'étoffe. Elle nous atteint, nous décourage. Nous avons froid, nous avons faim.

» Dans leur imprévoyance, les indigènes gardent peu de provisions; ils consomment leurs récoltes du mois de mai au mois de novembre; en décembre, époque des semailles, les greniers sont presque vides ; pour avoir une poignée de grains, nous devons la payer dix fois le prix ordinaire. Quant à la viande, elle manque absolument; moi-même, je n'y ai pas goûté depuis dix jours. Ma nourriture se compose de riz cuit à l'eau, de thé et de café; et avant peu, j'en serai réduit comme les gens à la bouillie des indigènes.

» Quand je quittai Zanzibar, je pesais 180 livres; en trente huit jours, ce régime m'a réduit à cent trente quatre. Mes jeunes Anglais ne sont pas moins appauvris; et à moins que nous n'atteignions bientôt une contrée plus florissante que l'Ougogo, ce pays de famine, nous ne serons plus que de véritables squelettes.

» A toutes ces souffrances se joint l'obligation de débattre avec des chefs cupides un tribut dont le chiffre est exorbitant et qu'il faut payer. S'emporter serait dangereux : il faut être prudent; jugez de la somme d'efforts nécessaire pour rester calme en pareilles circonstances.

» Un autre de mes chiens est mort ; hélas ! ils mourront tous ! »

Les désertions continuaient, il y avait vingt malades, et dans ces conditions, malgré les efforts des frères Pocock et de Barker pour contenir les rebelles prêts à se révolter, les querelles étaient fréquentes et Stanley souffrait continuellement de la fièvre.

Quelques chefs se montrèrent particulièrement durs au sujet du tribut à payer ; à Mouenna cependant, l'accueil fut plus cordial ; les voyageurs reçurent un bœuf gras et des jattes de lait. Le fils du chef, le jeune Kilounou, lança trois fois en l'air ses sandales de peau de vache, et comme chaque fois la chaussure droite était retombée à l'envers, cela disait-il, prouvait clairement que l'entreprise de Stanley réussirait et qu'il aurait partout le bonheur et la santé.

» La nuit que nous passâmes à Mtéhoui fut épouvantable. Les cataractes du ciel, littéralement semblèrent être ouvertes ; au bout d'une heure, six pouces d'eau couvraient le camp et formaient une rivière se dirigeant vers le sud. Ma tente renfermait un lac bordé de caisses empilées ; mon lit était une île qui, pour peu que cela durât, serait exporté dans le Roufidji. Mes chaussures naviguaient à la recherche d'une issue qui leur permit de rejoindre les sombres flots du dehors ; mes fusils, liés à la perche centrale, avaient la crosse profondément immergée ; et, tableau comique, Bull et Djack, perchés dos à dos sur une caisse où les maintenaient une poussée réciproque, témoignaient par leurs grognements du peu de confort de la situation. »

« Le lendemain une de mes bottes et mon chapeau furent retrouvés flottant dans une direction méridionale. L'harmonium que je destinais à Mtéça, une grande quantité de poudre, de thé, de riz, de sucre, étaient complètement perdus. »

Cette situation n'empêchait pas les intrépides voyageurs de continuer leur route ; les indigènes ne les recevaient qu'avec des démonstrations hostiles, quelques vauriens de la caravane pillaient les greniers, ce qui augmentait le mauvais vouloir des habitants, malgré l'empressement que mettait M. Stanley à punir les coupables ; les maladies augmentaient le nombre des hommes hors de service, et pour comble de peine, Edouard Pocock succomba bientôt à la fièvre typhoïde.

De Tchivouyou à Vinyata, la marche fut encore pénible, et aux difficultés de la route vint se joindre la malice des indigènes. Que de choses il faut savoir pour tenter une expédition dans l'intérieur de l'Afrique ! Toute l'expérience de Stanley ne put le sauver de la ruse d'un magicien qui lui avait amené un bœuf. Tout satisfait qu'il parût de l'accueil de l'étranger et des présents qu'on lui avait fait, ce magicien regardait d'un air de convoitise les cotonnades étalées dans le camp et finit par demander qu'on lui donnât le cœur du bœuf qu'il avait amené.

Or M. Stanley acquiesça à sa demande, ignorant ce que signifiait cette demande si modeste en apparence. Il ne le sut que plus tard, lorsque le chef Mgonngo Temmbo lui apprit qu'il avait fait de la sorte, aux yeux des indigènes, abandon de tout courage, de toute force pour lui et les siens, et donné lieu de croire qu'il serait une proie facile.

Les sauvages se réunirent donc et attaquèrent la caravane ; mais après trois combats où M. Stanley perdit vingt-quatre hommes, ils furent repoussés et les voyageurs purent continuer leur course vers l'Orient.

La plaine du Louhouammbéri les récompensa de tout ce qu'ils avaient enduré jusque-là : les indigènes les reçurent à merveille, le gibier était abondant, et enfin, pour comble de bonheur, on aperçut des hauteurs le lac Nyannza-Victoria !

C'était le premier but du voyage atteint. Aussi quelle joie éclata parmi les Vouanyamouési, qui entonnèrent le chant de triomphe que je transcris tout entier ici :

>   Chantez, amis, chantez ; le voyage est terminé.
>   Chantez fort, amis ; chantez le grand Nyannza.
>   Chantez fort, chantez tous, amis ; chantez la grande mer ;
> Donnez un dernier regard aux contrées derrière vous, et tournez-vous vers la mer.
>
>   Il y a longtemps que vous avez quitté votre pays,
>   Quitté vos femmes, vos enfants, vos frères, vos amis ;
>   Dites-moi : avez-vous rencontré une mer comme celle-ci,
>   Depuis que vous avez quitté la grande eau salée ?
>
>   CHŒUR :
>   Chantez, amis, chantez ; le voyage est terminé.
>   Chantez fort, amis ; chantez cette grande mer.
>
>   Cette mer est douce, son eau est bonne et rafraîchissante ;
>   Votre mer est salée ; son eau est mauvaise et impossible à boire.
>   Pour les hommes altérés, cette mer est comme du vin ;
>   La mer salée ! — Elle fait mal au cœur.
>
>   Hommes, levez la tête et regardez autour de vous ;
>   Regardez cette mer ; essayez d'en voir la fin.
>   Voyez : elle s'étend pendant beaucoup de lunes,
>   Cette grande mer, à l'eau douce et agréable.
>
>   Nous arrivons de la terre d'Oussoukouma,
>   La terre des pâturages, des bœufs, des moutons et des chèvres.
>   La terre des braves, des guerriers et des hommes forts ;
>   Et voici la mer connue au loin, la mer d'Oussoukouma.
>
>   Vous, amis, vous nous traitiez avec dédain.
>   Ah ! ah ! Voua-Ngouana, que dites-vous aujourd'hui ?

Vous avez vu la terre, et les troupeaux d'Oussoukouma ;
Vous voyez maintenant la mer connue au loin.

Le pays de Kadouma est juste à nos pieds ;
Kadouma est riche en bœufs, en moutons et en chèvres ;
Le Msoungou (1) est riche en étoffes et en perles ;
Sa main est ouverte et son cœur est généreux.

Demain le Msoungou nous rendra notre vigueur
Avec de la viande et de la bière, avec du vin et du grain.
Nous danserons et nous jouerons tout le long du jour ;
Nous mangerons et nous boirons, nous danserons et nous nous amuserons.

III

SUR LE LAC — LE GRAND MTÉÇA

M. Stanley voulait faire la curieuse navigation du lac Nyannza. Ce qu'on lui rapporta de contes à dormir debout est incroyable : il fallait quatre ans pour faire le tour du lac, et au bout de ce temps pas un de ceux qui seraient partis n'existerait. Il y avait sur ses rives des hommes ornés d'une petite queue, d'autres qui ne vivaient que de chair humaine ; certains d'entre eux avaient d'énormes chiens d'une extrême férocité ; en un mot, la terreur qu'inspirait cette nappe d'eau était telle que personne n'osait l'accompagner.

Il y avait bien le prince Kadouma qui, à jeun, était un homme rempli d'intelligence, nourrissant une foule de projets d'explorations qu'il ne mettait jamais à exécution ; car ces éclaircies étaient de courte durée ; le prince avait un penchant décidé pour le pommbé, sorte de bière indigène, qu'il buvait dans une coupe de la capacité d'un litre, et, le conseil terminé, il se trouvait complètement ivre.

M. Stanley faisait inutilement appel à tous les hommes de son escorte, pas un n'osait s'aventurer sur les eaux du terrible lac, et il lui fallut ORDONNER pour trouver enfin parmi les guides choisis à Bagamoyo, les seuls qui connussent la manœuvre d'un bateau, les dix matelots et le timonier qui lui étaient nécessaires.

Il partit donc le 8 mars 1875, laissant derrière lui Frank Pocock et Frédéric Barker, maîtres du reste de la caravane.

(1) L'homme blanc.

Le commencement de la traversée fut triste; les rameurs semblaient aller à une mort certaine; la rencontre d'un guide sûr leur donna un peu d'espérance; mais aussi les rochers que l'on rencontrait à chaque instant, et les coups de vent devant lesquels le bateau, *Lady-Alice,* filait d'une vertigineuse rapidité, n'étaient pas faits pour relever les courages.

Ces parages sont peuplés de crocodiles et d'hippopotames, dangereux visiteurs, contre lesquels une semblable flotille eût été incapable de lutter.

On parvint néanmoins sans encombre à l'île de Speke, nommée par cet explorateur l'île d'Oukéréhoué; à la vérité, cette île est reliée par un petit isthme à la terre ferme; mais un mince canal peu profond et de six pieds de large seulement, justifie suffisamment le nom d'île, que Speke lui a donné.

La terreur qu'inspirait les eaux du Nyannza est d'ailleurs justifiée par l'ignorance des riverains; ils sont loin de posséder les engins dont peuvent disposer les Européens, et ceux-ci pourtant n'ont dû souvent leurs insuccès qu'à l'insuffisance de leurs moyens de transport ou de locomotion! Il est facile de juger par là des victimes nombreuses qu'a pu faire cette immense nappe d'eau parmi des pêcheurs sans aucune notion sur la navigation. M. Stanley a des rameurs; les riverains rient aux éclats en voyant qu'ils ne se servent pas de pagaies; il monte la voile, tous s'enfuient épouvantés!

Les côtes du lac sont hérissées d'îles et aussi d'habitants fort peu sociables, dont l'idiome diffère complètement de celui des peuplades du sud du Nyannza; le Lady-Alyce étant trop peu disposé à lutter contre les flèches, les lances des indigènes et les hippopotames de la côte, M. Stanley crut prudent de se mettre toujours autant que possible hors de leur portée, et bien lui en prit.

Ce système est d'autant plus sage que l'on est exposé à de singulières surprises : une fois, le bateau passa tout à coup sur l'échine d'un hippopotame, lequel se mit à le secouer de telle sorte que les passagers le croyaient bientôt mis en pièces.

Le caractère des peuplades riveraines est souvent aussi la jactance; ils commencent par faire des démonstrations, préparent leurs boucliers, brandissent leurs lances, et leur audace croît en raison directe de l'aménité qu'on affecte à leur égard; mais vienne le moment décisif où leur familiarité commence à dépasser les bornes, il suffit d'un coup de feu pour leur inspirer une grande terreur; enfants terribles que la civilisation européenne rendrait facilement sociables. Pourtant, il ne faudrait pas trop s'y fier; rien n'est versatile comme le caractère de ces peuplades riveraines du Nyannza : les uns sont agressifs et refusent tout trafic, préférant voler ce qu'ils croient facile à prendre ; les autres se font humbles, comme ce colonel de Oukafou qui, avec la plus grande politesse, n'arrive à donner aux voyageurs que des promesses sans résultat.

« Etais-je bien dans l'Afrique centrale ? Je me le demandais, dit M. Stanley. Où trouver des gens plus experts dans l'art de tromper avec grâce ? Il y avait deux jours à peine, nous étions dans un pays sauvage où tous les bras se levaient contre nous. Aujourd'hui, dans le pays voisin, nous rencontrions des gens aimables, remplis d'admiration pour les étrangers, mais aussi inhospitaliers que le serait un hôtelier de New-York ou de Londres pour un voyageur sans argent ! »

Mais le monarque Kabaka devait bientôt récompenser les voyageurs de toutes leurs fatigues ; la réception fut des plus cordiales ; les vivres, donnés en abondance, réparèrent les forces épuisées, et l'on était déjà en vue de la baie de Murchison, ce qui pour M. Stanley était le résultat le plus important du voyage.

Ce Kabaka était le premier potentat du centre de l'Afrique, et l'accueil qu'il fit à M. Stanley était dû surtout à un rêve qu'avait fait la mère du souverain ; elle avait vu en songe un homme blanc qui s'avançait et dont la venue devait être une source de prospérités pour le pays.

Ce puissant souverain, nommé Mtéça, était bien un monarque extraordinaire. Laissons M. Stanley raconter lui-même la réception royale qui lui fut faite :

« Après notre voyage solitaire au fond des baies et des entrées de la côte si découpée du grand lac, cette escorte de cinq canots superbes, qui nous menait vers le plus puissant monarque de l'Afrique équatoriale, constituait une situation toute nouvelle, promettant des scènes imprévues, des réceptions d'une pompe extraordinaire.

» Environ deux milles nous séparaient encore d'Oussavara, lorsque nous vîmes une foule considérable, plusieurs milliers d'individus, se ranger en bon ordre sur un terrain en pente douce.

» A un mille de la côte, Magassa commanda de les avertir de notre arrivée par une décharge de mousqueterie. Nous avançâmes ; je vis la hauteur couverte de monde : sur la rive, deux haies épaisses composées d'hommes vêtus comme les Voua-ngouana ; et, dans le fond, entre ces deux lignes, quelques personnages habillés de rouge, de blanc et de noir.

» Quand nous fûmes près de la grève, deux ou trois cents fusils, fortement chargés, annoncèrent que l'homme blanc, vu en songe par la mère du Kabaka, allait aborder. De nombreux tambours, des timballes, des grosses caisses, battirent la bienvenue ; des drapeaux, des banderolles s'agitèrent, et la foule nous salua de ses acclamations.

» Très étonné de cette pompe, je me dirigeai vers le grand étendart qui était à côté d'un homme jeune, de petite taille, portant sur sa robe blanche une sorte de tunique rouge, et que Magassa, respectueusement agenouillé devant lui, me dit être le *katékiro*. Sans savoir la signification de ce titre, je fis un salut qui, à ma grande surprise, fut imité par le personnage, dont le *salam* eut toutefois plus de profondeur et de dignité que le mien. J'étais confus de cette réception royale ; mais je parvins à dissimuler mon embarras.

» Une douzaine de gens très bien mis s'approchèrent, et, me tenant la main, me dirent en kissouakili, que j'étais le bienvenu dans l'Ouganada.

» Le katékiro fit un signe de tête, les tambours battirent ; et au bruit de leurs roulements, au bruit des voix, suivi par des milliers de curieux, il me conduisit dans une sorte de cour, cercle de huttes couvertes en chaume, et entourant une grande case ; c'était là que je devais loger avec mes hommes. »

Après une foule de questions faites à l'homme blanc, sur sa santé, son voyage, sur Zanzibar, l'Europe et ses habitants ; sur la mer, le ciel, le soleil, la lune, les étoiles, les anges et les démons, les médecins, les prêtres, les gens de tout métier, il fut décidé que l'homme blanc était un génie, versé dans toutes les connaissances humaines, et d'une politesse et d'une sociabilité remarquables..... « Sur quoi, paraît-il, l'empereur se frotta les mains, comme s'il venait d'être mis en possession d'un trésor. »

Le résultat de cet examen fut un envoi considérable de vivres : quatorze bœufs gras, huit chèvres, huit moutons, cent régimes de bananes, trois douzaines de volailles, quatre jarres de lait, quatre corbeilles de patates, cinquante épis de maïs vert, un panier de riz, vingt œufs frais, dix cruches de vin de banane.

« Le kabaka, disait l'intendant du palais, envoie ses salams à l'homme blanc, venu de si loin pour le visiter. Il ne peut voir le visage de son ami avant que celui-ci n'ait mangé et ne soit satisfait ; c'est pourquoi il envoie son esclave présenter à son ami ce peu de choses. A la neuvième heure du jour, quand l'homme blanc sera reposé, le kabaka l'enverra prendre pour le recevoir au *bourzah* (lieu de réception)..... »

..... « A l'heure dite, arrivèrent deux pages, vêtus d'un costume *semi-ki-ngouana, semi-ki-gannda*, c'est-à-dire portant la longue robe blanche de Zanzibar, serrée autour des reins par une ceinture, et le manteau national qui, attaché sur l'épaule droite, tombe jusqu'aux pieds, manteau qui, pour eux, était formé de deux brasses de Sohari.

— « Le *Kabaka*, dit l'un des pages, vous invite à venir au *bsuyah*. »

» Je sortis de chez moi, ayant à ma droite et à ma gauche cinq de mes gens, armés de *sniders*. Nous gagnâmes une rue large et courte; cette rue nous conduisit à une case ou l'Empereur était assis, entouré d'une multitude de *Vouakoungou* et de *Voualoungolch*, dignitaires dont le rang équivaut à celui de général et de colonel, tous agenouillés ou assis de chaque côté du trône, en deux files parallèles, terminées par les gardes du corps, les bourreaux, les pages, etc.

» A notre approche, le groupe le plus voisin s'écarta, et nous fûmes accueillis par une batterie de tambours, où dominaient les roulements plus nets et plus vifs de l'habile Tori.

» Le premier potentat de l'Afrique équatoriale se leva, et, en même temps que lui, toute la cour : Vouakoungou, Vouatonngaleh, chefs de districts, cuisiniers, échansons, pages, exécuteurs des hautes œuvres, etc.

» Le Kabaka était coiffé d'un tarbouche et portait, sur la robe blanche de rigueur, une sorte de robe noire retenue à la taille par un ceinturon doré. Il me serra la main chaleureusement ; puis s'inclinant avec grâce, il m'invita à m'asseoir sur un tabouret de fer. J'attendis qu'il me donna l'exemple, il reprit son siége, et toute la cour s'assit en même temps que moi.

» Mtéça attacha sur ma personne un regard que je lui rendis avec le même intérêt ; car il n'était pas moins curieux pour moi que je ne devais l'être pour lui. Son impression telle que je la lui entendis confier à son entourage, fut que j'étais plus jeune que Speke, moins grand et mieux vêtu. Quant à moi je pensais que je pourrais faire plus ample connaissance, le convertir et le rendre utile à l'Afrique. »

Stanley, à propos de Mtéça, rapporte les espérances que Livingstone avait fondées autrefois sur le sympathique monarque et sur lesquels nous nous sommes étendus autre part. Cet empereur paraît avoir une puissante influence sur ses voisins ; il y a parmi les soldats de ce potentat autant d'ordre et de discipline que peut en obtenir le souverain d'un peuple à demi-civilisé.

» Mtéça, continue Stanley, est de grande taille ; il doit avoir six pieds un pouce ; il est svelte, a la peau d'un brun rouge et d'une finesse merveilleuse. Sa figure respire l'intelligence ! les traits, qui sont agréables, m'ont rappelé ceux des colosses de Thèbes et des statues que l'on voit au Caire. C'est la même plénitude de lèvre, mais relevée par l'expression du visage, à la fois affable et digne, et par l'étrange beauté de grands yeux étincelants et doux, caractère de la race dont je le crois issu. En sortant du Conseil, il se défait immédiatement de la majesté qu'il porte sur le trône, lâche la bride à son humeur joyeuse et rit de tout son cœur.

» Le récit des merveilles de la civilisation le passionne. Quand une une chose lui est dite à ce sujet, il la traduit immédiatement à ses femmes et à ses chefs, bien que la plupart de ces derniers comprennent la langue de la côte (*souahil*) aussi bien que lui. Son ambition est d'imiter autant que possible les costumes des hommes blancs (1). »

La magnificence de réception de Mtéça, la situation de son palais en face de la plus délicieuse vue que l'on puisse imaginer, l'intelligence étonnante de ce sauvage, l'intérêt qu'il prenait à toutes les inventions européennes et l'attention qu'il prêtait aux leçons de morale chrétienne que lui enseignait Stanley, étaient d'un attrait suffisant pour retenir notre voyageur quelque temps dans cette Capoue africaine, n'était l'inquiétude qu'il éprouvait au sujet de ceux qu'il avait laissé à Kaghéyi. Une rencontre fortuite vint encore doubler les charmes de cette résidence : un blanc venait à son tour visiter le grand Mtéça.

Un blanc ! Il faudrait n'avoir jamais voyagé pour ne pas comprendre toute l'émotion qu'une semblable nouvelle peut causer à l'explorateur au milieu de ces déserts.

Ce blanc était M. Linant de Bellefonds, membre de l'expédition de Gordon Pacha. Ce français (car c'en était un) avait pris Stanley pour Caméron ; la connaissance fut bientôt faite et, après avoir passé des heures charmantes avec ce compatriote européen, notre héros songea à quitter l'Ougonnda. Il fallait se séparer !

« A cinq heures du matin, rapporte M. Linant, les tambours battent ; les bateaux qui accompagnent M. Stanley se réunissent.

» Nous sommes bientôt prêts, Stanley et moi. Le *Lady-Alice* est mis à flot ; les bagages, les moutons, les chèvres, les volailles, sont embarqués. Il n'y a plus rien à faire qu'à hisser le drapeau américain et à mettre le cap au Sud. J'accompagne Stanley jusqu'à son bateau, nous nous serrons les mains, en nous recommandant mutuellement à Dieu. Stanley prend le gouvernail ; le *Lady-Alice* fait un écart, ainsi qu'un cheval ardent, puis s'élance et fait écumer l'eau du Nyannza. Le drapeau étoilé se déploie et flotte avec fierté ; je lui envoie une salve bruyante ; jamais peut-être il n'a été salué de si bon cœur.

» Le *Lady-Alice* est déjà loin. Nous agitons nos mouchoirs pour un dernier adieu. Mon cœur est gros, j'ai perdu un frère. Je m'étais habitué

(1) Le Continent mystérieux.

à voir Stanley, homme franc et simple, homme excellent, admirable voyageur. Avec lui, j'oubliais mes fatigues; depuis quatre mois, je n'avais pas dit un mot de français, sa rencontre me semblait un retour au pays natal. Sa conversation attrayante, instructive, faisait passer les minutes. J'espère le revoir et avoir le bonheur de passer encore plusieurs jours avec lui. »

Vains souhaits! M. Linant fut massacré au mois d'août par les Baris!

Le jeune Magasa, qui devait amener des canots, ne remplit pas ses promesses, et M. Stanley se trouva de nouveau seul sur le *Lady-Alice*. On était ainsi à la baie de Murchison, c'est-à-dire à la partie nord du lac Victoria-Nyannza. Cette partie de la côte est hérissée de montagnes et n'offre qu'un cours d'eau d'une certaine importance, auquel M. Stanley donna le nom de Nil Alexandra; il a jusqu'à 35 pieds de profondeur.

A Makonngo, sur le littoral de l'Oussonngora, les explorateurs coururent un terrible danger auquel ils n'échappèrent qu'en jetant à l'eau par surprise le *Lady-Alice*; pendant vingt-cinq heures, privés de leurs rames qu'on leur avait volées, ils durent pagayer avec des planches sans avoir rien à manger.

Enfin, on parvint à la pointe septentrionale du golfe de Speke, et quelques heures après au camp. La caravane accueillit les intrépides voyageurs avec des cris de joie, mais Frédéric Barker était mort de la dyssenterie, et aussi Mabrouki, le serviteur de Speke, celui que Burton avait surnommé *tête de taureau*, l'un des membres de l'expéditon de Speke et Burton au Tanganyika, de celle de Speke et Grant au Victoria, de celle de Stanley en 1871, un de ceux qui avaient accompagné Livingstone à son dernier voyage!

Comme le jeune Magassa ne se montrait pas et qu'il y avait toutes les raisons possibles pour ne pas attendre son arrivée, vu sa fourberie bien connue, M. Stanley songea à prendre la voie de terre, car il avait promis de visiter le lac Albert et il tenait avant tout à retourner dans l'Ougannda. Mais cette voie était des plus périlleuses; les peuplades voisines s'étaient fait de l'homme blanc une image ridicule et s'apprêtaient à le recevoir fort mal.

M. Stanley résolut dès lors de s'adresser au souverain de l'île Oukéréhoué, Loukonngheh, et de lui demander des canots; il fut obligé d'aller les demander lui-même et capta les bonnes grâces du roi par les plus riches présents. En retour, celui-ci lui demanda les secrets des Européens, a savoir le moyen de faire la pluie et le beau temps, de changer un homme en lion ou en léopard, de calmer ou faire souffler le vent, etc. M. Stanley lui répondit qu'il n'avait aucun de ses moyens à sa disposition, refus que le roi attribua à la crainte de ne pas obtenir de canots.

« La façon dont le roi est salué dans l'Oukéréhoué, dit Stanley, est très curieuse et diffère de tout ce que j'avais vu jusqu'alors. En l'apercevant, ses sujets viennent à lui, l'approchent de très près, battent des mains et s'agenouillent. Si le roi est content de leur présence, il le manifeste en soufflant et en leur crachant dans les mains, qu'ils affectent de se passer ensuite sur la figure et sur les yeux. Ils semblent croire que la salive royale est un collyre parfait. »

Arrivés de nouveau à l'*île du refuge* (ainsi baptisée par Stanley en mémoire de l'abri qu'il y avait trouvé contre les attaques des indigènes de Bammbireh), après avoir manqué de perdre une partie de la caravane dans le lac par suite de l'insuffisance des canots, les explorateurs firent tous leurs efforts pour obtenir l'alliance et des vivres des gens d'Iroba ; tout fut inutile, et malgré tous les efforts de conciliation, un combat fut inévitable. Heureusement cette démonstration énergique, appuyée par l'arrivée des envoyés de Mtéça qui avait appris la mort de Stanley par le fourbe Magassa, suffit à changer les dispositions de ces peuplades hostiles, et la troupe parvint sans encombres dans l'Ougannda.

IV

MTÉÇA ET L'OUGANNDA

Mtéça préparait à ce moment une expéditon guerrière contre les Vouavouma ; M. Stanley désirait éviter ce conflit, parce qu'il savait de quelles cruautés sont suivies les victoires et il voulait à tout prix ne pas avoir à intervenir. Néanmoins, comme on lui fit justement remarquer que les passages seraient rendus impossibles par l'état de guerre des peuplades voisines, il dut songer à mettre le *Lady-Alice* en sûreté et se résigner à attendre les évènements.

On avait du reste recouvré les rames volées auparavant par Magassa et à la première occasion favorable le bateau pouvait être mis à flot dans les meilleures conditions.

M. Stanley avait déjà fait une découverte importante, à savoir que le Victoria n'a qu'un déversoir, celui des *Chutes Ripon*. Comme il était impossible d'atteindre le lac Albert avant la fin de la guerre, il ne fut plus question que d'assister, sans y prendre aucune part, aux opérations stratégiques du grand potentat de l'Afrique équatoriale.

Paysage africain.

Mtéça, en comptant les femmes et les enfants qui faisaient partie de l'armée, mettait en ligne 250000 hommes ; malheureusement cette énorme armée avait peur de l'eau et les Vouavouma au contraire étaient un peuple maritime fort aguerri aux combats sur le lac et avec cela d'une bravoure et d'une audace à toute épreuve. A première vue, il était facile de voir de quel côté serait l'avantage.

Le prince, autrefois cruel et débauché, corrigé déjà par les doctrines du Mahométisme, endoctriné par M. Stanley dans le sens chrétien, penchait de plus en plus vers la douceur et la conciliation. Les Vouavouma ne songeaient qu'à se défendre et à abuser de la victoire.

Les premières escarmouches furent malheureuses pour Mtéça; ses guerriers s'étaient laissés envelopper et emmener en captivité. M. Stanley leur donna le conseil de faire un pont de cailloux que les bras de quarante mille hommes rendaient facile à former : malheureusement, si Mtéça montrait un esprit docile et confiant dans les lumières des Européens, il n'en est pas de même de ses serviteurs, qui méprisaient les avis de l'homme blanc et ne voulaient en faire qu'à leur tête; c'est ainsi que les cailloux, jetés sur une surface trois ou quatre fois trop large, ne parvinrent pas à former une voie praticable, malgré les avis réitérés de Stanley.

Mtéça continuait toujours à s'instruire et à profiter des leçons de morale de M. Stanley, et nous rapporterons à ce propos les paroles très remarquables de ce noir potentat que bien des chrétiens voudraient avoir prononcées :

« Prenons ce qui vaut le mieux, disait le premier ministre; mais qu'est-ce qui vaut le mieux ? Nous ne le savons pas. Les Arabes assurent que leur livre est le meilleur; les hommes blancs disent de même pour l'autre. Comment pouvons-nous savoir ceux qui disent la vérité ?

— » Kaouta a bien parlé, dit l'Empereur en souriant; si je lui ai appris à devenir musulman, c'est parce que je croyais que c'était bon. On nous dit : prenons ce qui vaut le mieux; c'est là ce que je désire; je demande le vrai livre. Mais comment saurons-nous quel est le vrai livre? Je vais lui répondre. Ecoutez-moi. — Les Arabes et les blancs, n'est-il pas vrai, agissent conformément à ce que leur enseignent leurs livres? Les Arabes viennent ici pour de l'ivoire et des esclaves, et nous avons vu qu'ils ne disent pas toujours la vérité; ils achètent des hommes de leur propre couleur, ils les maltraitent, les chargent de chaînes et les battent. Les blancs, quand on leur offre des esclaves, les refusent toujours en disant : « Avons-nous le droit de faire des esclaves de nos frères? Non, nous sommes tous les fils de Dieu. » Je n'ai pas encore entendu un blanc dire un mensonge. Speke est arrivé dans l'Ougounda, il s'y est bien conduit et s'en est allé avec son frère Grant. Ils n'ont pas acheté d'esclaves, et ont été bons, très bons, pendant tout leur séjour. Stammlé (Stanley) est venu et il ne veut pas un seul esclave. Abdoul Aziz Bey (M. Linant de Bellefonds) est venu également, et il est parti sans emmener d'esclaves. Quel arabe aurait agi comme ces hommes blancs? Bien que nous fassions le commerce d'esclaves, ce n'est pas un motif pour dire qu'il est bon; et quand je pense que les Arabes et les blancs agissent comme ils ont été enseignés, je dis que les blancs sont de beaucoup supérieurs aux Arabes, et je pense que leur livre vaut mieux que celui de Mahomet. Dans tout ce qui m'a été lu par Stammlé, je ne trouve rien de difficile à croire. Accepterons-nous pour guide ce livre ou celui de Mahomet (1)? »

C'est ainsi que Mtéça abjura l'islanisme et promit de faire tous ses efforts pour répandre les sentiments chrétiens parmi son peuple.

Mais les préparatifs de guerre continuaient et finalement les Vouagonnda furent défaits. Mtéça écumait de colère et voulut passer sa rage sur un vieux prisonnier qu'on avait déjà attaché à un arbre en attendant qu'il fût résolu à quel genre de supplice on le réserverait.

M. Stanley eut toutes les peines du monde à détourner Mtéca de ses idées de vengeance; mais à la fin il y parvint en lui promettant de trouver le moyen d'obtenir l'amitié des Vouavouma et la fin de la guerre.

La promesse était faite, mais l'exécution en était embarrassante. Voici ce dont s'avisa M. Stanley : il fit construire un fortin, impénétrable à la lance, sur trois canots placés parallèlement et reliés entre eux par de fortes poutres. Cela fournit une estacade oblongue de 70 pieds de long sur 24 de large.

Les indigènes ne pouvaient croire que cette machine pût se soutenir sur l'eau : elle fut lancée et s'avança majestueusement vers les Vouavouma stupéfaits. Jamais aucun bâtiment de cette taille n'avait navigué sur le Nyannza.

Le fortin renfermait 214 personnes chargées de le diriger sans qu'on pût en rien voir de l'extérieur. A quelque distance du rivage une voix terrible s'éleva de l'intérieur de la machine et cria aux Vouavouma qu'il fallait en finir vite, accorder le pardon à tous, se soumettre à Mtéça sous la *menace* de faire sauter l'île. Le merveilleux a une influence considérable sur ces esprits primitifs ; le bruit courut que la machine mystérieuse était pleine de talismans et d'esprits. L'effet fut immédiat; la guerre était terminée sans plus d'effusion de sang.

Nous finirons cette seconde partie par quelques considérations fort intéressantes sur l'Ougannda, que nous empruntons à M. Stanley :

Le paysan ou Kopi. — « N'était une seule chose, on pourrait dire que le

(1) *Le Continent mystérieux*, Stanley.

paysan de l'Ougannda réalise l'idéal de bonheur auquel aspirent tous les hommes. Pour vous le représenter, écartez d'abord de votre esprit l'image du nègre sale, ivre et stupide, entouré de femmes et d'une nichée d'enfants. Peut-être direz-vous qu'il est indolent, mais pas au point de négliger ses intérêts. Ses jardins sont bien tenus, ses champs couverts de grain. Sa maison est neuve et n'a pas besoin de réparation; ses cours sont soignées, ses palissades en bon état. Levez le rideau, regardez-le avec ce qui l'environne.

» Il sort de sa case. C'est un homme d'un brun foncé, dans toute la vigueur de la jeunesse; il est proprement vêtu, selon la coutume du pays, d'un manteau brun d'étoffe d'écorce, noué sur l'épaule et qui tombe jusqu'aux pieds. Cet homme a l'air content, mieux que cela, extrêmement heureux; car un rayon de soleil étant venu l'éclairer, nous l'avons mieux vu, et son visage exprime la satisfaction la plus complète.

» Tout en arrangeant son manteau avec le soin qu'exige la décence, il gagne son siège habituel, qui est près de la porte de la cour extérieure, à l'ombre d'un énorme bananier dont les feuilles couvrent un large espace. Devant lui, au premier plan, s'étend son jardin qu'il regarde avec satisfaction. Dans les plates-bandes, qui séparent les allées curvilignes, il y a des patates, des ignames, des petits pois, des fèves, des *voandzéias*, des tomates, des haricots d'espèces diverses, les uns rampant sur le sol, les autres ayant des rames. Une ceinture de caféiers, de ricins, de manioc et de tabac, entoure ce jardin plantureux; de chaque côté, sont de petits champs de millet, de sésame et de canne à sucre.

» Derrière la maison et les cours, qu'ils enveloppent, se trouvent des champs plus étendus et de grandes plantations de bananiers de différentes sortes : bananiers du paradis et bananiers des sages. Ces champs et ces plantations fournissent au Mgannda sa principale nourriture, et lui donnent les fruits et le grain dont il tire son vin et sa bière. Parmi les bananiers, s'élèvent de grands figuiers à large cime, dont l'écorce sert à fabriquer les vêtements. Au-delà des plantations, est une prairie commune où les vaches et les chèvres paissent avec celles du voisin.

» Notre homme paraît aimer l'isolement, car il a entouré sa demeure et les huttes de sa famille, de cours fermées par de hautes et solides palissades ne laissant apercevoir que le sommet des toitures... Laissons le propriétaire contempler son jardin; entrons, et jugeons par nous-mêmes de sa manière de vivre.

» Dans la première cour, nous trouvons une petite hutte carrée consacrée au *mouzimou* de la famille, au génie de la maison. A en juger par les offrandes qui lui sont faites, ce génie domestique n'est d'humeur ni exigeante, ni cupide; car les moindres choses, des coquilles de limaçons, des boules d'argile, des brins de genévriers, une corne de bubale à pointe ferrée, et fichée en terre, suffisent à le rendre propice.

» De cette première cour nous passons dans une autre, par une entrée latérale, et nous sommes en face d'une grande hutte conique soigneusement bâtie, dont la porte cintrée, garnie d'un toron de canne, est coiffée d'une projection de la toiture.

» Cette hutte, qui est d'une ample circonférence, a néanmoins quelque chose d'intime. Nous entrons : l'obscurité nous empêche de rien voir. Peu à peu, cependant, l'œil s'habitue à l'ombre et nous commençons à distinguer les objets. Ce qui arrête d'abord notre attention, c'est la multitude de piliers qui supportent le toit, piliers si nombreux, que l'on dirait un antre en pleine forêt. Ces colonnes toutefois ont l'avantage de guider le propriétaire vers son lit de canne, tandis que par leur nombre elles égareraient l'étranger ou le maraudeur nocturne. Il est de fait que ces rangées de perches constituent des avenues au moyen desquelles les gens de la maison peuvent se diriger vers tel point ou tel objet.

» La hutte est divisée en deux chambres, une devant, l'autre derrière, par une cloison faite en canne et fendue au milieu, de telle façon que le maître du logis, sans être aperçu lui-même, puisse voir toute personne qui arrive.

» Dans la pièce du fond, des couchettes sont rangées le long du mur pour l'usage du propriétaire et de sa famille.

» Dans la chambre d'entrée, au-dessus de la porte, se voient des talismans; c'est à leur soin et à leur puissance que le paysan confie la garde de sa maison et de ce qu'elle renferme.

» Les meubles sont rares; les ustensiles peu nombreux et de pauvre qualité.

» Sous le premier titre, on peut classer une couple de tabourets, faits d'un seul morceau taillé dans un bloc de bois, et une sorte de tric-trac indigène.

» Le ménage se compose d'une demi-douzaine de pots de terre et de bassins faits avec des tigelles flexibles ou avec de l'herbe. Quelques lances, un bouclier, un couple de houes, des bâtons à grosse pomme, de l'écorce d'étoffe, des tuyaux de pipe et une auge servant à la fabrication du vin de banane, complètent l'inventaire du mobilier.

» Derrière la demeure personnelle du maître, s'élèvent deux cases de moindres dimensions, également entourées de cours où l'on peut voir au travail les femmes du kopi. Les unes pétrissent des bananes pour en extraire le jus, qui, après fermentation, est appelé *maraimba*, sorte de vin d'une saveur délicieuse quand il est bien fait; d'autres épluchent des herbes pour la cuisine ou en assortissent pour composer des drogues ou quelque charme puissant; d'autres encore font sécher des feuilles de tabac; tandis que les plus âgées fument dans des pipes à long tuyau et entre les bouffées, lentement aspirées, racontent les épisodes de leur existence.

» Tel est le paysan de l'Ougannda, chez lui. » (1)

Les Vouaganndas sont très intelligents et très rusés; ce sont de beaux hommes, grands et minces; ils sont plus décents qu'aucun autre peuple de l'Afrique, et ont la complète nudité en horreur. Très adroits dans le maniement des lances, ils construisent aussi de fort beaux boucliers et ont les plus belles barques du continent. Ils ont la vue excellente et voient de très loin, et l'ouïe est d'une extrême finesse.

Les Vouaganndas savent exploiter à leur profit les moindres végétaux. Ils font cuire les fruits du bananier ou en font le marammba; ils couvrent les cases, font des clôtures, des couvercles, des nappes, du papier d'emballage avec les frondes de l'arbre; les tiges servent à faire des palissades; le cœur du tronc fait une éponge; les fibres de la tige fournissent de la ficelle et même des chapeaux tressés.

(1) Stanley, le Continent mystérieux.

TROISIÈME PARTIE

LE TANGANIKA

I

LE MOUTA-NZIGHI

Le retour de Mtéçà, dans sa capitale, ne fut pas des plus brillants; la défaite qu'il venait d'essuyer avait un peu refroidi l'enthousiasme de son peuple, et la crainte seule entretenait le respect qu'on avait pour lui.

M. Stanley désirait aller visiter le Mouta-Nzighé, grand lac à peu près inconnu à l'ouest du Victoria; mais comme il fallait traverser des régions hostiles, il devait demander à Mtéçà une escorte suffisante pour arriver au but sans avoir à craindre les agressions des indigènes. Il est à remarquer que Speke et Grant avaient eu autant de difficultés à obtenir les moyens de faire la circumnavigation du Victoria, à laquelle ils avaient dû renoncer. Stanley, cependant, y était parvenu, et rien ne l'empêchait de croire qu'il arriverait aussi facilement à voir le Mouta-Nzighé; il devait être cruellement déçu dans son espoir.

Mtéçà lui permit de choisir parmi les chefs celui qui lui plairait le plus pour diriger la caravane : Stanley choisit Sambouzy, qui s'était fort distingué lors du combat contre les Vouavouma. Celui-ci fit toutes les protestations imaginables, et l'empereur lui enjoignit de conduire les voyageurs au Mouta-Nzighé, même au péril de sa vie : à tout cela, le nouveau capitaine répondit par les serments les plus terribles et la pantomime la plus expressive.

Au moment du départ, la troupe se composait de deux mille deux cent quatre-vingt-dix hommes, sans compter environ cinq cents femmes et enfants qui suivaient l'armée : ce nombre était respectable et était de nature à inspirer toute confiance aux explorateurs.

Sammbouzi, qui jusque-là avait été fort docile et d'une plate obséquiosité, releva la tête dès qu'il ne se trouva plus en présence de Mtéçà; il prétendit que, représentant l'empereur, il devait en avoir la dignité, excuse que M. Stanley accepta, mais qui lui donna quelques craintes sur les suites de l'expédition.

Quatre indigènes, au teint blanc, captivaient surtout l'attention de M. Stanley; d'où venaient ces hommes au teint européen, au profil régulier? Il apprit bientôt d'eux-mêmes qu'ils étaient natifs du Gammbaragara, pays situé entre l'Oussanngora et l'Ounyoro.

« Les Gammbaragaras, dit M. Stanley, sont d'une race particulière ; d'après ce que l'on raconte, ils seraient venus de l'Ounyoro septentrional, et, dans l'origine, tous auraient eu la peau blanche; aujourd'hui, parmi eux, les noirs sont aussi nombreux que les autres; ce qui provient de guerres successives fort anciennes, et de mariages entre les vainqueurs et les captives. Il est résulté de ces unions des métis dont le corps est très mince et la jambe singulièrement longue.

» Les gens de la famille royale et des familles des chefs ne se marient qu'entre eux, ce qui a conservé la couleur primitive. On dit que les femmes de cette race sont d'une beauté remarquable. J'en ai vu plusieurs, et bien que je ne les aie pas trouvées belles dans toute l'acception du mot, tel qu'il est compris en Europe, elles étaient beaucoup mieux que pas une des femmes que j'ai rencontrées en Afrique, et, à part la chevelure, n'avaient rien de commun avec la race nègre. On dit aussi que les Gammbaragaras ont la garde des talismans de Kabba Réga, et le privilège héréditaire de fournir à l'Ounyoro les prêtres des Mouzimous. »

L'expédition traversa sans encombre le Rouoko oriental, s'arrêta un instant à Katonnga, dans le Bennga oriental, puis se hasarda dans l'Ouzimmba, dont le chef est riverain du Morta-Nzighé; on était presque arrivé sans difficulté au but.

Mais les hommes de Sammbouzi interprétaient autrement la quiétude extraordinaire de ces régions : les naturels ont l'habitude de demander aux caravanes ce qu'elles désirent; là, personne ne se montrait; dans l'Ouzimmba seulement, on découvrit un grand nombre de cachettes indigènes, et plusieurs habitants ne se gênèrent pas pour dire aux voyageurs qu'ils pouvaient approcher sans crainte, mais qu'on ne pouvait leur promettre le retour, à moins qu'ils n'aient, comme des oiseaux, des ailes pour passer haut dans l'air.

Comme personne ne se montrait à qui on pût faire part des intentions pacifiques des voyageurs, Stanley fit capturer quelques prisonniers à qui il expliqua le but de son voyage et qu'il renvoya avec force présents.

Rien n'y fit; voici la réponse des indigènes : « Nous n'avons pas l'habitude de recevoir des étrangers; votre venue nous déplaît; le roi d'Ounyoro est en guerre avec les blancs, et nous ne comprenons pas comment un blanc peut venir dans son royaume et y espérer la paix ; vos paroles sont bonnes, mais vos intentions sont mauvaises; vous devez donc vous attendre à être attaqués demain. »

Il s'ensuivit une panique générale; les gens de Stanley eux-mêmes, se voyant abandonnés par les soldats de Sammbouzi qui ne demandait qu'à quitter la place, se mirent à faire tranquillement leurs paquets. M. Stanley usa de tous les moyens en son pouvoir pour les retenir, mais tout fut inutile, et il fallut revenir et se plaindre à Mtéçà de la fourberie de son représentant.

L'Empereur écumait de colère.

« Voyez, disait-il, à quel point je suis couvert de honte par mes hommes ? Voici la troisième fois que l'on me fait manquer à la parole que j'avais donnée aux hommes blancs. Mais, par le tombeau de mon père (serment terrible chez les Vouagannda), j'apprendrai à Sammbouzi et à vous tous, qu'il n'est pas permis de se moquer de Kabaka. Stammlé s'est rendu au lac pour moi aussi bien que pour lui, et je suis contrecarré par un Sammbouzi, un vil esclave, qui, vis-à-vis de mon hôte, a eu la prétention d'être plus que moi-même. Quand ai-je osé être aussi impoli envers un visiteur, que ce misérable l'a été à l'égard de Stammlé ? Toi, Sarouti, cria-t-il tout-à-coup au chef de sa garde, prends des guerriers, va trouver Sammbouzi, *mange* ses terres, et amène-le-moi enchaîné. » (1)

La chose fut exécutée, car plus tard Stanley rencontra Sammbouzi enchaîné et amené en esclave au camp de Mtéça par Sarouti.

Là se terminent les relations entre Stanley et Mtéçà. Je crois que nous avons suffisamment fait connaître l'opinion de M. Stanley sur cette grande figure de l'Afrique équatoriale, mais comme nous nous sommes permis de ne faire ces récits qu'avec la plus complète impartialité, il ne sera peut-être pas inutile de rapporter ici l'opinion de Speke au sujet de ce potentat.

(I) **Stanley**, le continent mystérieux.

« Le roi, dit Speke, grand jeune homme de vingt-cinq ans, doué d'une physionomie avenante, taillé dans de belles proportions, ayant disposé avec le soin le plus scrupuleux les plis de sa toge en écorce neuve, siégeait sur une couverture rouge recouvrant une plate-forme carrée qu'entourait un clayonnage *d'herbe à tigre*. Sa chevelure était coupée de fort près, sauf au sommet de la tête; là, de l'occiput au sinciput, elle dessinait un relief pareil à celui du cimier de certains casques, ou bien, la comparaison sera moins noble, à celui d'une crête de coq. Un large collier plat, une cravate, si l'on veut, de petites perles agencées avec goût, un bracelet pareil, des anneaux alternés de bronze et de cuivre à chaque doigt et à chaque orteil, au-dessus des chevilles et jusqu'à la moitié du mollet, des bas ou guêtres en verroteries de la plus belle qualité, lui composaient un costume à la fois léger, correct et véritablement élégant. Il avait pour mouchoir une étoffe d'écorce soigneusement pliée, et tenait à la main une écharpe de soie brodée d'or, derrière laquelle il abritait à chaque instant son large sourire, et dont il se servait pour essuyer ses lèvres après avoir bu le vin de banane, que lui versaient à longs traits, dans de petites gourdes taillées en coupes, les dames de son entourage, ses sœurs et ses femmes.

» Au bout d'une heure, pendant laquelle j'avais été réduit à une muette contemplation, puisque j'ignorais la langue du pays et que personne n'aurait osé se permettre de parler en mon nom, Mtéça m'envoya me demander : *si j'avais vu le monarque*. Je répondis que je prenais ce plaisir depuis une heure. Aussitôt le roi se leva, la lance à la main, pour se retirer avec son chien qu'il tenait en laisse. Sa démarche, au moment où il prenait ainsi congé de nous, devait, paraît-il, nous sembler majestueuse. C'est une allure traditionnelle de sa race, qui, au dire des flatteurs, rappelle le pas du lion. Je dois convenir cependant que cette manière de jeter la jambe à droite et à gauche me faisait songer au dandinement maladroit des palmipèdes de basse-cour, et, loin de me frapper de terreur, m'empêchait de prendre sa majesté tout à fait au sérieux.

» Le roi se mit ensuite à charger de ses propres mains une des carabines que je lui avais données, et la remettant toute armée à un page, lui enjoignit *d'aller tuer un homme dans l'autre cour*. Le marmot partit ; nous entendîmes la détonation, et nous le vîmes revenir presque aussitôt avec la même grimace de satisfaction, le même air de malice heureuse, que s'il eût déniché un oiseau !

» J'ai eu un jour l'occasion de voir les malheureux frères du roi qui sont, d'après la constitution du pays, destinés à être brûlés pour la plupart après le couronnement de Mtéça. Ils sont au nombre d'une trentaine; plusieurs portent des menottes, d'autres sont à peu près prisonniers sur parole.

» Un jour Mtéça me dit : il m'est arrivé de faire tuer jusqu'à cent courtisans dans la même journée; je suis tout prêt à recommencer s'ils ne prennent pas mieux soin de nourrir mes hôtes, car je sais comment *on guérit* la désobéissance !

» Depuis mon changement de domicile, il ne s'est pas passé de jour où je n'aie vu conduire au supplice une, quelquefois deux et jusqu'à trois ou quatre des femmes qui composent le harem de Mtéça. Une corde roulée autour du poignet, traînées ou tirées par le garde du corps qui les conduit à l'abattoir, ces pauvres créatures, les yeux pleins de larmes, poussent des gémissements à fendre le cœur :

» — O mon seigneur, mon roi ! ô ma mère !

» Et malgré ces appels déchirants à la pitié publique, pas une main ne se lève pour les arracher au bourreau. » (1)

Depuis lors, les doctrines du mahométisme ont-elles adouci le caractère de Mtéça, c'est ce que nous fait entendre M. Stanley ; nous verrons peut-être un jour si les vérités du christianisme lui ont fait perdre tout-à-fait ces cruelles coutumes.

Les relations avec Mtéça étaient donc terminées, et le 24 février, après une marche de treize milles, la caravane entrait à Kafourro, village du Karagoué. Là on fit connaissance avec Roumanika, le bon roi de ces régions, sur le compte duquel Speke s'exprime ainsi :

— Roumanika et sa famille ont été les seuls chefs que, dans tout mon voyage, j'aie rencontrés loyaux, affables et faciles à contenter.

Un mois de séjour chez ce chef hospitalier suffit à Stanley pour visiter le lac Windermere, puis l'Ouhammba, et, après avoir constaté le parallélisme des deux rivières jumelles, la Malagarazi qui se dirige vers le Tanganika, et le Lohougaté, qui va vers le lac Victoria, il parvint au Gammbahouago, principal village de l'Oussammbiro, après avoir évité le terrible Mannkoronngo, dont les exigences vis-à-vis des caravanes dépassaient tout ce qu'on avait vu jusqu'alors.

Quelques jours plus tard, une nouvelle terrifiante se répandit dans le camp : la terreur de l'Afrique équatoriale, le légendaire Mirammbo approchait ! La rencontre fut cependant cordiale ; Stanley fit avec lui l'échange du sang et dorénavant l'homme blanc devenait l'ami du grand conquérant devant lequel tremblaient toutes les peuplades du centre de l'Afrique.

(1) J. Belin de Launay, les sources du Nil.

Enfin le 27 mai, M. Stanley, après maintes difficultés avec les chefs avides de ces contrées, revenait dans l'Oudjidji où tous les vestiges de sa première rencontre avec Livingstone avaient disparu. La nature était restée la même, mais à la place de la maison du grand explorateur, il n'y avait que de grands *tenimbés* : la maison était brûlée depuis longtemps !

II

LE TANGANIKA

Il y avait une fois dans un enclos, un homme et une femme qui vivaient du produit d'une source qui leur fournissait force poissons. Mais personne n'en savait rien, et du secret de cette pêche dépendait la richesse du ménage. Or un jour, la femme du pêcheur amena son amant aux abords de cet étang et lui fit manger du poisson de cette source miraculeuse. Le secret était dévoilé : alors les montagnes s'abaissèrent, les eaux débordèrent et de là est né le Tanganika.

Telle est la légende du Tanganika qu'avait visité Livingstone et que M. Stanley venait visiter à son tour.

Le *Lady-Alice* qui avait fait la circumnavigation du Victoria et accompli par terre et par eau maintes autres prouesses, se trouvait lancé sur le Tanganika accompagné d'un gros canot, le *Méofou*, creusé dans le tronc d'un arbre énorme des gorges boisées du Goma. Les Arabes ne pouvaient croire que le frêle esquif résisterait à une semblable traversée ; cependant il devait en revenir sain et sauf cette fois encore.

Au sortir de l'Oudjidji, on entrait dans l'Ounaranngo, régions montagneuses jusqu'à l'embouchure du Malagarazi ; les voyageurs remontèrent le fleuve afin de sonder la profondeur des eaux jusqu'à cinq milles en amont; puis on s'avança de nouveau vers le sud pour camper à Ourimmba, à un mille environ au sud-ouest du Louhouéghéri, où M. Stanley revit avec émotion les parages qu'il avait explorés en compagnie de Livingstone.

Jusque là on n'avait rencontré que des côtes hospitalières, mais le pays des terribles Rougas-rougas était proche et il fallait à tout prix éviter ces tribus de cannibales qui, non seulement ne laissent jamais passer les étrangers sans les attaquer, mais sont encore un objet de terreur pour toutes les peuplades environnantes.

M. Stanley vit les tristes effets des déprédations de ces rougas-rougas dans le village de Ponnda qu'il trouva désert, brûlé, dévasté et couvert de cadavres encore chauds.

Malgré la visite de quelques-uns de ces maraudeurs que l'on parvint heureusement à éviter avec quelques présents, on put gagner rapidement la partie méridionale du Tonngoué, traverser le Fipa et atteindre la pointe méridionale du Tanganika dans l'Ouroungou. Les tribus qui habitent les rives du lac sur la côte occidentale sont amies des étrangers et les explorateurs n'éprouvèrent aucune difficulté à remonter toute cette partie des côtes jusqu'au cours problèmatique de la Loukouga.

C'est là en effet que résidait tout l'intérêt de cette seconde circumnavigation de M. Stanley : la Loukouga est-elle un affluent du Tanganika ou un déversoir? Chose étrange, les témoignages des riverains ne s'accordaient pas, et les rapports des précédents explorateurs se contredisaient formellement. Les uns disaient que la Loukouga coulait de l'est à l'ouest, d'autres affirmaient qu'à certaines époques elle se jetait dans le lac. Le meilleur était de s'assurer par soi-même de la direction du fleuve, et M. Stanley résolut de faire l'enquête la plus minutieuse à ce sujet.

D'un autre côté, M. Stanley avait observé certaines disparitions géologiques qui lui donnaient à penser que le lac n'avait pas toujours eu l'étendue qu'il a aujourd'hui ; qu'à une certaine époque, il y avait eu peut-être deux lacs séparés par des montagnes qui avaient disparu depuis.

En effet, en explorant avec soin le cours de la Loukouga, on ne put découvrir aucune direction bien tranchée des eaux du fleuve ; dans certaines parties, il courait de l'est à l'ouest, dans d'autres de l'ouest à l'est, dans d'autres parties enfin les eaux étaient parfaitement calmes sans aucun courant : De là, M. Stanley déduisit les faits suivants que nous accepterons comme exacts jusqu'à preuve du contraire :

« Tout bien considéré, dit-il, je garde l'opinion qu'à une époque lointaine les deux rives du lac étaient reliées par une chaîne qui s'étendait du cap Vionngoué, situé à l'est, au cap Kahanngoua, qui est au couchant; que le lac, fermé par cette rampe, avait alors un niveau beaucoup plus élevé que celui d'aujourd'hui, et qu'à cette époque le Loukouga en était le déversoir ; que la moitié septentrionale du lac est postérieure à l'autre; que, par suite de l'effondrement du terrain qui les bornait au nord ou de l'écroulement de la chaîne transversale, les eaux du sud se sont précipitées dans le gouffre qui venait d'être ouvert, laissant à sec le lit de la Loukouga, dont la Kibammba et la Loumba, ses affluents, prirent le canal pour apporter au lac le tribut du versant oriental de la chaîne de Ki-Yanndja. Mais maintenant que la grande auge produite par le tremblement de terre qui fractura le plateau où nous trouvons, d'une part l'Oulcha et l'Ouroundi, de l'autre, l'Oubemmbé et le Goma, est à la veille d'être remplie, le Loukounga va reprendre ses anciennes fonctions de canal de décharge et porter le trop plein du Tanganika dans la vallée du Livingstone, d'où celui-ci, par sa courbe majestueuse, lui fera gagner l'Atlantique. »

Revenus au camp, les voyageurs trouvèrent la caravane diminuée par la petite vérole ; un grand nombre avaient déserté, et il fallut au plus vite faire ses préparatifs de départ pour fuir l'épidémie et éviter de nouvelles défections. Stanley voulait explorer le cours de la Loualaba, mais le plus sûr était, pour mettre ses gens dans l'impossibilité de fuir, de trouver de suite le Tanganika à la hauteur du cap Kabogo. Sur la rive opposée, les peuplades indigènes sont beaucoup moins éclairées et il y en a quelques-unes dont l'explorateur fait un hideux tableau, tout en reconnaissant leur caractère inoffensif, très généreux et extrêmement hospitalier.

Aux approches du Mouyéma, le niveau intellectuel des indigènes s'élève, en même temps que le type se montre bien supérieur à celui des peuplades méridionales ; c'est ainsi que dans l'Ouhommbo, les indigènes sont absolument repoussants, tandis que dans le Monyéma les hommes sont bien bâtis, d'une physionomie fort agréable, et les femmes sont souvent belles.

C'est à quelque distance du Mpoungou, que Stanley eut tout-à-coup sous les yeux le spectacle admirable, pour un explorateur, de la jonction de la Louama avec la Loualaba ; c'était une des sources du Livingstone que le hardi voyageur avait suivie pendant 220 milles jusqu'à son embouchure, et le Livingstone lui-même s'offrait à sa vue, semblant l'inviter à le suivre jusqu'à l'Océan.

Aussi, avec quelle ardeur les voyageurs reprirent-ils leur route ! On trouva l'Ouzoura, le cours d'eau Loulinndi, et, arrivé dans le Mouana Mammba, on fit la connaissance de Tippo-Tib, le chef du lieu. C'était un homme fort intelligent, on pourrait presque dire bien élevé et d'une tenue irréprochable.

C'était là le point où Livingstone avait été obligé de renoncer à son expédition ; c'était là enfin que Caméron avait dû reculer devant un refus formel et réitéré des canots pour descendre le fleuve. Que ferait

Stanley? Il lui fallait aussi des canots. Les obtiendrait-il là où ses devanciers avaient échoué?

Les indigènes ne se gênaient pas pour exagérer les dangers de l'expédition; le pays des nains était une source intarissable d'histoires plus fantastiques les unes que les autres, et la peinture que l'on faisait des interminables forêts que l'on devait rencontrer suffirait à donner le frisson.

Néanmoins Tippo-Tib consentit à partir sous certaines conditions. On entra dans le Nyanngoué, l'établissement le plus occidental des traitants de Zanzibar, on traversa un désert d'arbres, comme dit Stanley, où les difficultés à surmonter furent inouïes : Tippo-Tib ne voulait pas continuer le voyage et ce fut à grand'peine que le hardi voyageur le décida à tenir ses promesses.

Restait le village des Vouénya, gens cruels et sanguinaires, qui ne voulaient rien entendre et qui, sans les précautions que prit Stanley, auraient infailliblement massacré l'expédition. Néanmoins la caravane parvint à traverser le fleuve et à s'établir victorieusement dans les villages de ces bandes sauvages. Mais tout n'était pas fini.

Il fut impossible d'obtenir des vivres de ces tribus sauvages impitoyables; ils ne répondaient que par leur cri de guerre à toutes les avances qu'on leur faisait; les hommes souffraient la faim et il n'y avait aucun moyen d'obtenir des vivres à quelque prix que ce fût. Pour comble d'horreur, on se trouva bientôt en face de rapides difficiles à franchir et où quelques hommes faillirent périr par suite de la faiblesse de Frank, qui leur avait permis de s'éloigner malgré les ordres exprès de Stanley. Tippo-Tib fit alors observer, assez justement d'ailleurs, que la dyssenterie et la petite vérole se déclaraient dans le camp, que les indigènes ne voulaient à aucun prix faire alliance avec les voyageurs, que les rapides se succéderaient de plus en plus dangereux, et que c'était folie de continuer sa route. Stanley fut inflexile et pour toute réponse franchit les rapides, les seuls qu'il y eut à rencontrer, d'après les renseignements qu'il prit immédiatement après ce passage.

Quant aux riverains, il ne fallait pas songer à les persuader; c'étaient des sauvages, des cannibales, dans toute l'acception du terme, et c'eût été perdre son temps que de tâcher d'en obtenir quelque chose. Oukonnghé Mourihoua, Ikondou, villages très animés, très peuplés, mais toujours déserts pour nos explorateurs! Partout un mépris profond pour les offres que leur faisait la caravane; Tippo-Tib finit par renoncer à ses engagements et Stanley, accompagné de ses noirs enfants de la mer, le laissa partir, décidé à mourir plutôt que de laisser son projet inachevé.

Jusqu'à Kannkoré, ce ne furent quere ncontres hostiles de cannibales qui criaient de la viande! de la viande! et avaient la plus grande envie de goûter d'un bifteck américain ; mais heureusement la petite caravane parvint à éviter leurs pièges et à se garer de leurs flèches empoisonnées. A Kannkoré, un peuple ami, ayant en horreur le cannibalisme (à quelques milles seulement de distance!) donna à Stanley de précieux renseignements géographiques et des vivres en quantité suffisante.

Chez les Mouana-Ntaba, nouvelles démonstrations guerrières, apparition d'un canot gigantesque plein de combattants debout, hurlant en chœur au son des trompes et de des tambours. On parvint assez facilement à faire chavirer l'énorme barque, mais les voyageurs se trouvaient pris entre deux dangers inévitables, les chutes en avant dont on entendait le grondement, et une mort certaine des deux côtés du fleuve où retentissaient toujours les cris sauvages d'une multitude de Mouana-Ntaba. Il fallait prendre un parti : le plus sage était de se jeter hardiment parmi les ennemis, pendant que Manoua-Séra remonterait un peu le courant avec quatre canots et viendrait à son tour prendre à revers les sauvages.

Ce mouvement fut fort bien exécuté et l'ennemi fut repoussé; on se fortifia alors dans un *boma*, palissade impénétrable, formée de broussailles et l'on put se reposer en attendant les évènements du lendemain. Ce jour là les ennemis, vigoureusement repoussés grâce aux armes à feu des explorateurs, se retirèrent définitivement, et la caravane ne fut plus inquiétée.

Restaient les chutes de Stanley à visiter.

Malheureusement la situation se trouvait être partout la même. Les riverains étaient tous cannibales et il n'y avait aucun moyen de leur faire entendre des paroles de paix. Partout il fallait employer la force et partout perdre quelques-uns de ses compagnons.

Une peuplade cependant se trouva plus accessible que les autres, grâce à un adroit coup de main ; on avait pris un village et fait quelques prisonniers, des femmes et des enfants ; après avoir bien convaincu ceux-ci que les intentions des explorateurs étaient pacifiques, on rendit tout, prisonniers et moutons capturés. Ce procédé étonna les sauvages et les engagea à se rapprocher. La paix fut bientôt faite, et l'on obtint facilement des vivres et des renseignements précieux sur les autres cataractes que l'on avait à franchir. Les Cannibales sont donc accessibles aux bonnes paroles appuyées par des faits? Stanley prétend qu'à la condition de bien prouver une force supérieure à la leur, ils peuvent montrer des sentiments humains.

C'est aussi le sentiment de Schweinfurth ; voici ce qu'il nous raconte des Mombouttous :

« De toutes les parties de l'Afrique où l'on a vu pratiquer l'anthropophagie, c'est ici qu'elle est la plus prononcée. Entourés, au sud, de noires tribus d'un état social inférieur, et qu'ils tiennent en profond mépris, les Mombouttous ont chez ces peuplades un vaste champ de combat, ou, pour mieux dire, un terrain de chasse et de pillage, où ils se fournissent de bétail et de chair humaine. Les corps de ceux qui tombent dans la lutte, sont immédiatement répartis, découpés en longues tranches, boucanés sur le lieu même et emportés comme provisions de bouche.

« Conduits par bandes, ainsi que des troupeaux de moutons, les prisonniers sont réservés pour plus tard, et égorgés les uns après les autres pour satisfaire l'appétit des vainqueurs. Les enfants, d'après tous les rapports qui m'ont été faits, sont considérés comme friandise et réservés pour la cuisine du roi. Pendant notre séjour chez les Mombouttous, le bruit courait que presque tous les matins on tuait un enfant pour la table de Mounza.

» Nous n'avons pas eu l'occasion d'assister à ces horribles mangeries, mais une fois, arrivant inaperçu, devant une case où, près de la porte, se trouvait un groupe de femmes, je vis celles-ci en train d'échauder la parti inférieure d'un corps humain, absolument comme chez nous on échaude et on racle un porc après l'avoir fait griller. L'opération, avait changé le noir de la peau en gris livide. Quelques jours après, je remarquai dans une maison, un bras d'homme qu'on avait suspendu au-dessus du feu, évidemment pour le boucaner.

» Non seulement nous trouvions à chaque pas des signes d'anthropophagie, mais nous reçûmes de la bouche du roi la confirmation du fait et l'explication du peu d'exemples que nous en avons eus. Le roi nous dit que, sachant toute l'horreur que cette nourriture nous inspirait il avait donné des ordres pour qu'elle fût préparée et mangée secrètement.

» Toujours est-il, le fait est certain, que l'anthropophagie existe à un degré beaucoup plus haut chez les Mombouttous que chez les Niams-Niams. Je laisse de côté les récits des Nubiens, les rapports que ces témoins occulaires m'ont fait personnellement de leurs razzias, où l'homme est découpé en longues aiguillettes, séché et fumé pour servir de provisions ; les crânes si nombreux que j'ai choisis, dans les amas d'ossements, débris de cuisine, qui m'étaient apportés chaque jour, garantissent l'exactitude de mon assertion : que le cannibalisme des Mombouttous est sans pareil dans le monde entier.

» *Et cependant les Mombouttous sont une noble race, des hommes bien autrement cultivés que leurs voisins, à qui leur régime fait horreur. Ils ont un esprit public, un orgueil national; ils sont doués d'une intelligence et d'un jugement que peu d'Africains possèdent et savent répondre avec bon sens à toutes les questions qu'on leur adresse. Leur industrie est avancée, leur amitié fidèle. Les Nubiens qui résident chez eux n'ont pas assez d'éloges pour vanter la constance de leur affection, l'ordre et la nécessité de leur vie sociale, leur supériorité militaire, leur adresse, leur courage.* »

On peut en dire autant des Caraïbes et des Fidgiens.

Les autres chutes furent ainsi franchies ; mais en jetant un regard en arrière, au souvenir des luttes effroyables qu'il avait fallu soutenir, il n'y avait personne de la petite caravane qui n'eût exposé un pas de plus, si on lui eût dit que les mêmes labeurs se représenteraient.

III

APRÈS LES CHUTES DE STANLEY. — LE CONGO.

Mais ici le fleuve est calme et les cœurs reprennent courage ; la terre de la civilisation n'est pas loin, elle se rapproche à chaque coup de rame ; et cependant que de dangers encore à affronter, car c'est toujours l'inconnu que l'on a devant soi, mais il n'y faut pas penser !

L'aspect des villages n'est plus le même ; dans le haut Livingstone, ils ne consistent qu'en une seule longue rue ; ici ils ont des rues parallèles et transversales se coupant à angle droit.

Le fleuve est fort large ; il a 2275 mètres d'une rive à l'autre ; les bords sont hauts, escarpés et boisés.

Les riverains, cependant, ne sont pas plus hospitaliers ; il faut continuellement se défendre contre leurs attaques ; depuis le 23 novembre jusqu'au 29 janvier, on avait combattu vingt-quatre fois, et ce n'était pas fini ! A l'embouchure de l'Arouhouimi, rivière large de plus de trois kilomètres à cet endroit, les voyageurs eurent à soutenir une lutte terrible contre les habitants de l'Issanghi et de l'Yammbarri : ils en sortirent vainqueurs avec une grande quantité d'ivoire et une foule d'objets de luxe très curieux, et accusant chez ces cannibales une remarquable intelligence et une situation prospère.

Par bonheur, le Livingstone, qui augmentait toujours de largeur (de 6 à 11 kilomètres), ce qui, par parenthèse, ne permettait pas de soupçonner de nouvelles cataractes, se trouva bientôt parsemé d'îles et partagé en un assez grand nombre de canaux qu'il était possible de suivre en évitant les populations riveraines. Il fallait cependant bien examiner ces canaux pour ne pas se trouver portés trop à droite ou à gauche sans s'en apercevoir, ce qui pouvait facilement arriver. Ils ne purent tellement bien manœuvrer cependant, qu'ils ne fussent aperçus de quelques indigènes, mais le tout se réduisit à quelques escarmouches insignifiantes, jusqu'à ce qu'ils parvinrent au village de Roubounga, vieux chef hospitalier qui leur donna des vivres au moment où ils n'en avaient plus du tout, et leur dit le nom du fleuve terrible que l'on venait de descendre, dont les habitants avaient failli vingt fois massacrer la troupe de Stanley, dont les cataractes effroyables brisaient un canot comme une allumette, ce nom, c'était celui que Stanley soupçonnait depuis longtemps :

C'était le Congo !

Caméron l'avait soupçonné, et Livingstonne aussi, mais personne n'avait encore résolu le problème.

« Le Loualaba, dit le lieutenant Cameron, qui n'avait été que jusqu'à Nyanngoué, le Loualaba doit être l'une des sources du Congo ; sans lui, où ce géant, qui ne le cède en énormité qu'à l'Amazone, peut-être au Yang-tsé-Kiang, trouverait-il les deux millions de pieds cubes d'eau qu'à chaque seconde il verse dans l'Atlantique ? »

A quoi bon raconter en détail les nouvelles attaques dont les voyageurs furent l'objet tout le long de la route ; cela semblait ne devoir finir que par l'extermination de toute la troupe, et cependant tous gardaient un grand calme dans l'adversité et un courage exemplaire dans la défense. La faim seule irritait les serviteurs de Stanley au point d'exciter leur colère et de leur faire perdre toute prudence, et deux ou trois fois ils se trouvèrent sans vivres et sans espoir d'en obtenir des cruelles tribus qu'ils rencontraient, et qui ne répondaient à leurs avances que par des cris de guerre.

Les chefs de Bouéna et d'Inngouba se montrèrent plus généreux ; ils approvisionnèrent les canots de produits variés dont les principaux étaient des cochons noirs, des chèvres, des moutons, des bananes, du pain de cassave, de la farine, du maïs, des patates, des ignames et du poisson. C'était là une générosité à laquelle il ne fallait pas s'habituer, et Stanley s'en aperçut bien lorsqu'il fit la connaissance du mielleux Tchouambiri, l'homme à la voix douce, qu'il proclame le plus fieffé coquin de l'Afrique.

Après avoir déjoué les projets de ce diplomate astucieux, on traversa l'étang de Stanley, situé par 4° 3' de latitude méridionale, expansion du fleuve qui va des falaises de Douvres à la première cataracte du Livingstone, et occupe un espace de 30 milles carrées. La rive gauche est occupée par les établissements populeux de Nchassa, de Nkiounda et de Ntamo; la rive droite, par les sauvages Batéké, généralement accusés de cannibalisme. Les voyageurs n'eurent cependant pas à se plaindre de ces différents chefs qui, moyennant d'assez considérables présents et surtout le don d'une grosse chèvre, la dernière survivante que l'on ne sacrifia qu'à grand regret, ravitaillèrent la troupe affamée qui depuis plusieurs jours n'avait presque rien à se mettre sous la dent.

Enfin, la lutte avec les riverains paraît terminée; le fleuve seul n'a plus cet aspect majestueux qui, malgré la férocité des riverains, avait pour les voyageurs un charme irrésistible; c'est maintenant un torrent furieux, roulant dans un lit profond obstrué par des récifs de lave, des projections de falaises, des bancs de roches erratiques, traversant des gorges tortueuses, franchissant des terrasses et tombant en une longue série de chutes, de cataractes et de rapides. Après nos conflits si fréquents avec les sauvages, recommence la lutte avec le grand fleuve, dont la profonde et large déchirure des hauts plateaux, descend à l'Atlantique.

« Ces courants, muets et solitaires, qui serpentent au milieu des îles sans nombre du Livingstone, cette immense nappe d'eau, calme et silencieuse, qui a entendu nos plaintes, ce désert liquide, témoin de nos souffrances, ces solitudes boisées où nous cherchions le repos, et auxquelles nous avions confié nos vœux et notre espoir, tout cela fait place à la gorge bordée de hautes falaises, à travers laquelle le Livingstone roule avec une inconcevable furie, ses vagues écumantes jusqu'au large lit du Congo, qui, à la distance de 255 milles géographiques seulement, est de près de onze cents pieds plus bas que le sommet de la première chute. »

Neuf hommes furent ainsi perdus dans une après-midi et parmi eux un enfant, et les meilleurs hommes de la troupe, entraînés irrésistiblement par le courant et précipités dans la cataracte! Deux cependant réussirent à se sauver en se cramponnant au canot, et rejoignirent le lendemain les voyageurs, à leur grand étonnement; car c'était vraiment un miracle de revenir sain et sauf après un pareil saut! Le Lady-Alice, aussi, faillit se perdre corps et biens dans un tourbillon; mais, grâce au sang-froid des rameurs, et malgré une course vertigineuse entre les écueils, il atteignit une berge sablonneuse, au confluent du Nkenuké et du Livingstone, où le retrouvèrent les gens des autres canots, qui le croyaient bien perdu; ce fut le plus grand danger auquel échappa Stanley.

Comme on se trouvait dans une contrée remplie d'arbres magnifiques, il devenait facile de remplacer les canots que l'on avait perdus. En conséquence, on abattit les plus beaux que l'on pût trouver, et on construisit deux grands canots, le *Livingstone* et le *Stanley*.

Une fois ces pirogues terminées, on reprit la route : Frank avait des ulcères aux pieds, plusieurs hommes étaient malades, et Baraka, le loustic de la bande, les appelait des *goïgoïs*, c'est-à-dire des propres à rien. Le Lady-Alice subit une forte avarie par suite d'une mauvaise manœuvre ; mais le voyage s'effectuait assez tranquillement grâce à l'amabilité des riverains. Une autre fois, les naturels parurent changer d'attitude et poussèrent leur cri de guerre : c'est qu'ils avaient vu Stanley tracer des caractères sur du papier, et cela devait être pour eux la cause d'une foule de maux.

Stanley, placé entre cette alternative, ou de combattre ou de brûler ses notes, prit le parti de sacrifier un *Shakespeare*, que les indigènes prirent pour le fameux grimoire qui les effrayait tant.

Tout allait à souhait : cependant, un terrible malheur attendait les voyageurs ; Frank, le compagnon le plus dévoué de Stanley, se perdit par suite de son trop d'ardeur dans les tourbillons de Mohoua. Cet évènement attrista profondément Stanley, et tous les membres de l'expédition en tombèrent dans une prostration indescriptible. *Le petit maître* n'avait pu être sauvé ! Il était très aimé, et sa perte fut vivement ressentie par tous.

A partir de ce moment, les gens de Stanley furent pris d'un profond découragement ; la plupart refusèrent d'aller plus loin ; mais comme il était tout aussi dangereux de retourner en arrière, ils finirent par rester. Les dernières chutes du Livingstone furent franchies, et l'on arriva à peu de distance de Boma où se trouvaient des établissements français, anglais et portugais.

Les indigènes devenaient de plus en plus parcimonieux ; il était impossible d'obtenir des vivres ; les présents qu'on leur offrait étaient regardés avec mépris, et la caravane mourait de faim.

Enfin, M. Stanley envoie, par les intrépides de la bande, Oulédi, Saféni et Robert, une lettre aux *blancs* de Boma : la réponse ne se fit pas attendre longtemps ; des provisions furent envoyées, les pauvres affamés purent enfin se rassasier, et l'expédition se vit à la tête d'une dame-jeanne de rhum, seul liquide que parussent apprécier les indigènes.

Quelques jours après, l'expédition arrivait à Boma.

Stanley s'occupa alors de rapatrier ses serviteurs ; il redescendit jusqu'au cap et de là remonta à Zanzibar.

De là, Stanley regagna Aden sur le steamer Pachumba.

Je finirai cette notice par les renseignements que je dois à M. Stanley, lui-même, et sur les détails desquels le cadre qui nous est imposé ne nous permet pas de nous étendre.

« En 1879, Stanley s'embarqua pour la troisième fois pour l'Afrique ; après avoir pris à Zanzibar les hommes nécessaires, il continua son voyage par la Méditerranée et atteignit le Congo, sur les rives duquel il établit cinq stations : la dernière est à environ 400 milles de l'embouchure.

» Il explora le Couango et découvrit à 330 mille au-dessus du golfe de Stanley, un lac auquel il donna le nom de Léopold II.

» Il fut interrompu par la maladie au milieu de ces travaux existants et obligé de se rendre à Saint-Paul de Loanda, où il se soumit à un traitement sérieux.

» Les médecins, ayant affirmé qu'il était prudent pour le célèbre explorateur de retourner en Europe, Stanley prit place à bord d'un *Mail boat* portugais, *le Clima*, et arriva à Lisbonne en septembre de la même année.

» Actuellement M. Stanley est de nouveau sur les rives du Congo. »

FIN DE STANLEY.

LES PIONNIERS DE L'INCONNU

NORDENSKIOLD

NORDENSKIOLD

LE PASSAGE DU NORD-EST.

I

LE POLE NORD ET LE PASSAGE NORD-OUEST

En dehors des avantages commerciaux que les passages du pôle peuvent nous assurer, il est certain que l'inconnu est toujours un attrait puissant, presque irrésistible, pour certains tempéraments. Qu'y a-t-il à l'extrémité de l'axe du monde? On ne s'est encore approché qu'à six cents kilomètres de ce point mystérieux; les difficultés énormes qui attendent les explorateurs ne les arrêtent pas; les banquises de glaces effondrées qui pressent et brisent les navires, les fissures recouvertes de neige où s'abîment les voyageurs, semblent être autant d'excitants à lutter contre la nature elle-même et à chercher à faire, ne serait-ce qu'un pas de plus, dans ces tristes solitudes qui ne veulent pas de l'homme.

Il est vrai de dire que presque chaque expédition a rapporté quelque connaissance nouvelle, un coin de terre aperçu, un degré de plus de franchi, et il est bien excusable de croire que le terrible mystère sera un jour éclairci; mais que de victimes aura dévoré ce sphinx implacable!

« Quelle est la nature de ces régions centrales? c'est ce qu'il est encore impossible de préciser. Certains géographes les croient occupées par une mer libre où se donnent rendez-vous les derniers courants tièdes qui viennent de l'équateur ; certains autres pensent, au contraire, que le froid y devient de plus en plus intense et qu'on n'y trouve, à défaut de rocs, que des glaces aussi persistantes que la pierre. En tous cas, il est probable que ce sol mystérieux est constamment balayé par une trombe perpétuelle formée par la rencontre des vents réguliers qui y affluent de tous les points cardinaux.

» Nous savons qu'à l'approche du pôle les jours et les nuits qui se succèdent durent des mois entiers. Jours et nuits ont d'ailleurs beaucoup de ressemblance, car la chaleur solaire, en vaporisant les neiges, remplit l'atmosphère de brumes épaisses ; les nuits, au contraire, sont souvent limpides et fréquemment éclairées par les aurores boréales.

» Combien triste est la vie de l'homme civilisé dans de pareils déserts, et avec quelle promptitude le froid et l'anémie y éteignent l'enthousiasme des explorateurs !

» Les temps propices aux reconnaissances sont d'ailleurs rares et très courts ; des mois entiers s'écoulent dans l'inaction. Lorsqu'on veut se mettre en marche, il faut s'approvisionner d'équipements les plus divers : des barques pour franchir les canaux qui se forment entre les fissures des glaces, des traîneaux pour glisser sur les plans solidifiés, des pics et des haches pour escalader les banquises, des cordes pour réunir en chapelets les explorateurs qui s'engagent sur leurs crêtes ; — car si l'un d'eux tombe dans une crevasse, la chaîne qui le rattache à ses compagnons l'empêche de disparaître au fond de l'abîme. » (1)

La science est fort intéressée à la résolution des problèmes du pôle ; c'est de là que partent toutes les perturbations atmosphériques qui soulèvent les vagues des Océans, brisent chaque année une si grande quantité de vaisseaux et détruisent tant de vies précieuses ; c'est de là que partent ces courants qui font la fertilité de nos champs ou ruinent en un instant nos récoltes ; c'est du pôle que viennent les phénomènes magnétiques ; c'est des régions boréales que descendent les modifications climatériques qui exercent une influence si profonde sur l'organisme et la santé de l'homme.

Ce sont les peuples scandinaves qui, les premiers, ont mis le pied sur les terres polaires ; l'Islande fut d'abord découverte, puis comme conséquence forcée le Groënland. Mais les expéditions des Norvégiens et des Normands n'avaient pour but que l'exploitation immédiate des terres qu'ils découvriraient, et l'établissement de colonies. Jusqu'à Christophe

---

(1) La conquête du globe, par Charles Hertz

Colomb la science ni le commerce ne gagnèrent beaucoup aux expéditions ; Cabot, cherchant un passage par le Nord en 1497, recula devant la débâcle des glaces, et découvrit Terre-Neuve en explorant les parages les plus méridionaux.

En 1500, Cortereal se perdit dans le dédale des îles américaines ; son frère eut le même sort l'année suivante.

En 1522, Verazzano, voyageant pour le compte de la France, découvre l'embouchure du fleuve St-Laurent.

» On n'y revint qu'en 1533, dit M. Vivien de St-Martin, dans son *Histoire de la Géographie*, à la suite d'une demande adressée au roi par Jacques Cartier, capitaine de navire de Saint-Malo. Jacques Cartier fit quatre voyages à l'île de Terre-Neuve et au golfe de Saint-Laurent (1533 à 1543). Il pénétra le premier dans le grand fleuve qui apporte au golfe de Saint-Laurent les eaux des lacs intérieurs, et remonta jusqu'au site actuel de Montréal, alors occupée par une bourgade de Hurons, appelée Hochelaga. La première reconnaissance du Canada appartient donc au hardi capitaine de Saint-Malo ; mais il faut ajouter que ses courtes relations, œuvre d'un marin illettré, n'ont guère d'autre mérite, avec leur titre de primauté, que leur extrême rareté. L'essai d'établissement qui fut alors tenté sur les bords du Saint-Laurent réussit mal, et le quatrième voyage de Jacques Cartier n'eût d'autre objet que de ramener en France les débris de la colonie. L'essai fut repris trente-cinq ans plus tard, au commencement du règne d'Henri III, et ne fut pas plus heureux. La colonisation du Canada par la France ne date sérieusement que du siècle suivant. »

En 1576, sous le règne d'Elizabeth d'Angleterre, le marin Frobisher fit une excursion à la partie sud du Groënland, puis une autre en 1577 et la troisième en 1578. Il découvrit le détroit Frobisher, bras de mer près de l'embouchure du détroit de Davis, entre le détroit d'Hudson et l'entrée du Northumberland.

En 1585, les marchands de Londres chargèrent le capitaine John Davis de chercher le passage du nord-ouest. Il fit trois voyages, 1585, 1586 et 1587, dont nous reproduisons la relation qu'il a laissée.

« Dans mon premier voyage, mon inexpérience de la nature de ces climats, le défaut complet de carte, de globe ou de relation authentique ne me permettait pas de déterminer la hauteur à laquelle il fallait chercher le passage. Je me dirigeai d'abord au nord et continuai ensuite mes recherches en descendant au sud. Dans ma première direction, je trouvai une côte qu'on appelait Groënland dans les anciens temps, pays rempli de hautes montagnes couvertes de neige, et où l'on n'apercevait aucune trace de bois, d'herbe ni de terre ; le rivage était tellement bordé de glaces, jusqu'à deux lieux en pleine mer, qu'aucun bâtiment ne pouvait en approcher. La vue affreuse de cette côte, où le bruit des glaces qui se heurtaient était tel, qu'il produisait parmi nous l'épouvante, nous fit supposer qu'il n'y avait dans ce pays ni créatures animées, ni végétaux ; je lui donnai donc le nom de *Terre de Désolation*. L'ayant suivie en descendant vers le sud, jusqu'au 60° degré, je vis qu'elle tournait à l'ouest; je la suivis toujours sous la même latitude, et, après cinquante ou soixante lieues, elle prit la direction du nord. Je la prolongeai ; et, après avoir fait trente lieues au nord, le long de cette côte occidentale, nous ne trouvâmes plus de glaces, et nous vîmes, près du rivage, plusieurs belles îles revêtues de verdure ; mais les montagnes de la principale terre étaient toujours couvertes d'une grande quantité de neige.

» Je jetai l'ancre au milieu de ces îles, sous le 64° degré de latitude, et je m'y arrêtai pour reposer mes gens de la fatigue de ce voyage. Les naturels du pays, ayant aperçu nos vaisseaux, vinrent près de nous dans leurs canots, levant la main droite vers le soleil, criant : *yliaout !* et se frappant la poitrine. Nous en fîmes autant, et ils vinrent à bord. Ils étaient d'assez bonne taille, n'avaient point de barbe ; leurs yeux étaient petits, leur caractère assez doux. D'après les signes qu'ils nous firent, nous comprîmes qu'il y avait une grande mer au nord et à l'ouest. Nous traitâmes ces hommes avec bonté, et nous leur donnâmes des clous et des couteaux, ce qui était de toutes choses ce qu'ils désiraient le plus.

» Nous partîmes alors ; et, trouvant la mer sans glaces, nous crûmes n'avoir plus de dangers à courir. Nous gouvernâmes ouest-nord-ouest, comptant bien passer dans les mers de la Chine; mais, sous le 66° de latitude, nous rencontrâmes une autre terre, et nous y trouvâmes un autre passage de vingt lieues de largeur, allant directement à l'ouest. Nous espérâmes que c'était celui que nous cherchions ; nous y fîmes trente ou quarante lieues, sans qu'il devint ni plus large, ni plus étroit : mais voyant que l'année s'avançait, puisque nous étions à la fin d'août, et ne connaissant ni la longueur de ce détroit ni les dangers qu'il pouvait offrir, nous crûmes devoir retourner en Angleterre, et y rapporter la nouvelle du succès que nous avions obtenu pendant cette courte recherche. Nous profitâmes donc d'un bon vent d'ouest, et nous arrivâmes à Darmouth le 29 septembre.

» Ayant rendu compte de notre voyage à la compagnie par ordre de laquelle il avait été entrepris, je fus chargé, l'année suivante, de chercher à pénétrer jusqu'à l'extrémité de ce détroit, parce que, selon toute vraisemblance ; c'était là que devait se trouver le passage qu'on désirait trouver. Les négociants d'Exeter et d'autres villes prirent part à cette seconde entreprise, de sorte qu'étant approvisionnés pour six mois, nous reçûmes ordre de suivre ce détroit jusqu'à ce que nous fussions assurés qu'il débouchait dans une autre mer, à l'ouest de cette partie de l'Amérique, et alors de revenir en Angleterre, parce qu'il n'y aurait plus lieu de douter qu'il pût servir de communication pour le commerce avec la Chine et les autres parties de l'Asie.

» Nous fîmes voile de Dartmouth, et nous arrivâmes à la partie méridionale de la Terre de Désolation ; nous suivîmes sa côte occidentale jusqu'à 66° de latitude, et nous jetâmes l'ancre entre des îles qui en sont voisines. Les naturels vinrent encore nous rendre visite, et j'appris d'eux qu'il y avait au nord une grande mer. En cet endroit, le bâtiment sur lequel je comptais le plus, la *Mermaid*, de Dartmouth, montra du mécontentement, refusa d'aller plus loin et me quitta. Mais, considérant que j'avais donné ma parole formelle à mon digne et excellent ami, M. William Sanderson, qui avait le plus risqué dans cette entreprise, et qui l'avait prise tant à cœur qu'il y avait placé lui seul autant d'argent que les cinq qui en avaient mis le plus, tandis que beaucoup d'autres s'étaient fait prier pour donner le leur ; sachant aussi que je perdrais les bonnes grâces de M. le Secrétaire si je m'écartais de leurs instructions, je continuai seul mon voyage sur un petit bâtiment de trente tonneaux, équipé par M. Sanderson.

» Arrivé dans ce détroit, je le suivis pendant quatre-vingts lieues, et je trouvai alors plusieurs îles entre lesquelles il y avait un flux et reflux de six brasses ; les habitants ne cherchaient qu'à nous voler, ce qui nous fit connaître que ce n'étaient pas des chrétiens d'Europe. Enfin, après toutes mes recherches, je trouvai peu d'espoir d'aller plus loin par cette route ; revenant donc sur mes pas je regagnai la mer, et côtoyai le rivage en descendant vers le sud, car il était trop tard pour remonter vers le nord. Nous trouvâmes alors une autre grande baie d'environ quarante lieues de largeur, où la mer entrait avec une grande impétuosité. Nous pensâmes que ce pouvait être un passage ; car, d'après tout ce que j'ai remarqué dans ces parages, je ne doute pas que toutes les parties de l'Amérique septentrionale ne soient des îles. Je ne m'enfonçai pourtant pas dans cette baie, parce que je n'avais qu'un petit bâtiment de trente tonneaux, et que l'année était avancée, car nous étions alors au 7 de septembre.

» Côtoyant donc le rivage, en descendant vers le sud, nous vîmes un nombre incroyable d'oiseaux ; et, comme nous avions divers pêcheurs à bord, ils en conclurent tous que la mer devait être poissonneuse. Nous n'avions rien de ce qu'il fallait pour pêcher, mais nous fîmes des hameçons avec de longs clous que nous recourbâmes et que nous attachâmes à des lignes de sonde. Avant d'avoir changé les appâts, nous avions pris plus de quarante grandes morues, ces poissons nageant autour du bâtiment en quantité difficile à croire. Nous en salâmes une partie pour les conserver, et nous repartîmes pour l'Angleterre.

» Ayant fait rapport à M. le secrétaire du succès de mon voyage, il m'ordonna de présenter au grand trésorier d'Angleterre une partie de ce poisson. Sa Seigneurie, en le voyant, et en entendant la relation détaillée de ma seconde tentative, me conseilla de persévérer dans cette entreprise dont il avait fort bonne opinion. Plusieurs intéressés y renoncèrent pourtant, entre autres les négociants de l'ouest et la plupart de ceux de Londres ; mais de dignes et respectables personnages me continuèrent leur bienveillance, de sorte que l'année suivante on équipa deux vaisseaux pour la pêche, et une pinasse pour suivre les découvertes.

» Je partis encore de Dartmouth, et j'arrivai, grâce à Dieu, à l'endroit favorable pour la pêche ; j'y laissai, suivant mes instructions, les deux vaisseaux qui devaient s'en occuper, après leur avoir fait promettre de ne pas repartir avant mon retour, qui aurait lieu vers la fin d'août. Mais, seize jours après mon départ, les deux navires, ayant complété leur chargement, partirent pour l'Angleterre sans songer à leur promesse ; tandis que, comptant sur leur bonne foi, je continuai à m'avancer dans une mer ouverte entre le nord et le nord-ouest, jusqu'à 67° de latitude. Là, je pouvais apercevoir l'Amérique à l'ouest et la Terre de Désolation à l'est. Lorsque je vis la terre des deux côtés, je commençai à craindre de ne me trouver que dans un golfe ; mais, voulant en acquérir la pleine certitude, je continuai à avancer, et, à 68 degrés, le détroit s'élargit de manière que je ne voyais plus la côte occidentale. Je continuai ainsi à naviguer dans une grande mer, sans aucunes glaces, côtoyant le rivage occidental de la Terre de Désolation. Les naturels venaient autour du bâtiment par troupes de vingt, quarante et cent canots, apportant du poisson sec, des saumons, des morues, des perdrix, des faisans et des oiseaux de mer. Je tâchai de leur faire entendre par signes que je désirais savoir s'il y avait une grande mer au nord ; nous comprîmes, par les leurs, qu'ils répondaient affirmativement à cette question.

» Je quittai cette côte, comptant découvrir les parties septentrionales de l'Amérique ; et, après m'être avancé quarante lieues à l'ouest, je fus arrêté par un grand banc ds glaces. Le vent soufflant du nord, je fus obligé de côtoyer ce banc en descendant vers le sud ; je ne vis aucune terre à l'ouest ; il n'y avait aucunes glaces du côté du nord ; la mer y était libre, l'eau bleue, très salée, et la sonde n'en pouvait pas trouver le fond. Revenant ainsi vers le sud, j'arrivai à l'endroit où j'avais laissé les deux bâtiments pêcheurs, mais je ne les y trouvai plus. Abandonné de cette manière, et me confiant à la providence d'un Dieu de miséricorde, je mis à la voile pour l'Angleterre, et j'arrivai sans accident à Dartmouth, ce que j'osais à peine espérer.

» Il semblait évident, par cette dernière découverte, que le passage était libre et sans obstacle du côté du nord ; mais, à cause de la flotte d'Espagne et de la mort de M. le Secrétaire, on ne pensa plus à faire un nouveau voyage.

» Le motif pour lequel j'écris cette relation détaillée de tout ce que j'ai fait pour parvenir à cette découverte, c'est pour que l'on ne demande pas : pourquoi Davis n'a-t-il pas trouvé le passage, après l'avoir cherché trois fois ? On voit jusqu'où je me suis avancé, et de quelle manière on peut tracer le passage, sur le globe qu'a fait exécuter à ses frais M. Sanderson, dont les efforts pour le bien public méritent les plus grands éloges. » (1)

En 1607, 1608 et 1609, l'anglais Hudson double le cap Nord, l'Amérique du Nord, découvre le fleuve, le détroit et la baie d'Hudson. Cet intrépide capitaine après s'être avancé fort avant dans les glaces, se vit en butte aux taquineries de son équipage et finalement à une insurrection dont l'issue lui fut fatale ; les mutins le lièrent, le jetèrent dans une chaloupe avec tous les malades et les abandonnèrent. On n'entendit jamais parler d'Hudson et de ses malheureux compagnons.

En 1612, Button reconnaît le littoral de l'île Southampton.

En 1636, William Baffin s'avance dans la mer qui porte son nom jusqu'au 78° de latitude.

En 1818, le capitaine Ross fut chargé d'une mission dans la mer de Baffin avec Parry ; ce voyage n'eut pas de résultats importants ; il repartit en 1829, atteignit 70° 7' latitude nord, et 45° de longitude, et reconnut le pôle magnétique.

Vers la même époque, Parry atteignit le 110° longitude et toucha la prime que l'on avait promise à celui qui y parviendrait. Il découvrit l'île Melville et le détroit de Wellington. Au 113° 54', il se trouva dix mois bloqué dans les glaces ; il fait ensuite deux nouveaux voyages sans succès et renonce définitivement au passage du nord-ouest.

(1) Charles Hertz, la conquête du globe.

Enfin, John Franklin partit en 1819, chargé d'une expédition dont le but était de déterminer la véritable position de la mer de cuivre et des détours de la côte à l'est de cette rivière. Franklin et ses compagnons endurèrent des souffrances inouïes ; le thermomètre descendit jusqu'à 50° au-dessous de zéro ; il leur arriva de rester cinq jours sans nourriture, et pendant dix-huit jours Franklin n'eut pas d'autre nourriture que les os et les peaux de gibier tué l'hiver précédent et dont il faisait une sorte de bouillie.

Cette navigation avait néanmoins embrassé 5500 milles et avait été d'une importance considérable pour la géographie. Franklin, loin d'être découragé par les souffrances qu'il avait endurées, repartit en 1823, et accomplit un voyage de 2048 milles, après avoir relevé 374 milles de côtes à l'ouest de la Mackensie. Enfin, en 1845, il fut chargé d'une nouvelle expédition pour reconnaître le passage du nord-ouest, et depuis on ne l'a plus revu.

Près de trente bâtiments furent envoyés à sa recherche : Mak Klintock trouva le théâtre de l'agonie de Franklin et de ses compagnons.

Voilà pour le passage du Nord-Ouest.

« En somme, la région polaire qui s'étend sous forme d'archipel au nord de l'Amérique, est la plus ingrate que l'on connaisse pour les navigations arctiques. Aucune embarcation, grande ou petite, n'a pu la traverser de part en part, c'est-à-dire de la mer de Baffin à la mer de Béhring. Elle a englouti les deux Cortereal, Hudson et Franklin ; elle a emprisonné et détruit un grand nombre de navires dans ses canaux et ses détroits sinueux où la débâcle crée tant d'obstacles et de dangers. On a pensé un instant que le passage cherché pourrait s'ouvrir au nord de l'archipel même, dans cette mer libre du pôle dont les géographes ont si longtemps caressé le fantôme ; mais les avancées faites tout récemment par les canaux du détroit de Smith ont dissipé cette dernière illusion. Pour rester dans les termes de la réalité brutale, *il n'y a pas de passage Nord-Ouest.* (1)

(1) Ch. Hertz : *la Conquête du Globe.*

II

LE PASSAGE DU NORD-EST.

« . . . . Leurs beuvettes souvent réitérées, chascun se retira en sa nauf : et en bonne heure, firent voile au vent grec levant, selon lequel le pilot principal, nommé Jamet Brayer, avoit désigné la route, et dressé la calamite de toutes les boussoles. Car l'advis sien et de Xénomanes aussi fut, veu que l'oracle de la dive Bacbuc estoit près le Catay en Indic supérieure, ne prendre la route ordinaire des Portugaloys, lesquelz, passans la ceincture ardente et le cap de Bona-Speranza sur la pointe méridionale d'Afrique oultre l'œquinoxial, et perdans la vene et guide de l'aisseuil septentrional, font navigation énorme : ains suivre au plus près la parallèle de ladite Indic, et girer autour d'iceluy pole par occident : de manière que tournoyans sous septentrion l'eussent en pareille élévation comme il est au port de Olone, sans plus en approcher, de peur d'entrer et estre retenuz en la mer Glaciale. Et suivans ce canonique destour par mesme parallèle, l'eussent à dextre vers le levant, qui au département leur estoit à senestre.

» Ce que leur vint à profit incroyable. Car sans naufrage, sans danger, sans perte de leurs gens, en pleine sérénité (exceptez un jour près l'isle de Macréons), firent le voyage de Indie-supérieure en moins de quatre mois : lequel à peine fesoient les Portugaloys en trois ans, avec mille fascheries et dangers innumérables. »

Les voyages dans les Indes-Orientales de Varthemer, publiés en 1520, qui avaient produit une grande sensation en Europe, les explorations de Damiao de Goes dans le nord de l'Europe, ont bien pu être la source des conjectures étonnantes de Rabelais; mais, en vérité, cet homme était de science universelle ! Qui aurait pensé trouver Rabelais en cette affaire ? Les expéditions ayant pour but de trouver le passage du nord-ouest n'avaient produit aucun résultat commercial important, et le passage restait encore à trouver, ou plutôt il paraissait évident qu'il était impossible. On se rabattit donc sur la circumnavigation des côtes sibériennes, afin de trouver un passage nord-est vers le détroit de Behring.

En 1553, une expédition sous les ordres de Willoughby périt misérablement sur les côtes de la Laponie. En même temps, Chancelor passait de la mer du Nord dans la mer Blanche.

En 1594, le Hollandais Barents atteignit l'île de Waigatch.

En 1596, Cornelis reconnut les côtes occidentales du Spitzberg.

Dans les glaces.

En 1607, Hudson chercha le passage Nord-Est, mais s'arrêta au détroit de Kara.

De 1648 à 1735, les parages septentrionaux ne sont explorés que par les Russes, entre la Petchora et la Léna, puis de la Léna à la Kolyma.

En 1776, le célèbre capitaine Kook entreprit de reconnaître l'Océan glacial en l'abordant par le détroit de Behring, mais son voyage n'eut aucun résultat important.

En 1770, un marchand de Sibérie, Liakoff, découvrit l'archipel qui porte son nom.

De cette époque à 1870, bien des tentatives furent faites, mais sans succès.

Le professeur Nordenskiold devait le premier résoudre le terrible problème !

III

LA FAMILLE DE NORDENSKIOLD.

Ce qui surprend le plus dans le remarquable voyage accompli si heureusement par M. Nordenskiold, c'est la sûreté de vue qui a présidé à la préparation de l'expédition et à sa réalisation. Dans la plupart des voyages de découvertes que nous avons racontés ou qui nous restent encore à décrire, les explorateurs se servant des documents laissés par leurs devanciers, se mettent en garde contre toutes les éventualités jusqu'au point où ceux-ci sont parvenus; mais une fois là, l'inconnu ne leur permet pas de voir au-delà, et le hasard seul se chargera, aidé de l'énergie, du courage et de la perspicacité des voyageurs, de résoudre le problème; là ce sont les circonstances qui font les hommes; ce sont les incidents nouveaux de chaque jour qui leur dictent leur conduite à venir, et ils n'ont que les ressources de leur imagination et de leur expérience du passé pour en profiter plus ou moins adroitement.

Ici, rien de semblable : A lire le plan de l'expédition envoyé avant le voyage à son gouvernement, on croirait que le célèbre professeur était doué d'une sorte de seconde vue, car ce projet est presque une description exacte du voyage tel qu'il a été accompli.

Mais avant d'aborder les intéressantes péripéties de cette magnifique expédition, disons quelques mots de la vie de M. Nordenskiold, telle qu'il a pris le soin de nous la raconter lui-même :

« Adolphe Erik Nordenskiold, dont le nom doit se prononcer ainsi : *Nordennskeuld*, est né à Helsingfors le 18 novembre 1832, de Gustave

Nordenskiold, naturaliste distingué, chef du département des mines de la Finlande, et de Marguerite Sophie de Hartmann. Il était le troisième, par rang d'âge, de sept enfants, dont trois frères et trois sœurs. Voici quelques détails sur la famille de Nordenskiold, tirés du dictionnaire biographique de Suède :

« Le fondateur de cette famille était un lieutenant nommé Nordberg, qui s'était établi dans le Uplan au commencement du dix-septième siècle. Son fils Johan Erik, né en 1660, changea le nom en Nordenherg; il était inspecteur en chef des manufactures de salpêtres de Nyland en Finlande; c'était un homme très instruit. En 1710, pour échapper à la peste qui sévissait en Finlande, il eut l'idée de fréter un navire, de l'approvisionner, de s'y installer avec sa famille et de naviguer dans les mers du Nord, sans communiquer avec la côte, jusqu'à ce que la peste eût cessé de sévir.

» Il mourut en 1740. Ses deux fils furent membres de l'Académie suédoise des sciences, à sa fondation, en 1739. Un de ses fils, Karl Frédéric, est le fondateur de la famille des Nordenskiold, en Suède et en Finlande.

» Un des descendants les plus remarquables de Karl Frédéric, le colonel Adolphe Gustave Nordenskiold, construisit sur sa propriété de Frugor, en Finlande, un musée d'histoire naturelle. Tous les membres de cette famille se sont distingués dans la littérature et les études scientifiques. Otto Magnus Nordenskiold, frère du colonel, après de nombreux voyages en Europe, fut le premier qui introduisit en Finlande des scies à lames multiples. Peu de temps après, le malheureux fut persécuté par le pouvoir, en Suède et en Russie, pour une proposition humanitaire qu'il avait faite à la tsarine Elisabeth. Il ne demandait rien moins que l'établissement d'une paix perpétuelle entre toutes les nations chrétiennes. Ce philanthrope, précurseur de la ligue de la paix universelle, mourut excommunié par le clergé de la Finlande.

» Parmi les enfants du colonel Adolphe Gustave, nous signalerons Auguste, chimiste distingué, qui travailla avec Bernard Wadstrons pour l'abolition de la traite des nègres, et qui mourut à Sierra Leone par suite de blessures qu'il reçut des noirs pendant qu'il s'efforçait de former une colonie libre de nègres.

» Le fils puîné d'Auguste, Nils Gustaaf, naquit en 1792; c'est le père de l'explorateur actuel. Après avoir subi son examen de l'Ecole des Mines, à l'université d'Upsal, il fut, pendant plusieurs années, l'élève et l'ami intime de Berzélius. Connu de bonne heure comme minéralogiste distingué, il fut nommé inspecteur des mines par le gouvernement.

— 159 —

Grâce à la libéralité de l'Etat, il put entreprendre de nombreux voyages, qui lui permirent d'entrer en relations avec la plupart des grands chimistes et minéralogistes d'Angleterre, de France et d'Allemagne. A son retour en Finlande, en 1824, il fut nommé chef du département des mines, et consacra trente années d'une activité sans relâche à l'amélioration de cette branche importante de l'industrie du pays. Il parcourut toute la Finlande pour poursuivre ses recherches minéralogiques et géologiques. Ses voyages s'étendirent même jusqu'à l'Oural. Il participa à la rédaction d'un grand nombre de publications périodiques scientifiques ; il publia, en outre, beaucoup d'ouvrages, et le nombre considérable de minerais découverts par lui prouve toute l'importance de ses recherches. Il fut nommé conseiller d'Etat et obtint de nombreuses récompenses honorifiques de son gouvernement et de diverses sociétés savantes pour ses travaux scientifiques.

» Il mourut le 21 février 1866, à Frugor. Cette ville, avec ses collections d'histoire naturelle et sa bibliothèque pieusement créée par toute une famille de savants, fut le berceau du naturaliste et du grand explorateur Adolphe Erik, qui devait à tout jamais illustrer le nom de Nordenskiold. »

Je n'ai pas craint de m'appesantir sur les origines de notre héros parce qu'il m'a paru touchant et d'un sain exemple de présenter à la jeunesse de nos jours et de l'avenir le tableau de cette famille de travailleurs qui, de père en fils, consacrent leur vie à la science et au bien de l'humanité. Ni les difficultés, ni l'ingratitude des hommes même, n'arrête ces grands chercheurs ! L'un d'eux veut faire triompher cette éternelle et si chrétienne utopie des honnêtes gens ! la paix perpétuelle, et c'est le clergé qui le persécute ! Un autre veut faire abolir la traite des noirs, et ce sont les nègres qui le tuent ! Qu'importe ! le fils suivra les traces du père sans regret, sans relâche ! Dans cette famille, on meurt debout ; on se sacrifie à la science pour ainsi dire naturellement, et l'on produit des découvertes, comme la terre produit des plantes !

IV

LA JEUNESSE DE NORDENSKIOLD

Une particularité singulière de la jeunesse de Nordenskiold, c'est que jusqu'à l'âge de treize ans il se distingua au collège de Borga par son peu d'assiduité. Nordenskiold était un mauvais élève. Le futur navigateur, qui devait être une des plus grandes gloires de la Suède, n'avait que des mauvaises notes! Mais, ce qui est encore plus étonnant, c'est le singulier moyen employé par ses parents pour lui donner le goût du travail, et ce moyen, je ne le conseillerais à personne, car on risquerait fort d'en obtenir des résultats diamétralement opposés; on lui laissa liberté tout entière de régler son travail à sa fantaisie, et c'est le respect de soi-même seul qui fit de notre écolier un travailleur acharné et un élève modèle.

Un jour, une querelle futile fit sortir le recteur du collège de sa modération ordinaire, et deux élèves furent condamnés à une punition corporelle, qu'ils durent subir dans toute sa rigueur. C'était une faute, car il était de tradition dans l'établissement que ces sortes de punitions ne s'infligeaient jamais. La moitié des élèves quitta le collège et parmi eux les deux frères Nordenskiold.

Il avait fait cependant dans ce gymnase de sérieuses études mathématiques, et s'était appliqué particulièrement à l'étude de la géographie. Entré à l'université d'Helsingfors, en 1849, il s'attacha principalement à l'étude de la chimie, de l'histoire naturelle, de la physique et surtout de la minéralogie et de la géologie.

Son père l'emmenait souvent avec lui dans ses excursions minéralogiques, et il obtint bientôt la permission d'employer ses vacances à des voyages en Finlande, puis dans l'Oural.

Le jeune naturaliste avait alors vingt-trois ans, et ce fut à cette époque qu'il passa sa thèse pour la licence : des études insérées dans les *Actes de la Société de la Finlande*, la thèse sur les formes des cristaux du graphite et de la chondrodite, une remarquable description des minerais trouvés en Finlande, constituaient déjà au jeune savant un important bagage scientifique et littéraire. Deux nominations importantes vinrent récompenser ses efforts et affirmer sa réputation naissante : celles de directeur de la faculté de mathématiques et de physique et d'ingénieur des mines. Mais il ne garda ces emplois que six mois. Voici pourquoi.

Ici se place une curieuse anecdote, qui a son côté comique et aussi fort intéressant, pour se rendre compte du caractère des Suédois et de la conduite politique des Russes en général.

Tout le monde sait que la Finlande est soumise aux Russes depuis 1814; mais on sait aussi que par les mœurs, les lois et l'affection elle est restée suédoise. Quand on connaît la manière dont les Russes se comportent avec les pays conquis, il est facile de s'imaginer à quelles vexations peut être exposée une nation qui tient à son caractère et à sa langue, surtout lorsque le gouverneur général est le comte Berg.

J'ai eu l'occasion de me rencontrer avec le comte Berg lorsqu'il était gouverneur et vice-roi à Varsovie, car c'est la traduction exacte du mot Namiesnik par lequel on le désignait alors, dignité considérable, toute puissante puisqu'il n'y avait que trois Namiesnik en Russie et qu'il a été résolu qu'on n'en nommerait plus à l'avenir, c'est-à-dire que cette charge serait supprimée désormais. Le comte Berg donc était un autocrate d'une sévérité excessive, ne connaissant guère les demi-mesures; d'ailleurs les eût-il connues que son gouvernement ne lui aurait pas permis d'en user.

Il est très curieux, en effet, de comparer la politique Russe et la politique autrichienne à ce point de vue : ces deux nations agissent tout différemment avec les peuples conquis; l'Autriche leur laisse toute liberté; les Hongrois et les Polonais de la Galicie ont conservé leur langue, leur religion, leurs lois et leurs costumes. La Russie, au contraire supprime toujours la langue et le costume ; ainsi, fait aussi la Prusse dans le gouvernement de Posen.

Qui a raison? Au point de vue humain, il est certain que l'Autriche agit plus chrétiennement. Au point de vue des résultats, c'est autre chose. Étant admis ce principe qu'un pays conquis doit prendre le plus tôt possible la nationalité du vainqueur, le meilleur moyen de supprimer une patrie, c'est de lui ôter sa langue. Aussi combien reste-t-il de Polonais sincères dans le gouvernement de Posen? Ils parlent tous allemand et sont tous plus prussiens qu'un négociant de Berlin. A Varsovie, tout se russifie.

Il y a cependant toujours une petite partie de la population qui accepte moins facilement le joug de l'étranger; c'est la partie jeune; ce sont les étudiants dont l'exubérance de sève ne saurait garder la prudence des vieillards et dont la langue est toujours si près du cœur qu'elle a toutes les peines du monde à ne pas en traduire les impressions.

Un cercle d'étudiants avait résolu de fêter tous les ans une fois, avec une grande solennité, les anniversaires de tous, *en bloc*, pour ainsi dire. Ainsi fut fait. Malheureusement nos jeunes gens étaient à l'index depuis longtemps, et quoiqu'ils aient, paraît-il, fait preuve d'une grande prudence en cette occasion, on ne put croire à leur modération.

Voici d'ailleurs comment, très sincèrement, Nordenskiold raconte lui-même de quelle manière les choses se sont passées :

— « Quelque temps avant, Palmerston avait fait son fameux discours sur la prise des forteresses de la Baltique. Un de nous, K. Veterhof, fit une parodie de ce discours. On continua par des toast aux vins français, aux fruits de Crimée, aux sardines, etc... et le tout en pure plaisanterie. Nous avions tous été mêlés à des affaires cent fois plus graves, mais ce jour là les affaires se passaient en grand et ce fut notre tort. Nous avions un corps de musique finois qui accompagnait les toasts d'airs nationaux. Le chef de musique se crut obligé de faire un rapport à son chef : il déclara toutefois que tout s'était passé en pure plaisanterie. Le chef était vexé que nous n'eussions pas employé un corps de musique russe qui n'aurait rien compris à nos discours et aurait par conséquent rendu tout rapport impossible. Tout ce qu'il crut pouvoir faire pour nous fut de retarder l'envoi de cette accusation le plus longtemps possible. Il pensait qu'il nous serait ainsi permis d'arranger l'affaire. »

Malheureusement, avec le comte Berg et les antécédents de nos jeunes gens, il était bien difficile d'espérer une entente. En effet, les étudiants avaient fait quelque temps avant une exécution honorable pour eux, mais aussi fort désagréable pour le gouverneur général. Celui-ci avait eu l'idée malheureuse d'employer un jeune étudiant à espionner les auteurs des articles politiques envoyés de Stokolm aux journaux Suédois. On sut la chose et l'étudiant fut mis en demeure de quitter la ville.

Le comte Berg était entré dans une violente colère contre ceux qui avaient prononcé cet arrêt et il n'oublia point leurs noms. A propos du banquet de Tholo, il se vengea. Tous furent expulsés pour une année ; Nordenskiold reçut sa double révocation.

Il alla faire un tour à Berlin où il fit connaissance avec les savants les plus éminents de la ville ; puis il se prépara à faire un voyage en Europe aux frais du gouvernement ; mais il n'en avait pas fini avec le comte Berg.

La promotion de 1857 lui donnait le diplôme de maître et de docteur ; il eut l'imprudence de céder aux instances des membres de la fête et de prononcer un petit discours. Bien d'autres avaient déjà pris la parole avant lui, et toujours la patrie regrettée avait la plus grande part dans ces discours. Inutile de dire que celui de Nordenskiold n'était pas plus modéré que les autres.

Le comte Berg lut le discours et en fut indigné. Nordenskiold ayant tout à craindre passa en Suède avec un passeport périmé ; mais les employés ne s'en aperçurent pas. Il revint néanmoins en Finlande à la fin de l'automne de 1858, et sans être inquiété ; mais ayant obtenu la place de minéralogiste au muséum de l'Etat à Stockholm, il fut obligé de demander un nouveau passeport pour retourner en Suède.

On ne lui refusa pas le passeport, mais le comte Berg voulait exiger de Nordenskiold qu'il exprimât son repentir de son discours des promotions.

— Cela, je ne le ferai jamais, répondit-il.

— Alors, répliqua le comte Berg, vous aurez votre passe-port, Monsieur, mais vous pouvez en même temps dire un éternel adieu à la Finlande. Je me charge d'y veiller.

Et, en effet, tout le temps que M. Berg fut gouverneur général, Nordenskiold ne put jamais retourner en Finlande.

V

VOYAGES

Ici, nous abordons une phase vraiment curieuse de la vie de Nordenskiold et pleine d'enseignements pour notre génération. Il est à l'âge où, quelque soit l'amour que l'on ait pour l'étude, les plaisirs y ont d'habitude une grande part. Pour lui, il n'en est rien : l'éducation toute scientifique qu'il a reçue absorbe en lui toutes les facultés et il ne saurait concevoir une autre existence que celle sacrifiée à la science et aux voyages de découvertes.

Pour des raisons politiques, on lui refusa la chaire de minéralogie et de géologie à l'université de Helsingfors, mais il s'en consola facilement en se livrant à des recherches minéralogiques dans plusieurs parties de la Suède ; il était marié depuis 1857.

A cette époque, on ne connaissait encore que fort imparfaitement la situation exacte et le relief des côtes du Spitzberg : cette contrée mystérieuse, composée de trois îles principales, la nouvelle Friesland, la terre du Sud-Est et la terre du Nord-Est, est située par 76° à 80° de latitude nord, au Nord-Est du Groënland. C'est environ 150 lieues plus haut que la Laponie. Ces îles furent découvertes en 1563 par le navigateur anglais Willoughby ; le nom de Spitzberg, de l'allemand *Spitz*, pointe, et *Berg*, montagne, à cause des collines droites et aigües dont ces îles sont remplies, leur fut donné en 1595 par deux Hollandais, Cornélius et Barentz. Elles furent décrites assez exactement en 1773 par un navigateur anglais Phipps. Mais il était réservé à M. Nordenskiold d'éclairer ces découvertes d'un nouveau jour, et de poser ainsi les premières bases de la connaissance exacte des régions polaires.

C'est un singulier spectacle pour un européen que celui de ces régions grandioses, mais singulièrement tristes qui avoisinent le pôle et semblent placées là comme les avant-postes de ce point inexploré vers lequel tant de courageux navigateurs se sont portés, entraînés par une invincible curiosité et où la plupart se sont brisés, laissant leur œuvre inachevée ! Chacun d'eux pourtant n'a pas disparu sans laisser derrière lui quelques documents nouveaux, quelque nouvelle découverte, qui faisait au moins faire un pas de plus à la science à laquelle ils s'étaient sacrifiés.

Des côtes singulièrement découpées et formant un grand nombre de baies où croissent des algues d'une dimension prodigieuse, et par de là, de hautes montagnes couronnées de neiges perpétuelles brillant du pâle éclat de la pleine lune ; parfois au milieu de cette lueur blafarde des places rouges comme du feu, ce sont des roches de granit qui tranchent violemment sur la couleur blanche des collines ; pendant la nuit de six mois, d'octobre à mars, le ciel s'illumine fréquemment de magnifiques aurores boréales qui n'ajoutent au tableau qu'une splendeur de plus, mais aucune gaieté dans ce silence morne et froid des régions polaires.

Vers la fin de mars, lorsque le soleil reparaît, tout semble renaître à la chaleur de ses rayons ; la végétation cependant ne fournit qu'un petit nombre d'espèces, les renoncules, les joubarbes, les coquelicots. Les algues atteignent jusqu'à deux cents pieds de longueur. Les phoques, les morses, les baleines, et aussi les ours blancs paraissent ; puis octobre arrive et tout retombe dans la nuit. Les animaux émigrent vers des terres inconnues, en Asie, en Amérique ; la végétation cesse, et pendant six mois encore les aurores boréales seules viendront éclairer ces coutrées désolées, fréquentées seulement par les pêcheurs de baleines et de chiens marins.

Ce fut donc vers 1858 que Nordenskiold fut prié de faire partie de la première expédition de Toull au Spitzberg avec le professeur Iven Loven ; on visita la côte occidentale et l'on fit, dit-il lui-même, de riches collections botaniques, zoologiques et géologiques.

Nommé professeur et intendant du musée minéralogique de l'Etat après son premier voyage dans les mers arctiques, il retourna en Suède ; de 1858 à 1861 il partagea son temps entre les soins assidus qu'il donnait au musée, des recherches scientifiques et de nombreuses excursions dans la Norwège méridionale.

Là se place cette nouvelle expédition au Spitzberg qui donna un nouvel éclat au nom de Nordenskiold. Cette expédition avait pour but de compléter celle de Toull de 1861 où l'on n'avait réussi, pour la déterminatien d'un arc de méridien, qu'à opérer la partie nord de la triangulation. Nordenskiold et M. Duner de Sund réussirent pleinement pour la partie sud. Mais nos explorateurs n'étaient pas gens à se renfermer strictement dans le seul but de leur expédition ; ils en profitèrent pour relever une carte exacte du Spitzberg qui fut présentée à l'Académie de Stockolm en 1866. Il leur fallut deux voyages consécutifs au pôle nord pour mener à bonne fin cette entreprise et ne reculèrent devant aucun danger pour avoir des données géographiques précises. La hauteur des montagnes fut mesurée à l'aide d'instruments, les pics les moins accessibles furent escaladés au péril de leur vie. C'est ainsi qu'ils arrivèrent à évaluer que le Lindstrom, pic culminant de la chaîne de montagnes, était élevé de mille mètres, et que la limite inférieure des neiges était à 457 mètres.

En 1867, Nordenskiold vint à Paris visiter cette exposition splendide où tous les rois vinrent se réunir et admirer toutes ces richesses de la civilisation française qui n'éblouissaient cependant que quelques-uns d'entre eux et dont plus d'un connaissaient à fond et mieux que nous le faux éclat !

En Suède, on ne songeait plus alors à faire de nouvelles expéditions au pôle Nord, quoique Nordenskiold affirmât qu'il était possible d'atteindre une très haute latitude tout en complétant les données que l'on avait déjà sur le Spitzberg. Ce ne fut que grâce aux libéralités de personnes influentes que l'expédition fut décidée et on atteignit en effet le 80° nord ! Et nous aurions pu aller plus loin, s'écrie Nordenskiold, si une tempête ne nous avait forcés à rebrousser chemin et à retourner à notre port pour réparer nos avaries !

Toujours ce terrible *si* de tous les explorateurs ! Nous aurions *certainement* fait ceci et cela, si une circonstance fortuite, due au hasard

Voyage en traîneau.

seul, ne nous avait arrêtés ! Mais cette circonstance ne saurait se répéter, et nous arriverons fatalement ! Et les voilà repartis pleins d'espoir, confiants dans leur force et leur persévérante énergie ! Hélas ! c'est un autre obstacle qui se présente, où ils tombent souvent pour ne plus se relever. Mais on trouve toujours une cause à leur désastre, et d'autres, persuadés que cette cause pourra être évitée, reprennent la route glorieuse de leurs devanciers et vont de nouveau se heurter à des hasards que l'on n'avait pas prévus !

Un nouveau voyage fut entrepris ; cette fois l'on pensait continuer son voyage au-delà du Spitzberg, en traîneaux, avec des chiens ou des rennes ; cette fois encore la tempête, un hivernage forcé dans les glaces, contraignit les explorateurs au retour.

En 1875, Nordenskiold fit un voyage à la mer de Kara et ce fut là qu'il fit un premier pas vers la découverte du passage du Nord-Ouest. Il ouvrit une route toute nouvelle jusqu'à l'embouchure de l'Iénisséi. Ce magnifique résultat remplit l'Europe d'enthousiasme et en 1877, il fut chargé de conduire jusqu'à l'Iénisséi le bateau à vapeur *le Fraser* pour le compte de M. Sibériakoff. C'est cette nouvelle expédition qui conduisit M. Nordenskiold à la découverte merveilleuse qui rendit son nom célèbre dans tout le monde civilisé.

VI

PLAN DE L'EXPÉDITION

Nous avons dit au commencement de ce résumé que M. Nordenskiold avait, pour ainsi dire, prédit la marche de son expédition telle qu'elle s'était réalisée. Il va vous être facile de vous en assurer.

Dans le rapport adressé au gouvernement suédois, M. Nordenskiold fait remarquer avec raison que le voyage qu'il est sur le point d'entreprendre est un des plus importants que l'on ait faits depuis le capitaine Cook. Il est étonnant, en effet, que toute la partie de l'Océan arctique, comprise entre l'embouchure de l'Iénisséi jusqu'au détroit de Berhing, soit restée inexplorée jusqu'à ce jour ; jamais cet immense espace n'a été sillonné par un bateau à vapeur ; les côtes seules ont été parcourues quelquefois par des embarcations sans importance, et il y a bien longtemps d'ailleurs que de semblables voyages côtiers n'ont été entrepris. Il y avait donc là, pour l'esprit si actif de M. Nordenskiold, un vaste champ de découvertes qui était fait pour le séduire.

« Le port suédois d'où partira l'expédition sera probablement Gothembourg. L'époque du départ est fixée au commencement de juillet 1878. La première partie de la route se fera par les côtes occidentales de la Nrowége, le cap Nord et l'embouchure de la mer Blanche, jusqu'au détroit de Matotschkin en Nouvelle-Zemble. »

C'est ainsi que le chemin est tracé pour la première partie de l'expétion. Voyons donc géographiquement la situation de ces différents points.

Gothembourg est située sur le Cattégat, à l'embouchure de la Gotha : c'est la seconde ville de la Suède ; elle est mise en communication avec la plupart des villes de la Suède par de nombreux paquebots à vapeur, et c'est son importance maritime qui la faisait choisir pour point de départ d'une expédition arctique. De ce port, la traversée se faisait sans aucune difficulté le long de la côte occidentale par des routes tracées depuis longtemps et continuellement sillonnées de navires. Ce n'est qu'à partir du cap Nord que commençaient les difficultés de la navigation et surtout après la presqu'île de Kola. Aujourd'hui la Nouvelle-Zemble est suffisamment connue, mais autrefois, alors que l'on ignorait l'époque favorable à la navigation, il fallut bien des voyages et bien des désastres pour arriver à faire sans danger une excursion sur ces mers.

Si l'on veut explorer la partie orientale de la Nouvelle-Zemble, il faut prendre l'époque la plus favorable où la navigation ne peut pas être arrêtée par les glaces ou l'absence de ports convenables. Le chemin par le nord n'est ouvert qu'au commencement de septembre, le détroit de Matotschkin seul offre plus de sûreté, parce qu'il est libre dans la dernière moitié de juillet, qu'il est moins encombré de glaces flottantes que les passages et qu'il a de bons ports à son embouchure orientale. Ce fut cette route que Nordenskiold désigna comme étant la plus sûre.

De 1734 à 1743, les Russes firent un très grand nombre de voyages, de découvertes le long des côtes septentrionales de la Sibérie. Mais ils étaient trop mal outillés pour arriver à des résultats pouvant être utiles aux générations suivantes. Leurs bateaux n'étaient que de petites embarcations, le plus souvent construites en planches réunies par des liens d'osier trop fragiles pour résister à la glace, et incapables de tenir le large dans une tempête. En conséquence ces parages sont restés peu connus et l'on n'avait pas encore de données suffisantes sur l'hydrographie des parages entre l'embouchure du Iénisséi et le cap Tscheljuskin. Néanmoins, Nordenskiold supposait qu'avec les ressources dont on dispose aujourd'hui, avec des bateaux à vapeur convenablement équipés, il serait facile de dépasser même le point extrême des expéditions russes.

Nordenskiold passa alors en revue les différentes expéditions qui ont été faites dans ces parages en deçà et au delà du cap Tscheljuskin. Nous ne pouvons faire mieux que de lui laisser la parole :

— « On ne connait, au reste, que trois expéditions maritimes, ou pour mieux dire, côtières dans cette partie de la mer Kara, toutes les trois sous la direction des contre-maîtres Minin et Sterlegoff. La première eut lieu en 1738, sur un sloop double mesurant une longueur de 70 pieds, une largeur de 17 pieds et ayant un tirant d'eau de 7 pieds et demi, construit à Tobolsk, et conduit à Iénisséï, par le lieutenant Ouzyn. Avec ce navire, Ninin descendit le Iénisséï, jusqu'au 72° 53' de latitude nord. Il envoya de là une péniche vers le nord, mais elle dut, par suite du manque de vivres, rebrousser chemin avant d'être parvenue au point de l'embouchure du Iénisséï, auquel j'ai donné le nom de port Dickson. L'année suivante eut lieu une nouvelle tentative, dans laquelle on ne dépassa pas, toutefois, le point d'arrivée de l'été précédent. Enfin, l'on réussit la troisième année à atteindre, avec le sloop, 75° 15' de lattitude nord, après avoir été exposé à de grands périls par une tempête, à l'embouchure même du fleuve. Le 2 septembre, précisément à l'époque la plus favorable à la navigation dans ces parages, on s'en retourna « parce que la saison était trop avancée.

» On possède encore deux données, fondées sur des observations *de visu*, relativement à la condition des glaces de cette côte. Lors de son célèbre voyage d'exploration dans la Sibérie septentrionale, l'académicien Middendorff atteignit, le 25 août 1843, par les voies de terre, les côtes de la mer, au golfe de Taïmour, sous le 75° 40' de latitude nord, et trouva la mer ouverte aussi loin que la vue pouvait s'étendre des hauteurs dominant le rivage. Middendorff raconte, en outre, d'après la Jakunte Fomin, qui avait passé un hiver au golfe de Taïmour, que la glace se détache de la terre dès la première moitié du mois d'août, et que les vents du sud la poussent au large, pas assez loin, toutefois, pour que le bord n'en soit visible des hauteurs qui longent la côte.

» La terre entre Taïmour et le cap a été relevée en 1742 par le contre-maître Tscheljuskin, au moyen de courses en traîneau. Il est parfaitement acquis à l'heure actuelle qu'il découvrit, en mai de la même année, la pointe la plus septentrionale de l'Asie. Alors la mer était naturellement recouverte de glace, et il n'existe aucune observation sur la condition de la glace durant l'été et l'automne dans les parages immédiatement à l'ouest du cap Tscheljuskin. Nous possédons heureusement deux données précieuses, tout indirectes qu'elles soient, sur la navigabilité de cette mer dans la saison d'automne. Le 1er septembre

1736, Prontschischeff fut près d'atteindre dans des eaux ouvertes, sur des navires côtiers venant de l'est, le cap Tscheljuskin, que l'on place généralement sous 7° 34' de latitude nord et 105° de longitude est, et des baleiniers norvégiens ont, à plusieurs reprises, navigué, pendant l'automne, à l'est de la pointe septentrionale de la Nouvelle-Zemble (77° latitude et 68° longitude est) sans rencontrer de glace.

« Il résulte évidemment de ce qui précède, que nous n'avons pas jusqu'ici une connaissance complète, basée sur des observations effectives, de l'hydrographie de la côte qui s'étend du Janisséï au cap Tscheljuskin. Je considère, toutefois, que dès le mois de septembre, et peut-être déjà dans la dernière partie d'août, on peut s'attendre à trouver ici une mer libre ou tout au moins un large chenal ouvert, le long de la côte, par des masses considérables d'eau fortement échauffée pendant le mois d'août, qu'apportent sur ce point des côtes sibériennes les fleuves descendant des steppes de la haute Asie, l'Obi, l'Irtisk et le Jenisséï, tirant leurs eaux d'un bassin supérieur à celui de tous les fleuves réunis qui se jettent dans la Méditerranée, et la mer Noire. »

A l'est du cap Tscheljuskin, Nordenskiold se reporte de nouveau aux expéditions russes, tout en reconnaissant que les résultats en ont été peu importants par suite de l'insuffisance de leur gréement. Il en fait le dénombrement suivant :

1° Première expédition, partie en 1735, sous le commandement du lieutenant de navire Prontschischeff. — Du 12 août au 1er septembre, ce voyageur franchit la distance entre l'embouchure de la Léna et le cap Tscheljuskin, puis fut obligé de rétrograder par les masses de glaces.

2° Deuxième expédition, en 1739, sous le commandement du lieutenant de marine Chariton Lapteff, de la Léna, au cap Thaddœus; le navire fut écrasé par les glaces, et l'équipage n'atteignit qu'à grande peine l'hivernage du golfe Khatanga.

3° Voyage fait par mer, en 1648, par trois vaisseaux russes, dont un est parvenu jusqu'au Kamtschatka, mais dont on ignore malheureusement les détails. M. Nordenskiold fait observer avec raison que les renseignements circonstanciés que nous avons pu recevoir sur ces expéditions ne sont dus qu'à des sinistres considérables ou à des contestations intervenues entre les membres de l'expédition.

4° Voyage de Staduchin, en 1649, de Kolyma jusqu'aux environs de Tchutskojnos.

« Si toutes ces tentatives faites pour pénétrer par mer des côtes de la Sibérie vers le nord n'eurent pas le succès désiré, dit Nordenskiold, il n'y a rien là qui doive surprendre. Une mer ouverte était tout aussi dangereuse qu'une mer remplie de glaces, pour les mauvais navires dont disposaient les hardis navigateurs sibériens. Si le navire était écrasé par les glaces, on pouvait se sauver sur elles dans la plupart des cas, et l'on n'avait alors à lutter que contre la faim, le froid et d'autres difficultés auxquelles la majeure partie de l'équipage était accoutumée dès l'enfance. Dans une mer ouverte, au contraire, la frêle embarcation, mal construite, calfatée d'un mélange d'argile et de mousse, à planches réunies par des osiers, faisait eau par une mer insignifiante, et dans une grosse mer elle était perdue sans ressources, si elle ne pouvait atteindre promptement un port de refuge. »

Il arrive alors ce qui devait fatalement arriver avec les Russes du nord de la Sibérie dont je connais fort bien les mœurs ; je dirai même ce qui aurait dû arriver beaucoup plus tôt, étant donné leurs habitudes. Qui ne connaît ces véhicules primitifs sur lesquels les Russes parcourent la Néva, le Volga, l'Oural en hiver ? Une boîte carrée dans laquelle on jette quelques bottes de foin, un attelage de chevaux ou de rennes, et ils dévorent l'espace, insensibles au froid, insoucieux du plus ou moins d'épaisseur de la glace. On se dégoûte vite des voyages par mer à travers les masses flottantes, luttes incessantes contre des courants inconnus, et l'on s'en va en traîneaux à la découverte des mondes inconnus, des défenses de mammouth, des os de rhinocéros, de mouton, de cheval, etc. ; c'est ainsi que furent découvertes les îles de la *Nouvelle Sibérie*.

5° L'expédition du lieutenant Lassénius, de l'embouchure de la Léna, vers l'est. Lassénius et cinquante-deux hommes y périrent du scorbut.

6° L'expédition du lieutenant Dmitri Lapteff arrêtée par les glaces flottantes (1736).

Enfin, Nordenskiold passe en revue les expéditions qui ont été tentées du détroit de Béhring vers l'ouest ; elles arrivent toutes à ce résultat que leur non-réussite a toujours dépendu de l'insuffisance des moyens de navigation et surtout de l'ignorance complète des époques où les passages étaient praticables.

C'est, en effet, dans la combinaison des époques que Nordenskiold a pu prévoir la possibilité d'une navigation sûre et continue de la mer de Kara au détroit de Behring, et qu'il a pu établir des données certaines sur le parcours de ces parages explorés jusqu'alors par portions, mais sans indications positives.

M. Nordenskiold conclut :

« Que l'Océan, au nord de la Sibérie, n'a jamais été parcouru par aucun navire réellement en état de tenir la mer, et encore moins par un vapeur équipé spécialement en vue de la navigation au milieu des glaces flottantes ;

» Que les petits navires avec lesquels on a essayé de parcourir cette partie de l'Océan n'ont jamais osé s'aventurer à une bien grande distance de la côte ;

» Qu'ils ont presque toujours cherché un port d'hiver précisément à l'époque de l'année où la mer est le plus libre de glace, c'est-à-dire à la fin de l'été ou en automne ;

» Que, toutefois, la mer qui s'étend du cap Tscheljuskin au détroit de Behring, a été souvent parcourue, si même personne n'a réussi à faire ce parcours en une seule fois ;

» Que la glace formée en hiver le long de la côte, sans toutefois s'étendre au large, se brise chaque été pour donner naissance à de vastes champs de glace flottante, qui tantôt sont chassés vers la côte par les vents du nord, tantôt sont refoulés au large par ceux du sud, d'où il semble probable que la mer de Sibérie est séparée de la mer polaire proprement dite par une série d'îles, desquelles on ne connaît actuellement que la terre de Wrangel et les grandes îles que forme l'archipel de la Nouvelle Sibérie. »

Cette sorte de cordon d'îles formant entre la côte sibérienne et lui une espèce de passage que Nordenskiold se proposait, pour ainsi dire d'ausculter, est une idée toute nouvelle, simple comme l'œuf de Christophe Colomb, mais aussi hardie, et telle que les génies de cette trempe peuvent seuls en trouver.

VII

CHABAROVA ET LE CAP TCHÉLIOUCHKINE.

« Les explorations arctiques de la Suède, dit M. Nordenskiold dans son mémoire au gouvernement de Suède et de Norwège, ont acquis une importance essentiellement nationale. Elles ont servi d'école pratique à plus de trente naturalistes suédois, enrichi les musées nationaux, recueilli des matériaux nouveaux pour la météorologie et l'hydrographie, fourni des renseignements précieux sur la chasse des phoques et des morses, signalé aux pêcheurs les richesses en poissons des parages du Spitzberg, découvert dans ce dernier archipel et dans l'île de l'Ours, des gisements de charbon et de phosphates, qui seront un jour d'une valeur considérable pour les pays voisins ; enfin, elles ont amené l'ouverture de communications maritimes entre l'Europe et deux des plus grands fleuves de la Sibérie, l'Obi et l'Iénisséï ; de si heureux résultats ne peuvent qu'engager d'aussi belles entreprises.

» Telles sont les considérations qui justifient l'organisation d'une expédition appuyée de toutes les ressources scientifiques et nautiques de notre époque, dans le but d'explorer la géographie, l'hydrographie, et l'histoire naturelle des mers arctiques entre l'Iénisséï et le détroit de Berhing. »

Ici nous nous permettrons d'emprunter à M. Ch. Hertz des détails fort intéressants sur la construction du vaisseau *la Vega* destiné à faire le parcours de la mer de Kara au détroit de Behring.

« Il est certain que s'il n'avait pas fourni de preuves aussi brillantes de la netteté de ses vues et de la promptitude avec laquelle il les exécutait, le savant suédois n'aurait recueilli, en fait de souscriptions, que la risée universelle; mais M. Dickson était toujours là, et le roi de Suède, ainsi qu'un riche négociant d'Irkoutsk, M. Sibiriakoff, voulurent, eux aussi, contribuer aux frais de la campagne.

» M. Oscar Dickson fit à Brême l'acquisition d'un solide steamer de cinq cents tonneaux, mesurant 40 mètres de longueur moyenne, 8 mètres de largeur et 4 mètres 6 c. de tirant d'eau.

» Ce bâtiment, qui reçut le nom de *la Véga*, étoile de première grandeur de la constellation de la lyre, était un navire déjà éprouvé. Il avait été construit à Gothenbourg par une compagnie d'armateurs, en vue de donner la chasse aux baleines dans les glaces arctiques.

» Pour parer aux terribles chocs qu'il avait à subir et même aux efforts qu'il avait à faire pour fendre la banquise quand elle n'offre pas une résistance invincible, le navire présentait une quille beaucoup plus épaisse que les bâtiments du même tonnage. Les parties exposées aux plus forts assauts étaient en quelque sorte pleines, tant on y avait multiplié les étais et les contreforts.

» Dans la construction de la quille, du tour de proue, de la poupe, on n'avait employé que du chêne de la Scanie, le plus apprécié pour la solidité dans les constructions navales.

» Le bordage, au contraire, avait été fait de chêne du nord de la Scandinavie. Ce bois, moins robuste que l'autre, a l'avantage d'être plus flexible et plus élastique. Le bordage extérieur était doublé sur toutes les parties vitales du navire.

» Lorsque le bâtiment fut acheté par M. Oscar Dickson, il était comme abandonné depuis quelque temps dans le port de Gothenbourg, non qu'il eût rien perdu de sa solidité, mais parce que ses armateurs n'étaient pas d'accord sur la nouvelle destination à lui donner. Il n'avait encore fait que quatre campagnes, chacune des plus fructueuses, puisqu'elles payèrent tous les frais de construction et permirent à ses armateurs de toucher un dividende considérable.

» Aussitôt qu'il fut devenu la propriété de M. Oscar Dickson, celui-ci l'envoya dans l'arsenal de Carlscrona où il fut immédiatement éprouvé, réparé et augmenté de tous les renforts accessoires qui devaient ajouter à sa solidité.

» On avait d'abord songé à blinder la Véga avec des lames d'acier qui recouvriraient la ligne de flottaison ; mais, de peur de la rendre trop lourde et d'augmenter encore le tirant d'eau déjà considérable par suite du doublage original de la quille, on se borna à revêtir cette partie des flancs du navire de deux autres bordages en chêne très fort. La proue seule a été blindée.

» Le long du taille-mer on a d'abord fixé, au moyen de boulons très solides, une barre de fer qui se prolonge en arc de cercle jusque sous la quille. Sur cette barre, ont été juxtaposées des bandes de fer horizontales qui embrassent la barre et remontent jusqu'au bord extérieur du tour de la proue. L'épaisseur de ces barres varie entre 1 et 3 centimètres, la plus forte épaisseur correspondant à la ligne de flottaison. Ce fut à peu près toutes les réparations et additions qui furent effectuées à l'extérieur du bâtiment.

» Il n'en était pas de même de l'intérieur, primitivement aménagé pour recevoir le plus fort chargement possible d'huile de baleine. Tout était à refaire, et M. Dickson n'épargna aucune dépense pour cet intérieur fût aussi sain et aussi confortable que possible.

» Les logements de l'état-major furent construits sur le château d'arrière ; ceux de l'équipage et des sous-officiers, avec une chambrette complémentaire, furent établis sur le château d'avant.

» La chambre commune affectée à l'équipage a 7 mètres de long, et elle est aussi large qu'à la ligne de flottaison, c'est-à-dire autant que la plus grande largeur du navire, soit 8 mètres. Chaque matelot y a sa couchette et son coffre dans lequel il peut serrer ses effets.

» A l'arrière, se trouvent deux petits carrés dont les portes donnent sur la chambre commune, avec laquelle ils communiquent encore par de petites fenêtres grillées. Dans celui de gauche sont logés deux mécaniciens et le maître d'hôtel ; dans celui de droite, deux officiers et deux membres du personnel scientifique de l'expédition. Ces aménagements ont été distribués de telle sorte que le calorifère et les bouches de chaleur prises dans le fourneau de la cuisine servent non seulement à chauffer la chambre commune, mais aussi les deux carrés.

» Sur le château d'arrière, plus vaste, mais plus exposé à l'humidité, se trouve le carré des savants et des officiers, avec sept cabines. Ici, les dispositions ont été ingénieuses et conformes aux exigences qu'a révélées la longue pratique des expéditions polaires. L'escalier a été séparé du corps d'habitation et isolé dans une chambrette où, avant d'entrer dans le carré qui sert de salon, de salle à manger, de salle de travail, sont dépouillés les vêtements extérieurs, mouillés par la pluie ou la neige, ou simplement rendus humides par les embruns et par la brume. L'humidité est, en effet, la principale cause du scorbut. De cette chambrette, un petit corridor conduit dans le grand carré sur lequel s'ouvrent toutes les cabines.

» Dans les logements de l'avant comme dans ceux de l'arrière, on a fait en sorte de dissimuler toute surface métallique, car les métaux sont autant de condensateurs de l'humidité. Leur température, toujours plus

Dans les glaces.

basse que celle de l'air ambiant, fait qu'à leur contact les vapeurs se transforment en eau. Or, la respiration, l'évaporation des mets chauds, l'humidité qui persiste souvent dans les vêtements engendrent ces vapeurs en abondance dans les régions arctiques. Toutes les colonnes et les plaques en métal ont donc été recouvertes d'une forte couche de feutre sur laquelle on a appliqué un revêtement en feuilles de bois tendre, enduites de goudron sur leurs faces intérieures.

» En outre, les parois internes des carrés et des cabines ont été revêtues d'une épaisse couche de feutre bitumé, avec un revêtement de feuilles de sapin. Ce revêtement ne s'applique pas immédiatement au feutre, mais il laisse un léger intervalle de quelques centimètres dans lequel circule l'air chaud. Le calorifère d'arrière est aussi plus puissant, car la cuisine des officiers, aussi bien que celle des matelots, se trouve sur l'avant.

» Un couloir intérieur conduit du carré des officiers à celui de l'équipage. Il est assez large pour que l'on ait pu y emmagasiner quelques objets de rechange au nombre desquels figurent un gouvernail et une hélice.

» La machine et la chaudière occupent presque un tiers de la cale. La machine à cylindres verticaux est du système *compound*. En temps ordinaire, elle est d'une force de soixante chevaux, mais elle peut développer une force quintuple suivant les circonstances. La vitesse moyenne du navire est de six nœuds (plus de 11 kilom.) à l'heure, avec une consommation de 500 grammes par heure et par cheval-vapeur. La chaudière est cylindrique, tubulaire, à retour de flamme, et munie de deux fourneaux.

» La quantité de charbon que porte la *Véga*, dit un des membres de l'expédition, le lieutenant Bove, de qui l'on tient ces détails intéressants, est plus que suffisante pour un parcours de 1,100 kilomètres. C'est beaucoup plus qu'il n'en faut pour aller de Tromsoë, en Norwège, à Pétropaulowsk, dans le Kamtchatka, et on peut en réduire la consommation chaque fois que le temps est favorable. Or, la *Véga* a été munie de trois mâts, dont deux à vergues. Tout le gréement est sorti entièrement neuf du chantier de Carlserona. Enfin, le navire est pourvu de quatre chaloupes et d'une embarcation à vapeur très solide.

» L'approvisionnement des vivres a été fait pour deux ans.

» Toutes ces dispositions ont été prises par M. Dickson et exécutées à ses frais. Rien n'a été négligé. La *Véga* est le modèle accompli des navires polaires, et c'est la raison qui nous a fait nous attarder à cette description.

» Afin de maintenir jusqu'à la dernière heure l'intégrité des approvisionnements en charbon, un voilier de 500 tonneaux, l'*Express*, équipé à Londres, devait naviguer de conserve avec un chargement de charbon, et être remorqué par un petit steamer, le *Frazer*. Un bâtiment à vapeur, en acier Bessemer, la *Léna*, devait, en outre, naviguer avec la Véga jusqu'aux bouches du fleuve dont il portait le nom. Il était destiné à apporter un chargement de marchandises d'Europe dans le cœur même de la Sibérie.

» Les trois navires qui devaient escorter la *Véga* étaient équipés aux frais de M. Sibiriakoff. Le *Frazer* et l'*Express* quitteraient l'expédition à l'Yénisséï pour prendre chargement de marchandises sibériennes. La *Léna* devait remonter jusqu'à Yakoutsk ; elle avait pour commandant le capitaine Johannesen.

» M. Nordenskiold voulut que le commandement immédiat de la *Véga* fût confié à son fidèle compagnon, le lieutenant de la marine royale,

Palander, officier éprouvé, qui s'adjoignit un de ses collègues, M. Brucewitz, comme second. L'expédition scientifique était composée des docteurs Kjellmann, botaniste, Stuxberg, zoologiste, Almqvist, médecin. On admit la collaboration du lieutenant Giacomo Bove, de la marine italienne, du lieutenant Hofgaard, de la marine danoise, d'un jeune officier finlandais, M. Nordqvist; on aurait sans doute admis avec joie un officier de la marine française, mais il ne se présenta aucun candidat autorisé. » (1)

Le détroit de Saint-Mathieu avait été désigné par Nordenskiold comme le chemin le plus praticable en cette saison; mais comme il n'était libre de glaces qu'à la fin de juillet, et que le 31 la *Léna* vint jeter l'ancre à côté des autres navires qui étaient arrivés avant elle, les compagnons de Nordenskiold tâchèrent d'employer le plus utilement possible les quelques jours qu'ils avaient à passer dans ces parages; le docteur Stuxberg alla étudier la faune du détroit; le docteur Kjellmann enrichit ses collections pour servir à une histoire approfondie de la flore antique; le lieutenant Nordqvist chercha des insectes, le lieutenant Palander fit des essais photographiques; M. Hofgaard mit à l'épreuve ses instruments magnétiques, tandis que le docteur Almqvist s'occupait spécialement du sens de la vue chez les Samoyèdes.

Ils étaient alors au village de Chabarova; il y avait là bien des légendes sur les vieilles idoles samoyèdes, et nos voyageurs ne voulaient pas quitter le pays sans emporter quelque chose du culte des vieilles croyances samoyèdes. La chose était difficile; ces vieux fétiches étaient gardés précieusement par les indigènes, et ce fut à grande peine que Nordenskiold obtint de quelque vieille femme des idoles gardées avec soin dans un sac : les unes consistaient uniquement en une pierre enveloppée de chiffons, d'autres étaient de simples poupées de bois dont une plaque de cuivre formait le visage. Ces dernières étaient déjà un indice de ce mélange forcé du culte des vaincus avec celui des vainqueurs; car tout le monde sait que la plupart des images russes (*ikoné*) sont de cuivre, et que quelques parties du visage et les mains sont peintes.

Cette île de Vaïgatch, si riche en souvenirs de la vieille religion Samoyède, intéressait au plus haut point nos explorateurs. Nous trouvons dans la relation de Nordenskiold une autre bien curieuse description d'un des autels de cette île :

« Cet autel de l'île de Vaïgatch est situé sur un promontoire qui s'avance dans l'entrée occidentale du Yougor. Le cap se compose d'un plateau calcaire silurien, couvert çà et là de gravier et de terre, mais néanmoins paré, pendant quelques semaines de l'année, d'une richesse extraordinaire de fleurs d'espèces et de couleurs différentes. Le plateau se termine par des falaises calcaires que la gelée ou la débâcle au printemps ont creusées en quelques endroits, de manière à former de belles grottes. La plus grande de ces cavernes est regardée comme sacrée par les indigènes, qui y avaient primitivement élevé leur autel; mais un archimandrite, prêtre zélé, l'a détruit il y a quelque trente ans, et aujourd'hui l'endroit, purifié par l'eau et par le feu, n'est plus indiqué que par une croix grecque. Alentour, cependant, le sol est jonché de débris d'ossements des victimes, et on peut encore y remarquer çà et là un morceau de fer brûlé et rouillé qui fut apparemment sacrifié aux dieux samoyèdes avec la proie du chasseur. Les indigènes ont laissé la croix intacte, mais, en revanche ils se sont choisi un autre autel dans le voisinage.

» Là, une quantité de bois de rennes, encore fixés sur leur os frontal, se dressaient sur une éminence du sol relevé de trois à quatre pieds. Entre ces ramures se trouvaient insérées des baguettes dans lesquelles d'autres cornes de renne étaient fichées en passant par un trou quadrangulaire percé dans l'os frontal. Un grand nombre d'autres ossements provenant surtout de rennes et d'ours, étaient aussi amoncelés en cet endroit, entre autres le crâne et les pattes d'un ours récemment abattu; à côté, sur une pierre, on voyait deux balles de plomb, évidemment celles qui lui avaient donné la mort. En outre, il y avait par terre une foule d'autres objets sacrifiés aux idoles, tels que de la ferraille, des débris de haches hors de service, un bout d'une espèce de flûte, etc. Sur le côté sud-ouest du tertre, on voyait dressées un grand nombre de petites images de bois, toutes pourvues de grossières sculptures qui devaient représenter les yeux, le nez et la bouche. Tout auprès, on remarquait les traces du foyer où se préparaient les repas de sacrifices.

» Notre guide nous raconta qu'en sacrifiant aux dieux, les Samoyèdes leur faisaient non seulement goûter du sang des victimes, mais encore que, lorsqu'ils en avaient les moyens et qu'ils voulaient se mettre bien avec eux, ils leur versaient de l'eau dans la bouche. »

En sortant de l'île de Vaïgatch, le 1er août, les navires entrèrent dans la mer de Kara, et on avait l'espoir d'arriver jusqu'à l'Iénisséï, sans rencontrer de glaçons; mais la température changea subitement, quelques glaces flottantes se montrèrent bientôt sans entraver aucunement la marche des navigateurs, et de nouveau tous les navires se trouvèrent réunis dans le même port, au port *Dickson*, baptisé ainsi par Nordenskiold lui-même.

C'est à partir de ce point que les explorateurs entraient dans l'inconnu ; on n'avait, en effet, jusque-là que des données peu certaines ; elles remontaient trop haut pour offrir des garanties à une expédition tout autrement équipée. Minine et Sterligof avaient fait trois tentatives qui n'avaient pas abouti. En 1843, Middendorf, au golfe de Taïmour, avait trouvé la mer ouverte aussi loin que le regard pouvait s'étendre des hauteurs du rivage. Prontchitchef était arrivé à peu de distance du cap Tchéliouskine... et tous avaient craint de poursuivre leur route sous différents prétextes.

M. Nordenskiold pensait que ces prétextes étaient pour lui des éléments de succès.

« Je considérais, dit-il, que dès le mois de septembre et peut-être déjà dans la dernière partie d'août, on peut s'attendre à trouver ici une mer libre, ou tout au moins un large chenal ouvert le long de la côte par des masses considérables d'eau, fortement échauffée pendant le mois d'août, qu'apportent sur ce point des terres sibériennes, les fleuves qui ont sillonné les steppes de la haute Asie, l'Obi, l'Irtich et l'Iénisséi, tirant leurs eaux d'un bassin supérieur à celui de tous les fleuves réunis qui se jettent dans la Méditerranée et la mer Noire. Ce courant du sud, qui s'étale vers le nord produit les deux phénomènes ordinaires : d'un côté, un sous-courant froid que les tempêtes mêlent à l'eau de la superficie en la refroidissant, de l'autre côté, un contre-courant froid charriant les glaces flottantes détachées du bassin polaire. »

M. Nordenskiold avait raison : la *Véga* et la *Léna* levèrent l'ancre pour se diriger vers les îles Rocheuses situées en face du golfe que forme la Piacina en se jetant dans la mer. Le temps était sombre, un fort brouillard gênait la marche des navigateurs, obligés de chercher leur route à travers une forêt d'îles non marquées sur la carte.

On s'arrêta quelque temps près d'un de ces îlots, l'eau était peu salée ; aussi les algues marines faisaient défaut ; mais, en revanche, il y avait une abondante végétation de lichens sur les pierres et les rochers.

Les glaçons se montrèrent le lendemain en assez grand nombre, mais la brume ne diminuait pas ; les sifflets à vapeur seuls permettaient de reconnaître la situation des navires. Néanmoins, on continuait sa route vers le nord-est, s'arrêtant tantôt près d'un îlot, tantôt près d'une glace flottante. On ne se lassait pas de faire des recherches sur la faune et la flore de ces contrées, et M. Nordenskiold poursuivait avec une sorte d'acharnement ses études sur la poussière d'origine cosmique qu'il avait déjà observée, en 1872, sur la glace des côtes septentrionales du Spitzberg.

Enfin, après une navigation de huit jours, interrompue plusieurs fois par les alternatives de brume et de temps clair, les navires atteignirent le cap le plus septentrional de lA'ncien monde, le célèbre cap Tchéliouchkine.

« Le ciel, dit-il, s'était éclairci et le cap se trouvait là devant nous, inondé de soleil et dépouillé de neige. Comme à notre arrivée au Iénisséï, en 1875, nous fûmes accueillis ici par un grand ours blanc. Avant d'avoir jeté l'ancre, nous l'aperçûmes qui allait et venait sur le rivage, regardant et flairant parfois du côté du golfe, apparemment dans le dessein de savoir quels hôtes importuns approchaient d'une contrée où l'ours seul avait jusque-là exercé un empire incontesté. Cependant, effrayé au bruit du canon, il prit bientôt la fuite, échappant ainsi aux balles de nos chasseurs.

» Nous restâmes en cet endroit jusqu'au lendemain à midi, afin de pouvoir déterminer astronomiquement ce lieu important et fournir aux zoologues et aux botanistes l'occasion de faire quelques excursions.

» Le cap Tchéliouchkine se compose d'une pointe de terre basse divisée en deux par le golfe où les navires avaient jeté l'ancre. Une montagne aux versants en pente douce s'avance parallèlement à la côte du bord oriental vers le sud. D'après un calcul approximatif des observations astronomiques et des mesures de triangulation qui furent faites alors, l'extrémité occidentale est située sous le 70° 36' 37" lat. N. et par 103° 25' 5" long. E. Greennwich, tandis que l'orientale est située un peu plus au nord par 77° 41' lat. N. et 104° 1' long. E. vers l'intérieur, les montagnes semblent insensiblement s'élever à une hauteur de 1000 pieds. Le mont dont je viens de parler et la plaine ne présentaient presque plus de neige. Çà et là seulement on voyait de grands champs de neige dans les anfractuosités des flancs de la montagne ou dans quelques crevasses profondes, mais étroites de la plaine. Sur le rivage même, il y avait pourtant encore un pied de glace presque partout.

» Le sol de la plaine se composait d'argile, tantôt preque aride et brisée en carreaux hexagones plus ou moins réguliers, tantôt couverte d'un tapis de verdure formée par l'herbe, la mousse ou le lichen, tout comme celui que nous avons rencontré dans les endroits où nous avons abordé ces jours derniers. Toutefois, nous ne trouvâmes pas de granit ici, mais des couches verticales de schiste, qui ne renfermaient pas de fossiles, en cristaux de pyrite sulfureuse. A l'extrémité même du promontoire, la couche de schiste était croisée par de puissantes veines de quartz.

» Le docteur Kjellman ne put découvrir ici que vingt-cinq espèces de *phanérogames*, la plupart remarquables par une singulière disposition à former des mottes touffues hémisphériques. La végétation des lichens était également uniforme, d'après le docteur Almqvist, mais richement développée. On eût presque dit que les plantes de la presqu'île de Tchéliouchkine avaient cherché à s'avancer vers le nord, mais qu'ayant rencontré la mer elles avaient dû s'arrêter à la pointe extrême. Là, en effet, sur un espace fort restreint, on trouvait rassemblées presque toutes les plantes, phanérogames aussi bien que cryptogames, que présente la contrée, et c'est en vain qu'on chercherait plusieurs d'entre elles un peu plus loin dans la plaine. La vie animale à terre rivalisait en pauvreté avec la flore supérieure. Parmi les oiseaux, on ne remarquait qu'une quantité de *phaluropes*, quelques espèces de *trniga*, un plongeon (*colymbus*), une bande extrêmement nombreuse de bernaches cravants (*anser bernicla*), quelques rares eiders et des vestiges d'un harfang. Au large, où l'on ne voyait guère que quelques glaçons errants, nous n'aperçûmes qu'un seul morse, deux bandes de dauphins blancs et quelques rares phoques hispides.

» On le voit, ces parages sont extrêmement pauvres en animaux à sang chaud. En revanche, la drague nous rapporta du fond de la mer plusieurs grandes algues (*laminaria agardhi*) et une quantité d'animaux inférieurs, entre autres de très grands exemplaires de l'*idothea entomon*, une espèce d'isopode qui se rencontre aussi dans la Baltique et dans nos grands lacs; aussi la considère-t-on comme une preuve que ceux-ci faisaient partie de la mer Glaciale pendant la période glaciaire. La moisson d'algues présentait de l'intérêt, en ce sens qu'elle fournissait un argument de plus contre l'opinion qui a régné si longtemps et d'après laquelle l'Océan glacial sibérien aurait été complètement dépourvu d'algues supérieures. »

VIII

DE LA LÉNA AU DÉTROIT DE BERHING.

Le 20, on se dirigea vers le sud, dans la direction des îles de l'archipel Liakof, dont Nordenskiold espérait rencontrer un prolongement. Les glaçons étaient très nombreux, mais comme aussi le brouillard était très intense, il était impossible de se rendre compte de l'étendue de la glace

On atteignit la pointe nord-est de la presqu'île orientale de Taïmour, puis l'embouchure de la Léna. Comme les voyageurs observaient continuellement la température de l'eau à différentes profondeurs, Nordenskiod se convainquit de la justesse de ses prévisions, qui l'avaient engagé à tenter cette expédition, à savoir que cette partie de l'Océan glacial est traversée par des courants d'eau chaude et peu salée, envoyée par l'Obi, l'Iénisséï, la Khatonga, l'Anabara, l'Olensk, la Léna, la Yana, l'Indighiska et la Kolyma, lesquels fondent les glaces le long des côtes à cette époque de l'année et permettent d'espérer une mer absolument libre.

A partir de l'embouchure de la Léna, l'expédition longea presque continuellement les côtes; elle ne les quitta que deux fois pour toucher l'île Liakof et ensuite l'île des Ours. Nordenskiold insista particulièrement sur la différence de ces côtes à l'est ou à l'ouest de la Léna. A l'ouest, ces parages n'avaient encore été parcourus par aucun navire; à l'est, au contraire, avaient lieu depuis longtemps de nombreuses courses en bateaux; à l'ouest, pas de végétation forestière; à l'est, les forêts viennent souvent jusqu'à la côte; — à l'ouest, le relevé des côtes est inexact dans les cartes; — à l'est, on peut se fier à elles, — à l'est, la côte est sans défense contre les glaces du pôle; — à l'ouest, les îles Liakoff et la terre de Vrangel forment une sorte de barrage.

Les voyageurs auraient bien voulu faire un relevé détaillé des côtes de la Nouvelle-Sibérie, mais ils n'en avaient pas le temps, et ne voulaient aucunement détourner la Véga du but de son voyage; il était donc urgent de profiter de toutes les occasions que l'on pourrait avoir de passer. Ces îles sont pourtant bien intéressantes à étudier; elles sont couvertes de débris de mammouths, de rhinocéros, d'aurochs, de bisons, et chaque printemps les côtiers chercheurs d'ivoire y vont en traîneaux et en rapportent une grande quantité.

Il fallut se borner à toucher les îles occidentales et à passer devant l'île Liakoff pour profiter de la mer libre entre cette île et la terre ferme. On avait depuis longtemps considéré ce détroit comme infranchissable. Mais Laptief, en 1739, et Schalawroff, en 1760, le franchirent facilement. Ainsi fit l'expédition suédoise, le 31 août, par un temps calme et beau. En cinq jours, on atteignit le cap Schelagskoj.

On se fera une idée de l'insuffisance des moyens dont disposaient les anciennes expéditions en se reportant au récit que fait Nordenskiold de celle de Schalauroff, dans les années 1760-1764.

« Schalauroff, dit-il, était un riche marchand sibérien, qui paraît avoir eu pour but de sa vie l'exploration de la partie de la côte nord de la Sibérie, située à l'est de l'embouchure de la Léna. En 1760, il quitta la Léna à bord d'un navire construit sur cette rivière. La première année, il ne parvint que jusqu'à la Jama, la rivière la plus rapprochée de la Léna, du côté de l'est, et d'où l'expédition proprement dite commença le 1er juillet 1761. Le 6/17 septembre de la même année, il réussit à doubler le cap Saint (Swiatoï-nos), si mal famé chez les explorateurs russes, et atteignit les îles aux Ours à la fin du mois. Ici, le frêle navire fut arrêté par les glaces et par les rigueurs de la saison.

» Schalauroff vint hiverner à l'embouchure de la Kolyma, où il construisit, avec du bois flotté, une cabane qu'il entoura de murailles en neige armées de deux petits canons. Il quitta ce refuge l'année suivante, quand la glace eut débloqué la côte, mais ne put, par suite des vents contraires et d'autres obstacles, pénétrer que jusqu'aux rives occidentales

Hivernage.

du cap Schelagskoï, d'où il retourna prendre ses anciens quartiers d'hiver sur les rives de la Kolyma, dans l'intention de tenter de nouveaux efforts l'été suivant. Mais ses compagnons, harassés par trois ans de courses dans le glaces, refusèrent de le suivre.

» L'expédition fut donc interrompue, et Schalauroff, dont les ressources étaient épuisées, s'en vint à Moscou chercher les moyens de poursuivre son entreprise. Ayant réussi, il engagea un nouvel équipage avec lequel il repartit en 1764 pour la mer Glaciale de Sibérie. Là, il subit le sort qui donna, près d'un siècle plus tard, un si lugubre retentissement à l'expédition de Franklin. On ignora pendant soixante-neuf ans le lieu où la mort était venue l'arrêter, et la manière dont lui et son équipage avaient succombé. Ce fut en 1823 qu'un des compagnons de Wrangel rencontra au bord de la mer, à l'*est* du cap Schelagskoj, une vieille masure construite de bois flotté et des epaves d'un navire échoué, laquelle, à en juger par les récits des indigènes, avait été élevée par Schalauroff.

Des ossements humains, épars autour de la chaumière, indiquaient que l'intrépide navigateur et ses compagnons étaient morts à terre, probablement du scorbut. Il leur avait fallu plusieurs années pour parvenir à la distance que la vapeur avait permis à l'expédition suédoise de franchir en quatre ou cinq jours. »

Arrêtés par les glaces le long des côtes, nous trouvons ici une foule de détails fort intéressants sur les naturels de ces parages. Ce sont les Tschoutsches, qui paraissent n'avoir encore eu de rapports qu'avec les baleiniers américains, attendu qu'ils ne connaissent pas un mot de la langue russe et qu'ils ne savent que quelques mots d'anglais. Les outils dont ils se servent sont en pierre et en os. Ils bâtissent leurs habitations sur la bande de sable qui sépare la lagune de la mer : ce sont de grandes tentes avec des alcôves; en hiver, on fait du feu au milieu, et pour ce un large trou est pratiqué au sommet.

Leur nourriture est surtout végétale; ils mangent pourtant souvent de la viande de renne, mais ils retirent du corps de ces animaux des matières vertes comme des épinards qu'ils conservent dans un sac de peau de veau marin. Les Esquimaux du Groënland considèrent aussi ces matières comme un mets fort délicat.

Les Tschoutsches font en été des provisions considérables de végétaux qu'ils font fermenter et cuire ensuite comme une soupe aux herbes.

Les transactions sont très difficiles avec les Tschoutsches pour qui ne possèdent pas les objets qu'ils consentent à échanger. L'argent n'a aucune valeur, et Nordenskiold constate qu'un billet de 25 roubles est infiniment moins estimé qu'un morceau de papier doré et ornementé qui a servi à envelopper du savon. Aussi fait-il remarquer avec justesse que le meilleur moyen de se tirer d'affaire en ces parages, c'est de se munir de grosses aiguilles à coudre ou à raccommoder, de couteaux, surtout de gros calibre, de haches, de scies, de poinçons et autres outils en fer, des chemises de toile et de laine de couleur voyante, des fichus et du tabac, mais pardessus tout, de l'eau-de-vie. Les Tschoutsches aiment aussi le café, mais fortement sucré. Les hommes comme les femmes fument la pipe et chiquent.

« Quelques indigènes portaient autour du cou des amulettes dont ils ne voulaient pas se dessaisir. Un homme avait même une croix grecque et paraissait avoir été baptisé, mais son christianisme n'était pas des plus fervents ni des plus éclairés. Il faisait entre autres, avec infiniment de zèle, le signe de la croix dès qu'il apercevait le soleil. L'expédition ne put du reste découvrir chez ces populations ni religion ni coutumes religieuses. Le costume des hommes se compose d'une ou de plusieurs tuniques en peau de renne ressemblant à celle des Lapons. En temps de pluie ou de neige, ils passent par-dessus la tunique une chemise de peau d'intestins, ou, pour se faire plus beaux, une chemise de coton nommée par eux « calicot » ; la coiffure se compose d'un bonnet orné de perles et serré sur la tête.

» Cependant, la plupart des hommes et des femmes allaient encore tête nue. En hiver, on passe par-dessus la tête un capuchon de peau à long poil que l'on coud sous le menton et qui descend sur les épaules par-dessous la tunique extérieure. Les chaussures sont des mocassins avec semelles de cuir de morse, en hiver, parfois de peau d'ours, et, en ce cas avec les poils en dehors. Le costume des femmes se compose de tuniques très larges, cousues par le bas de manière à former de larges pantalons qui descendent jusqu'aux genoux. La partie inférieure des manches est large et ouverte, comme c'était la mode en Europe, il y a quelques périodes décennales. Dans la tente inférieure, les femmes étaient entièrement nues, à l'exception d'une étroite ceinture autour de la taille, probablement en souvenir du costume que le peuple tschoutsche portait jadis lorsqu'il habitait des climats plus doux. Leurs cheveux sont longs, divisés par une raie et tressés ordinairement ; les hommes les portent ras, à l'exception du bord extrême de la chevelure qu'on laisse de la longueur d'un pouce, et qui, sur la partie frontale, se rabat au moyen du peigne. La même coutume était si fort à la mode, il y a deux siècles, parmi les Indiens de l'intérieur de l'Amérique du Nord, que le célèbre missionnaire, Hennequin, gagnait les bonnes grâces des Squaws, et se procurait des vivres en rasant le front de leurs enfants.

» La plupart des hommes ont les oreilles décorées de perles ou d'autres ornements. Les femmes sont tatouées de deux raies ou stries bleu-noir convexes allant de l'œil au menton ; de chaque côté du visage, de quatre autres stries se réunissant des deux côtés de la bouche et de quelques enjolivements curieux sur la joue. Parfois les hommes sont peints d'une croix latine noire obliquant sur la joue avec une matière colorante rouge-brunâtre. »

Le 9 septembre, la *Véga* continua sa route jusqu'au cap dit *Cap Nord*. Ici, M. Nordenskiold fait remarquer que cette appellation est inexacte, en ce sens que cette pointe n'est pas du tout la plus septentrionale des côtes sibériennes. Ce nom est dû à cette circonstance que Cook a rencontré cette pointe il y a cent ans et qu'il n'alla pas plus au nord dans ces régions ; mais il y a longtemps de cela, et depuis on s'est aperçu que le cap Tscheljuskin est plus septentrional, et aussi le cap Sviatoïnos, et le cap Schelagsskoï. Il propose donc d'appeler simplement ce cap du nom du pays *Irkaïpi*.

Nordenskiold, ayant fait une excursion sur une montagne voisine, haute d'environ 400 pieds, aperçut un large champ de glace flottante sur toute la surface de la mer, mais constata un chenal libre le long du rivage, barré cependant ici et là par des bandes de glace. Il voulait à tout prix éviter un hivernage, et ce fut dans ce chenal que la *Véga* s'engagea, le 18 septembre, avec quelques pieds d'eau seulement sous la quille. A partir de ce moment, l'expédition avance lentement, mais elle avance, obligée tantôt d'amarrer le navire à une glace de fond, tantôt de briser cette glace avec une peine infinie pour se frayer péniblement une route, pour arriver enfin, le 27, à la baie de Koljutschin.

Jusqu'alors, on peut dire que M. de Nordenskiold avait joui d'une chance que ses devanciers n'avaient pu avoir. Ses ingénieuses combinaisons climatériques avaient été de tout point réalisées; mais il devait se trouver bientôt en face d'un obstacle insurmontable que quelques jours d'avance lui auraient peut-être permis d'éviter, mais qu'il dut néanmoins subir. La glace entourait la *Véga*; heureusement la couche était suffisamment forte pour présenter une bonne défense contre les perturbations et les violentes tempêtes d'automne. Il fallut hiverner, l'expédition dut en prendre son parti et employer le temps qu'elle était forcée de rester dans ces parages à faire des excursions scientifiques dans les environs.

« Sur la dune de triste apparence séparant les lagunes de la mer, se trouvent deux villages tschoutsches. Le plus rapproché de la *Véga* portait le nom de *Pitlekaï*. Au commencement de l'automne, il se composait de sept tentes; mais le manque de vivres força les habitants à l'abandonner les uns après les autres pendant l'hiver, les derniers en février, pour une région plus poissonneuse située plus près du détroit de Berhing. Ils n'emportèrent avec eux que les objets les plus indispensables, vu qu'ils avaient l'intention d'y retourner à l'époque où la chasse redeviendrait abondante.

» La seconde station tschoutsche, *Yinretlin*, était plus rapprochée de la pointe de Koljustchin-Bay, et comptait également à notre arrivée sept tentes, dont les habitants paraissaient se trouver dans de meilleures conditions économiques que ceux de *Pitlekaï*. Ils avaient fait une chasse plus abondante pendant l'automne et rassemblé de plus amples provisions. Par suite, il n'en émigra qu'un très petit nombre pendant l'hiver.

» Les stations indigènes suivantes, plus éloignées de notre hivernage, ne l'étaient cependant pas assez pour que nous n'eussions souvent la visite de leurs habitants. C'étaient :

» *Pidlin*, sur la côte orientale de Koljutschin-Bay, quatre tentes.
» *Koljustschin*, sur l'île du même nom, vingt-cinq tentes.
» *Kyraitinop*, situé à 6 kilomètres, à l'est de Pitlekaï, trois tentes.
» *Irgunnuk*, sept kilomètres à l'est de Pitlekaï, dix tentes, dont il n'en restait que quatre en février. Les habitants des autres tentes étaient allés chercher une meilleure pêche plus à l'est.

» Il est difficile d'indiquer le nombre d'individus appartenant à chaque tente, vu que les Tschoutsches étaient continuellement en visite les uns chez les autres pour l'amour de la belle conversation et des commérages intime. Ce nombre peut cependant être fixé en moyenne à cinq ou à six. En y comprenant les insulaires de l'île Koljutschin, un total d'environ deux cents indigènes habitaient en conséquence le voisinage de notre station d'hiver.

» A l'époque où nous fûmes enfermés, la glace la plus rapprochée du rivage était trop faible pour porter un piéton, et grande était en conséquence la difficulté de parvenir de terre au navire avec les moyens dont disposaient les Tschoutsches. Il se produisit donc un remue-ménage des plus prononcés dès que les indigènes nous eurent aperçus. Hommes, femmes, enfants et chiens couraient tumultueusement le long du rivage. On craignait évidemment de voir disparaître cette excellente occasion de se procurer par échange de l'eau-de-vie et du tabac. On essaya vainement, à plusieurs reprises, de mettre des embarcations à l'eau, jusqu'à ce que l'on réussit enfin à traîner un bateau à un chenal libre ou tout au plus recouvert d'une mince couche de glace qui conduisait au voisinage du navire. Ils y lancèrent une grande embarcation en peau qui s'avança immédiatement à la rame du côté de la *Véga*, chargée jusqu'au bord d'hommes et de femmes, sans qu'ils parussent se soucier le moins du monde du danger évident qu'il y avait à s'engager avec un bateau en peau pesamment chargé, à traverser une glace nouvelle à angles aigus et tranchants.

» Cette première entrevue fut très cordiale de part et d'autre, et forma le point de départ de rapports excellents entre les Tschoutsches et nous, rapports qui se maintinrent sans modification pendant tout notre séjour. Le bruit de l'arrivée de ces étrangers extraordinaires avait, au reste, dû se répandre promptement. Bientôt nous reçûmes des visites venant des localités les plus éloignées, et le *Véga* finit par devenir une espèce de station à laquelle chaque voyageur s'arrêtait quelques heures avec son attelage de chiens pour contenter sa curiosité et recevoir, en échange de bonnes paroles ou d'une autre marchandise plus palpable, un peu de nourriture, du tabac, et parfois, quand le temps était très mauvais, un

« ram », nom donné par les Tschoutsche à un verre d'eau-de-vie. Tous les visiteurs avaient le droit de parcourir librement notre pont encombré d'une foule de choses. Nous n'eûmes cependant pas à regretter la perte du plus petit objet. L'honnêteté était ici tout aussi bien chez elle que dans les *gamnes* ou demeures du Lapon. Ils devinrent cependant, d'un autre côté, bientôt fort incommodes par une mendicité sans bornes. Ils n'y regardaient pas non plus de très près pour tirer, dans le commerce d'échange, tout le bénéfice possible du manque profond « d'esprit pratique » dont les Européens faisaient sans doute preuve à leurs yeux.

» Il était évident qu'ils ne considéraient pas de petites tromperies à cet effet comme des fautes, mais bien comme des mérites. Ainsi, ils nous vendaient de temps à autre deux fois la même chose ; toujours ils étaient prodigues de promesses qu'ils ne pensaient jamais à tenir, et souvent ils essayaient de nous « mettre dedans » sur la nature des objets qu'ils nous offraient en vente.

» A plusieurs reprises, ils nous présentèrent, comme des lièvres, des corps de renards qu'ils avaient écorchés et auxquels ils avaient enlevé la tête et les pieds, et c'était chose fort amusante que leur étonnement profond en apercevant que nous découvrions immédiatement leurs supercheries.

» L'ignorance totale que les Tschoutsches avaient de l'argent, et le peu de monnaie d'échange à leur goût que nous possédions, nous forcècèrent, du reste, à tenir une partie de nos marchandises à un taux élevé. A la grande stupéfaction des indigènes, on n'achetait pas à bord de la *Véga* les marchandises ordinaires des terres polaires, les fourrures et le lard de baleine ou de phoque. Nous nous procurâmes, à la place, par échange, une collection complète d'armes, de costumes et d'ustensiles. Les collectionnements de ce genre se faisaient exclusivement pour le compte de l'expédition, et, dans la règle, tout collectionnement pour compte privé d'objets d'histoire naturelle et d'ethnographie était formellement interdit.

» Du moment où les Tschoutsches eurent commencé à prendre goût à notre nourriture, ils arrivèrent journellement à bord surtout à l'époque où leur chasse commença à manquer, avec du bois flotté, des vertèbres et d'autres os de baleine. Ils échangeaient tout cela contre du pain. On payait une charge de cinq rondins de 4 à 5 pouces (12 à 15 centimètres) de diamètre et d'une brasse (1 m. 78 c.) de longueur, de 2 ou de 3 biscuits de mer, c'est-à-dire d'environ 250 grammes de pain, une vertèbre de baleine d'une somme égale, etc.

» Deux jeunes indigènes prirent en outre peu à peu l'habitude de se présenter chaque jour à bord pour y faire, naturellement sans trop « s'éreinter », une espèce de service domestique. Le cuisinier devint leur patron, et en dédommagement partageait avec eux les restes des repas. Une quantité si considérable de nourriture fut ainsi distribuée pendant l'hiver de la façon mentionnée ci-dessus, ou encore à titre gratuit, que nous contribuâmes d'une manière très essentielle à alléger la famine qui menaça la population vers le milieu de l'hiver. Aucun des indigènes du voisinage de la station du *Véga* n'était chrétien. Aucun ne parlait une langue européenne, si même quelques-uns savaient deux ou trois mots d'anglais ou pouvaient dire un mot de salutation en russe. C'était une circonstance désagréable qui nous causa beaucoup d'embarras. Le lieutenant Nordqvist se mit immédiatement à y remédier en étudiant leur langue, et cela avec un zèle et un succès tels, qu'il put se faire assez bien comprendre au bout de quelques semaines.

» J'espère que M. Nordqvis sera mis à même de publier au retour, comme fruit de ses études, un vocabulaire étendu de cette langue peu connue, de même qu'une esquisse de sa charpente grammaticale. »

On se convainquit bientôt que la *Véga* était entourée d'une glace flottante de 30 kilomètres au moins de largeur, et qu'il fallait renoncer à tout prix de la voir se briser pendant l'automne. Néanmoins, M. Nordenskiold et ses compagnons ne cessaient de compulser les rapports des indigènes sur l'existence d'une mer ouverte au-delà de cet amas de glaces, mais ils ne s'y fiaient qu'à demi. Cependant, le lieutenant Nordqvist obtint des Tschoutsches des renseignements très précieux que nous citerons textuellement, parce que ces données sont de nature à éclairer puissamment les explorateurs à venir au point de vue de l'état des glaces en-Tschaun-Bay et le détroit de Berhing.

« 1° Un Tschoutsche de Yakanenmitschechikan, près du cap Yakan, rapporte que les eaux y sont ouvertes tout l'été.

» 2° Même rapport d'un Tschoutsche de Kianmankan, situé un peu à l'ouest du cap Yakan.

» 3° Un Tschoutsche de Yakan assure que la mer y devient libre à la fin de mai ou au commencement de juin. Elle n'est, d'un autre côté, jamais libre en hiver.

» 4° *Tatan*, de Yakan, rapporte que la mer y est ouverte à la fin de mai ou du commencement de juin jusqu'à la dernière partie de septembre ou aux premiers jours d'octobre, époque où la glace commence à dériver vers la terre.

» 5° *Kikkion*, de Vankarema, dit que la mer y est couverte de glace pendant l'hiver, mais ouverte pendant l'été.

» 6° Un Tschoutsche à renne, *Rotschetlen*, qui habite à environ 12 milles anglais du port d'hivernage du Véga, a raconté que le golfe Koljustchin, nommé Pidlin par les Tschoutsches, est libre tout l'été.

» 7° *Urtridlin*, de Koljutschin, annonce qu'il n'y a de glace, en été, ni autour de cette île, ni dans le golfe de Koljutschin.

» 8° *Ranau*, de Yinretlen, rapporte aussi que le golfe de Koljustchin est toujours ouvert pendant l'été.

» 9° *Ettuj*, du village de Nettej, entre Irgunnuk et le détroit de Behring, raconte qu'à Nettej la mer est libre de glace en été, indépendamment du vent, en hiver seulement par les vents du sud.

» 10° *Vankatte*, de Nettej, raconte que la mer y devient libre pendant le mois de « tautinjadlin », c'est-à-dire dans la dernière partie de mai et au commencement de juin, et qu'elle se prend de nouveau pendant le mois de « kutschkau », soit en octobre-novembre.

» 11° *Kepljeplja*, du village d'Irgunnuk, situé à 5 milles anglais, à l'est du port d'hivernage du Véga, à Pitlekaï, rapporte que la mer, en dehors de ce villoge, est libre l'été durant, sauf par les vents du nord. Il déclare, d'un autre côté, que plus à l'oust, comme à Irkaïpij, on voit presque toujours de la glace depuis la terre.

» 12° *Kapatljin*, de Kengitschkum, village situé entre Irgunnuk et le détroit de Behring, a raconté, le 11 janvier, qu'il y avait alors des eaux ouvertes à ce village. Il ajouta qu'en hiver le détroit de Behring est rempli de glace par les vents du sud, mais libre par ceux du nord.

» Le même jour, un Tschoutsche, de Nettej-Kengitschkun, village également situé entre Irgunnuk et le détroit de Behring, rapporta qu'il y avait alors de la glace en dehors de ce village. Il corrobora les données de Kapatljin relativement au détroit de Behring.

» 13° *Kavano*, de Uodljou, près du détroit de Behring, déclare que la mer y est toujours libre de mai à septembre inclusivement. »

Le starost (en russe ce mot signifie le plus âgé du village) Menka vint faire une visite aux explorateurs ; il connaissait fort bien la géographie de la Sibérie du Nord-Est, mais ne savait ni lire ni écrire, et ne connaissait guère que le gouverneur général d'Irkutsk. Rien n'était plus plaisant que de voir le grave starost s'incliner gravement devant des photographies, les prenant pour des *ikoné* ou *images saintes*.

Cette visite fut rendue à Menka par les lieutenants Nordqvist et Hugaard, qui firent avec le starost une excursion dans l'intérieur. Le lieutenant Nordqvist crut avoir remarqué une certaine gêne dans la manière dont les Tschoutsches se saluent à la mode russe, c'est-à-dire en s'embrassant sur la bouche ; je crois qu'il se trompe et qu'il n'a voulu parler que de la régugnance qu'il pouvait avoir lui-même à adopter cette méthode; j'ai vécu longtemps dans ces pays, et non seulement les hommes s'embrassent sur la bouche sans aucune gêne ni arrière-pensée, mais les européens sont bien obligés d'en faire autant sous peine d'être soupçonnés de mépris pour leurs usages. Il en est ainsi d'une foule de coutumes locales auxquelles les indigènes sont faits depuis l'enfance, qui nous étonnent et nous dégoûtent parfois au premier abord et auxquelles nous finissons par nous habituer après quelques années de résidence parmi les Russes. En Russie, par exemple, et en Pologne surtout, il est d'usage de boire un verre d'eau-de-vie avant chaque repas, et il n'y a qu'un petit verre pour toute la société quelque nombreuse qu'elle soit; à la fin d'un grand dîner, chez un seigneur polonais, on boit successivement à la santé du maître de la maison, de sa femme, des jeunes filles à marier, des garçons à marier, du curé, etc., un grand verre de vin de Hongrie, et tout le monde boit dans le même verre, un large verre orné d'un écusson aux armes de la famille, sans pied (pour qu'on ne puisse pas le poser sur la table avant de l'avoir vidé !).....

Eh bien ! pour nous autres Français, la chose nous semble étrange; boire tous dans le même verre, mais le moyen de s'y refuser !... Ce serait s'exposer aux quolibets de la compagnie; on passe par là-dessus, et au bout de quelques années, la chose vous semble toute naturelle.

Voici, d'après le rapport du capitaine Nordqvist, la manière dont les Tschoutches prennent et tuent leurs rennes :

« Deux hommes pénètrent au milieu du troupeau; dès qu'ils ont trouvé le renne qu'ils désirent, ils lancent, à la distance de 20 ou 30 pieds, une corde à nœud coulant autour des cornes de l'animal. Celui-ci se jette de tous côtés pour prendre la fuite, entraînant quelques instants l'homme qui tient la corde. Un autre homme se rapproche entre temps du renne, le saisit par les cornes, le renverse et le tue d'un coup de couteau derrière le garrot. La victime est ensuite remise aux femmes, qui enlèvent les entrailles après avoir pratiqué une incision le long du flanc. Le contenu de l'estomac est vidé, et l'estomac est employé à conserver le sang. Enfin, l'on écorche la bête. »

Citons encore ce récit du lieutenant Hovgaard, qui montre la force de vitalité des Tschoutches et de leurs chiens :

« A l'aller, qui dura vingt et une heures et demie, l'esclave ou le serf de Menka courut sans interruption devant les traîneaux; même dans les haltes, il était en activité pour reconnaître la route, soigner les chiens, etc. Quand nous fûmes arrivés au campement, il ne dormit pas, et se montra néanmoins tout aussi vigoureux dans la course du jour suivant.

De tout ce temps, il ne reçut pas de spiritueux, à la demande expresse de Menka, lequel déclara qu'il ne pourrait pas, en ce cas, suffire à la course; il se dédommagea par une consommation inouïe de tabac à chiquer. Les chiens ne furent pas dételés de tout le temps; le matin, on les trouvait endormis devant les traîneaux et à moitié enfouis sous la neige tombée. Nous ne vîmes jamais les Tschoutsches leur donner à manger; la seule chose qu'ils consommèrent en notre présence fut des excréments de renards et d'autres animaux, qu'ils happaient en passant. Il fut cependant impossible de découvrir, même le dernier jour, la moindre diminution dans leur capacité de traction. »

La mauvaise foi des indigènes força le lieutenant Nordqvist à faire une seconde excursiou en traîneau dans l'intérieur, pour aller demander des explications à l'un des naturels qui avait reçu des avances pour le conduire à Markova, mais qui n'avait pas tenu parole. Voici le récit de cette excursion :

IX

VOYAGE DU LIEUTENANT NORDQVIST.

« Le 5 décembre, à huit heures et demie du matin, je partis sur un traîneau attelé de chiens, pour le village de Pidlin, situé sur le golfe de Koljustche, dans l'intention d'aller demander à un Tschoutsche, Tscheptscha, qui y demeurait, et avec lequel j'étais convenu d'un voyage à Anadyrks, quand il pensait enfin se mettre en route. Mon conducteur était le Tschoutsche Anangu, du village d'Irgunnuk, situé à l'est de Pitlekaï. Il avait un traîneau petit et léger, à patins en fanons de baleine, traîné par six chiens, dont le conducteur était attelé en arbalète devant les cinq autres, ceux-ci attelés de front au traîneau, chacun par une courroie. Tous ces chiens, faibles et mal soignés, couraient si lentement que leur vitesse ne pouvait guère être évaluée à plus de deux à trois milles anglais à l'heure. L'aller et le retour prirent chacun de huit à neuf heures, ce qui donnerait environ 25 milles anglais pour la distance entre Pitlekaï et Pidlin.

» A deux heures de chemin environ, à l'ouest de Jintlen, la ligne côtière présente une hauteur de 30 à 40 pieds au-dessus de la mer, et se nomme Petschanin. Nous rencontrâmes ici un Tschoutsche, qui se rendait du côté de l'est avec un grand traîneau chargé de peaux de rennes afin de se livrer au commerce d'échanges. Environ, à moitié chemin, entre Jinten et Pidlin, est situé Maïngatir.....

» Le village de Pidlin est composée de quatre tentes, dressées sur la rive orientale du golfe de Koljutschin. Le nombre des habitants n'est environ que de vingt personnes. Pidlin et Koljustchin sont les seuls points habités du golfe. Je fus reçu en dehors des tentes par la population du village, qui me conduisit à la tente de Tscheptscho. Celui-ci promit de me conduire à Anadipsk, dans le courant de février.

» Mon hôte avait une femme et trois enfants. Pour la nuit, les enfants furent totalement déshabillées; les adultes gardèrent de courts pantalons; ceux du mari était en peau tannée; ceux de la femme étaient de

Hivernage

draps. Par la chaleur étouffante entretenue au moyen de deux lampes d'huile de baleine qui brûlèrent toute la nuit, il était naturellement difficile de dormir dans les pesants vêtements de peau de renne. Cependant, les habitants de la tente se servaient de couvertures de cet animal. Outre la chaleur, il régnait une puanteur épouvantable, les Tschoutsches se livrant à leurs besoins naturels dans l'alcôve. Cela me força de sortir deux ou trois fois pour aller respirer en plein air.

» Quand nous fûmes levés, le matin suivant, la femme nous présenta à déjeuner sur une espèce d'auge plate en bois : premièrement de la viande et du lard de veau marin avec une espèce de choucroute, faite de feuilles de saules fermentées, puis du foie de veau marin, et enfin du sang de cet animal, le tout gelé.

» En fait d'objets d'intérêt ethnographique, je vis, outre le tambour de *schaman*, ou tambour magique, que l'on rencontre dans chaque tente, mais qui n'était pas entouré ici de la crainte superstitieuse que j'avais observée ailleurs, une boîte d'amulettes fixée à une étroite courroie, et un crâne de loup aussi suspendu à une courroie. Les premières se composaient d'une fourchette ou pince en bois, longue d'environ deux pouces, de l'espèce que les Tschoutsches portent souvent sur la poitrine, de la peau et de toute la partie cartilagineuse du nez d'un loup, et enfin d'une pierre plate. Mon hôte me dit que tout cela porté autour du cou était un remède actif contre les maladies. Il reprit le crâne de loup qu'il m'avait déjà donné, vu que son fils, âgé de quatre à cinq ans, en aurait besoin plus tard dans le choix d'une femme. Je ne pus cependant savoir quel rôle le crâne en question était appelé à jouer dans cette solennité de famille.

» Tandis que mon conducteur attelait les chiens, j'eus l'occasion de voir quelques petites filles danser; elles le faisaient de la même manière que j'avais déjà vu des fillettes danser à Pitlekaï et à Jintlen. Deux jeunes filles se placent d'ordinaire en face ou à côté l'une de l'autre; dans le premier cas, elles se posent souvent mutuellement la main sur les épaules, se balancent à tour de rôle de chaque côté, sautent de temps à autre à pieds joints et font une pirouette, tout en chantant ou plutôt en grognant la mesure.

» Nous nous remîmes en route pour le navire à huit heures du matin. Mon conducteur chanta au retour des chansons tschoutsches. Le plus souvent ce ne sont que des imitations de cris d'animaux, ou aussi des improvisations sans mètre ni rythme fixes, et avec une grande monotonie d'intonation; deux ou trois fois seulement, je crus saisir une mélodie déterminée. Le soir venu, mon conducteur me dit les noms tschoutsches de plusieurs étoiles. A cinq heures et demie du soir, je me trouvais de nouveau sur le pont de la *Véga*. »

X

EXCURSION DU LIEUTENANT BRUSEWITZ.

« Le 17 février 1879, dit le lieutenant Brusewitz, je fis avec le Tschoutsche Notti une excursion à Nasskaï. Nous quittâmes le navire dans l'après-midi, et nous arrivâmes après deux heures de marche à Ratinup, la demeure de Notti, où je couchai. Nous fûmes reçus par trois frères cadets de Notti et une sœur malade, qui tous habitaient la même tente. Immédiatemen après l'arrivée, l'un des frères commença à mettre en ordre les harnais des chiens et le traîneau pour la course du lendemain, et nous autres nous entrâmes dans l'intérieur de la tente, où la sœur malade était couchée déshabillée, mais enveloppée de peaux de renne. Elle s'occupait à soigner deux lampes d'huile de poisson, au-dessus desquelles étaient suspendus deux vases à cuire, l'un une ancienne boîte à conserves, l'autre ressemblant à peu près à un baquet de tôle étamé. Dès que nous fûmes entrés, Notti ôta sa chaussure et son bonnet. L'un des frères entra avec une auge dans laquelle se trouvait un morceau de lard de veau marin avec des légumes gelés, principalement composés de feuilles de saule. Le lard fut débité en cubes de l'épaisseur du pouce; après quoi l'un des frères donna à la sœur une bonne portion, tant de lard que de légumes, avant que la nourriture fût distribuée aux autres convives. Chaque morceau ou cube de lard était soigneusement enveloppé de légumes avant de passer dans la bouche. Quand les légumes furent finis, il restait encore un peu de lard, qui fut donné aux chiens dans la tente extérieure.

» On servit ensuite des côtes de veau marin, et en dernier lieu une espèce de soupe, probablement du sang du même animal. La sœur reçut toujours séparément de chacun de ces plats. On m'offrit de chaque mets, sans paraître toutefois s'offenser de mes refus réitérés. Le repas achevé, on enleva les ustensiles, on se débarrassa de ses tuniques de peau de renne; quelques autres peaux furent étendues à terre, après avoir été descendues du plafond. Les frères aînés allumèrent leur pipe et les plus jeunes se couchèrent et s'endormirent. On me donna l'une des places latérales de la tente, évidemment la place même de Notti. L'une des lampes fut éteinte et l'on se coucha successivement. Pendant la nuit, la jeune fille geignit plusieurs fois, et l'un des frères se leva à chaque fois pour la soigner.

» A six heures du matin, j'éveillai toute la société et rappelai l'excursion que nous devions faire. Tous se levèrent immédiatement. Les Tschoutsches ne s'habillèrent que très lentement, car ils consacraient un grand soin à la chaussure. Aucune nourriture ne fut présentée, mais tous parurent fort satisfaits quand je leur donnai de mes provisions consistant en pain et en quelques befteaks conservés de Wickstrom. Immédiatement après le déjeuner, on attela quatre chiens au traîneau, après quoi Notti et moi nous poursuivimes notre route sur Nasskaï, moi en traîneau, lui courant à côté. A Irgunnuk, village Tschoutsche situé à un mille anglais à l'est de Ratinup, nous fîmes une courte halte pour essayer d'emprunter quelques chiens, ce qui, toutefois, ne nous réussit pas. Nous continuâmes notre marche le long du rivage, et arrivâmes à dix heures du matin à Nasskoï, situé à huit ou dix milles à l'est-sud-est d'Irgunnuk. Nous y fûmes reçus par la majeure partie des anciens habitants de Pitlekaï, qui avaient dressé leurs tentes à cette station de pêche. Le village se composait de treize tentes, dont les cinq plus à l'ouest étaient habitées par l'ancienne population de Pitlekaï, et les huit situées plus à l'est, par d'autres Tschoutsches. Les premiers n'avaient pas élevé leurs grandes tentes ordinaires, mais des tentes plus petites et moins solidement construites. Dans toutes les tentes, comme à Ratinup et à Irgunnuk, on voyait des tas de lard de veau marin, et en dehors, des piles, recouvertes de neige, de ces animaux entiers ou dépecés. Dans notre course à Nasskoï, nous rencontrâmes plusieurs traîneaux chargés de veaux marins, en route pour Pidlin. A Nasskoï, j'allai à la chasse, suivi d'un Tschoutsche. Nous levâmes huit lièvres, mais ne pûmes arriver à portée de fusil d'aucun. Nous vîmes un renard rouge courir à une grande distance. Nous n'aperçûmes ni *lagopèdes* (perdrix des neiges), ni traces de ces oiseaux.

» A deux heures du soir, je retournai à Irgunnuk, et j'y reçus un autre traîneau attelé de dix chiens, avec lesquels je parvins promptement au navire. »

II

EXCURSION DU LIEUTENANT PALANDER

« Le 17 mai 1879, je partis accompagné du docteur Kjellmann, avec un traîneau et cinq hommes, dont un indigène comme guide, au campement de Tschoutches à rennes, situé au voisinage de la montagne de la Table, pour essayer d'y obtenir de la viande de renne fraîche. L'expédition emmenait des provisions pour deux jours, une tente, des matelas et des tuniques de peau de renne.

» Nous rencontrâmes les Tschoutsches à onze mille anglais du navire. Sur une hauteur se trouvaient deux tentes, dont l'une vide pour le moment. L'autre était habitée par l'indigène Rotschten, sa jeune femme et un autre couple, qui, si je compris bien, était en visite, et avait à proprement parler sa demeure à Irgunnuk.

« Les tentes étaient notablement plus petites que celles que nous voyions journellement sur le rivage. Tout autour, une foule de traîneaux étaient empilés les uns sur les autres. Ils se distinguaient des traîneaux ordinaires à chiens par des dimensions beaucoup plus considérables et une plus grande largeur de voie. Les patins étaient grossiers et fabriqués à la hache, de grosses pièces de bois.

» On rejeta immédiatement notre demande d'acheter un renne, quoique nous offrissions en échange du rhum, du tabac, du pain et même un fusil. On donna pour raison de ce refus, que les rennes étaient trop maigres dans cette saison pour être tués.

» Sur une hauteur située à quelques mille pieds de distance on voyait paître une cinquantaine de rennes.

» La principale occupation des femmes pendant la journée paraissait être de se nettoyer mutuellement la chevelure. Telle, qui revêtait, pour l'occasion, les fonctions de femme de chambre, cueillait délicatement entre les deux doigts les parasites fort nombreux qui se trouvaient dans les cheveux de l'autre. On tuait ensuite avec infiniment de dextérité la capture faite en portant les doigts a la bouche, et en écrasant les bestioles avec les dents.

» L'après midi, Kjellmann et moi, nous fûmes invités dans la tente où nous passâmes une heure dans le compartiment intérieur ou l'alcôve de nos hôtes. A notre entrée, on alluma la lampe, remplie d'huile de veau marin ; du *sphagne* servait de mèche. L'hôtesse essaya de toute façon de rendre notre séjour agréable ; elle enroula des peaux de rennes qui devaient nous servir de coussins et d'oreillers, et nous arrangea une bonne place, de sorte que nous pûmes jouir tout étendus d'un repos bien nécessaire.

» Dans la tente extérieure, l'autre femme préparait le souper qui consistait en veau marin bouilli. On nous invita bienveillamment à prendre part au repas ; mais, comme nous ne ressentions aucun goût pour la viande de veau marin, nous déclinâmes cette offre, sous prétexte que nous venions de dîner. Nos hôtes prirent leur repas en ayant le corps dans la tente intérieure, mais la tête apparaissant sous les couvertures de peau de renne, dans la tente extérieure. Le repas fini, les têtes rentrèrent en dedans de la tente, et l'hôte se débarrassa de tous ses vêtements sauf de ses pantalons. L'hôtesse laissa tomber sa tunique par dessus ses épaules, de manière à mettre à nu toute la partie supérieure du corps. Les bottines de peau de renne furent enlevées, retournées, minutieusement essuyées, puis suspendues au plafond au-dessus de la lampe pour sécher pendant la nuit.

Nous régalâmes les dames de sucre qu'elles examinèrent d'abord avec une certaine précaution, par suite de leur complète ignorance de cette marchandise, mais qu'elles croquèrent ensuite avec infiniment de plaisir.

Le sommeil commençait à s'emparer de nos hôtes, nous prîmes congé et rentrâmes dans notre tente, où nous n'avions rien moins que chaud, le thermomètre n'ayant montré qu'environ 11° centigrades pendant toute la nuit.

Après une nuit passée à peu près sans sommeil, nous nous levâmes à 6 heures 1/2 du matin; à notre sortie de la tente, tous les rennes arrivèrent en troupe serrée. En tête marchait le vieux renne à grandes cornes qui s'approcha de son maître, et lui souhaita le bonjour en lui frottant le nez contre les mains. Les autres rennes se tenaient pendant ce temps en rang, comme l'équipage d'un navire de guerre dans les divisions. Le propriétaire passa ensuite devant chaque renne, lui permettant de frotter le nez contre ses mains. Lui, de son côté, prenait le renne par les cornes, et l'inspectait minutieusement. Cette revue terminée, le troupeau entier fit un demi tour au signal de son maître, et retourna, en rang serré, le vieux renne en tête, au pâturage de la veille.

« Ce spectacle fit sur nous une impression excellente : Ce n'était pas le sauvage cruel et grossier, montrant avec rudesse son pouvoir sur les animaux ; c'était le bon maître, bienveillant envers ses bêtes et ayant une parole d'amitié pour chacune ; il régnait une vraie confiance entre Tschoutsche et ses rennes. Lui-même était un beau jeune homme à la figure intelligente, au corps souple et bien fait. Les vêtements d'une coupe élégante et confectionnés de magnifiques peaux de renne, s'ajoutaient admirablement à la souplesse de son corps, et faisaient ressortir sa tenue agréable et fière qui se présentait dans toute sa grâce quand il marchait.

« La réitération de notre demande d'obtenir un renne par échange fut suivie d'un nouveau refus. Nous enlevâmes en conséquence notre tente, et nous nous remîmes en route pour le Viga. Le 18 mars, à 3 heures du soir, nous arrivions à bord après 4 heures 3/4 de marche. »

Mais il convient ici, puisque d'ailleurs l'hivernage forcé de Nordenskiold et de ses courageux compagnons, nous fait des loisirs de dire quelques mots de ces rennes dont nous avons déjà si souvent parlé.

XII

LE RENNE.

Le *Renne* a le système dentaire semblable à celui des cerfs et des élans, mais il est loin de ressembler à ces deux animaux pour le reste du corps ; sa tête est forte, mais médiocrement allongée et n'a pas le mufle du cerf ; la queue est courte ; le corps est grêle, tandis que les élans sont des animaux très gras, et à propos de ceux-ci je me permettrai d'insinuer ici que je n'ai jamais compris pourquoi on ne les employait pas en Russie où ils sont très nombreux et très susceptibles de domesticité.

On ne connaissait pas le renne chez les anciens. Aristote n'en parle pas ; les Romains le connurent très tard.

Le renne sauvage est plus grand que le renne domestique ; la tête ressemble à celle d'un veau, les pieds sont aplatis et recouverts de grosses touffes de poils ; ils sont fauves en été, blancs en hiver.

On rencontre le renne au-delà du cercle polaire ; il y en a au Spitzberg, au Groënland, en Laponie, dans les parties les plus septentrionales de l'Asie, et surtout au Canada, où on en trouve de grandes quantiités. C'est en Laponie, qu'il est le plus employé comme animal domestique. On l'attelle comme le cheval au traîneau et à la voiture ; il marche même avec bien plus de vitesse et de légèreté, fait aisément trente lieues par jour et court avec autant de sûreté sur la neige gelée que sur un terrain uni. La femelle donne un lait excellent, avec lequel on fait de bon fromage, très riche en caséum. La chair en est très bonne à manger ; sa fourrure est très chaude et sa peau fournit un bon cuir.

Le renne représente, pour le Lapon, les ressources du cheval, de la vache, du bœuf et de la brebis ; malheureusement, il ne peut guère sortir de ces parages, et tous ceux que l'on a voulu emmener dans l'intérieur sont morts en peu de temps.

Pour que les rennes puissent vivre dans les meilleures conditions de sécurité et d'économie possibles, il faut que le troupeau se compose de mille individus, ni plus ni moins. Voici, à ce sujet, les renseignements que nous fournit M Kœchlin Swartz dans son excellent ouvrage *un Touriste en Laponie* ; il serait difficile de trouver des renseignements plus exacts sur cet intéressant quadrupède :

« Pour diriger et surveiller un troupeau de cette importance, dit-il, il faut huit à dix hommes. Si la famille n'atteint pas ce nombre, on y supplée en prenant des domestiques, qui vivent avec leurs maîtres sur le pied de l'égalité la plus parfaite, n'ayant ni plus ni moins de travail, partageant la même nourriture, logis et vêtus comme les chefs de famille. On ne les paie pas en argent, mais en nature. Leur salaire annuel, qui est réglé d'ordinaire en automne, varie, suivant les conventions, entre trois et quatre rennes, toujours choisis parmi les femelles pleines.

» Lorsqu'une famille à elle seule ne possède pas mille rennes, ou un chiffre approchant de mille, elle se réunit à une, deux ou trois autres familles ; chacune d'elles amène son contingent pour parfaire le nombre voulu. Et, je dirai à ce propos, que les nomades de Karasiok ne possèdent guère chacun, en moyenne, plus de 300 à 400 rennes, et qu'à ce chiffre

Les rennes.

ils sont pauvres et peuvent à peine suffire à l'entretien de leur famille. J'ai entendu citer des individus possédant de 4,000 à 5,000 rennes ; mais ils sont rares ceux-là, en admettant qu'ils existent, ce dont je me permets de douter. Le plus riche de Karasiok n'en a pas plus de 1,200 à 1,500.

» On voit qu'avec la moyenne de 300 à 400, il faut que nos nomades se réunissent, en général, par groupe de trois familles pour constituer un troupeau normal. Alors ils mettent tout en commun, peines, labeurs, ainsi que leurs maigres bénéfices. Et ces bénéfices sont d'autant moins élevés que le produit du lait d'une bonne partie des rennes se trouve absolument perdu. Ils ne donnent, en effet, beaucoup de lait qu'en été ; mais comme on ne parvient jamais à traire que ceux qui restent aux environs du campement, le lait des autres ne peut profiter aux Lapons. Il faut l'avoir vu pour se figurer ce que c'est que cette opération. Il en est très peu qui soient assez apprivoisés pour venir d'eux-mêmes et tenir en place tranquillement comme les vaches et les chèvres. Alors il faut user du lasso pour les prendre et les faire entrer dans de petits parcs entourés de palisssades où se fait l'opération ; mais là encore il faut souvent les garder liés pour les traire. C'est une bagarre inimaginable et qui recommence tous les jours.

» Lorsqu'on ne connait pas les mœurs, ou pour mieux dire les besoins des rennes, on se demande tout naturellement pourquoi ces perpétuels voyages, pourquoi ces migrations incessantes des Lapons. Le motif en est simple :

» Le renne ne peut vivre qu'en plein air, hiver comme été. Il n'est jamais interné dans une étable ou une écurie. De plus, on ne le nourrit pas ; c'est lui-même qui cherche la nourriture qui lui convient, et pour la trouver, son instinct est merveilleux. Mais encore faut-il qu'il soit dans les places où cette nourriture se rencontre, et c'est la recherche des bonnes places qui fait la préoccupation constante des Lapons.

» Dès le printemps, l'instinct des rennes les pousse vers les côtes, et si leurs maîtres ne les y conduisaient pas, ils ne seraient plus maîtres d'eux et courraient le risque de les voir déserter en masse, sans plus s'inquiéter d'eux que s'ils n'existaient pas. Au bord de la mer, en effet, les rennes sont moins tourmentés par les moustiques ; puis ils y trouvent de beaux pâturages d'herbe fine qui font défaut à l'intérieur.

» La belle saison passée, le même instinct les pousse à rentrer dans l'intérieur des terres, à s'éloigner de la mer, à courir à la recherche de leur nourriture d'hiver, les lichens et les mousses qu'ils ne mangent d'ailleurs qu'à défaut d'herbe, qu'ils préfèrent toujours.

» Ainsi, chaque saison amène, pour les pauvres Lapons, de nouvelles difficultés : En hiver, quand la terre est couverte d'un tapis de neige de plusieurs pieds d'épaisseur, les rennes creusent dans cette neige, avec leurs pattes et leurs cornes, des trous immenses qui vont jusqu'au sol et dans lesquels ils disparaissent presque complètement.

» Là, ils trouvent les mousses qu'ils mangent, et sont en même temps abrités contre le froid. Mais si, à l'entrée de l'hiver, la première neige vient à fondre en eau et qu'une gelée ait lieu par malheur avant que tombe une nouvelle couche de neige, alors les rennes auront beau creuser des trous énormes, ils arriveront à la couche de glace qui recouvre immédiatement la terre, et qu'ils ne parviennent pas à casser. Et la mousse étant sous la glace, ils n'auront rien à manger.

» Ces croûtes de glace, que les Lapons appellent des *isflen*, sont pour eux l'ennemi redoutable. Quand ils les rencontrent, il leur faut se déplacer, changer de pâturages, chercher au hasard jusqu'à ce qu'ils aient découvert un endroit plus propice. Et s'ils ne le trouvent pas, ils sont sont obligés alors d'user de leur ressource suprême, de retourner dans leur commune, dans ce qu'on appelle *laps skatte land*, la terre du Lapon, terrain concédé par le gouvernement moyennant une redevance annuelle assez minime, et où ils ont le droit d'abattre des arbres, c'est-à dire des bouleaux et des sapins qui ont les branches garnies de ces longues barbes grises très communes dans le pays, et que mangent les rennes quand ils ne peuvent trouver autre chose.

» C'est au printemps, au moment du dégel, que les *isflen* se montrent le plus fréquemment. A ce moment, le Lapon est éloigné de sa commune, il lui faut faire d'immenses trajets pour se rapprocher, et s'il ne trouve rien sur sa route, les rennes périssent en grand nombre. Il en a été ainsi dans l'année 1880-81, où l'hiver a été si rude et s'est prolongé indéfiniment; ce printemps si tardif a empêché l'herbe des côtes de pousser, et les rennes meurent faute de nourriture.

» Le moment où les femelles mettent bas est une préoccupation de premier ordre pour les Lapons. On commence par séparer les mâles des femelles; on maintient celles-ci dans un pâturage abrité, autant que possible, chaque année dans le même; puis, dès que les petits sont nés, commence une opération des plus pénibles. Dans l'état de quasi-domesticité où elles se trouvent, les femelles ne s'inquiètent pas de leur veau après sa naissance. Elles le laisseraient mourir dans la neige, si les Lapons n'intervenaient pas pour le rapprocher de sa mère, ne la forçaient pas à le sentir, en un mot à le lui donner à connaître, de façon à réveiller graduellement le sentiment maternel; la chose arrive enfin, bien que tardivement, et elle se décide à lui accorder sa protection et ses soins.

» Trois ou quatre jours après leur naissance, les petits rennes sont déjà assez robustes pour pouvoir suivre le troupeau dans ses pérégrinations.

» Lorsque vient l'été et les chaleurs, une autre plaie se manifeste. Je ne parle pas même des moustiques. C'est le taon qui arrive, très dangereux pour les rennes. Il y a en Laponie deux espèces de taons bien distinctes, qu'on nomme *trumpë* et *pattok*; chacune a des habitudes et des tendances très différentes.

» Le *trumpë* se porte toujours au-devant du nez du renne, et, tout en voltigeant, il lui lance ses œufs dans les naseaux. Ces œufs s'accrochent à l'intérieur du nez ou dans la gorge. Ils séjournent là jusqu'au printemps sans trop gêner le renne. Mais alors ils commencent à se développer, à grandir démesurément jusqu'au moment venu de l'éclosion où l'animal les expectore sous forme de caillots ou de paquets de larves, qui deviennent à leur tour de nouveaux *trumpë*. Mais il arrive fréquemment que les jeunes rennes meurent étouffés par le développement subit de ces larves dont ils n'ont pas eu la force de se débarrasser.

» Les *pattok* s'y prennent tout différemment. Ils déposent leurs œufs sur le dos des rennes. Ces œufs pénètrent dans sa peau où ils se développent tout à leur aise, formant des larves ou chrysalides blanches à anneaux, molles et grosses comme une forte noisette. Lorsqu'on ne les extrait pas avant leur éclosion qui arrive également au printemps, elles forment de véritables ulcères, qui peuvent guérir, il est vrai, mais qui laissent dans la peau des cicatrices profondes, souvent même un grand trou qui diminue commercialement beaucoup la valeur de celles-ci.

» Lorsque les troupeaux sont assaillis par ces ennemis ailés, pour prévenir leurs bêtes de ces piqûres qui leur causent tant de préjudice, les Lapons sont souvent obligés d'émigrer sur les *fields* couverts de neige. Le froid saisit alors les taons qui tombent engourdis à terre où ils sont piétinés et écrasés par les bêtes.

» Mais dans les étés très chauds, cette ressource manque, les champs de neige sont rares, et il faut bien que les Lapons se résignent à laisser piquer leurs malheureux rennes.

» Assez souvent aussi les Lapons sont eux-mêmes victimes des *trumpë*, qui leur lancent leurs œufs dans le nez ou autour des yeux. Cela leur vaut des indispositions désagréables, démangeaisons, éternuements, coryza, inflammation des paupières ; mais ces accidents n'ont pas de suite et les larves ne se développent pas. Ce qui prouve que le nez d'un lapon, quelque laid qu'il puisse être, n'est pas la place destinée par dame Nature pour l'éclosion de ces désagréables parasites.

» De tous les ennemis du renne, et il en compte beaucoup, le plus terrible est bien certainement le loup. Aussi les Lapons ont-ils étudié à fond les habitudes de ce carnassier. C'est à ce point qu'à la vue des traces d'un loup, ils peuvent reconnaître très sûrement s'il est vieux ou jeune, dangereux ou non. Un vieux loup suivra volontiers les chemins tracés par les traîneaux et les patins et attaquera de préférence les jeunes rennes, parce qu'il sent qu'il n'a plus les dents assez aiguës pour s'attaquer aux plus forts. Un jeune loup, au contraire, ne s'inquiète ni des chemins ni de la force de son adversaire ; il passe partout et s'attaque à tous. La tactique ordinaire adoptée par les loups, quand ils suivent un troupeau de rennes, consiste à détourner du gros de la troupe une ou plusieurs bêtes dont ils ont alors facilement raison.

» Le procédé des Lapons pour chasser le loup est des plus caractéristiques. Ils se réunissent d'ordinaire à plusieurs, choisissent avant tout une journée où la neige est fraîche et molle ; ils chaussent leurs *ski*, leurs longs patins de bois de deux mètres et plus de longueur, qu'ils frottent de graisse de renne pour les rendre plus glissants, et suivent ainsi les pistes. La neige molle porte mal le loup qui enfonce et avance lentement, tandis qu'avec leurs patins ils vont comme des flèches. Sitôt que les loups se sentent poursuivis, ils s'efforcent de gagner les hauteurs où la neige est moins molle, parce qu'elle y est balayée par le vent. On affirme même que, s'ils sont gavés, pour s'alléger et mieux courir, ils se font volontairement vomir. Mais, malgré leurs ruses et leurs expédients, les Lapons parviennent à les joindre ; armés d'une main d'un bâton qui se termine en fourche, ils tiennent l'ennemi à distance respectueuse, et de la main droite, munie d'une forte trique, ils choisissent l'instant favorable pour lui casser les reins, la partie la plus faible du loup ; après quoi ils l'assomment sans pitié.

» La peau du loup ainsi assommé se vend environ 16 *kronors*. Tiré, il vaudrait bien moins. Les Lapons usent du même procédé pour chasser le renne sauvage et même l'ours.

» Le gouvernement paie une prime de 20 kronors (28 francs), pour chaque loup tué. Aussi, malgré l'apathie naturelle des Lapons, cette prime les a-t-elle encouragés, et le nombre de ces dangereux carnassiers a bien diminué depuis quelques années. En 1847, il a été tué 270 ours, 259 loups, 116 lynx et 88 gloutons, tandis qu'en 1875, il n'a été tué que 97 ours, 71 loups, 190 lynx et 68 gloutons.

» En automne, lorsque commencent les froids, les Lapons quittent leurs pâturages d'été et ramènent les troupeaux hiverner le plus près possible de la commune. Mais toutes ces migrations ne s'opèrent pas aussi facilement qu'on pourrait le supposer. Les rennes sont très indépendants de nature et on a toutes les peines du monde à les faire passer par où ils ne veulent pas aller. Puis, une fois au bord de la mer, dans leurs pâturages d'été, leurs conducteurs leur laissent une certaine liberté dont ils profitent souvent pour s'éloigner considérablement et aller se mêler à d'autres troupeaux. Quand vient la saison du départ, il faut d'abord les réunir, ce qui n'est pas chose facile et deviendrait même une tâche tout à fait impossible si les chiens n'étaient pas là pour les retrouver avec un instinct merveilleux.

» Et cependant, même à l'aide de ces puissants auxiliaires, l'opération est souvent longue et délicate, car à ce moment de l'année, les rennes sont devenus presque sauvages, après ces quelques mois d'éloignement où ils n'ont point vu leurs maîtres. Sans compter que, lorsqu'ils sont sur la côte, ils ne se font aucun scrupule, dans leur goût pour l'indépendance, de traverser à la nage, par bandes, un large bras de mer pour aller voir dans les îles si le fourrage a meilleur goût.

» Lorsqu'on a fini par réunir toutes les bêtes, au prix de tant de peines, il faut procéder au triage, ce qui n'est pas non plus chose aisée. Pour y parvenir, on conduit les troupeaux ainsi mélangés en présence de leurs propriétaires réunis ; là se fait la part de chacun, grâce à une marque spéciale que chaque bête porte à l'oreille, qui permet de reconnaître sa provenance. Les jeunes rennes qui n'ont pas encore été marqués ne peuvent faire l'objet d'un litige, car toujours ils suivent leur mère.

» Les chiens facilitent cette opération du triage en faisant la police. Cela dure une journée entière, quelquefois plus ; après quoi, chacun se remet en route dans la direction de ses stations d'hiver.

» C'est généralement vers le mois de septembre que les nomades quittent la côte. C'est alors le moment où les cornes des rennes, dépourvues de poils, sont le plus dures. Tous ceux qui ont vu des rennes savent qu'à l'encontre des espèces telles que les cerfs, les chevreuils, chez lesquels les mâles seuls ont des cornes, les rennes mâles et femelles sont également fournis de bois. Toutefois celui des mâles est sensiblement plus grand, plus abondant en branches. On cite des cornes qui avaient jusqu'à 58 ramures et qui pesaient 37 livres.

» Les rennes perdent leurs cornes à la mi-novembre. Les rennes hongres, ou les bœufs, *oxen*, comme on les appelle là-bas, les perdent en mars-avril, et les femelles en mai, dix ou douze jours après avoir mis bas leurs veaux. Je n'ai pas besoin de dire que les Lapons les ramassent soigneusement pour les vendre. A la fin d'août, les cornes sont reformées. Celles des mâles atteignent leur plus grand développement à sept ans, celles des femelles à quatre ans.

» Les Lapons racontent à propos des cornes, de leur croissance, de leur forme, des histoires d'une incroyable naïveté. Ils disent que les rennes sont très fiers de leurs belles cornes, qu'ils en sont très préoccupés, et qu'afin qu'ils puissent les voir sans cesse, la nature leur a placé les yeux de façon à ce que, seuls de toutes les bêtes à cornes, ils puissent admirer les leurs propres sur leur tête. Ils croient aussi que ce sont les rennes eux-mêmes qui forment les branches de leurs cornes, et qui les placent bien symétriquement ; suivant cette croyance, lorsque les cornes sont encore molles, les rennes les frottent avec leurs pattes de derrière à la place où ils veulent faire pousser un rameau ; ils frottent ainsi jusqu'à ce que la corne molle soit mise à vif, et à l'endroit de cette petite plaie, pousse le rejeton. Comme preuve à l'appui, ils disent que lorsqu'un renne a perdu un œil ou qu'il a mal à une patte de derrière, la corne correspondante au mauvais œil ou à la patte malade reste laide, tandis que l'autre, qu'il peut voir ou frotter à son aise, embellit. Ils ajoutent encore comme preuve, que les rennes qu'on fait beaucoup travailler et qui sont par suite forcés de négliger leur toilette, n'ayant pas de temps de reste, ont toujours de vilaines cornes ; mais qu'on les laisse reposer, et l'année suivante ces mêmes rennes se feront de belles cornes.

« C'est en septembre que les rennes sont le plus gros et le plus fournis en chair et en graisse. Aussi est-ce le moment que l'on choisit pour tuer ceux que l'on veut manger.

« Quand il s'agit de tuer un renne, le Lapon a deux méthodes : la première consiste à attacher la bête par un nœud coulant, puis on la pique avec un couteau derrière l'épaule, dans la région du cœur ; on laisse le couteau enfoncé dans la plaie et on lutte avec la pauvre bête jusqu'à ce que la mort arrive. La seconde méthode est plus expéditive. Le Lapon plante son couteau dans la nuque de l'animal qui tombe foudroyé dès que la moelle est atteinte. Alors seulement, le renne étant à terre, il le pique au cœur en laissant toujours soigneusement le couteau dans la plaie, ce qui empêche le sang de s'écouler au-dehors et le force à s'épancher dans le thorax où on le recueille précieusement. Pour le conserver, car les Lapons le mangent et en sont même très friands, ils le versent dans l'estomac tout frais d'un renne qu'ils ont eu soin de retourner comme un sac, afin que les sucs qui auraient pu s'y trouver encore ne corrompent pas le sang. Les raffinés ont soin de ne le verser dans ce récipient que par petites couches successives qui se coagulent, se figent et sèchent pour ainsi dire à mesure qu'on le verse.

« Les Lapons nomades ne se décident que fort difficilement à vendre leurs rennes et surtout les jeunes, et cela se comprend quand on connaît leur genre de vie ; les rennes leur sont en effet plus nécessaires que l'argent qu'on leur remettrait en échange. Ils enterreraient l'argent qui ne leur servirait à rien, tandis que leurs bêtes leur fournissent du lait, un lait très gras et qui a le goût du lait de brebis ; ils n'en font cependant qu'un fromage médiocre ; en hiver, ils conservent ce lait gelé, ce qui n'est pas bien fameux non plus au goût. Enfin les rennes se reproduisent et leur donnent de petits *veaux* comme ils les nomment, mais jamais ils ne font de jumeaux.

» Les Lapons, bien entendu, ne tuent jamais les femelles que lorsqu'elles sont stériles ou trop vieilles pour avoir encore des veaux ; mais femelle ou mâle, quand ils ont tué un renne, ils s'arrangent pour que rien de la bête ne soit perdu. Toutes les parties ont leur destination, les os exceptés. Ils conservent le sang pour en faire de la soupe en le mélangeant avec du lait ou de la crème généralement aigres, soupe absolument impossible à manger pour nous, je me hâte de le dire, et dont le goût est si nauséabond que je ne chercherai pas à le décrire. Tous les morceaux de la chair qu'ils ne mangent pas frais ou soi-disant tels sont séchés ou fumés. Ils se régalent des intestins, du foie, du cœur, des poumons, tout cela cuit à l'eau avec un peu de sel, mais sans addition de poivre ni de graisse d'aucune sorte. Il cassent les os au marteau ou à l'aide d'une pierre pour en extraire la moelle. Les tendons séchés sont utilisés comme fil à coudre. Avec les peaux, ils fabriquent les vêtements d'hiver. Quant aux cornes, elles servent à faire des cuillers, des manches de couteaux et cent autres petits ustensiles. Celles qu'ils n'emploient pas sont amassées par les marchands et vendues à Hambourg, d'où elles vont dans le monde entier.

» Les rennes sont connues pour n'être pas toujours des coursiers bien commodes. Ainsi, pendant le premier kilomètre, ils ont l'habitude de faire toutes les sottises imaginables ; ils sautent, ruent, se jettent à droite, à gauche, avec une sauvagerie bien faite pour vous persuader, au premier moment, qu'on va être mis en pièces. Mais ils se calment assez vite et finissent par marcher de façon relativement raisonnable.

» Pour les conduire, on n'a qu'une corde attachée à la bride qui n'a point de mors. On jette cette corde tantôt à droite, tantôt à gauche pardessus le dos de la bête, et on tire dessus selon que l'on veut aller à droite ou à gauche. Mais il ne faudrait pas compter qu'ils vont obéir docilement comme des chevaux. Leur caractère indépendant ne se dément jamais, et ils sont d'ailleurs d'autant plus malaisés à conduire, que, assis très bas, on ne les tient pas dans la main. A part ces gros inconvénients, on n'est pas mal installé dans les *pulk* (nom des traîneaux lapons). Je ne saurais mieux les décrire qu'en disant qu'ils ont exactement la forme d'un grand sabot de 1^m 60 à 1^m 80 de long, dans lequel on s'assied les jambes allongées, le dos appuyé contre l'arrière qui est relevé à angle droit. Les jambes sont bien couvertes par des fourrures. Ce traîneau n'a pas de brancard, le renne étant attaché par deux traits en corde fixés de côté à l'avant du traîneau. Parfois le harnais est assez luxueux ; tous les rennes attelés ont une clochette au cou ; j'en ai vu avec des clochettes d'argent.

» Le dressage des jeunes rennes est difficile. Pour parvenir à leur faire accepter d'être attelés aux traîneaux, il faut beaucoup de patience.

Généralement on commence par les attacher par une longue corde à un jeune bouleau haut et souple. Ils tirent sur l'arbre et se démènent d'abord comme des fous. Lorsqu'ils sont fatigués, on substitue à l'arbre un traineau fixé à une longue corde, puis au fur et à mesure que leur ardeur s'apaise, on raccourcit la corde et on finit par les atteler.

» C'est dans ces équipages primitifs que l'on voyage l'hiver en Laponie, et c'est ainsi que nous fîmes notre excursion.

» Les Lapons que nous allions voir se mettaient précisément en route pour continuer leur migration du côté de la mer. Les tentes étaient pliées et chargées, ce qui nous permit de jouir du spectacle fort intéressant d'une colonne en route.

» En tête marchaient une vingtaine de rennes chargés de tout le bagage, divisé en une infinité de petits ballots et disposé sur les bêtes de la façon la plus bizarre. D'abord les rouleaux d'étoffe des tentes, les longs bâtons de la carcasse; par-là dessus les coffres, les provisions, les chaudrons et les mille objets qu'ils transportent avec eux. Souvent un moutard est perché au haut de la pyramide. Mais pour chaque bête on modère la charge; on ne leur fait guère porter plus de 30 à 36 livres. Derrière les bagages viennent les femmes et les enfants montés à califourchon sur des rennes, suivis d'un troupeau composé des bêtes les plus dociles, les plus apprivoisées, qui doivent servir à entraîner les autres à leur suite en leur montrant le chemin; le gros troupeau amène derrière, en masse ou éparpillé, en désordre, les chiens s'efforçant de les concentrer le plus plus possible; à l'arrière-garde les hommes avec le reste des chiens pour veiller sur toute la caravane. L'ensemble est curieux, pittoresque, d'un grand effet, surtout quand on voit cette longue file se dérouler, comme nous le voyons en ce moment, sur un immense tapis de neige, éclairé par un ciel pur du plus beau bleu d'été.

» Malgré la température assez froide et la saison retardataire, ils avaient adopté la marche d'été, car en hiver l'arrangement est différent. On ne charge plus les bêtes. Bagages, femmes, enfants, tout est empilé dans douze ou quinze traîneaux qui marchent en tête de la colonne. Les étapes sont courtes généralement. On s'arrête où l'on trouve de la nourriture. Immédiatement on dresse les tentes, on fait le feu, qui ne s'éteint plus; les rennes se mettent à brouter, maintenus près du campement par les chiens. Car ces braves gardiens veillent incessamment, et sitôt qu'un ou plusieurs fuyards quittent la place ils les poursuivent, les rattrapent et les ramènent. Mais ils ont toujours la précaution de se tenir à une certaine distance respectueuse du troupeau et de ne pas s'aventurer dans le milieu, car ils courraient grand risque alors d'être maltraités par les rennes qui les piétineraient ou leur lanceraient des coups de corne.

» Sitôt que les rennes ont fait place nette, on lève le camp et le troupeau se remet en route. A chaque départ, le même travail se reproduit, il faut ramener les indépendants qui se sont plus ou moins écartés. Mais il est vrai que l'instinct naturel des rennes aide singulièrement ces recherches; ils savent très bien qu'au printemps on marche se dirigeant vers la mer, et, en automne, vers l'intérieur; lorsqu'un renne s'est éloigné ou égaré, on sait parfaitement que ce serait peine perdue de le chercher en arrière de la colonne; il est toujours en avant, c'est-à-dire fuyant la mer en automne, s'en rapprochant au printemps. Et c'est ainsi qu'on avance à petites journées, d'étape en étape, ne s'arrêtant que dans l'intédes bêtes, ne se déplaçant que pour les suivre, et toujours préoccupé de leurs besoins en esclave de leurs désirs.

» Lorsque la caravane fut repartie, nous nous remîmes nous-mêmes en route pour retourner à notre campement; mais, dans ce dernier trajet, notre ignorance de ce genre de sport, ou plutôt l'imprudence des Lapons, provoquèrent un accident qui aurait pu avoir les suites les plus graves. Nous avions sur notre parcours une pente assez raide, que Mme Becker avait coupée un peu trop court; le renne, attelé à son traîneau, irrité de sentir le véhicule, que rien ne retenait, lui heurter les jarrets, fit tant de sauts et de sottises, qu'il se trouva tout à coup les quatre pattes dans le pulk au risque d'écraser notre compagne, à demi-morte d'émotion; et c'est ainsi que, lui debout, elle couchée dans le traîneau qui descendait tout seul, ils glissèrent au bas de la côte. Heureusement que la peur fut plus grande que le mal; mais c'est qu'aussi on avait négligé la précaution fort sage, que prennent toujours les Lapons, d'attacher deux rennes à un traîneau, l'un devant, l'autre derrière. Dans les montées, celui de devant tire et l'autre se repose; dans les descentes, au contraire, celui de derrière retient la machine, et l'on invite ainsi l'accident arrivé à Mme Becker. Souvent aussi on attache plusieurs traîneaux ensemble, l'un derrière l'autre, chacun attelé de son renne, ne mettant un animal de supplément qu'au dernier pour retenir la colonne.

On comprend qu'avec des véhicules aussi instables sur leur base, à cause de leur forme arrondie comme la quille d'un bateau, avec des coursiers aussi capricieux, on a grand'peine à se tenir en équilibre dans son traîneau. Les Lapons, grâce à l'habitude qu'ils en ont, peuvent se permettre, tout en courant, de faire de la fantasia, se tenir debout, à genoux ou assis à volonté; mais les simples débutants comme nous versent sans se faire prier. Nous en avons tous fait l'expérience. Par bonheur, on ne tombe pas de haut, on roule plutôt qu'on ne tombe, et on ne se fait pas de mal. Enfin on ne marche pas toujours aussi vite qu'on pourrait le croire ; les rennes sont assez prompts à modérer leur allure, et cependant ils sont durs à la fatigue ; on peut parcourir de longues distances avec la même bête ; on ira, par exemple, de Karasiok à Alten, ce qui demande quatre bonnes journées, avec le même renne, à la condition, bien entendu, de s'arrêter de temps en temps pour lui permettre de manger et de se reposer. Autant les voyages à cheval coûtent cher, autant sont économiques les voyages faits avec les rennes. On paie un renne 20 ores (28 centimes) par mille de 11 kilomètres, soit ensemble pour son conducteur (chargé de ramener rennes et traîneaux,) pour deux traîneaux et trois rennes, 75 ores, soit un peu plus d'un franc ; ce n'est guère.

J'ai accusé à plusieurs reprises les rennes d'être indisciplinés et d'avoir médiocre caractère. Je dois pourtant à leur décharge raconter un fait que nous narra un médecin du pays que nous avons rencontré dans une de ses tournées d'inspection, fait qui tendrait à prouver que, si l'on veut en prendre la peine, on peut arriver à les dresser à l'obéissance la plus immédiate. C'était en hiver, par une belle nuit claire : notre médecin voyageait en Laponie en traîneau ; devant lui, il aperçut sur un lac gelé qu'il lui fallait traverser une agglomération de plusieurs centaines de rennes. Déjà, il disait au conducteur qui le précédait de faire halte, pensant que le passage ne serait pas possible, quand un cri retentit, puis un deuxième, puis un troisième accompagnés par les aboiements des chiens. Aussitôt sur le signal de leurs maîtres, il vit les rennes s'écarter fort docilement, se pressant les uns contre les autres, et laissant libre un passage de 2 mètres de large au centre du troupeau, passage qui se referma immédiatement derrière le docteur, après qu'il eût passé.

Ce passage est long, mais il donne tant de détails intéressants sur ces animaux complétement inconnus au reste de l'Europe, que je n'ai pas cru devoir en priver le lecteur, aussi bien ce livre est fait pour instruire tous ceux qui veulent apprendre. La Laponie est loin du détroit de Behring, mais le renne est employé dans tout le nord de l'Asie et un explorateur des mers australes doit en connaître les mœurs aussi bien qu'un Lapon.

A ces renseignements nous ajouterons ceux-ci : les rennes peuvent faire de quatre à cinq lieues à l'heure ; en courant, ils frappent continuellement les sabots les uns contre les autres. Le renne, dans l'état de domesticité peut vivre quinze ans, mais à l'état sauvage il vit de vingt-huit à trente ans.

Il est probable qu'autrefois le renne habitait d'autres parties de l'Europe, puisqu'on en a retrouvé des fossiles dans le sable d'Étampes.

XIII

LE COURONNEMENT DE L'ŒUVRE.

Jusqu'au 13 juin la saison fut très rigoureuse ; elle variait entre 14 et 26° centigrades ; il y eut jusqu'à 50°. M. Nordenskiold fait remarquer ce que j'ai observé moi-même bien souvent dans ces régions, à savoir que 50° sont supportables quand le temps est calme, mais qu'il est difficile de subir sans danger une température même inférieure quand le vent souffle.

Je me souviens avoir enduré sans souffrance aucune 38°, et ne pouvoir faire deux ou trois kilomètres en traîneau découvert par un grand vent de 16 ou 18°. Entre 40 et 50° on ne saurait s'exposer sans précaution à l'action de l'air ; on peut avoir instantanément le nez ou les oreilles gelées.

En ce cas, une sorte de capuchon en usage dans toute la Russie, nommé Bachlik est d'une grande utilité. On peut le mettre par dessus le bonnet de fourrures ; il garantit les oreilles et le cou.

Vers le 13 juin, les glaces commencèrent à se briser et la débâcle commença ; néanmoins la Véga était encore entourée de glaces et M. Nordenskiold pensait que cet état de choses pouvait ainsi durer une semaine ou deux, lorsque tout-à-coup, le 18 juillet, ces glaces se rompirent d'une façon inattendue et l'on dut se mettre en route immédiatement.

La mer était ouverte jusqu'au détroit de Berhing et la circumnavigation des côtes septentrionales de l'Asie était un fait accompli. M. Nordenskiold aurait donc pu songer à mettre de suite le Cap sur le Japon, mais il désirait étudier les terres qui entourent le détroit de Berhing, explorer les îles Aléoutiennes, et compléter les données fort insuffisantes que l'on avait déjà sur la faune de ces contrées inconnues. Se renseigner aussi sur les mœurs indigènes de la presqu'île Tchoutche offrait un trop puissant attrait aux voyageurs pour, si près du but, abandonner une mine si friande en découvertes de toute nature.

On constata sur la côte de cette péninsule des oiseaux d'espèces particulières, comme l'eider américain, oiseau très curieux qui fournit l'édredon ; une oie cygniforme toute blanche avec les pennes des ailes noires, une oie gris-brun à épais plumage blanc-jaunâtre sur la nuque ; une macreuse brillamment dessinée en noir velouté, blanc et vert sur la tête; la belle et rare mouette de Rossi, une bécasse à bec élargi en cuiller à la pointe; quelques oiseaux chanteurs.

Le lièvre se rencontre souvent sur la côte septentrionale de la presqu'île Tschoutche; il est plus grand que le lièvre scandinave et pèse jusqu'à six kilogrammes. Les renards sont nombreux ainsi que les isates.

Dans les glaces.

Les ours ne sont fréquents qu'en été; la marmotte s'y montre en assez grande quantité en hiver. Ces animaux se nourrissent de *lagopèdes* ou perdrix des neiges, et de lemmings.

Le lemming est un petit mammifère de la taille du rat; il émigre en quantités considérables traversant les rivières et passant par dessus les bateaux pour se rejeter dans l'eau de l'autre côté; les agriculteurs craignent beaucoup ces animaux qui dévastent une étendue énorme de champs en une journée, sans parler des gros mammifères qu'ils entraînent à leur suite et qui leur font une guerre acharnée.

Il nous serait impossible de donner ici plus de détails sur les nombreuses études que firent les savants de la Véga dans ces parages; elles feront d'ailleurs l'objet de différents ouvrages qu'ils ont l'intention de publier plus tard. Nous nous contenterons de rapporter encore l'avis du docteur Nordenskiold sur la circumnavigation possible à époques fixes sur les côtes septentrionales de la Sibérie.

Ce voyage qui a été fait une fois pourrait-il être recommencé tous les ans? C'est la question importante au point de vue des avantages commerciaux de cette expédition.

Voici selon le rapport de M. Nordenskiold comment pourraient s'exposer les conditions du problème :

1° La route maritime, depuis l'Océan atlantique jusqu'au Pacifique le long de la côte septentrionale de la Sibérie, doit pouvoir s'accomplir souvent et en peu de semaines si l'on emploie à cet effet un navire à vapeur bien approprié à cette navigation, et monté par des marins expérimentés. Néanmoins, il est possible que cette route, dans son ensemble, autant du moins que les connaissances actuelles sur les mers glaciales permettent de le préjuger, ne soit pas de longtemps encore de quelque importance pour le commerce.

2° Dès aujourd'hui on peut cependant soutenir qu'il n'existe aucune difficulté à établir des relations commerciales entre l'Europe et l'Obi et l'Iénisséi.

3° Selon toute probabilité même, la route maritime entre l'Iénisséi et la Léna et entre ce dernier fleuve et l'Europe, peut être utilisée comme route commerciale. Cependant le voyage aller et retour, entre la Léna et l'Europe, ne pourrait peut-être pas se faire dans le même été.

4° De nouvelles explorations et de nouvelles recherches sont nécessaires pour s'assurer si une communication maritime commerciale, entre les bouches de la Léna et l'Océan pacifique est possible ou non. Les expériences déjà faites jusqu'à présent montrent qu'on peut, en tout cas, par cette route, grâce à l'emploi de bateaux à vapeur, amener dans la Léna des instruments ou objets lourds qu'on ne pourrait y faire parvenir au moyen de traîneaux ou de voitures à roues.

Cependant, tout en reconnaissant qu'il est utile de tenter de nouvelles expériences, M. Nordenskiold insiste sur ce point que les navires du commerce danois-groënlandais, pendant leur trajet de la côte occidentale du Groënland jusqu'aux champs de glace, sont moins exposés aux pertes et aux avaries que les navires qui sillonnent la mer de Chine. Les bateaux de pêche norvégiens naviguent tous les ans le long de la côte ouest et de la côte nord du Spitzberg, et ils vont au-delà du degré de latitude qu'atteignent les navires équipés avec toutes les ressources de l'Angleterre et de la Russie. Il est donc tout à fait possible que des conditions aussi favorables se présentent et rendent facile la navigation sur les côtes de l'Asie septentrionale:

XIV

A PARIS

Nous empruntons au journal l'*Exploration* les détails suivants sur l'arrivée du célèbre voyageur à Paris.

« Le célèbre voyageur suédois Nordenskiold est arrivé à Paris vendredi dernier, à six heures vingt minutes du matin, à la gare du Nord. Il était accompagné du capitaine Palander, commandant du navire à vapeur *la Véga*, sur lequel il a fait le tour de l'Asie et de l'Europe, et de M. le docteur Hamy, envoyé au-devant de lui à Boulogne par la société de géographie.

» Dans une salle de la gare décorée exprès par la compagnie du Nord, l'attendaient une trentaine de personnes parmi lesquelles on remarquait MM. Daubrée et de Quatrefages, de l'institut; MM. Maunoir et Grandidier de la société de géographie; Rabaud, président de la société de géographie de Marseille; Azam, délégué de la société de géographie de Bordeaux; le docteur Crevaux, explorateur de la Guyane; le ministre de Suède à Paris, M. Silbern, avec tout le personnel de la légation; le colonel Staaffe, attaché militaire; MM. de Watchminter et Adelberg, secrétaires; M. Ullmann, vice-consul de Suède, et divers membres de la colonie suédoise, parmi lesquels MM. Runcberg, le célèbre sculpteur; Jensen, le président du comité suédois qui a organisé un banquet en l'honneur du voyageur, et Nobel, l'inventeur de la dynamite, vieil ami de Nordenskiold, auquel il a offert l'hospitalité dans son hôtel des Champs-Elysées; enfin des représentants de la plupart des grands journaux parisiens.

» Nordenskiold, suivi de M. Palander, a été reçu à l'entrée de la salle par M. Grandidier, qui lui a souhaité en ces termes la bienvenue au nom des sociétés de géographie et des diverses sociétés savantes de France :

» Unis dès longtemps dans un même sentiment d'admiration pour vos voyages successifs, si féconds en découvertes utiles aux diverses branches des connaissances humaines, toutes ces sociétés ont tenu à vous apporter aujourd'hui le témoignage de leurs sympathies cordiales pour la grande œuvre à laquelle vous vous êtes dévoué. Tous, nous applaudissons aux succès que vous venez de remporter sur les glaces du Nord, en faisant le périple complet de l'Asie et de l'Europe, succès que vous avez préparé par vos études et vos voyages antérieurs, poursuivis avec une si louable et si heureuse persévérance. Recevez donc, Monsieur, au nom des savants français, dont je m'honore aujourd'hui d'être l'interprète, l'expression de nos sentiments de vive admiration, et nos remerciments pour avoir répondu à notre invitation. — Soyez aussi le bienvenu, M. Palander, vous qui avez si heureusement conduit *la Véga* à travers tous les dangers de l'Océan glacial.

» Malgré l'heure matinale, deux ou trois cents curieux se pressaient à la porte de la gare, et c'est au milieu des cris de : Vive Nordenskiold! que la voiture de M. Nobel l'a emmené.

» Le même jour, à huit heures du soir, la Société de Géographie de Paris a reçu le professeur au Cirque des Champs-Elysées.

» C'est par l'allocution suivante que l'Amiral La Roncière le Nourry a ouvert la séance :

« — La Société de Géographie se réunit de temps à autre en assemblée extraordinaire pour acclamer ces hommes qui, d'un seul coup, ouvrent de larges brèches dans l'inconnu. Il est aisé de comprendre que l'Afrique ait plus spécialement, depuis quelques années, le privilège de concentrer l'effort des voyageurs et de captiver la curiosité générale. A nos portes, elle déroule des territoires immenses qui semblent défier l'exploration ; elle dérobe encore à notre étude des fleuves considérables et de puissants massifs de montagnes.

» Vainqueurs dans leurs luttes contre ces mystères au redoutable attrait, Cameron, Stanley, de Brazza et Ballay, Serpa, Pinto, ont trouvé parmi nous un accueil chaleureux ; en applaudissant à leur retour, nous saluons aussi les vifs rayons dont leur succès éclaircit la géographie de l'Afrique.

» C'est du Nord aujourd'hui que nous vient la lumière !...

» Nous vous avons convié, Messieurs, pour acclamer une victoire sur l'inconnu polaire. Ses hautes latitudes recèlent aussi bien des problèmes géographiques, sans compter l'accès du pôle... des glaces, des brumes, un climat brutal les défendent; mais, comme la nature avait jadis horreur du vide, l'homme a horreur de l'inconnu. Il attaque sans relâche, à tout prix, et vous savez ce que le sphinx polaire a déjà dévoré de victimes.

» Nous venons de résoudre l'un de ces problèmes : celui du passage nord-est, qui préoccupait Jean Cabot, il y a près de quatre cents ans, et dont la solution, toujours rêvée, a coûté tant d'efforts et de sacrifices. Vasco de Gama avait achevé le périple de l'Afrique ; Magellan, Puis Mac-Clure, celui de l'Amérique ; Nordenskiold et Palander ont achevé le périple de l'Ancien-Monde. Dans quelques jours, la *Véga* fermera son majestueux circuit : partie d'Europe par l'est, elle y reviendra par l'ouest, après avoir visité le Kathaï et l'Inde.

» Nous saluons donc en nos hôtes de ce jour les héros d'un grand évènement dans l'histoire de la géographie.

» A son caractère épique, le succès du professeur Nordenskiold en joint un autre qui lui donne plus de prix encore à nos yeux. Si des vues élevées sur le développement du commerce entre l'Europe et l'Asie ont pu entrer pour une part, — et il faut s'en féliciter, — dans le voyage de la *Véga*, c'est la science qui l'a préparé, qui l'a dirigé et qui en recueillera les premiers fruits. L'étude et l'expérience acquise dans de précédents voyages avaient permis à M. Nordenskiold d'évaluer les chances, et de préparer les éléments de réussite de son audacieuse tentative. Pendant un trajet de dix-huit mois, pendant un emprisonnement de neuf mois au milieu des neiges et des glaces, pas un jour ne s'est écoulé sans que les savants éminents du bord n'aient recueilli, chacun dans sa spécialité, des observations précieuses pour la physique terrestre.

» Les traditions scientifiques magistralement posées par nos circumnavigations françaises, et largement développées dans les récentes explorations maritimes des diverses puissances, les voyageurs de la *Véga* les ont suivies avec une ténacité que rien n'a fait fléchir. Elles nous vaudront de nouveaux trésors pour l'étude des lois admirables où se reflètent la grandeur de la création, et dont la recherche est l'honneur de l'esprit humain. Nordenskiold, qui a été l'âme de ces travaux, va nous exposer les grandes lignes de voyage dont le récit plus détaillé exigerait de longues heures.

» Il vous dira l'auguste et généreux appui qu'a daigné prêter à l'organisation de l'expédition S. M. le roi de Suède et de Norwège, dont nous nous honorons de voir aujourd'hui l'un des fils au milieu de nous ; puis la libéralité inépuisable des deux Mécènes des explorations polaires, le Suédois Oscar Dickson, et le Russe Alexandre Sibiciakoff.

» Il vous dira ce qu'il doit à l'habileté expérimentée, au calme, à la sûreté de vue du commandant Palander, chargé de diriger au milieu des brumes, dans des parages inconnus, semés de dangereux archipels de glaces flottantes, la vaillante petite *Véga*, qui portait les destins d'une généreuse idée et de ceux qui se dévouaient pour la réaliser.

» Il vous dira enfin ce qu'il a trouvé chez ses compagnons de voyage, savants distingués, officiers ou modestes matelots, de zèle courageux, d'abnégation pour l'œuvre commune. »

M. Nordenskiold répondit à cette allocution :

« — Mon premier devoir est de remercier la Société de Géographie et les Sociétés scientifiques françaises de leur chaleureux accueil. Permettez-moi d'en faire honneur au Souverain d'un haut esprit, aux hommes généreux qui ont rendu possible le voyage ; à mon ami le commandant Palander et à son équipage, dont la vigilance, toujours en éveil, et la calme résolution, ont préservé la *Véga* de périls connus et inconnus, à ces savants qui vous reviennent les mains pleines de richesses scientifiques.

» Les sympathies dont je me sens entouré ici ne me surprennent point. Dès longtemps je connais la France et suis fier de compter d'illustres savants français au nombre de mes amis. Puis-je oublier d'ailleurs ma qualité de correspondant étranger de l'Académie des sciences de Paris, et de la plus ancienne des sociétés de géographie ? Permettez-moi d'ajouter que sans le canal de Suez, ce passage sud-est, ouvert par le génie tenace d'un Français, la *Véga* lutterait peut-être à cette heure contre les tempêtes du cap de Bonne-Espérance ! »

M. Nordenskiold fit alors un exposé rapide du voyage que nous venons de raconter et termine ainsi :

« — Sans un retard causé par des recherches scientifiques, payé par un long hivernage, et qu'on sera sans doute disposé à nous pardonner, nous aurions accompli d'une seule traite la traversée entre l'Atlantique et le Pacifique par le passage Nord-Est. Peut-être entreprendrai-je encore un voyage polaire. Dans ce cas, me serait-il permis d'émettre le vœu qu'un savant ou qu'un marin français partageât les risques et contribuât au succès de la nouvelle entreprise ? »

La Société de Géographie décerne au grand explorateur sa grande médaille d'or.

Le 3 avril suivant, M. Nordenskiold fut reçu par le ministre de l'instruction publique à la réunion des sociétés savantes des départements, à la Sorbonne, et le 5 avril par le Conseil municipal de Paris ; nous ne saurions reproduire les diverses allocutions qui ont été prononcées dans ces solennités, toutes reproduisent à peu près identiquement les mêmes traits principaux; nous en extrairons seulement les passages qui paraissent présenter une idée nouvelle et intéressante :

« — Nous avons entendu hier, disait M. le ministre de l'instructon publique, M. Nordenskiold annoncer, au grand applaudissement de l'assistance, qu'il méditait une nouvelle expédition et qu'il espérait, cette fois, avoir le concours de quelques navigateurs et de quelques savants français ; je crois pouvoir lui promettre qu'il ne se trompe pas et qu'il n'aura que l'embarras du choix entre les plus courageux, les plus instruits, les plus illustres. »

— « Paris suit d'un œil attentif ceux qui, par amour du progrès, de la science et de l'humanité, disait M. Cernesson, président du conseil municipal, vont au loin explorer des régions inconnues ; Paris a toujours une parole d'encouragement pour ces hardis voyageurs, et toujours aussi une pensée de reconnaissance et de regret pour ceux qui succombent à la peine. Sous quelque forme qu'il se produise, le dévouement à toute cause qui honore l'humanité trouve dans Paris un écho sympathique, et c'est pourquoi le conseil municipal, interprète fidèle des sentiments de la grande cité, a tenu à honneur de vous témoigner l'estime qu'il a pour votre personne, pour votre caractère et pour vos travaux, en faisant frapper à votre intention une médaille conmémorative de votre passage en cette ville. »

M. Nordenskiold avait déjà reçu de la main du ministre de l'instruction publique les insignes de commandeur de la légion d'honneur et le commandant Palander la croix d'officier.

Ces triomphes et le bruit fait autour de la renommée du célèbre voyageur ne tardèrent pas à porter leurs fruits. Le journal *l'Exploration* publiait en effet en mai les renseignements suivants :

— « On écrit de Copenhague, le 14, à la *Gazette de Cologne*, que deux jeunes commerçants danois, propriétaires de maisons importantes, sont partis pour la Sibérie afin d'étudier la situation du pays. On ajoute que, si les conditions son favorables, ces commerçants équiperont cette année un bateau à vapeur pour essayer de transporter des marchandises en Sibérie. »

— « Un bloc de granit colossal, sur lequel on remarque deux médaillons représentant le contour des côtes de l'Asie et de l'Europe, ainsi que la ligne suivie par le vapeur *la Véga*, vient d'être érigé à Stockholm sur la Skeppsholmen, près de l'école navale, en souvenir de l'expédition Nordenskiold. Les collections d'histoire naturelle et d'ethnographie rapportées par les voyageurs suédois ont déjà été déposées au château royal. »

— « L'Académie des sciences de Suède a fait frapper une médaille d'or commémorative en cinq exemplaires qui ont été remis au roi Oscar, à M. Nordenskiold, au commandant Palander, à MM. Dickson et Sibiriakoff. Sur un des côtés de cette médaille est représentée *la Véga* naviguant à travers la mer de glace; en exergue on lit l'inscription suivante : *Invia tenaci nulla est via*; et, au revers, la dédicace suivante : *Oras Asiœ borealis primum circumnavigantibus*. (Acad. Scient. Swed. 1879). »

Aujourd'hui M. Nordenskiold est à Stockholm, d'où il a eu la bienveillance de m'écrire pour m'indiquer les sources où je pouvais puiser les renseignements que je viens de résumer. Il prépare une nouvelle expédition dans les mers glaciales et nous espérons bien que la France tiendra à honneur d'y être représentée.

M. Nordenskiold croit que le Groënland est libre de glaces à l'intérieur et que les glaciers ne forment qu'une lisière plus ou moins large sur la côte.

La plupart des géographes considèrent le Groënland comme un gigantesque glacier ou une agglomération de glaciers. M. Nordenskiold a résolu de tenter l'expérience et doit quitter la Suède au mois de mai 1883 pour se diriger vers la côte orientale du Groënland, accompagné de trois ou quatre naturalistes.

Jusqu'ici l'expédition du danois Jenssen est la seule qui ait pu pénétrer à une certaine distance de la côte. M. Nordenskiold, s'il ne rencontre pas d'obstacles, pense s'avancer jusqu'à 3 ou 400 kilomètres dans l'intérieur. La côte orientale, d'où doit partir l'expédition, est d'un accès difficile; elle est hérissée de précipices, de montagnes, de formations alpines, au contraire de la côte occidentale qui est couverte de plateaux.

Cette nouvelle expédition étudiera l'histoire naturelle de ces régions inconnues; elle doit aussi rechercher la position de la colonie d'Osterbygden, dont la trace a été perdue depuis le xive siècle.

« A cette époque, les ravages de la peste noire interrompirent les rapports de la Norwège avec cet établissement qui comptait, d'après la légende, un évêché, deux monastères et treize paroisses. Attaqués par les Esquimaux, les Skrellinger ou les colons succombèrent les uns après les autres. La détermination de l'emplacement de cette colonie a excité depuis longtemps les controverses des géographes. Le capitaine Graak, qui de 1828 à 1831 exécuta sur la côte orientale du Groënland une série d'explorations précisément dans le but de rechercher les vestiges de l'Osterbygden, est d'avis qu'il faut placer cette colonie dans les environs de Julianchaab sur la côte occidentale. Nordenskiold suppose au contraire que les ruines de cet établissement doivent se trouver à l'est du cap Fauwel.

» Pour ce voyage, Nordenskiold a demandé à S. M. le roi de Suède de se servir de *la Sosia*, petit vapeur postal de la force de 60 chevaux ; le même qui a servi à l'expédition de 1868.

» M. Oscar Dickson, le généreux négociant de Gothembourg, qui a déjà contribué aux frais de six explorations polaires, doit couvrir une partie des dépenses nécessaires pour ce nouveau voyage. » (Bulletin de la société de géographie).

D'autre part, l'explorateur nous fournit d'intéressants détails sur le Groënland, détails dont nous nous empressons de faire profiter nos lecteurs :

— L'expédition d'exploration que prépare le professeur Nordenskiold attire naturellement l'attention sur cette contrée hyperboréenne, dont le littoral est seul encore connu, quoique d'une façon incomplète, mais dont l'intérieur est à peu de chose près totalement ignoré. Nous croyons donc utile de fournir sur la géographie de ce pays quelques données puisées dans les documents officiels et les relations des voyages les plus récents.

La superficie du Groenland ne saurait être déterminée avec une certitude même approximative. Le docteur Rink la fixe à un chiffre bien au-dessous de celui indiqué par les cartes faites jusqu'à présent de ce pays. Les côtes du nord sont tout à fait inconnues, de sorte qu'il est impossible de dire jusqu'à quelle distance le continent groenlandais s'étend vers le pôle. Prenant le pays aussi loin dans la direction du nord que es côtes en ont été explorées, le docteur est d'avis qu'il y a une sorte de bordures d'îles et de fiords embrassant une étendue de terre d'environ 192,000 milles carrés, et que l'intérieur peut être évalué à environ 320,000 milles carrés : ce qui donnerait un total de 512,000 pour l'étendue du Groenland tout entier.

Pour les personnes qu'épouvante d'ordinaire une gelée de quelques semaines, à qui la chute de 5 à 6 pouces de neige cause une foule de pénibles désagréments, c'est une chose effrayante que de se figurer ce vaste espace de terre de 320,000 milles carrés. Il semble qu'il y ait toute raison de croire qu'il est presque entièrement couvert d'une couche de glace perpétuelle, et que les saisons n'opèrent aucun changement dans la température de ces affreuses solitudes.

L'hiver n'y cesse jamais, et l'on voit continuellement descendre dans les fiords des monceaux de glaces, qui se brisent sur les arêtes de la terre ferme, ou qui, lorsqu'ils s'avancent assez loin dans la mer, sont brisés par le mouvement des vagues et forment en flottant des périls constants pour la navigation particulière aux mers polaires.

Un savant géologue norvégien a fait un voyage au Groenland tout exprès dans le but d'étudier cette marche des glaciers, sur lesquels il a rapporté des renseignement très curieux. Il a examiné deux des plus grandes ramifications de la glace dans l'intérieur du pays. Il a constaté que c'étaient de véritables cours d'eau gelés, ayant un mouvement dans la direction de la mer de 47 pieds par jours pendant l'été. Ce mouvement, presque perceptible par conséquent, était celui d'une masse de glace de 920 pieds de profondeur et n'ayant pas moins de 18,400 pieds de largeur, — formidable rivière gelée, déversant dans l'Océan 200,000 millions de pieds cubes de glace par an.

Le Groënland paraît être entrecoupé, tout autour de ses côtes, d'estuaires pour de semblables rivières de glace. On ne sait pas encore comment les glaces sont ainsi poussées à la côte : c'est là un des points principaux qu'auront à rechercher les prochaines explorations.

L'expédition doit partir le 20 mai. Elle se dirigera vers le Fjord d'Anleltsivik, sur la côte occidentale du Groënland.

FIN DE NORDENSKIOLD.

LES PIONNIERS DE L'INCONNU

LE DOCTEUR CREVAUX

Le Docteur CREVAUX

EXPLORATION DU MARONI

I

DÉTAILS BIOGRAPHIQUES

Encore un martyr de la science! Le cœur se serre en songeant au nombre considérable d'hommes intrépides que recouvrent aujourd'hui les neiges de la Sibérie, les banquises des mers australes, les sables de l'Afrique centrale! Et cependant, qui de nous n'envie cette glorieuse célébrité et ne voudrait avoir accompli les prodiges de science, d'énergie, de courage, d'abnégation de ces pionniers de l'inconnu qui vont à travers les dangers braver l'homme et les éléments pour faire faire un pas, *un seul*, à la science géographique.

Donnons à lire à nos fils l'histoire de ces braves; qu'ils étudient ces voyages comme ils lisent un conte de fées, et que la fièvre de la curiosité les entraîne vers cet inconnu où ils trouveront la mort avec l'immortalité. Nous sommes de ceux qui comptent pour rien la vie si elle n'est utile; nous sommes de ceux qui poussent leurs enfants au sacrifice et leur disent comme autrefois les femmes des Spartiates: *reviens avec ou sur ton bouclier!* Nous sommes aussi de ceux qui croient aux deux immortalités, celle de l'âme et celle du nom, et pour nous, l'une est la conséquence de l'autre. Dieu fasse que notre jeune génération lise beaucoup de ces livres-là, car nous avons bien besoin de force et d'abnégation. Nous autres nous travaillons pour ces héros futurs et nous ne verrons pas leurs succès, mais nous nous endormirons dans l'éternité avec la satisfaction d'avoir aidé à relever un peu chez nos descendants l'amour de la patrie et le sentiment du devoir en même temps que le culte exclusif de la science.

Le docteur Crevaux est né à Lorquin, le 1er avril 1847 ; il fit ses études au lycée de Nancy. Il faisait partie de la marine en 1868 et fit à cette époque des voyages en Guyane ; il étudia pendant une année la médecine à la faculté de Strasbourg puis à l'école navale de Brest.

Revenu en France, il fut pendant la guerre Franco-Prussienne un des auxiliaires de Gambetta, se trouva à Frœscheviller et suivit toutes les opérations militaires.

Après la conclusion de la paix, et l'annexion de sa patrie, il vint à Paris où il continua ses études. Ses travaux histologiques furent très remarqués. Néanmoins, sa vocation n'était point celle de la médecine sédentaire.

Il préférait la vie agitée, et il entra dans le groupe militant des médecins de la marine, qui a fourni tant d'explorateurs célèbres. C'était bien, paraît-il, l'homme qu'il fallait pour diriger des entreprises aussi téméraires que dangereuses. Petit, blond, il avait une physionomie sur laquelle se peignait une grande énergie de volonté ; la carrure de ses épaules, son encolure et le développement de sa poitrine indiquaient une force musculaire peu commune. Sa tenue et ses manières rappelaient qu'avant d'être explorateur il avait été officier de marine. Très vif et très affable en même temps ; vous accablant de mille questions dans un instant ; se renseignant sur tout, mais en même temps aimables et spirituel causeur. Tel était à peu près l'homme dont la science pleure aujourd'hui la perte.

Promu médecin de première classe, il se décida complètement pour la carrière d'explorateur. Il fit des études préparatoires à l'observatoire de Toulon sous l'habile direction de M. Beuf, directeur de l'école navale de cette ville.

Vers la fin de 1876, le ministre de l'instruction publique le chargea d'explorer le Rio Maroni, qui sert de frontière entre la Guyane française et la Guyane Hollandaise.

Il partit de Cayenne le 10 juillet 1877, se dirigeant vers les montagnes du Tumuc-Humac, pour gagner l'intérieur de la Guyane par le Maroni. Il était accompagné de Mgr. Emonet, préfet apostolique de la Guyane française et du R. P. Kroenner, le premier devant le suivre jusqu'au bout, le second jusqu'au sources du Maroni seulement.

Le père Kroenner fut envoyé en avant pour acheter des pirogues et enrôler un équipage. Tous trois d'ailleurs étaient gens fort vigoureux ; Mgr.

Emonet était un homme très énergique ; le père Kroenner avait vingt ans de Guyane, et le docteur Crevaux avait déjà eu la fièvre jaune, ce qui, fait-il remarquer, pour voyager dans l'Amérique équatoriale, est aussi indispensable que d'avoir été vacciné en Europe.

Ces épidémies de fièvre jaune sont d'ailleurs épouvantables : elles frappent souvent des individus appartenant à toutes les races, des indous, des Arabes et des négres. Le docteur Crevaux n'avait trouvé rien de mieux, pendant sa maladie, que de faire des recherches sur cette horrible affection et d'envoyer à l'Inspecteur général du service de santé de la marine un mémoire intitulé « *notes sur l'histologie pathologique de la fièvre jaune,* » travail exposant le résultat de 41 autopsies.

Il arriva à Paligoudou, à cent milles dans l'intérieur de la Guyane, sur le fleuve Maroni, après avoir passé un grand nombre de *sauts* qui n'étaient pas sans causer une certaine appréhension au jeune explorateur ; sans compter que tous ces *sauts* ont des noms terribles : ils se nomment *l'homme finit ! l'homme crie ! doublez la corde !* etc... Brrou ! il y a de quoi avoir la chair de poule. Le docteur Crevaux croit que ces noms n'ont d'autre but que d'effrayer les ennemis dont on redoute l'invasion. Quoiqu'il en soit, les *sauts* furent franchis sans difficulté et le docteur avoue qu'on s'y habitue et que l'on finit par se trouver aussi tranquille dans sa pirogue que dans le canot major d'un vaisseau de guerre.

Les voyageurs se trouvaient alors dans les régions habitées par des nègres dont les ancêtres s'étaient révoltés en 1772 contre la domination hollandaise, transfuges de l'Afrique, qui étaient revenus à l'état sauvage ; ils se divisaient en trois tribus principales : les Younas, les Poligoudoux, et les Bonis. Ces indigènes sont d'ailleurs pleins de mauvaise volonté et le docteur Crevaux eut plusieurs fois à constater leur peu d'empressement à lui venir en aide : il faut dire à leur décharge qu'il s'agissait là de parcourir des régions que les sauvages eux-mêmes connaissaient à peine et de franchir des précipices où aucun noir ne s'était jamais aventuré.

Au bout d'un mois de voyage, Mgr. Emonet et le R. P. Kroenner avaient dû le quitter après avoir failli succomber à des accès de fièvre pernicieuse. Il avait fallu renvoyer aussi, pour la même raison, un indou et des nègres. Le docteur lui-même avait eu 35 jours de fièvre et n'avait dû le salut qu'à sa constitution exceptionnellement forte. Après trente jours de traversée, il ne se trouvait plus donc avoir qu'un seul noir de la la côte, cuisinier excellent, mais incapable de diriger un canot, et le sauvage Boni Apatou, qui, poussé par l'orgueil de faire un voyage qu'aucun de ses camarades n'avaient osé entreprendre, risqua plusieurs fois sa vie pour assurer le succès de l'entreprise.

« Les Bonis et les Roucouyennes, dit le docteur Crevaux, ne nous prêtèrent leur concours que dans les circonstances faciles. Le chef des Bonis me fit attendre un mois pour me donner deux vieillards impotents, et l'homme valide qui m'accompagna jusqu'au bout. Ce délai, qui avait pour prétexte des fêtes en l'honneur d'un chef décédé, n'avait d'autre but que de me faire renoncer à mon expédition en me réduisant par la maladie et la famine. »

Nous emprunterons ici au docteur les détails très intéressants qu'il a communiqués à la société de géographie sur les cours d'eau, les routes, les forêts et les montagnes de la Guyane.

« Tous les fleuves et les rivières des Guyanes, dit-il, ne sont navigables pour les bateaux à vapeur que dans une étendue de douze à quinze lieues au-dessus de leur embouchure. Plus haut, les fleuves sont obligés de *décliner*, pour ainsi dire, des collines et des montagnes pour se frayer un passage. Des roches dures, souvent granitiques, que la violence des courants à pu refouler, restent en place comme les ruines d'un monument qui a été saccagé. L'eau est dès lors forcée de compter avec les obstacles qu'elle n'a pu complètement anéantir.

« Ici, les roches, disposées dans un sens longitudinal, rétrécissent le cours de la rivière, et forcent la masse liquide à marcher d'autant plus vite que l'espace est plus restreint : c'est ce qui constitue un *rapide*. Là, les roches, disposées transversalement, forment un barrage, une digue par-dessus laquelle l'eau se précipite pour tomber en cascade : cela constitue ce que l'on appelle *saut* dans la Guyane française et *Cachuera* au Brésil. »

« Les sauts, dit L. Vidal, établissent une série de bassins dont ils constituent eux-mêmes les digues de retenue.

« Le torrent, d'une rapidité torrentueuse dans les sauts, est faible et quelquefois nul entre deux de ces obstacles. C'est grâce à ce régime, tout à fait spécial aux rivières de la Guyane, que le Maroni peut retenir ses eaux, malgré la pente terrible et disproportionnelle qu'offre le profil de son lit.

« Un fait à signaler, c'est que le cours des fleuves change généralement après un saut ou un rapide. En examinant les rives, on voit que l'eau, après avoir détruit une partie de la colline, sur les débris de laquelle elle a frayé son chemin, a rencontré des obstacles plus grands qui ont résisté à sa violence, Son impuissance se traduit par une déviation de la direction de son lit. »

« Si la violence des eaux est capable de détruire le noyau d'une colline, le cours de la rivière ne subit aucun changement. Nous avons trouvé dans le Yary une série de sauts et de rapides ayant huit kilomètres et dont la direction est constamment S. E. 1/4 E. »

« En remontant l'Aoua qui est la continuation du Maroni, puisque le débit de ses eaux est plus considérable que celui du Tapanahoni, on est frappé de la monotonie du paysage. La rivière présente souvent l'aspect d'une longue avenue, masquée au fond par une colline au pied de laquelle on aperçoit des roches dénudées par les eaux.

« Devant ce tableau qui se renouvelle à chaque pas, le voyageur se demande de quel côté va tourner la rivière. Rien n'est plus simple que la solution de ce problème : la rivière tourne à droite si les roches qui sont auprès de la colline sont près de la rive gauche et à gauche si elles sont rapprochées de la rive droite.

« Le pourquoi, c'est que ces roches ont la même signification que celle des sauts. Elles représentent le squelette d'une partie de la colline ravagée par les eaux.

« La rivière n'ayant pu traverser le noyau de cette masse a été obligé de subir une déviation du côté opposé à la résistance.

« Cette remarque nous a permis de gagner un certain ascendant sur notre escorte en indiquant à l'avance, à une distance éloignée, que la rivière, dont on ne voyait pas la suite, tournerait à droite où à gauche. Ces hommes naïfs étaient surpris de nous voir deviner ainsi le cours de notre navigation.

« Il est téméraire de s'engager dans un saut sans avoir, à l'avant et à l'arrière de la pirogue, un homme habitué depuis son enfance à franchir ces précipices. Les noirs de la côte ne valent rien pour la navigation dans les sauts ; leur impéritie a déjà causé la mort d'un grand nombre de mineurs.

« Nous adressons une recommandation capitale aux chercheurs d'or qui remontent les fleuves des Guyanes, c'est d'abandonner à jamais l'usage des canots avec une quille et un gouvernail ; seules, les pirogues creusées dans un tronc d'arbre des nègres Bosh et des Indiens, avec un avant et un arrière très effilés et très relevés, sont capables de manœuvrer au milieu de torrents impétueux et de gouffres tourbillonnants.

« La navigation des rivières des Guyanes est moins périlleuse pendant la saison sèche (de juillet à novembre) que pendant les grandes pluies. Vers la fin de décembre, le courant est tellement rapide qu'il est presque impossible de diriger son embarcation. Aussi les indigènes ne sortent-ils, à cette époque, qu'autant qu'ils sont poussés par la faim. A l'exemple des indiens, le voyageur ne doit entreprendre une longue excursion que dans la saison sèche. Il faut savoir que les fièvres sont plus fréquentes et plus graves pendant la sécheresse, dans l'intérieur du pays aussi bien que sur les côtes. Elles sont à leur maximum de densité vers la fin de juillet, c'est-à-dire au moment où les terres, qui ont été noyées pendant tout l'hiver, commencent à se découvrir. Nous pensons qu'il serait avantageux de ne pas se mettre en route avant le 10 ou le 15 août, c'est-à-dire un mois après la fin des pluies.

« La commission franco-hollandaise qui a remonté le Maroni en 1861, partie seulement de l'embouchure du fleuve le 9 septembre, n'a pour ainsi dire pas souffert de la fièvre. Sur sept officiers un seul fut arrêté par la maladie.

« La navigation des fleuves est beaucoup moins périlleuse en remontant qu'en descendant. Le danger à redouter lorsqu'on suit un cours d'eau, c'est de se voir entraîner inopinément dans une chute. Nos devons rassurer les voyageurs en leur disant que le courant, au moins dans la saison sèche, n'est généralement pas fort au-dessus des plus grands sauts. Nous savons par expérience qu'une embarcation mal manœuvrée ou abandonnée au courant éprouve un moment d'arrêt au moment de franchir une cascade. Cela tient à un remous des eaux qui viennent butter contre les roches formant barrage. D'ailleurs on est généralement prévenu par un grondement qui s'entend parfois à la distance de deux kilomètres.

« L'attention du voyageur devra redoubler lorsqu'en descendant un cours d'eau il le verra parsemé d'un grand nombre d'îles ; c'est un indice presque constant de la présence de sauts ou de rapides.

« Pour franchir un rapide ou une chute, il faut que les hommes pagayent de toute leur force, car on ne peut diriger une embarcation qu'autant que sa vitesse est plus grande que celle du courant. L'homme qui est à l'avant doit être aussi habile que le patron qui est à l'arrière. Chez les nègres Bosh, le premier muni d'une longue perche appelée *tacari*, fait éviter les écueils qu'il aperçoit ou plutôt qu'il devine au seul aspect des ondulations de l'eau qui se produisent au niveau de l'obstacle.

« En remontant les sauts, on est souvent obligé de tirer sur les pirogues au moyen d'une liane ou d'une corde qui est amarrée à l'avant. On trouve dans le Maroni un saut auquel les nègres Bosh ont donné le nom de Singa-Tetey, qui veut dire « doublez l'amarre »

« Il faut bien avoir soin de maintenir l'embarcation dans le sens du courant, autrement il serait absolument impossible de résister à la puissance de l'eau. Lorsqu'on navigue avec plusieurs embarcations, on emploie tous leurs canotiers pour remonter chacune d'elles successivement.

« En naviguant dans le haut des rivières, près des sources ou dans les petits affluents, on éprouve de grandes difficultés à cause des troncs d'arbre qui barrent la route. Le premier jour de navigation, nous avons marché pendant dix heures pour faire un trajet de 4 kilomètres. C'est la hache à la main qu'il faut se frayer un passage à travers les troncs d'arbres tombés en travers du fleuve.

« Lorsque les arbres sont peu élevés, on fait passer la pirogue par-dessus. Les canotiers, se jetant à la rivière, malgré les caïmans, les serpents et les torpilles, poussent à l'arrière de toutes leurs forces ; mais l'embarcation restant suspendue, on est obligé de tirer sur l'avant pour la

Navigation.

faire glisser jusqu'à l'eau. Le voyageur, descendant sur un plan incliné, éprouve une sensation analogue à celle que nous avons ressentie sur un bateau lancé à la mer.

« Lorsque les troncs d'arbres présentent une certaine élévation au-dessus de l'eau, l'embarcation passe au-dessous sans s'arrêter. L'explorateur qui relève le cours des rivières, ayant les yeux fixés tantôt sur sa boussole, tantôt sur un cahier à notes, et n'étant jamais prévenu par les hommes, est exposé à se heurter la tête contre ces espèces de ponts qu'on rencontre à chaque instant.

» Ces bois sont recouvert de reptiles et d'insectes tels que des termites (poux de bois), des fourmis et des guêpes qui tombent dans les pirogues au moindre choc. Un tronc d'arbre vermoulu s'est abattu une fois sous le poids d'un indien qui l'escaladait et a blessé griévement deux des hommes qui montaient notre pirogue. La chute des arbres se produit surtout pendant la saison des pluies, lorsque les eaux, augmentant de 3 ou 4 mètres dans le haut des fleuves, forment de véritables torrents qui déchirent les rives avec la plus grande facilité. »

Pour ce qui est du fleuve Maroni, on peut dire que sa direction générale est S-1/4 S. O. en considérant l'Aoua et l'Itany comme la continuation du fleuve. C'est un beau fleuve qui n'a pas moins de 12 à 15,000 mètres de largeur jusqu'à une distance de 20 lieues au-dessus de l'embouchure, et 4 ou 500 mètres à 90 lieues dans l'intérieur. Sa longueur n'est pas en rapport avec le débit de ses eaux, car le mont Lorquin, d'où il sort, n'est qu'à 133 lieues de l'embouchure.

L'aspect général de son cours, entravé continuellement par des barrages, est celui d'un escalier; il y a un grand nombre de sauts; le plus considérable est celui que l'on rencontre à la crique Coulé-Coulé près du mont Lorquin et qui à 15 mètres d'élévation.

L'Aoua peut être considéré comme la continuation du Maroni; les naturels eux-mêmes l'apppellent la *maman* du Maroni.

Il nous reste encore à parler de la rivière Yary, un affluent de gauche de l'Amazone, qui est plus importante que le Maroni. Ce cours d'eau présente deux parties distinctes que l'on peut appeler le haut et la bas Yary; dans celui-là les sauts ne sont pas considérables et la pente est nulle entre les obstacles. Dans le second au contraire les abîmes sont nombreux; leur hauteur totale est de 170 à 180 mètres.

Les indigènes Roucouyennes ne veulent à aucun prix s'engager dans ces parages; ils racontent qu'il y a une trentaine d'années un de leurs canots s'est perdu, corps et biens, en descendant à l'improviste une chute taillée à pic, ayant 25 à 30 mètres de haut. Le docteur Crevaux dit avoir vu chez eux une peinture grossière sur une espèce de couronne en bois, au sommet du carbet d'un chef, qui fait allusion aux dangers de la navigation du bas Yary. Cet objet représente une grenouille qui, voulant prendre ses ébats, est arrêtée par des monstres fantastiques ayant quelque ressemblance avec les dragons de la mythologie. La grenouille représente le Roucouyenne qui veut descendre le Yary pour aller voir les blancs, mais les monstres impitoyables l'empèchent de satisfaire son désir.

Les chutes sont d'un aspect grandiose et terrible. A dix lieues en aval de l'embouchure de la crique Kou, le docteur rencontra une chute qui effraya les Indiens au point qu'ils se mirent à pleurer comme des enfants et à prendre la fuite. La position était critique et le voyageur ne savait lui-même quel parti prendre, quand le fidèle Apatou, toujours emporté par l'ambition d'aller en avant là où les autres n'avaient jamais été, et servi d'ailleurs dans ce noble désir par une souplesse et une habileté incroyables, proposa d'aller en éclaireur voir s'il n'y aurait pas moyen de passer quand même. Le docteur le lui permit et Apatou revint deux heures après très satisfait de ses recherches.

On traîna la pirogue sur une île rocheuse qui sépare le bras droit de celui du milieu et on la descendit dans la rivière. La chose était des plus dangereuses, car si la pirogue se brisait, les voyageurs étaient condamnés à mourir de faim dans ces pays déserts. On arriva cependant à franchir le saut, grâce surtout à Apatou.

Nous ne nous arrêterons pas sur les détails techniques et topographiques que le docteur donne encore sur le cours du Yary et sur les routes ; nous citerons seulement ce qu'il dit des forêts, car depuis que l'on fait des romans ce sont les forêts vierges de l'Amérique qui ont fourni aux écrivains le plus de chapitres émouvants et de description plus ou moins fantaisistes. Il est bon d'avoir en main le récit tout nu, impartial et sans aucun ornement d'un témoin oculaire.

— « Les Guyanes, dit-il, sont recouvertes d'une immense forêt qui n'est généralement interrompue que par les cours d'eau et les rares éclaircies dans les points où le sol n'est pas assez fertile pour alimenter les arbres,

» Ces terrains, qu'on appelle savanes, sont recouverts de graminées qui servent à l'alimentation du bétail qu'on y laisse paître en toute liberté. Les savanes occupent le bas des Guyanes près du littoral ; nous n'en avons rencontré qu'une seule dans l'intérieur, c'est près du village de Cotica, dans le pays des Bonis.

» Peu de personnes se font une idée exacte de la forêt équatoriale. Les dessinateurs et les romanciers ont habitué le public à voir dans ces forêts des palmiers sans nombre, des arbres aux forme bizarres, recouverts de parasites et entremêlés de lianes, qui courent de branches en branches comme les cordages aux mâts d'un navire.

» Cette description n'est guère vraie que dans les petites îles qu'on trouve sur la côte des Guyanes, et sur les bords des rivières près de leur embouchure.

» La forêt vierge, *le grand bois*, comme on l'appelle en Guyane, se présente sous un aspect froid et sévère ; mille colonnades ayant 35 à 40 mètres de haut s'élèvent au-dessus de vos têtes pour supporter un massif de verdure qui arrête presque complètement les rayons du soleil.

» A vos pieds vous ne voyez pas un brin d'herbe, mais seulement quelques arbres grêles et élancés qui sont pressés d'atteindre la hauteur de leurs voisins pour partager l'air et la lumière qui semblent leur manquer.

» Souvent ces colonnades, trop faibles pour résister aux tempêtes, sont soutenues par des sortes d'arcs-boutants ou béquilles comparables à celles des monuments gothiques, que l'on désigne sous le nom d'Arcabas.

» Sur le sol, à part quelques fougères et autres plantes sans fleur, gisent des feuilles flétries, des branches mortes qui sont recouvertes de moisissure.

» L'air manque ; *on y sent la fièvre*, comme disait un de mes compagnons ; la vie semble avoir quitté la terre pour se transporter sur les hauteurs, sur le massif de verdure qui forme le dôme de cette immense cathédrale, aux millions de colonnades. C'est là-haut, à 40 mètres, que vous voyez courir les singes ; c'est de là que partent les chants de millions d'oiseaux aux plumages les plus riches et les plus variés.

» Au niveau des cours d'eau, la végétation perd de sa sévérité pour gagner en élégance et en pittoresque.

» Là le soleil est l'apanage des grands arbres qui s'élancent au-devant de lui pour l'accaparer. Ici, les plus petits ont leur part de chaleur et de lumière. Les herbes, les arbrisseaux, prenant tout leur développement, sont couverts de fleurs et de fruits aux couleurs les plus éclatantes.

» Le hideux champignon, l'obscure fougère font place à des parasites avec feuilles riches en couleurs, aux fleurs plus élégantes. Des lianes s'élèvent du sol jusqu'au sommet des grands arbres en prenant des points d'appui sur les arbrisseaux qu'elles rencontrent. Ce sont des traits d'union entre les grands et les petits, qui jouissent tous des mêmes droits et des mêmes privilèges.

» La lumière également partagée engendre l'harmonie non seulement dans le règne végétal, mais encore dans le règne animal. Là-bas, c'est la bête fauve, et le hideux crapaud qui coasse dans son bourbier ; ici ce sont des animaux de toutes espèces qui viennent partager tous ensemble les bienfaits de la nature.

» Ces forêts immenses qui contiennent beaucoup de bois précieux pour l'ébénisterie ne manqueront pas d'être exploitées plus tard, mais actuellement il ne faut pas y songer, parce que tous les bras sont occupés par l'exploitation aurifère. »

II

L'INTÉRIEUR DES GUYANNES. — LES BONIS

Nous avons esquissé rapidement ce premier voyage et nous avons rapporté textuellement les renseignements donnés par le docteur sur les cours d'eau parcourus sans entrer dans les détails du voyage. Maintenant nous allons tâcher de conter brièvement les émouvantes péripéties de cette gigantesque excursion le long de pays inconnus, par-dessus des montagnes presque inaccessibles et à travers des rapides de vingt-cinq à trente mètres. !

Vous avez bien entendu parler de l'Eldorado ? C'était un pays que Orellana, lieutenant de Pizarre, prétendait avoir découvert entre l'Amazone et l'Orénoque, et qui contenait d'après lui des quantités d'or merveilleuses.

L'histoire des voyages entrepris pendant plus de deux siècles à la recherche d'un Eldorado, c'est-à-dire d'un pays où l'or se trouvait partout, est l'un des plus curieux épisodes de la découverte du Nouveau-monde. Les premiers navigateurs avaient fait des récits merveilleux de ces régions inconnues dont la gigantesque végétation était bien faite pour exalter les imaginations les moins rêveuses; bien des prodiges qu'il racontaient se réalisaient, et le Mexique et le Pérou fournissaient de l'or à satisfaire les plus exigeants. Mais cela ne suffisait pas encore et l'on parlait de rien moins que d'un pays où l'or serait aussi commun que la pierre chez nous.

Économistes à courte vue qui ne comprenaient pas que si cela eût été vrai, l'or aurait immédiatement perdu sa valeur et qu'il ne doit son haut prix qu'à sa rareté. Il n'est pas impossible que l'on arrive un jour à faire de l'or, dit quelque part M. Figuier, mais la chose n'est pas enviable, ce métal ne pouvant être utile qu'à faire des objets de luxe ou de la monnaie courante : faisons du fer, c'est là qu'est la source véritable de toute richesse.

Quoiqu'il en fût, ce lieutenant de Pizarre, Orellana, alluma la convoitise des voyageurs par le récit qu'il fit de ce fameux pays qu'il avait entrevu entre l'Amazone et l'Orénoque ; mais les indications géographiques ne sont pas précises, et la légende s'altère en passant de bouche en bouche : Est-ce la Guinée ? Est-ce la Nouvelle Grenade ? Les voyageurs fouillent le Pérou et le Nuevo Regno, et sans trouver l'Eldorado.

Néanmoins les imaginations marchent leur train ; on décrit le fameux pays doré ; on nomme le roi, on fait la topographie exacte de l'Eldorado.

« L'Espagnol Muting alla plus loin ; il affirma avoir résidé pendant trois mois à Manoce, la capitale du royaume imaginaire et donna même le chiffre des ouvriers employés seulement dans la rue des Orfèvres ; ils étaient plus de trois mille. Le voyageur possédait les détails les plus précis ; il montrait la carte qu'il avait dessinée, et sur laquelle était indiqué l'emplacement de trois montagnes, l'une d'or, l'une d'argent et l'une de sel. Le somptueux palais de l'Empereur était supporté par de magnifiques colonnes de porphyre et d'albâtre symétriquement alignées, et entourées de galeries construites de bois d'ébène et de cèdre incrusté de pierreries. Situé au centre d'une île verdoyante, et se reflétant dans un lac d'une transparence indescriptible, ce palais était construit en marbre d'une blancheur éclatante. Deux tours en gardaient l'entrée, appuyées chacune contre une colonne de vingt-cinq pieds de hauteur, dont les chapiteaux supportaient d'immenses lames d'argent ; deux lions vivants étaient attachés aux fûts par des chaînes d'or massif. On pénétrait de là dans une grande cour quadrangulaire ornée de riches fontaines avec des vasques d'argent d'où l'eau jaillissait par quatre tuyaux d'or. Une petite porte de cuivre incrustée dans le roc cachait l'intérieur du palais, dont la richesse défiait toute description. Un vaste autel d'argent supportait un immense soleil d'or devant lequel quatre lampes brûlaient perpétuellement.

« Le maître de toutes ces magnificences était appelé Eldorado, littéralement *Doré*, à cause de la richesse inouïe de ses costumes. Son corps nu, était chaque matin, oint d'une gomme précieuse, puis enduit de poussière d'or jusqu'à ce qu'il présentât l'apparence d'une statue d'or. (1) »

Il est probable que cette fable avait pour origine les récits du célèbre Humbolt, lequel rapportait que dans les parties les plus sauvages de la Guyane, les indigènes, oints de graisse de tortue, se couvrent le corps de Mica bleu et rouge qui leur donnent l'aspect de statues vêtues d'or et d'argent.

C'est pour arriver à peu près vers ce légendaire pays, c'est-à-dire aux environs d'une chaîne de montagnes nommée les monts Tumac-Humac que le docteur Crevaux devait remonter le fleuve Maroni.

En arrivant à Cayenne, le docteur se trouva en face de la fièvre jaune qui venait d'y faire son apparition, puis fut chargé de visiter un bâtiment plein de coolies ou travailleurs indiens, parmi lesquels sévissait le

(1) Larousse.

typhus. Mauvais début; mais incapable d'arrêter un homme tel que notre voyageur. Il resta seul sur le navire pour donner ses soins aux malades, et ne les quitta que lorsque l'épidémie eût disparu, grâce au transbordement des passagers dans l'*Ilet de la Mère*.

Navigation

Les premiers indigènes que l'on rencontra et avec lesquels on eut à compter furent les Paramakas, puis les Paligoudoux, les Bosch et les Youcas.

Les Paramakas sont d'anciens esclaves de la Guyane hollandaise qui ont échappé aux poursuites de leurs maîtres vers 1826. Ils sont faciles à contenter à la condition de leur montrer le moins possible de ses richesses, car ils deviennent aussitôt exigeants et prêts à tout oser.

Les Paligoudoux, à la bifurcation du Maroni en Aoua et Tapanahoni, sont des soldats noirs de la Hollande qui ont déserté pendant les guerres soutenues contre les nègres Bonis par cette colonie.

Les Youcas sont d'anciens esclaves marrons fugitifs de la Guyane hollandaise ; on les désigne ordinairement sous le nom de nègres Bosh, c'est-à-dire nègres des bois.

Pendant le temps passé dans ces régions, M. Crevaux constata un fait jusqu'alors contesté, à savoir que l'Aoua était une continuation du Maroni, et non pas, comme on le croyait, le Tapanahoni, celui-ci ayant une importance bien moins considérable.

Les Paligoudoux, après avoir consulté le ciel, consentaient à donner des hommes au docteur, et après six jours de nage, très fatigants à cause surtout de l'extrême chaleur, on arriva au pays des Bonis où la petite troupe devait faire halte. Là le voyageur fut pris d'une fièvre interne qui altéra profondément sa santé ; le père Kroenner et Mgr. Emonet tombèrent malade et durent partir pour le pénitencier. Crevaux se trouvait donc seul et les Bonis refusaient de lui donner des hommes avant la fin des fêtes célébrées en l'honneur du Gran-Man défunt, c'est-à-dire avant un mois environ. Ce délai forcé fut utilisé à recueillir les documents précieux sur l'histoire et les mœurs des Bonis, notes dont nous faisons les extraits suivants.

« En 1772, un nègre intelligent, audacieux, nommé Boni, donna le signal de la révolte contre la Hollande, à la suite d'une injustice dont il avait été victime. Accompagnant un maître dans un voyage en Europe, il avait reçu la promesse qu'il aurait sa liberté dès son retour, à Surinam. La non exécution de cet engagement fut la cause des plus grands désastres pour la colonie. Non content de s'échapper en traînant à sa suite un grand nombre de ses compagnons d'esclavage, Boni voulut tirer vengeance de cet acte de mauvaise foi.

« L'habitation de son ancien maître fut complètement saccagée, les noirs mis en liberté, et tous les blancs massacrés, à l'exception de l'intendant qui fut chargé d'annoncer à son patron la perte de sa fortune. Des troupes furent envoyées dans toutes les directions pour s'emparer de ce chef d'insurgés si dangereux. Mais on avait affaire à forte partie. Boni, traqué de tous côtés et sachant sa tête mise à prix, ne songea même pas à prendre la fuite. Il persista à errer autour des habitations pour semer la révolte au milieu des esclaves.

« Entre autres exploits de cet aventurier, on raconte que, se trouvant un jour à la pêche avec sa femme, dans une petite crique aboutissant à la Cotica, il vit passer une embarcation chargée de soldats hollandais envoyés à sa poursuite. A la vue des soldats, sa femme, effrayée du danger qui menaçait son mari, allait jeter les hauts cris, lorsque l'arrêtant du geste et lui montrant un sabre, il la menaça de l'égorger au premier mouvement. Il s'avança en rampant le long de la rivière, et arrivé à la hauteur de l'embarcation, il bondit comme une panthère au milieu de ses ennemis, puis à coups redoublés, il tua plusieurs soldats et fit chavirer l'embarcation avant que l'équipage, surpris de la soudaineté de l'attaque, eût pu songer à se défendre. Ayant ensuite regagné la rive, il tua à coups de sabre ceux qui tentaient de se sauver à la nage. Seul, l'officier qui commandait cette escouade fut respecté, afin qu'un homme annonçât à la colonie la nouvelle de la défaite. Vingt-trois habitations furent détruites en quelques jours. Les esclaves délivrés formèrent une escorte dévouée à ce chef auquel ils devaient la liberté. (1)

Les Hollandais auraient laissé Boni s'établir dans le Maroni, s'il n'avait fait trop souvent des incursions sur les terres de la colonie ; le colonel Fourgeaud, d'origine française, fut chargé par le prince d'Orange, de poursuivre les Bonis jusque dans leurs derniers retranchements ; ainsi fut fait avec l'aide des Youcas, qui, un instant ami de Boni, finirent par le trahir et le tuer à bout portant au moment où cet homme remarquable leur tendait la main.

Ce ne devait pas être la seule trahison dont les Bonis devaient être victimes ; trompés successivement par les indiens Oyampis, par les français du bas de l'Oyapock, par les Oyacoulets, les Bonis, malgré leur grand désir d'établir des relations avec les Indiens de l'intérieur ou les Européens des colonies, ont une grande méfiance qui entrave ou tout au moins retarde leur alliance définitive avec les Hollandais ou les Français.

Ces sauvages, tous d'une même origine, se ressemblent par la figure et les mœurs. Ils enduisent leur chevelure d'une huile de carapa et la peignent avec soin. Les hommes ne portent point la barbe et se rasent avec des tessons de bouteille. Ils ont les dents belles, et très blanches ; ils sont très propres et font de fréquentes ablutions. Ils sont d'ailleurs presque complètement nus.

Les produits agricoles sont rares : le riz ne se conserve pas bien, les pistaches seraient abondantes si la culture n'en était à peu près délaissée ; le café est très rare, ainsi que le coton ; il est difficile aussi de se procurer du tabac, quoique les hommes et les femmes fument

(1) Tour du monde 1879.

La pêche et la chasse sont les occupations favorites de ces sauvages : ils prennent les petits poissons avec des plantes enivrantes, et tuent les gros à coups de flèches en roseau terminées par un harpon. Cette chasse est une telle passion chez les Bosch que le voyageur ne peut les empêcher de s'y livrer; il est obligé de rester là, exposé aux ardeurs du soleil, jusqu'à ce que les nègres aient terminé à souhait leur chasse.

Les animaux de ces régions sont le tapir, l'agouti, le paca, le cabiai, le pécari. — Le tapir est de la grosseur d'un petit cheval, et ressemble à l'éléphant, le nez terminé par une espèce de trompe. Le pécari ressemble au sanglier.

III

LES MONTS TUMUC-HAMAC

Quoique miné par la fièvre, qu'un peu de repos aurait évidemment suffi à calmer, le docteur, après avoir renvoyé son fidèle Sababodi, jeune garçon qui lui était tout dévoué, mais qui était trop gravement malade pour aller plus loin, continua sa route vers le pays des Roucouyennes avec un homme de Mana, nommé Joseph Foto et trois Bonis. Sans l'amour de la chasse, l'espace eût été vivement franchi ; mais à la vue du moindre gibier, ces écervelés se jetaient à sa poursuite et laissaient sans pitié le pauvre docteur se morfondre à la chaleur, malade, pendant des heures entières : mais il n'avait garde de s'opposer à ces fantaisies, car il savait qu'il eût été dangereux de le faire.

C'est ainsi qu'il fallut seize jours pour arriver au village des Roucouyennes. Ces sauvages ne se dérangent pas pour les étrangers, mais ne montrent aucune intention hostile. M. Crevaux tombe de nouveau malade mais rassemble toutes les forces de son énergique nature pour le cacher aux naturels. Ceux-ci cependant reprenant confiance en voyant la richesse de ses bagages, lui offrirent l'escorte de tous les hommes valides jusqu'au Yary. N'était la faiblesse extrême du docteur, tout irait pour le mieux.

Il ne pouvait en effet faire cent pas sans s'asseoir et il avait en perspective les monts Tumuc-Hamac à franchir ! Une sorte de prostration s'empara de lui et il se prit à penser mélancoliquement aux expéditions de ses devanciers, qui n'avaient pu aller plus loin : la Commission franco-hollandaise s'était arrêtée là; M. Chevalier avait cédé à la maladie et n'avait pu exécuter le passage des montagnes; le père Kroenner, arrêté alors chez les Bonis, avait été autrefois arrêté chez les Roucouyennes; M. Labourdette, un jeune homme, a reculé devant les pluies.

Néanmoins, la fièvre l'ayant quitté le 16 septembre, M. Crevaux partit le 17 avec 30 Indiens Roucouyennes, hommes et femmes. Après 33 jours de marche, avec une moyenne de huit heures par jour, la navigation sur le Maroni est terminée et l'on est arrivé à une énorme roche de quartz blanc où s'est arrêtée la Compagnie franco-hollandaise et à laquelle on donne aujourd'hui le nom de M. Vidal, président de cette Commission.

« Du reste, ajoute M. Crevaux en constatant que sa santé est bien meilleure, si je voulais me laisser aller à mes réflexions sur ma situation présente, je la trouverais aussi mauvaise, sinon plus, que celle de tous les explorateurs qui sont arrivés jusque dans cette région. N'est-ce pas, en sommes, une véritable folie que de s'engager dans ces forêts désertes, avec des accès de fièvre presque journaliers, et une maladie de foie qui a déjà profondément altéré ma constitution et qui peut devenir très grave? Que vais-je devenir si le mal vient à empirer dans ces solitudes? J'ai la triste perspective de me voir abandonné par mes hommes aux premiers symptômes du mal. »

Mais peu à peu cette prostration momentanée, résultat sans doute de la fièvre, se dissipe et fait place à la bonne humeur. Il s'agit d'avancer et d'arriver là où personne n'est encore venu. Les bagages sont sur des hottes de feuilles de palmier et l'on entre dans le sentier des Indiens; on traverse les monts Crocou, Foubou, Yombé-Caï et Casaba-Tiki, c'est-à-dire que la troupe est arrivée à la crête du Tumuc-Hamac, que l'on baptise avec une bouteille de Champagne et à laquelle le docteur, en souvenir de son pays natal, donne le nom de mont Lorquin : le 23 septembre l'expédition arrivait au terme de son exploration.

« La chaîne des Tumuc-Hamac, dit M. Crevaux, est moins importante qu'on ne le croyait généralement. L'altitude de ces montagnes est si faible que la température n'est que de deux ou trois degrés au-dessus de celle de la plaine. » Leur importance géographique est cependant considérable puisque ces chaînes de montagnes sont le point qui séparent le bassin du Maroni de celui de l'Amazone. C'est ce dernier versant que M. Crevaux avait encore à explorer. On construisit un canot et on le lança dans l'Apaouani qui des monts Tumuc-Hamac va rejoindre le Yary.

Cette navigation sur l'Apaouani se fait avec beaucoup de difficultés; on est obligé à chaque instant d'abattre des arbres dont quelques-uns ont jusqu'à un mètre de diamètre, sans compter des chutes qui endommagent l'embarcation. On arrive cependant sans encombre et sans avoir rencontré de populations hostiles au confluent de l'Apaouani avec le Yary, pour faire halte au village du capitaine Namaoli.

Le nègre Apatou.

Il eût été plus agréable de descendre immédiatement la rivière jusqu'à l'Amazone, mais l'explorateur voulut remonter le Yary jusqu'à sa source qui ne pouvait être bien éloignée : c'est dans ce but qu'il se dirigea vers le village du chef Yacoman qu'il dut abandonner bien vite à cause de sa dangereuse insalubrité. Après la chute Macayélé, la rivière cesse d'être navigable et il faut la côtoyer à pied. Le docteur y renonce et se décide à redescendre.

Nulle part il n'est possible d'obtenir de compagnons ; le cours du Yary a une détestable réputation et aucun Indien n'ose s'y aventurer, cependant il va falloir abandonner ces parages pour atteindre le plus tôt possible les grandes chutes, ce qui épouvante les serviteurs du docteur, et n'excite que l'émulation d'Apatou, son fidèle compagnon à qui revient certainement une partie de la gloire de ce mémorable passage.

Ne quittons pas cependant cette partie du haut Yari, sans rapporter ici quelques détails fort curieux sur les mœurs des Indiens.

» Ce sont, dit le docteur Crevaux, des gens généralement de taille peu élevée. Il est difficile d'aprécier leur couleur ; l'idée la plus juste que l'on puisse en donner est de la comparer à celle d'un Européen fortement bronzé par le soleil. Après un séjour prolongé dans l'intérieur du pays, nos mains étaient devenues presque aussi brunes que celles des Roucouyennes. Un de ces sauvages me fit même remarquer, en voyant des différences de teint à diverses places de ma peau, que, si je vivais plus longtemps avec eux, je ne tarderais pas à leur ressembler.

» Les enfants sont d'un blanc presque pur au moment de la naissance. Lorsque ces indiens sont malades, leur peau devient terne et sensiblement plus pâle. La teinte de leur peau jaune-brunâtre, un peu de la couleur des feuilles mortes, n'est pas agréable à l'œil. Peut-être ont-ils eu une idée heureuse en se peignant tout le corps avec une couleur d'un beau rouge appelée *roucou*. Ce produit, employé dans l'industrie européenne pour la coloration des étoffes, provient de la pulpe qui entoure les petites graines d'un arbuste indigène de l'Amérique équatoriale. Les Indiens ajoutent généralement un peu d'huile à leur peinture, ce qui permet de l'étendre plus facilement et lui donne plus de fixité. Aussi les voit-on rester des heures entières dans l'eau sans que la couleur s'efface. Cette couleur ne sert pas seulement d'ornement; elle a aussi l'avantage de défendre la peau contre les piqûres des moustiques. Il est vrai que cette substance n'est pas toujours d'une efficacité absolue, car j'ai vu des Indiens qui souffraient des piqûres de ces insectes presque autant que moi.

» Les différents animaux ont une odeur propre qui peut les faire reconnaître à distance. Il en est de même des différentes races humaines. Je trouve que les indigènes de l'Amérique du sud se distinguent des noirs et des blancs par une odeur de cuir neuf. Ce fait provient sans doute de l'action du tanin du roucou, qui est une substance très astringente, sur les matières sécrétées par la peau.

» La chevelure des Indiens de la Guyane n'est pas crépue comme dans la race nègre; elle est moins ondulée que chez les blancs. Ils se taillent un peu les cheveux sur le devant de la tête et portent le reste d'une longueur démesurée. Les hommes et les femmes ont identiquement la même coiffure; la barbe est très peu fournie; ils ont d'ailleurs une médiocre estime pour cet ornement, et ils ont bien soin de l'épiler, ainsi que leurs sourcils, et même leurs cils, au fur et à mesure de leur croissance.

» Tous ces sauvages ont des médecins qu'ils appellent *piays*. Un piay accompagnait les Indiens qui portaient mes bagages à travers les montagnes, de sorte que j'ai pu voir la manière dont ils traitent les malades.

» Notre compagnon, Apatou, ayant eu mal à la tête, le piay, Paniakiki, s'assit sur un hamac en face du malade, puis se mit à regarder le ciel pendant quelques instants, en ayant l'air de l'invoquer mentalement. C'était une prière tacite qu'il adressait au diable pour qu'il fît cesser le mal de son client. Il pratiquait cette espèce d'exorcisme tout en fumant sa cigarette, dont il rejetait la fumée par le nez avec autant d'élégance qu'un gamin de Paris. Puis, plaçant sa longue cigarette entre le gros orteil et le deuxième doigt de pied, sans adresser à son malade aucune question sur le mal qu'il éprouvait, ainsi que cela se pratique chez nous, il se mit à souffler avec force sur le point douloureux. Prenant ensuite un éclat de roche très pointu, il fit cinq ou six incisions sur le front du patient, et se mit à aspirer le sang avec sa bouche en guise de ventouse. Après cinq minutes de succion, les insufflations recommencèrent; le piay ralluma sa cigarette qui s'était éteinte pendant l'opération, en envoya deux ou trois bouffées dans la bouche et les yeux de son malade, et se retira sans mot dire. » (1)

Du point où se trouvait le docteur, la distance n'était pas considérable jusqu'à l'Amazone; mais l'altitude était de 180 à 200 mètres, et cela faisait supposer sinon des chutes d'une hauteur formidable, tout au moins un très grand nombre de chutes.

Après avoir quitté le village Yéleumen et traversé la crique Kou, l'embarcation fut bientôt emportée d'une course vertigineuse à travers les roches, et finalement se serait brisée en mille pièces dans la première grande chute du Yarez sans l'adresse d'Apatou, qui l'arrêta brusquement sur un rocher pour éviter le terrible saut qui les attendait. Le précipice avait 30 mètres de haut!

(1) Tour du Monde, 1879.

Il fut néanmoins possible de tourner cette cataracte, et à partir de ce moment la barque ne put que sauter de chute en chute sans avarie aucune ; puis se présente un saut de quatre mètres que l'intelligent Apatou fait encore franchir au canot, à l'aide d'un arbre placé en travers du courant, au-dessous de la chute ; enfin, de gros amas de caoutchouc annoncent la présence d'Européens et ramènent l'espérance dans le cœur des intrépides voyageurs.

En effet, une barque, montée par une famille brésilienne, s'approche ; et ces braves gens ne peuvent en croire leurs oreilles en apprenant le fantastique itinéraire du hardi docteur : il était le premier blanc qui ait descendu les chutes du Yary !

Cette rencontre est heureuse de toutes façons, car sans l'assistance de ces Européens, la petite troupe aurait eu de la peine à franchir la dernière grande chute, celle de la Pancada. Un détour, connu d'eux, permit à Crevaux de tourner cette magnifique cataracte, et d'arriver sain et sauf à Porto-Grande, où il est reçu par don Urbano-Numès, qui fait le commerce de caoutchouc.

Conduit par les soins de ce commerçant à Gurupa, bourgade située sur la rive droite de l'Amazone, et point de relâche des vapeurs qui sillonnent le fleuve, le docteur Crevaux n'avait plus qu'à rapatrier ses hommes et revenir en Europe. Ce qu'il fit en quittant l'embouchure de l'Amazone le 1er décembre.

VOYAGE AUX ANDES

PAR L'OYAPOCK, LE PAROU, L'IÇA ET LE YAPURA.

I

L'OYAPOCK.

A peine de retour, le docteur Crevaux songe à une seconde expédition dans les Guyanes, et le 28 juillet 1878, il débarquait sur le sol de ce pays qu'il avait déjà visité trois fois. Après avoir retrouvé le fidèle Apatou et le petit Sababodi, le docteur partit de Cayenne le 21 avril avec le gouverneur, M. Huart, le directeur de l'intérieur, M. Quintrie, et plusieurs autorités du pays, pour explorer l'Oyapock.

On entre bientôt dans cette rivière malgré les sinistres récits des officiers que le docteur avait rencontrés à Cayenne. On dit que le bas Oyapock est très malsain, et Crevaux est assez inquiet sur les suites possibles de cette terrible fièvre qu'il ne connaît que trop. Apatou lui-même a peur des Oyanpis, qui ont fait autrefois la guerre à sa nation. Bientôt, cependant, les préoccupations du voyage dissipent les tristes pensées, et les explorateurs ne songent plus qu'à faire provision de courage et de patience.

Les premières curiosités de la route sont des plus intéressantes : c'est d'abord l'anse où s'est abîmé le navire de guerre l'*Eridan*; puis l'île de Casfécoca, où un officier français fit massacrer des hommes sans armes et des femmes de la tribu des Bonis, qui venaient avec des intentions pacifiques; et le saut Robinson, où se trouve une petite île qui a été habitée pendant de longues années par un soldat du maréchal de Villars, blessé à Malplaquet; il vivait là comme un Robinson et mourut plus que centenaire.

Il n'est pas toujours commode de trouver un bon campement dans ces parages : on ne rencontre souvent que des roches de granit toutes nues où il n'est pas possible de suspendre les hamacs ; heureusement que l'on y remédie à l'aide du *pataoua* des Indiens Oyampis : on appelle ainsi trois perches placées en faisceau et où on peut disposer trois hamacs ; de cette façon on est à l'abri des animaux qui peuvent incommoder les voyageurs.

Il y a aussi la lune à éviter : sa clarté est très nuisible à la vue, et il faut avoir bien soin de se coucher de manière à lui tourner le dos.

Il fallut ensuite trois jours pour franchir une première ligne de chutes ; ces chutes rendent la navigation difficile et souvent périlleuse ; les voyageurs sont obligés de haler souvent le canot sur les branches d'arbres et les lianes qui bordent la rivière.

Avant d'arriver aux villages des Oyampis, on avait rencontré une île abandonnée à la suite d'une épidémie ; on y put constater la manière curieuse dont les sauvages procèdent à l'égard des morts. Ces Indiens ne brûlent pas les morts comme les Roucouyennes, mais les enterrent dans un trou très profond d'un mètre de longueur tout au plus. Le cadavre est placé verticalement, les jambes, les bras et la tête fléchis comme le fœtus dans le sein maternel.

Il leur arrive aussi de laisser les cadavres se décomposer dans les bois et de ne recueillir que les os au bout d'une année pour les conserver dans des pots ; quelquefois aussi ils suspendent le corps dans un hamac, au-dessous duquel ils placent un vase destiné à recevoir les liquides qui s'échappent des chairs en putréfaction. Il paraît que dans les examens très ardus qu'ont à subir les piays, dans le pays des Bonis, on les force à boire une macération de tabac et de quinquina avec quelques gouttes de sanie cadavérique, pour prouver leur force de caractère.

Il est heureux pour nos élèves en médecine que les épreuves ne soient pas aussi terribles ; il faut dire aussi qu'ils ont plus à apprendre, et que les remèdes ne sont pas d'une aussi grande simplicité que ceux employés chez les Oyampis, comme la guérison du bégaiement chez les enfants, qui s'obtient, paraît-il, en les faisant boire quelques mois dans une coupe faite de l'appareil vocal du singe-hurleur.

A leur arrivée chez les Oyampis, les voyageurs furent bien accueillis par le Tmouchi Jean-Pierre, récemment baptisé par Mgr Emonet ; ce chef, d'une grande vanité, consent à suivre les explorateurs jusqu'au Yary, moyennant un fusil, des haches, des sabres et des verroteries.

Le lendemain, on vit arriver une bande d'Emérillons qui venaient de l'Approuague par le Camopi. Ils habitent un village appelé Macoucaoua, situé sur la ligne de partage des eaux entre l'Inini et l'Approuague ; ces deux rivières sont si rapprochées à leurs sources que dans la saison des pluies il est facile de transporter une pirogue de l'une à l'autre.

Le 5 septembre, les voyageurs arrivèrent après onze jours de canotage devant le Camopi, affluent important de gauche, qui converge vers l'Araoua et l'Inini, affluents de droite du Maroni. Ces régions ont dû être autrefois très populeuses, parce que l'on y rencontre un nombre considérable de polissoirs : on appelle ainsi des rainures polies dans les roches, produites par l'usure des pointes de flèches et des tranchants de haches en pierre dont se servaient les Indiens qui peuplaient ces îles avant l'invasion de l'Amérique par les Européens.

Apatou, sans tenir compte des prédications de Jean-Pierre, tua un serpent boa, dont la mort, disait le tamouchi, ne manquerait pas de faire tomber de l'eau. Le voyage se fait d'ailleurs sans difficultés sérieuses, et prouve que la navigation sur l'Oyapock est loin d'offrir les dangers qu'on lui a attribués : les indigènes riverains sont de bonne composition et plus faciles à manier que les noirs de l'équipage, qui se plaignent sans cesse de la nourriture. A ce propos, le docteur fait observer que les explorateurs doivent toujours prendre avec eux des gens étrangers au pays qui sert de point de départ : ils sont de la sorte moins sujets à vous abandonner, à cause de l'ignorance où ils sont de la route à suivre pour retourner chez eux.

L'Oyapock se rétrecit de plus en plus ; les sauts se multiplient ; quelquefois les berges s'effondrent et manquent d'engloutir les voyageurs ; puis on rencontre le premier gué. La rivière diminue de profondeur et les sources de l'Oyapock se montrent enfin au pied du pic Crevaux.

Le docteur résume ainsi ses observations sur cet intéressant cours d'eau :

« L'Oyapock, comme le Maroni et le Yary, présente trois parties distinctes. La région la plus pittoresque, la plus saine, la plus facile pour l'alimentation, est celle des chutes, où l'on trouve des poissons exquis à profusion. C'est dans cette portion du Maroni que les nègres marrons hollandais sont venus se réfugier. Les régions situées en amont et en aval, c'est-à-dire les sources et l'embouchure sont marécageuses.

» L'Oyapock se divise en une infinité de criques ramifiées au pied du versant oriental des monts Tumuc-Humac que les indigènes appellent Cumu-Cumu, du nom du palmier Comou. Son parcours est de 485 kilomètres environ, en comptant les détours, tandis que le Maroni mesure 680 kilomètres.

» Le débit de l'Oyapock est plus considérable que celui du Rhône et de la Loire, qui mesurent pourtant mille kilomètres. L'importance des fleuves de la Guyane provient non seulement de l'abondance des pluies, mais encore de l'imperméabilite du sol. L'argile, qui est indispensable à l'Indien, pour la fabrication des poteries, ne manque nulle part dans toute la région. »

Aux bords du Rouapir, un affluent de la crique Kou qui se jette dans le Yary, le docteur se sépare de Jean-Pierre après lui avoir donné un ceinturon d'uniforme et une vieille dragonne d'or, dont il se pare gravement. Nous avons omis de dire que lorsqu'il s'était présenté à Crevaux, il avait déjà un diadème de plumes, une canne de tambour major à la main et pour décoration une pièce de 5 francs à l'effigie de Louis XVIII.

Il fallut se procurer de nouveaux porteurs, car l'explorateur voulait s'engager dans les Tumuc-Hamac pour rejoindre le Parou qu'il désirait explorer.

De l'Oyapock au Rouapir il y a environ 110 kilomètres que les voyageurs franchissent en 35 heures, non sans avoir souffert de la faim, à peine apaisée par quelques menues pièces de gibier comme l'agouti ou le pakira ; mais comme le terrain est moins accidenté et en somme plus giboyeux que le trajet entre le Maroni et l'Apouani, on a moins à souffrir quoique la course soit plus longue de 56 kilomètres.

La navigation sur le Rouapir n'offre pas les mêmes avantages : ce cours d'eau est continuellement entouré par des troncs d'arbre, souvent énormes, des racines adventives qui se terminent par un chevelu inextricable et barrent la route de la plus incommode façon. L'aymara et le butor Honoré sont à peu près la seule nourriture que l'on puisse se procurer.

« L'aymara, qui a beaucoup d'analogie avec nos carpes d'Europe, se tient volontiers dans les eaux calmes. Il se promène la nuit, tandis que pendant la journée on le trouve couché au fond de l'eau, quelquefois sur un tronc d'arbre, le plus souvent sur des feuilles ou de la vase formant un petit banc près de l'embouchure d'une crique. Les indiens ont l'habitude de le prendre avec une flèche, mais on peut le saisir avec un gros hameçon auquel on suspend de la viande ou une petite grenouille.

L'Honoré, remarquable par sa maigreur, son air efflanqué, est très commun dans les rivières de la Guyane. Il se nourrit de petits poissons qu'il prend dans les endroits peu profonds ; fuyant à l'approche d'un canot, il ne vole pas loin : on le voit se reposer tantôt sur une roche, tantôt sur un tronc d'arbre penché sur la rivière. » (1)

Parmi les mets extraordinaires que fournissent ces régions, il faut encore citer les nids de mouches à miel : on abat l'arbre où se trouve le

(1) Tour du monde 1879.

nid; les abeilles affolées s'envolent en tourbillonnant, et l'on s'empresse de recueillir le miel qui renferme aussi les larves dont les indigènes se régalent; mais ils ont soin de trier ces larves blanches avant de les manger afin de ne pas être piqués.

Les pirogues ont besoin à chaque instant de réparation, les lianes embarrassent plus que jamais la route; ce sont des fatigues inouïes à décourager les plus intrépides.

Enfin le 5 octobre, on arrive à la crique Kou et par suite chez les Calouyouas. Le docteur croyait trouver en eux une tribu d'Indiens distincte, mais il s'aperçut bientôt que ce n'étaient que des Oyampis ayant eu quelques relations avec les Brésiliens que les indigènes de la Guyanne appellent Calayouas. Ces sauvages, dit Crevaux, ne procèdent pas autrement que les habitants de nos campagnes où l'on appelle Parisien tout individu qui est allé à Paris.

Malgré la faiblesse croissante du docteur, il fut décidé que l'on prendrait quelques jours de repos et que l'on redescendrait le Yary pour rejoindre ensuite le Parou. Profitons, nous aussi, de ce moment de répit, pour emprunter au célèbre explorateur quelques détails fort intéressants sur les Roucouyennes.

II

LES ROUCOUYENNES

Le manioc constitue la culture importante du pays; voici comment se fait la plantation :

» Ils font avec un bâton un trou de huit à neuf centimètres dans la terre et ils y placent une bouture longue de 30 centimètres qu'ils inclinent sous un angle de 45°. Les boutures proviennent des tiges qu'ils coupent après avoir enlevé les racines. La plante est très vivace, puisqu'une tige arrachée depuis un an et abandonnée sur le sol peut encore servir à la reproduction. Tous les abatis se font sur les terres élevées, parce qu'une trop grande humidité ne manque jamais de pourrir les racines.

» La plantation se fait vers le mois de décembre, au commencement de la saison des pluies : six mois après, les racines pourraient déjà servir à faire de la cassave, mais ce n'est généralement qu'un an et demi après qu'on commence à faire l'exploitation. Elles peuvent encore grossir, mais la pulpe devient dure et prend une teinte rougeâtre, et la farine obtenue n'est plus que d'une qualité médiocre.

» Les Indiens n'aiment pas à planter deux fois de suite du manioc dans le même terrain ; ils préfèrent abattre la forêt pour planter dans un terrain vierge. Pourtant, dans certains cas, lorsqu'ils manquent de haches, ils reviennent à une plantation qui était abandonnée depuis plusieurs années. Il suffit alors de couper la broussaille et d'y mettre le feu. Bien qu'on ait détruit toutes les plantes qui recouvraient le sol, on ne tarde pas à voir apparaître des tiges de manioc. Cette repoussée laisse des lacunes plus ou moins considérables que l'on comble en plantant quelques boutures.

» Le manioc est la seule plante que les indigènes de la Guyane cultivent sur une grande échelle ; c'est qu'elle suffit à presque tous leurs besoins, elle leur fournit le pain et l'alcool. Nous avons calculé, avec Apatou, qu'un travail d'une journée sur huit suffit largement pour l'alimentation d'une famille composée de deux ou trois femmes et cinq ou six enfants. Nos heureux Roucoyennes ont le reste du temps à consacrer à la chasse, à la pêche, à la danse et à de longues siestes dans leurs hamacs.

Les Roucoyennes n'ayant plus de secret pour nous, ne craignent pas de célébrer à leur aise une cérémonie appelée Maraké. Il s'agit d'un supplice imposé à des enfants à l'âge de huit à douze ans et à des adultes qui sont candidats aux mariage. Un grand nombre d'étrangers ont été invités à cette cérémonie, parmi lesquels se trouve mon confrère le vieux Panakiki.

» On passe l'après-midi à ranger les costumes de danses et particulièrement des chapeaux couverts de plumes qui sont d'un effet ravissant. Les chapeaux des Roucoyennes sont de véritables monuments qui n'atteignent pas moins d'un mètre cinquante centimètre. La carcasse du chapeau, largement ouverte au sommet, n'a rien de commun avec aucune espèce de coiffure connue. Elle est surmontée d'un arceau dirigé d'avant en arrière qui supporte une infinité de panaches rouge ou bleus, ornementés d'élytres de grands scarabées aux reflets métalliques. La trame disparaît sous vingt bandeaux ou couronnes imbriquées les unes au-dessus des autres, avec des couleurs rouge, jaune, noir, vert, blanc et bleu. A l'arrière tombe un espèce de plastron recouvert d'une mosaïque de plumes qui représente un homme aux jambes et aux bras écartés comme les grenouilles.

Il faut plus d'une année de travail pour confectionner cette parure de danse. J'ai déjà dit que le port des plumes est l'apanage des hommes ; je dois ajouter que ce sont eux seuls qui font ces ouvrages, qui feraient envie aux femmes élégantes du monde civilisé.

« Le Tamouchi porte sur l'avant du chapeau un bandeau tressé en feuilles de palmier, sur lequel sont appliquées des écailles de caïman ou de petits rectangles taillés dans le bec du toucan. Ces écailles, blanches et noires, sont arrangées de manière à représenter des arabesques.

» Tous ces précieux ornements sont renfermés dans de longs pagaras en feuilles de palmier, d'où les danseurs les sortent au fur et à mesure avec la plus grande délicatesse. Ils ont eu bien soin d'enlever préalable

Indiens du Parou.

ment la peinture de roucou dont ils étaient recouverts, de peur de tacher leurs belles plumes.

» Le chapeau n'est pas le seul vêtement de danse, les Roucouyennes se couvrent l'abdomen d'un grand nombre de ceintures qu'ils fixent avec un cordon sur la ligne médiane. Elles sont de deux sortes : les unes noires, en poil de *Couata*; les autres blanches, en coton. Elles sont disposées les unes à côté des autres de manière à brider le ventre jusqu'à la base de la poitrine. Quelques danseurs portent à la jambe droite une jarretière à laquelle sont suspendus des grelots qui font un bruit de castagnettes. Ce sont des grains ayant la forme d'un chapeau à deux cornes, qui sont attachés par leur sommet à des ficelles pendant à la partie antérieure de la jarretière.

« Quelques-uns portent dans le dos un ornement des plus grotesques ; c'est un poisson en bois avec des trous dans lesquels sont implantés de grands panaches en plumes qui retombent en imitant la queue d'un oiseau.

» Les curieux s'assemblent pour examiner les chapeaux, qui sont placés sur de petites croix enfoncées en terre. Ceux qui s'approchent trop sont empoignés par les danseurs, qui leur serrent le mollet par deux ligatures et y appliquent deux coups de verge.

» La danse commence au coucher du soleil. Les hommes et les femmes font des évolutions à la lueur de grands feux, en s'accompagnant de chants qui célèbrent leurs amours et leurs exploits guerriers. Les jeunes gens placés en rond autour d'un trou recouvert d'une grande écorce tapent tous en cadence avec la jambe droite sur cette espèce de caisse qu'ils raidissent avec le pied gauche, et à chaque mouvement, ils tirent un son bref d'une trompette en bambou.

» Au lever du soleil, les danseurs quittent leurs costumes, et aussitôt commence le supplice du Maraké. Le piay Panakiki fait saisir un des candidats au mariage par trois hommes ; l'un tient les jambes, l'autre les bras, tandis que le troisième lui renverse fortement la tête en arrière. Il lui applique alors sur la poitrine les dards d'une centaine de fourmis qui sont prises dans des treillis par le milieu du corps. Ces instruments de supplice ont des formes bizarres, ils représentent un quadrupède ou un oiseau fantastique. Une même application est faite sur le front avec des guêpes ; tout le corps est ensuite piqué alternativement avec des fourmis et des guêpes.

» Le patient tombe infailliblement en syncope, il faut qu'on le porte dans son hamac comme un cadavre ; on l'y amarre solidement avec des tresses qui pendent de chaque côté et on fait un petit feu par dessous. Le supplice continue sans interruption. Les malheureux patients sont apportés au fur et à mesure dans un carbet. La douleur fait faire à chacun des mouvements désordonnés, et les hommes se balançant dans tous les sens déterminent des vibrations qui font remuer la hutte au point de croire qu'elle va s'écrouler.

Les jeunes gens qui ont reçu le Maraké doivent rester dans le hamac pendant quinze jours et ne manger qu'un peu de cassave sèche et des petits poissons rôtis sur la braise. » (1)

(1) Crevaux, voy. dans l'Amérique du Sud.

III

LE PAROU

« Les voyages d'exploration sont des guerres livrées à la nature pour lui arracher ses secrets.

» Or je suis à la veille de livrer une bataille décisive.

» Battu, je serai forcé de revenir par le Yary que j'ai déjà parcouru ; vainqueur, j'effectuerai mon retour par une rivière nouvelle, le Parou, qui est un affluent de la rive gauche de l'Amazone.

» Mais la lutte se présente mal, les Indiens mes alliés m'abandonnent précisément parce que je suis faible. Mon patron Aapatou est malade ; je n'ai que deux noirs vigoureux, mais incapables. Quant à moi, depuis dix jours, je ne suis pas un seul intant dans mon état normal : le matin je suis sous l'influence d'une excitation qui double mes forces physiques et ma volonté; le reste du temps, je frissonne, j'ai une soif intense ou je transpire. »

Voilà ce qu'écrivait le docteur Crevaux à la date du 24 octobre, à la veille de partir à la recherche du Parou. Avec l'aide de Yacoman, notre ancienne connaissance lors du premier voyage, et des chefs voisins, il y arrivait cependant sans beaucoup de difficultés, mais non sans avoir souffert de la fièvre, le 28 octobre. La distance entre les deux rivières n'est pas supérieure à 30 kil., en ligne droite, bien entendu.

Il fallait d'abord remonter cette rivière pour tâcher d'arriver aux sources ; la navigation est assez agréable sur ce cours d'eau dont la largeur n'est jamais considérable ; quelques rochers de granit parsèment la route ; les riverains sont rares, mais affables. Le docteur était d'ailleurs précédé par la bonne réputation qu'il avait laissée lors de son exploration du Yary. Le dernier village qu'il rencontre est celui d'Aracoupina ; il est décimé par une épidémie; et au-dessus, la rivière devient si peu navigable qu'il considère sa mission dans le haut Parou comme terminée et se décide à redescendre.

La variole à rempli ces lieux de terreur ; tous les Indiens ont fui devant l'épidémie. La petite troupe continue sa route au milieu d'une averse épouvantable... et il était si facile de l'empêcher, cette averse ? Apatou ne prétend-il pas, et tous les Indiens avec lui, qu'il suffisait de ne plus laver l'intérieur de la marmite !

Ces peuples ont ainsi pour bien des choses une foule de moyens plus étonnants les uns que les autres : pour pagayer avec plus de force, ils se serrent le biceps en haut et en bas et se font quelques coupures avec une lame de bambou ayant la forme d'un coupe-papier. — Quand ils partent pour la chasse, ils ne manquent jamais de disposer une dizaine de boucans sur une ligne, chargés, au lieu de viande fumée, de plusieurs couches de bois sec allumé avec des pierres ; le tout pour apaiser le *yolok* (diable) qui peut les empêcher de tuer du gibier. — Les jeunes filles pour se faire aimer boivent une décoction d'herbes cuites à l'eau. — Pour empêcher les voleurs de venir, il suffit d'arroser un petit linge, provenant du Calimbé d'un des ancêtres et suspendu au bout d'un bâton sur le seuil de la maison. — Les hommes ne doivent pas manger d'œufs sous peine de ne pas avoir d'enfants ; cette nourriture n'est réservée qu'aux vieillards. — Pour éloigner les serpents, il suffit de brûler des graines de coton. — Nous avons déjà parlé de la manière de guérir le bégaiement chez les enfants. — Pour ne pas trembler en tirant de l'arc, il suffit de se tirer un peu de sang des bras. — Quand on ne peut enlever une maladie, il suffit de faire le simulacre de tirer une petite flèche contre une personne quelconque du voisinage. — Pour être sûr d'avoir des enfants sains et vigoureux, il faut avoir subi le supplice du maraké, déjà décrit, et après cette épreuve, envoyer, le dos tourné, des boulettes de cassave vers un morceau de bois sur lequel on a tracé une circonférence : il faut toucher le but trois fois de suite. — Quand ils partent pour la chasse au jaguar, les indiens lotionnent leurs chiens avec une infusion d'*ambrette* (Hibischus abelmoschus) dont l'odeur de musc, très développée dans cette plante, force le tigre à s'éloigner au moment où il commence à mordre sa proie. (1) — Si un nouveau-né voit un blanc, il tombe infailliblement malade et meurt ; une femme récemment accouchée doit donc cacher avec soin son enfant aux regards des blancs aussi bien que des noirs.

Les Trios, que l'on visite à ce moment, offrent quelques différences avec les Roucoyennes : ceux-ci ne se tatouent généralement pas, les Trios se font des marques noires sur les bras. Ils ont plus de respect pour les femmes, qui peuvent hériter de la couronne. Les hommes et les femmes se livrent ensemble à tous les travaux, mais chacun des deux sexes a ses occupations tellement déterminées que les voyageurs n'obtiennent rien s'ils s'adressent aux hommes pour avoir quelque chose qui est du ressort de la femme et vice versâ.

(1) Ce moyen est efficace en effet, et cela vient de ce que les plus grands ennemis du tigre, ceux qu'il redoute le plus, sentent le musc, comme le pécari, les serpents, le caïman, etc. (A. S.)

En revanche, ceux-ci comme ceux-là, sont géophages ; ils préparent des boules d'argile qui se dessèchent à la fumée et qu'on mange en poudre.

La navigation du Parou est assez monotone ; les compagnons du docteur ont bien fait tout ce qu'il ont pu pour le détourner de son projet, lui promettant la rencontre de peuplades féroces, de cataractes fantastiques, etc. Mais celui-ci ne se laissa pas prendre à ces histoires de vieilles commères et continua sans plus s'en inquiéter. Dans le pays des Apalaïs, la rivière se divise en un grand nombre de bras, à travers lesquels il est difficile de s'orienter ; ce ne sont que des chutes et des cascades ; tantôt le courant emporte les canots avec une vertigineuse rapidité, tantôt la rivière est tellement basse qu'il faut descendre dans l'eau et pousser les barques ; et aussi on remonte des roches à pic du haut desquelles il faut descendre les barques et les bagages à l'aide de longues lianes, et une chute de vingt mètres, nommée *Panama*, nom qui dans la langue des Apalaïs et des Roucouyennes signifie *papillon*.

Cinquante jours après avoir quitté le pays des Trios, le docteur Crevaux entrait dans les eaux de l'Amazone ; il lui restait encore à explorer le cours de l'Iça et du Yapura.

IV

L'IÇA ET L'YAPURA

La plupart des affluents de l'Amazone étaient inconnus, quoique la plupart soient plus grands que le Rhône. Comme on parlait beaucoup à cette époque d'une rivière, nommée Iça, le docteur Crevaux résolut de continuer son voyage dans l'Amazone jusqu'à la frontière du Brésil et du Pérou, afin de remonter l'Iça, jusqu'aux sources, si la chose était possible.

« Le Rio Iça, dit-il, est un grand affluent de tête de l'Amazone, qui, ne mesure pas moins de 400 lieues depuis les sources jusqu'à l'embouchure. Cette rivière naît du versant oriental des Andes, près de Pasto. Elle est connue par les Brésiliens sous le nom de Rio Iça ; les Espagnols l'appellent Putumayo. Ce cours d'eau, destiné à un grand avenir, n'était pas tout à fait nouveau pour le monde civilisé. Les conquérants espagnols connaissaient les principales sources du Putumayo. On trouve encore dans le San Miguel, grand affluent de droite, les vestiges d'exploitations aurifères. Des jésuites venant de Pasto ont adouci les mœurs des rares indigènes qu'on rencontre dans le 16ᵉ degré supérieur du Putumayo. Les gens du pays racontent que, il y a une trentaine d'années, un général révolutionnaire, nommé Orando, traqué par les troupes du gouvernement de la Nouvelle-Grenade, a pris la fuite du côté de l'Içà, qu'il a dû descendre en radeau jusqu'à l'Amazone.

» A la fin de 1871, trois Français, qui avaient pris part à l'insurrection de la Commune, vinrent chercher fortune jusqu'au milieu des Andes. A la suite d'une querelle, les trois amis se séparèrent dans trois directions

Estuaire de l'Amazone.

différentes; l'un vers le Napo, l'autre vers l'Içà et le troisième vers le Yapura. Le nommé Jacques, connu dans le pays sous le nom de Santiago, est mort dans le Yapura à la suite d'une piqûre de serpent. Christophe, qui s'était aventuré dans le Putumoyo, a été dévoré par les indiens Oréjones, à vingt-cinq jours de canotage en descendant. On n'a pas de nouvelles de l'autre voyageur. »

Malgré cela, on n'avait aucune indication géographique précise sur le cours de l'Içà. En 1874, un colombien Raphaël Reyes, aidé de l'Anglais Simpson, exploita une partie de ce cours pour la vente des quinquinas avec deux petits vapeurs, et bientôt on en fit un tracé à la boussole depuis l'embouchure jusqu'à Cantinelo, c'est-à-dire presqu'au point où s'arrête la navigation à vapeur. Mais en amont de ce point, il n'y avait toujours pas de tracé géographique et c'est dans le but d'en faire un que le docteur Crevaux s'était décidé à remonter l'Iça jusqu'à sa source.

La navigation sur cette rivière est difficile à cause des bancs de sable que l'on rencontre fréquemment et qui changent de place du jour au lendemain (1) ; la population riveraine est très clairsemée ; à peine rencontre-t-on, de temps en temps, de pauvres villages où habitent de cinquante à cent indigènes. Ils ne sont pas malveillants et sur tout le parcours de l'Iça on ne rencontre qu'une peuplade anthropophage, les Indiens Oréjones.

Le docteur Crevaux fait observer qu'un grand obstacle à la civilisation des Indiens de cette partie de l'Amérique, c'est l'absence d'ambition ; si l'indigène a désiré un couteau et qu'il l'ait obtenu, il ne fera absolument rien pour en avoir un second.

Un fait remarquable, c'est que depuis l'Atlantique jusqu'au premier contre-fort des Andes, on ne trouve pas une pierre ; partout les rives sont argileuses et le fond est constitué par de la vase ou du sable fin.

En route, le docteur s'adjoignit un terrible compagnon ; Santa-Cruz, surnommé le *pirate des Andes*, jouissant de la plus mauvaise réputation et accompagné de deux vigoureux indiens du rio San Miguel, Antonio et Ganzelo. Malgré les renseignements peu rassurants qui lui avaient été donnés sur ce particulier, le hardi explorateur n'hésita pas à l'enrôler et il n'eut pas à s'en repentir, car le terrible Santa-Cruz montra constamment un grand courage et beaucoup de bonne volonté jusqu'à la fin du voyage.

Le 22 mai, on était en vue des Andes, et le brave Apatou eut l'intelligence, en voyant ces énormes montagnes qui le remplissaient d'étonnement, de demander au docteur ce que pouvaient devenir les cours d'eau qui devaient se trouver sur l'autre versant : — n'y aurait-il pas, dit-il, une autre mer par là pour les recevoir ?

Il y en a une en effet, et c'est l'Océan pacifique, qui n'est pas à plus de vingt jours de marche !

Il faut songer maintenant à quitter l'Iça pour entrer dans le Yapura dont le cours ne sera pas long à franchir, selon toutes probabilités. Cette

(1) J'ai observé la même chose dans le Volga ; le relevage des bancs doit être fait chaque jour par les ingénieurs et d'un jour à l'autre les nombreux vapeurs qui sillonnent le fleuve sont obligés de se guider sur les bouées pendant le jour et des lanternes rouges ou blanches pendant la nuit.

rivière n'est bordée que de forêts ; elle a quelques sauts dont le plus important est le Araraquara que l'on traverse sans encombre.

Les riverains sont les Tamas, les Carijonas, et enfin les Ouitatos, peuple anthropophage, auquel il est difficile d'échapper. Les voyageurs parvinrent cependant à surmonter tous ces obstacles et le 9 juillet, à cinq heures du soir, arrivaient à l'Amazone.

En résumé, dans ces deux voyages, le docteur Crevaux avait exploré six cours d'eau :

Deux fleuves de la Guyane, le Maroni et l'Oyapock, et quatre affluents de l'Amazone, le Yary, le Parou, l'Iça et le Yapura ; le Maroni, l'Oyapock et l'Iça, un peu connus déjà, le Yary et le Parou complètement inexplorés, et le Yapura, qui mesure cinq cents lieues, inconnu dans les quatre cinquièmes de son parcours.

Le 31 juillet, le docteur Crevaux s'embarqua sur le vapeur anglais *Ambrose*, à destination de Saint-Nazaire.

LA NOUVELLE-GRENADE ET LE VÉNÉZUÉLA

I

LE MAGDALÉNA.

Parti de Saint-Nazaire, le 6 août 1881, sur le paquebot *Lafayette*, de la Compagnie générale transatlantique, le docteur Crevaux, qui ne voulait pas s'arrêter avant d'avoir complété ses découvertes, encouragé d'ailleurs par la médaille d'or que la Société de Géographie de Paris lui avait décerné en 1880, le docteur Crevaux, dis-je, accompagné de M. Le Janne, pharmacien de la marine, de l'inséparable Apatou et d'un matelot de Nantes nommé François Burban, qui ne craignit pas de s'engager dans une expédition dangereuse quatre mois après son mariage, arriva treize jours après à la Guadeloupe.

La fièvre jaune sévissait, et trois médecins avaient déjà succombé ; le docteur évita d'aborder, parce que M. Le Janne et Burban, qui voyaient pour la première fois les côtes d'Amérique, auraient été victimes du fléau, à n'en pas douter.

On continua donc la route jusqu'à Savanilla, à l'embouchure du Magdaléna, et de là jusqu'à Baranquilla pour prendre ensuite passage à bord d'un vapeur qui devait remonter jusqu'à Honda.

Il faut environ quinze jours pour faire ce trajet qui est de deux cents lieues.

Le Magdeléna coule entre les Cordilières orientale et centrale des Andes. Rien n'est plus pittoresque que la vue de ces hautes montagnes dont les flancs sont soumis à tous les climats; le pied appartient à la zone torride et les sommets sont couverts de neige. Le Grand-Amazone n'a pas cette variété; ses rives sont monotones, basses, marécageuses, et toujours les mêmes pendant des centaines de lieues.

Cependant le climat de Magdaléna n'est pas sain; le terrain est très propre à l'agriculture, mais les indigènes sont presque tous affligés de goîtres et de taches blanches, ce qui leur donne l'aspect grotesque de chevaux pie ou d'arlequins.

A Honda, M. Crevaux fit connaissance avec les Andes, et pour lui c'était chose difficile, parce qu'il était sujet au vertige; on se souvient que, dans un second voyage, il avait failli tomber dans une crevasse de rochers; ici la promenade qu'on lui proposait sur des mules l'effrayait un peu; enfin, s'enhardissant peu à peu, il finit par provoquer lui-même les ascensions et par n'avoir plus aucune crainte pour faire la traversée des Andes.

La navigation du haut Magdaléna se fait rarement en canot; tantôt ce fleuve est très large et n'a pas plus d'un mètre de profondeur, tantôt il se rétrécit entre des monticules de grès taillés à pic; il est alors très profond, et son cours est très rapide et par suite très dangereux.

Le lecteur se rappelle de ces nombreuses pierres gravées que le docteur avait rencontrées si souvent dans ses voyages en Guyenne; ici il en trouvait encore dont le dessin, représentant grossièrement la lune, le soleil, et des hommes aux jambes écartées comme des grenouilles, ont été exécutés par d'anciens indigènes sur des roches de grès.

A Neiva, il s'agit de prendre un parti sur la route à suivre, et la chose est difficile. Crevaux avait eu primitivement l'intention de descendre un affluent du Rio-Negro, le Maupès, qu'on lui avait recommandé lors de son voyage sur le Yapura. Mais les renseignements qu'il obtient ici des chercheurs de quinquina ne sont pas encourageants; on l'engage à prendre un cours d'eau plus favorable au transport du quinquina, car le Maupès a ses sources trop éloignées des régions quinifères et n'a aujourd'hui aucune utilité commerciale.

Les chercheurs de quinquina prétendent que, en face de Neiva, de l'autre côté de la Cordilière, naissent des ruisseaux qui coulent vers le nordest. Tout cela n'est pas bien clair, et le docteur se décide à prendre le plus court; ses compagnons sont épuisées par dix heures de cheval par jour; néanmoins ils faisaient tous leurs efforts pour se tenir bien en selle, et on arriva, en assez bon équipage à Colombia, petit village où demeurait le général Lucio Restrepo, directeur d'une compagnie de quinquina.

Grâce à lui, avec de nouvelles mules et des guides, il fut possible d'atteindre la crête de la Cordillère, qui fut franchie le 14 octobre à une hauteur de 1970 mètres.

Le 20 octobre, les explorateurs découvrirent le cours du Guayébero; on construisit des canots; les guides confectionnèrent un radeau, et, après avoir bu une bouteille de champagne à la santé du *Grand Français*, M. Ferdinand de Lesseps, membre de la Commission des missions scientifiques, on s'engagea dans la cour du Guyabero.

Il paraît que M. de Lesseps est connu là-bas jusque dans les chaumières les plus reculées des Andes. Son nom, qui est vénéré presque à l'égal de celui du grand citoyen Bolivar, le libérateur des colonies espagnoles, est un sauf-conduit pour les voyageurs à l'intérieur de la Colombie.

Apatou fit écrire au docteur sur un arbre une inscription pour laisser un bon souvenir de leur passage : — « Quatre Français, 25 octobre 1880, » et les voyageurs, s'élancent pleins de confiance vers l'inconnu.

Pendant quelques centaines de mètres, tout va bien; mais bientôt le courant acquiert une vitesse prodigieuse; le radeau est disloqué, et, sans l'adresse d'Apatou, tous les bagages étaient perdus. Le lendemain, Apatou tomba à la rivière et se sauva, naturellement; un rapide faillit entraîner la pirogue sur un obstacle : Apatou a la fièvre ; Burban a les yeux gonflés par les piqûres de moustiques; Le Janne a les pieds et les mains ulcérés.

Le soir du même jour, le radeau écrase la pirogue; les voyageurs ont la plus grande envie de voir des hommes quels qu'ils soient, hospitaliers ou non.

« — Il y a bien longtemps, dit le docteur, qu'il n'est venu d'Indiens dans ces parages; les animaux nous regardent passer sans plus d'étonnement que si nous étions simplement des singes voguant sur un tronc d'arbre. Un jour que j'observais le soleil sur une plage de galets, nous vîmes le chien venir à nous en gémissant et en tremblant de tous ses membres. Le Janne l'envoie coucher en lui donnant une tape sur le nez. Mais bientôt, en regardant mon chronomètre, j'aperçois un jaguar qui se promène lentement à une distance de vingt pas. Le Janne n'a qu'un coup de gros plomb dans son fusil. — « C'est assez, lui dit Apatou, allons tuer le tigre. » Nous nous mettons en marche, Le Janne en tête avec le fusil,

Le jaguar.

Apatou avec son sabre, et moi, n'ayant rien de mieux, avec un caillou à la main. Le redoutable animal ne manifeste aucune inquiétude ; il est là devant nous comme un gros chat domestique. Le Janne le met en joue lentement, comme s'il tirait à la cible, et l'animal frappé au cœur tombe sans pousser un cri. » (1)

Un bambou renversé sur les bagages le docteur et le meurtrit ; François est jeté à terre par son radeau, qui est emporté par le courant ; ce n'est qu'avec la plus grande difficulté qu'il parvient à s'en tirer. Puis le cours de la rivière change brusquement ; ce cours, large de plusieurs centaines de mètres, entre dans un défilé de vingt mètres au plus. A droite et à gauche se succèdent les cascades que l'on a à peine le temps de voir ; puis tout à coup c'est un rocher qui barre la route et sous lequel le docteur eût été broyé sans un vigoureux coup de pagaie d'Apatou.

Ces dangers passés, les voyageurs profitent d'un moment de répit pour déjeuner ; mais là-bas se montrent encore menaçantes de nouvelles montagnes qui ne présagent rien de bon.

« Une après-midi, continue le docteur, nous voyons un caïman se chauffer au soleil sur une plage de sable. C'est le premier que nous rencontrons dans la rivière. Apatou s'amuse à l'appeler en poussant des cris gutturaux. L'animal, réveillé en sursaut, nage droit sur nous, et, arrivé à quinze pas, disparaît en plongeant. Apatou se prépare à lui asséner un vigoureux coup de pagaie sur le museau quand il remontera à la surface. Mais il ne reparaît pas ; on le cherche de mon côté quand subitement il montre sa grande gueule ouverte devant Le Janne et lui effleure le visage, en faisant claquer ses énormes mâchoires comme une malle qui se ferme.

» Le surlendemain, nous voguions tranquillement ; je relevais mon tracé à la boussole, Le Janne écrivait ses impressions, François pêchait à la ligne, Apatou se livrait à des travaux d'aiguille sur mon moustiquaire. Soudain un cri trouble le silence dans la forêt : Apatou vient de disparaître, enlevé par un caïman ; l'eau bouillonne, je vois du sang, notre fidèle compagnon est perdu.

» Une main apparaît, je la saisis ; Apatou s'enlève, il est sauvé !

Le Caïman qui n'a lâché prise qu'à fleur de l'eau, se dédommage en avalant ma casquette, tandis qu'une balle de Le Janne ricoche sur sa tête comme sur un rocher.

Comment Apatou a-t-il échappé au caïman ? Entraîné par l'animal qui cherchait à le noyer, il a pu saisir une liane déchirée qui pendait au-dessous du radeau. Notre blessé en est quitte pour la perte d'un large morceau de la région externe du genou ; il a eu la chance d'être saisi par la partie la moins charnue de la jambe. » (2)

(1) Bulletin de la Société de Géographie.
(2) Bulletin de la Société de Géographie.

Le 9 novembre, les voyageurs traversent encore un défilé, orné de grès abrupts sculptés comme par la main de l'homme, et passent devant l'embouchure de l'Aré-Aré. Cette rivière pourrait servir de débouché pour le transport des produits du versant oriental de la Cordilière. Elle n'a pas de rapides, tandis que le Guayébéro est impraticable. Personne ne l'avait descendu avant le docteur Crevaux, et personne ne sera assez téméraire pour le descendre après lui.

Les habitants fuient à l'approche des blancs; rien de plus triste que cette traversée monotome sans âme qui vive; impossible d'obtenir des vivres. Heureusement les Piacopos consentent à leur donner de la cassave, des bananes, du tabac et une liqueur fermentée appelée *couria*. Le 13 novembre, on passait devant un misérable hameau, San Fernando de Atahuopo, dont la position géographique est fort intéressante, attendu qu'il se trouve au confluent de l'Orénoque, du Guaviare, de l'Aatahuapo et de l'Inirida.

Il ne s'agit plus maintenant que de descendre l'Orénoque; les Indiens se montrent plus souvent, mais il paraît qu'il ne faut pas éternuer en leur présence... tous se sauvent en se bouchant le nez! Ces indigènes sont en effet très sujets aux maladies de poitrine et ils accusent les Européens de leur en apporter les germes.

L'Orénoque offre ce côté pittoresque qu'il est parsemé de roches granitiques qui forment des rapides et des chutes, ce qui, dans un sens, est bien plus agréable que le cours ennuyeux du Magdeléna qu'on vient d'abandonner à la grande satisfaction d'Apatou qui retrouve ici des régions offrant quelque similitude avec la Guyanne, son pays natal.

Quand au pauvre François Burban qui avait hâte de revenir au pays pour voir sa femme, il eut le malheur d'être piqué par une raie et mourut des suites de cette morsure venimeuse. Pauvre garçon! Il avait partagé toutes les peines et les souffrances des voyageurs et, si près du port, tomba victime d'un accident fatal qui aurait pu être évité avec un peu de prudence.

Enfin, l'on atteignit Baliver, ou les voyageurs purent changer leurs guenilles contre des vêtements plus décents. Le hardi explorateur ne voulut pas cependant quitter le delta de l'Orénoque sans faire une petite excursion chez les Guoraunos où il resta trois semaines. — Nous recueillons les renseignements suivants sur les mœurs de ces peuplades:

« Ces Indiens ne portent pas d'armes, ce qui témoigne tout d'abord de leurs intentions pacifiques. Ils ressemblent à ceux que le docteur a rencontrés dans ses précédents voyages; tous ont les pommettes saillantes, quelques-uns les yeux un peu bridés et obliques; leurs bras sont puissants; leurs membres grêles, leurs genoux un peu rentrés et leurs pieds tournés en dedans. Ils ne portent en général ni ornements ni peintures; cependant un jeune homme porte un collier en perles blanches et bleues composant un dessin qui est très affectionné des populations indo-chinoises : il est formé de T alternativement dressés et renversés, ayant une branche longue et une branche courte. Le possesseur de ce collier présente du reste un type asiatique. Les Guoraunos ont les cheveux taillés à la façon de ceux des Mitouas, c'est-à-dire retombant sur le front à un doigt des sourcils et sur la nuque au niveau du menton.

» Leur costume est des plus élémentaires et parfaitement conforme aux dernières modes des Indiens les plus sauvages. Les hommes portent un lambeau de cotonnades nommé *calimbé* ou *gouayouco*, et les femmes remplacent la feuille des statues par un triangle de l'étoffe fabriquée avec des écorces pilées et agglutinées que les Guahibos appellent *marima*. C'est cette même écorce qui sert, aux Indiens de la Guyanne, de papier à cigarette, sous le nom de Trouari. Les femmes Mitouas s'en fabriquent des chemises.

« Un usage fort curieux est le suivant :

» A la mort d'une femme, son mari se couche dans un hamac en face d'elle, il y reste quelques instants pour pleurer en chantant et laisse la place à tous ceux qui ont eu des relations avec la défunte. »

Voilà où en était le docteur Crevaux en 1881, lorsque le 25 mars, de retour en France, il fut reçu par la Société de géographie. Nous extrayons du compte-rendu de cette séance le discours suivant prononcé par le vice-président M. Alfred Grandidier parce qu'il résume admirablement toute la carrière si remplie du Docteur :

« M. Crevaux, qui appartient à ce corps si dévoué de nos médecins de marine, auxquels la géographie doit déjà tant de découvertes intéressantes, a visité à trois reprises différentes les régions les moins accessibles et les moins connues de la Guyanne et du bassin de l'Amazone. — En 1877, dans un premier voyage, il a parcouru environ 2000 kilomètres dont 900 en pays nouveau; il a remonté le Maroni jusqu'à sa source; il a visité le pays sauvages des Roucouyennes ; le premier, il a traversé les monts Tumuc-Humac, l'un des anneaux de la chaîne qui sépare le bassin des fleuves des Guyanes du bassin de l'Amazone, et il a descendu pendant 600 kilomètres l'Yary, rivière importante dont la navigation est très dangereuse et qui n'avait pas été encore explorée.

» M. le docteur Crevaux revint alors en Europe. Après quelques mois passés en France, il retourna dans l'Amérique du sud pour y faire une exploration encore plus hasardeuse. Dans ce second voyage il réussit à traverser dans presque toute sa largeur le continent, sans que la maladie ou les difficultés matérielles et morales aient abattu un instant son courage. Parti de Cayenne le 29 juillet 1878, il a d'abord exploré l'Oyapock qui forme la limite entre notre colonie et le Brésil, il a decendu presque en totalité le Parou, rivière considérable qui était encore inconnue.

» Bien que brisé par la fatigue et la maladie, notre vaillant compa-

Indiens du Yari.

triote ne perdit pas courage, et, après un court repos au Para, il alla reconnaitre deux des puissants affluents de l'Amazone, dans l'espoir d'ouvrir une voie commerciale entre la Colombie et le Brésil; après un mois d'une navigation pénible sur l'Iça, il arrive aux sources de cette importante rivière, au pied même des Andes, et il revient par une voie nouvelle, le Iapura, dont la tête n'est distante que de quelques lieues de l'Iça. Ce fut la partie du voyage la plus difficile. En butte à l'hostilité incessante des Indiens, et abandonné par tous ses compagnons, sauf le fidèle Apatou, qui lui a toujours témoigné un dévouement sans bornes et qui est là à ses côtés, il a parcouru 500 lieues au milieu des plus grandes difficultés et de dangers continuels. »

Alors que M. Crevaux s'embarquait pour Saint-Nazaire, le 3 mars, il disait ces paroles qui montrent la modestie du célèbre explorateur et qui malheureusement sont à peu près les dernières que nous ayons à recueillir :

« J'attribue le succès de mes entreprises à trois causes, une bonne constitution, un peu d'audace et beaucoup de chance. »

II

LE MASSACRE DE LA MISSION CREVAUX

Le docteur Crevaux était parti pendant l'hiver de 1881 pour la Plata, se proposant de pénétrer par le bassin de ce grand fleuve, dans les provinces occidentales du Brésil, et de suivre, du sud au nord, un des affluents du fleuve des Amazones, explorant le cours du Pacana, du Xingu et du Tapajos.

Ce voyage ayant été malheureusement interrompu trop tôt par le massacre de la mission et rien n'ayant encore été publié à ce sujet, nous nous contenterons de citer les documents qu'on a bien voulu nous mettre entre les mains.

A la date du 24 juillet 1882, le secrétaire général de l'Institut Géographique Argentin adressait le rapport suivant à la Société Géographique de Paris :

Buénos-Ayres, 24 juillet 1882.

Monsieur le Sécrétaire Général,

Au nom de l'Institut Géographique Argentin, j'ai la douleur de certifier, par votre intermédiaire, à la Société Géographique de Paris, la terrible nouvelle du massacre de la mission Crevaux, par les Indiens du Chaco central, à travers lequel coule la Pilcomayo.

Les journaux vous ont sans doute déjà fait connaître ce fatal évènement ; toutefois, dans le premier moment, j'avais l'espérance que ce n'était qu'un faux bruit, et l'Institut Géographique Argentin crut nécessaire d'attendre de nouveaux renseignements avant de s'adresser officiellement à l'honorable Société Géographique de Paris, comme j'ai à la fois la douleur et l'honneur de le faire aujourd'hui, afin de lui donner tous les renseignements relatifs à cette si malheureuse expédition.

Dans le mémoire annuel sur les travaux de l'Institut, publié en mai dernier, et dont je vous adresse deux exemplaires en même temps que la présente communication, je disais :

« A la fin de l'an dernier, est arrivé à Buénos-Ayres le célèbre explorateur français Jules Crevaux, envoyé en mission géographique par son gouvernement, afin d'entreprendre l'exploration de quelques fleuves de l'Amérique tropicale, peu ou mal connus.

» Ami personnel de M. Crevaux depuis 1873, quand il vint à Buénos-Ayres comme médecin du navire de guerre le *Lamothe-Piquet*, c'est à moi qu'il s'adressait dès son arrivée, pour se mettre en relations avec l'Institut.

» Il fut admis parmi nous comme membre correspondant, et une commission spéciale fut désignée pour procéder à sa réception et lui délivrer son diplôme ; ses collègues, l'astronome Billet et le peintre Ringel, assistèrent à la cérémonie. M. Crevaux consulta l'Institut au sujet de l'exploration du Pilcomayo, et cette exploration lui fut immédiatement conseillée.

» Dans le but de préparer le plan du voyage, nous eûmes une grande conférence avec M. le commandant Jean Sola, récemment revenu d'une exploration au Chaco, avec l'ancien gouverneur de Salta, M. Hippolyte Oliva, avec le sénateur Moisès Oliva et avec le docteur Tedin, député de la même province ; tous ces messieurs étaient fort au courant de la partie de la région sur laquelle notre explorateur désirait se diriger.

» Le docteur Crevaux obtint ainsi une longue série de renseignements précieux, l'itinéraire fut arrêté, et on lui accorda toute la coopération possible, en obtenant du gouvernement national une escorte et des passages gratuits pour se transporter en Bolivie ; ces mesures, d'accord avec l'explorateur, ont été officiellement communiquées par l'Institut à M. de Lesseps, président de la Société de Géographie de Paris, et publiées dans les derniers numéros de la revue de cette société avec l'expression des remerciements adressés par le même M. Crevaux.

» Actuellement, l'explorateur est en voie d'accomplir sa très périlleuse entreprise, et l'Institut, désireux de remplir sa promesse, doit préparer au Paraguay les moyens de retour à Buénos-Ayres, dès qu'il aura quitté les régions inexplorées du Chaco qu'il parcourt en ce moment. »

J'ai eu l'occasion de communiquer à M. de Lesseps quelques renseignements au sujet du fâcheux accident survenu à la mission Crevaux par le fait de quelques paysans des frontières entre la Bolivie et la république Argentine. Les paysans, effrayés en voyant les hommes armés qui accompagnaient M. Crevaux, firent une dénonciation à la suite de laquelle les explorateurs, y compris les marins argentins qui étaient avec eux, furent mis en prison. Le chefs de la mission préféra passer par cette épreuve plutôt que d'avoir un conflit sanglant.

Dès que ces faits furent connus par les autorités supérieures, elles en réparèrent les conséquences autant que cela était en leur pouvoir. Toutefois la lunette astronomique de M. Billet fut perdue

Une fois en Bolivie, M. Crevaux se dirigea sur le confluent des fleuves Pilaya et Pilcomayo, où se trouvent quelques missions de Pères franciscains, dépendant du monastère de Salta, capitale d'une des provinces argentines.

L'Institut avait recommandé avec instance les explorateurs au gouvernement de Salta, et ceux-ci, pendant leur trajet dans cette contrée de la république, déterminèrent pour la première fois quelques positions géographiques importantes à l'aide d'observations dont les résultats ont été envoyés à l'Institut Géographique Argentin par M. Crevaux, avec prière d'en adresser copie à M. Mouchy, directeur de l'observatoire de Paris.

L'Institut a publié ces travaux, et aura l'honneur d'en offrir des exemplaires imprimés à l'observatoire et à la Société de Géographie de Paris.

Arrivé dans les régions voisines des sources du Pilcomayo, M. Crevaux dirigea la construction de trois embarcations qu'il fit exécuter par le timonier français Haurat et les marins argentins.

C'est dans ces embarcations, que prirent place les membres de l'expédition, dont le nombre fut augmenté par l'adjonction de quelques indiens de Bolivie, offerts par les autorités de ce pays. Le total des voyageurs était alors de dix-neuf hommes armés et pourvus chacun de 300 cartouches à balle.

Les explorations du Chaco sont toujours dangereuses à cause des indiens qui, au nombre de 40 ou 50 000, ainsi qu'on le suppose, peuplent cette immense région presque inconnue, véritable petite Afrique centrale enclavée dans l'Amérique du sud.

L'explorateur argentin Luis-Jorge Fontana avait en à combattre fréquemment les Indiens lors de sa dernière exploration, dont il rend compte dans son ouvrage et sa carte récemment publiées.

Malheureusement blessé à l'épaule, il est resté avec un bras inerte. Les Indiens possédent quelques fusils et la blessure de M. Fontana provenait d'une arme à feu.

Ces précédents ont été exactement communiqués à M. Crevaux par moi-même et par MM. Fontana et Sola, explorateurs argentins du Chaco;

c'est pourquoi le chef de la mission française avait emporté dix-neuf armes à feu, précaution suffisante pour se faire respecter par les Indiens.

Le départ pour la descente du Pilcomayo fut fixé au 15 avril, et avant de se mettre en route, M. Crevaux m'adressa une lettre me demandant 25,000 francs qu'il désirait trouver à son retour à l'Assomption du Paraguay.

Dans ce but, il m'adressait une lettre de change qui a été déjà remise au consul de France à Buénos-Ayres, M. Crevaux n'ayant pas fait usage de ces fonds.

Le 15 avril, la mission se mit en route, descendant le fleuve, animée de l'intrépidité qui caractérisait son chef à son plus haut degré, et pleine des plus vives espérances.

Le 24, à six heures du soir, elle arrivait à la région du Teyo; elle foulait le sol des Indiens, qui accouraient sur les bords du fleuves, en leur adressant d'éloquentes démonstrations d'amitié.

Qu'est-ce que le Teyo?

J'ai déjà dit que dans la réunion qui eut lieu à l'Institut Géographique Argentin, et à laquelle assistèrent l'explorateur Crevaux, ainsi que le lieutenant colonel Sola, explorateur du Chaco, et les députés et sénateurs de Salta, le voyageur français recueillit de nombreux renseignements. Entre autres, M. Sola lui recommanda l'étude d'un cours d'eau dont l'existence parait indiscutable, suivant ce que disent les Indiens, et dont M. Sola a lui-même figuré certaines portions dans la récente carte qu'il a dressée de son exploration du Chaco central du nord.

Ce cours d'eau est entièrement mystérieux. Suivant les Indiens, il a son lit entre les fleuves Pilcomayo au nord et Berméjo au sud, servant de canal entre les deux à certaines époques de crues. C'est pour cette raison qu'on le voit signalé d'une manière douteuse sur la carte du Grand Chaco publiée dans l'*atlas de la description physique et statistique de la république Argentine*, par le célèbre voyageur français Martin de Moussy.

Le commandant Sola incline à penser que ce n'est pas une rivière qui fasse communiquer ensemble le Pilcomayo et Berméjo, mais plutôt un troisième fleuve dont le cours, plein de sinuosités, se développe entre les deux, et dont la source est sur le haut plateau bolivien, et l'embouchure dans le Paraguay.

Du moins, M. Sola a dessiné quelques fragments de son cours suivant cette direction; et il se dispose à effectuer cette année même de nouvelles explorations dans le but de résoudre ce problème géographique.

M. Fontana ne croit pas à l'existence de cette troisième rivière.

L'étude de la question avait été recommandée à M. Crevaux, et malheureusement le nom du Teyo est venu accompagner la nouvelle de la mort des explorateurs.

Nous manquons encore de détails sur la catastrophe. Un télégramme de Bolivie annonce que les explorateurs débarquèrent à six heures du soir, le 24 avril, sur les rivages des Indiens Tapetis, qui les appelèrent avec des démonstrations d'amicale hospitalité et les assassinèrent ensuite aux premières ombres de la nuit.

Deux personnes seulement ont pu se sauver. Ce sont le missionnaire Ceballos et le marin argentin Blanco, qui sont restés en captivité. Il faut encore plus d'un mois pour avoir des détails qui seront immédiatement communiqués à la Société de Géographie de Paris.

Cependant le gouvernement de la République et l'Institut Géographique argentin se sont préoccupés, dès le premier moment, d'organiser une expédition pour aller à la recherche des restes de la misson Crevaux.

Le gouvernement offrit à l'explorateur Fontana, membre de notre Institut, les éléments nécessaires pour un voyage préliminaire; et l'Institut, de concert avec M. Fontana, nomma une commission spéciale chargée des préparatifs de l'expédition.

Cette commission était présidée par M. Beuf, officier de la marine française, au service de cette République, et premier vice-président de l'Institut géographique argentin.

La commission se mit en rapport avec M. le Ministre de France, pour lui offrir l'expression de nos sentiments de douleur, et lui donner connaissance des projets relatifs à l'expédition qui devait s'organiser. Elle eut ensuite des entretiens avec M. le Ministre de l'intérieur de la République argentine, et il fut décidé qu'il serait fait le nécessaire pour expédier le plus tôt possible l'explorateur Fontana, qui devait être accompagné d'une mission scientifique prise dans le sein de l'Institut géographique.

Cette expédition s'est mise en route, il y a quelques jours, dans les meilleures conditions de succès.

M. Crevaux descendait le Pilcomayo; la mission Fontana le remontera, en partant du fleuve Paraguay, afin d'éviter les pertes de temps qui se produiraient si elle se dirigeait d'abord vers la Bolivie pour redescendre ensuite le fleuve. Le Gouvernement national a mis à la disposition de cette mission les hommes et le matériel nécessaires, ainsi que deux navires à vapeur.

M. Fontana remontera le Pilcomayo tant que cela sera possible, et il tentera de continuer l'exploration par terre, si le fleuve lui oppose des obstacles insurmontables.

Toutefois, la rapidité avec laquelle cette expédition a été organisée, et les éléments nécessairement réduits dont elle dispose étant donnés, on ne saurait la considérer dès à présent comme définitive.

C'est une sorte de reconnaissance préliminaire, dont le but essentiel est de recueillir des données précises sur la mission Crevaux, de sauver les manuscrits, s'ils existent encore, et de rapatrier les restes de l'infortuné martyre de la science.

L'Institut s'occupe dès à présent d'organiser une autre expédition plus complète, mais qui ne pouvait être que lentement constituée à cause de son importance et des frais qu'elle entraînera.

Le Chaco et le Pilcomayo doivent appeler l'attention du monde scientifique, non seulement comme une région encore vierge, qui peut être le but d'innombrables et fructueuses recherches, mais surtout à cause des plus hauts intérêts politiques et commerciaux des trois nations qui l'entourent.

Il y a là un centre puissant d'attraction pour les missions françaises, dont l'étude entraînera en même temps ce résultat considérable d'amener une plus étroite relation entre la France et la République argentine.

Dans notre pays sont établis cinquante mille Français qui y trouvent un travail facile et productif, et cette circonstance doit inciter ces deux nations à resserrer les liens qui les unissent.

Ainsi que j'ai eu l'honneur de l'écrire à M. Jules Ferry, ministre de l'instruction publique de France, dans une communication adressée, en 1880, les missions françaises, envoyées au Rio de la Plata, peuvent compter sur la coopération effective et la plus sympathique de la part de l'Institut géographique argentin, ainsi que de son président.

La nouvelle de la mort de M. Crevaux et de ses compagnons est arrivée :

« Buenos-Ayres, par le télégraphe, le 19 mai, à la nuit, presque un mois après que la catastrophe avait eu lieu : l'Institut géographique argentin se trouvait alors réuni en assemblée générale pour célébrer le troisième anniversaire de sa fondation. Dès que la terrible nouvelle leur fut communiquée, les trois cents assistants se levèrent en signe de deuil, et l'assemblée résolut de présenter l'expression de sa douleur à la Société de Géographie de Paris.

» Veuillez agréer, etc. »

D'autre côté, la Société Géographique de Paris recevait un rapport sur le massacre de la mission, adressé par M. Eulojio Rana, le sous-préfet de la province du Grand-Chaco, à son supérieur hiérarchique le préfet et commandant général ; il est daté de Caiza, le 16 mai 1882 :

« Le 2 courant, à huit heures du soir, j'ai reçu la fatale nouvelle que toutes les personnes faisant partie de l'expédition Crevaux avaient été assassinées par les sauvages Tobas, en un point appelé Teyo. Cet avis a été rapporté par un Indien que le commandant Fernando Sornéo avait envoyé sur la piste des explorateurs, afin de savoir ce qu'ils étaient devenus. L'Indien, à son retour, fit part de ce qu'il avait appris à Balthazar Guerrero (major de Iliyuro), lequel m'en a donné immédiatement communication.

» Si je ne vous en ai pas informé aussitôt, c'est que je doutais de la vérité des déclarations de l'Indien, et que je craignais, en vous envoyant un rapport inexact, d'alarmer la ville et le gouvernement d'une manière prématurée. Mais aujourd'hui que j'ai interrogé le susdit Indien avec détail, il n'y a malheureusement plus à douter du tragique évènement, et je n'hésite plus à vous en informer, en vous priant de vouloir bien me faire parvenir au plus vite toutes les armes, munitions et instructions dont vous pourrez disposer. J'en aurai grand besoin, car je mobilise en ce moment les escadrons de ma province, et je compte les mettre en route pour la rivière, samedi ou au plus tard lundi prochain, afin de constater le fait sur les lieux mêmes où a eu lieu la trahison, et de recueillir les restes de ces infortunés voyageurs.

» Je voudrais en même temps essayer de reprendre aux sauvages les armes enlevées à l'expédition, et dont ils pourraient se servir pour ruiner notre ville en l'attaquant de nuit. Vous n'ignorez pas que la plupart de ces Tobas sont d'excellents tireurs, ce qui fait que notre population est plus menacée que jamais, car les sauvages disposent maintenant de 14 carabines, de 3 fusils et de 4 revolvers, ce qui est bien suffisant pour une attaque nocturne.

» Ce qui aura causé la mort de M. Crevaux et de ses compagnons, c'est sa persistance à vouloir partir trop tôt, sa confiance dans l'effet que devaient produire, selon lui, sur les Indiens Tobas, les présents qu'il leur réservait.

Vainement les habitants de cette ville et moi-même lui avons-nous expliqué combien était perfide le caractère des Tobas; vainement lui avons-nous offert de l'accompagner à la descente de la rivière jusqu'au-delà des territoires occupés par les Tobas, que d'ailleurs nous aurions eu soin de prévenir de notre passage, l'infortuné voyageur ne voulut pas nous écouter. Il nous répondit qu'il ne craignait pas des sauvages sans défense, et qu'il préférait partir au petit bonheur. C'est ainsi qu'il partit, qu'il atteignit la rivière où il rencontra des Tobas auxquels il fit bon accueil en leur offrant toutes sortes de cadeaux. Ce sont ces cadeaux qui occasionnèrent la catastrophe, d'après le rapport de l'Indien envoyé en reconnaissance.

» Leur répartition donna lieu à un tumulte pendant lequel les Tobas

Indien de l'Iça.

se jetèrent subitement sur M. Crevaux et sur ses compagnons et les assassinèrent, non pas à coups de flèches, mais à coups de poignards. La chose, paraît-il, avait été concertée d'avance entre les Tobas, d'une part, les Tapiétis et les Chirignanos de l'autre, à la suite des informations que leur avait données une Indienne Toba, venue de Tarija.

» Cette Indienne leur avait rapporté les projets d'exploration de M. Crevaux, qui avaient pour but de chercher une route ouvrant communication avec le Paraguay. Or, c'est là précisément ce que craignent les Tobas pardessus tout, parce qu'ils se figurent qu'alors on leur enlèverait leurs terres et qu'ils ne pourraient plus jouir de la liberté de circuler à leur guise et de dépouiller les habitants de Chaco.

» Ces sauvages ne renonceront jamais à leurs coutumes et à leurs habitudes de brigandage que connaissent bien et dont constamment ont souffert les habitants du Chaco-Argentin, ainsi que ceux de la province bolivienne que j'administre. Ils se complaisent dans l'oisiveté, le vagabondage, le vol, la trahison et le meurtre. Nous en savons quelque chose, nous qui avons à subir, depuis trente-sept ans, leurs attaques et leurs déprédations. Ils ne se fixent nulle part, ne se livrent à aucun travail pour subsister, changeant de demeure chaque semaine, et montrent ainsi ce qu'ils sont et seront toujours. On ne peut espérer de les ramener par de bons procédés ; toujours ils resteront les ennemis des chrétiens, du progrès et de la civilisation, et toujours ils s'efforceront de miner et d'étouffer nos agglomérations puissantes de travailleurs.

» Ce sont là non pas des hommes, mais des tigres qu'il faut poursuivre et traquer sans trêve ni merci, comme des êtres malfaisants, nuisibles à l'humanité, à la société, à l'Etat.

» Une correspondance privée, datée de la même ville de Carja, le 2 mai 1882, exprima la même idée au sujet des résolutions bien arrêtées du docteur Crevaux. C'est une lettre adressée à un médecin : « — Nous venons de recevoir ici, à huit heures du soir, un courrier spécial porteur de la relation du fatal évènement survenu aux infortunés voyageurs dans la capitale de Teyo ; nous ne doutons pas un instant de sa véracité. Vous vous rappellerez ce que je vous ai dit l'autre jour à l'occasion de leur départ, combien je considérais l'entreprise périlleuse, combien les Indiens de la rivière d'en bas étaient traîtres. Vainement avez-vous averti M. Crevaux, lui offrant de l'accompagner jusqu'à Teyo, et même plus bas sur la rivière, jusqu'à Bella Esperanza ; il n'a pas voulu accepter ; il a même refusé de nous laisser mettre des abris sur les embarcations. Moi-même, je lui ai proposé, en votre présence, de l'accompagner avec bon nombre d'habitants de Caiza. Le fait est qu'il n'a rien voulu accepter. Maintenant, nous voilà exposés ici plus que jamais aux attaques des Tobas, qui possèdent les armes enlevées à leurs victimes. Le danger auquel nous sommes exposés sera plus grand encore si quelques-uns des voyageurs sont restés en vie, car ceux-ci seront contraints d'enseigner aux Tobas le maniement des armes à feu. »

Le journal *El Tracajio*, de Tarija, donnait en même temps les détails suivants :

« C'est avec une profonde émotion, que notre population a appris la triste nouvelle qui nous est communiquée par son courrier extraordinaire arrivé hier du Grand-Chaco. Le 10 du mois dernier (19 avril) le docteur Crevaux quittait la maison de San-Francisco, emmenant avec lui une épuipe de dix-sept personnes embarquées dans trois canots construits dans un même lieu. Après un voyage heureux, il atteignit Teyo, capitale des tribus d'Indiens Tobas, situées à environ trente lieues (castillanes) de la mission de San-Francisco. Là, le docteur Crevaux rencontre un nombre considérable d'Indiens, et débarque avec tout son monde dans le but d'entrer en relations amicales avec cette tribu sauvage. Les Indiens reçurent les explorateurs avec les plus vives démonstrations d'amitié. Immédiatement, le docteur Crevaux se mit à leur offrir, comme bienvenue, un certain nombre d'objets qu'il apportait avec lui.

» Pendant qu'un échange de bons procédés se faisait, les féroces Tobas se rassemblèrent autour du petit groupe de voyageurs, les cernèrent de plus en plus étroitement et subitement se jetèrent sur eux à coups de ccuteau, les massacrèrent tous jusqu'au dernier; après quoi, ils s'emparèrent de tous les effets de leurs victimes.

» La relation de ces atrocités a été rapportée par l'Indien Yahuananua, qui avait été expédié par don Fernando Sorneo, afin de voir si la mission avait pu franchir sans accident le point signalé plus haut (Teyo).

» Les communications officielles et particulières que nous avons lues disent que l'Indien Yahuananua avait vu flotter sur l'eau et complètement vide l'une des embarcations du docteur Crevaux, et qu'ayant eu l'occasion de parler à plusieurs Indiens, ceux-ci lui avaient raconté ce qui s'était passé comme il vient d'être dit. »

Quelque temps après, le journal *la Nacion* de Buenos-Ayres, publiait les renseignements suivants sur le sort de quelques-uns des compagnons de l'infortuné Crevaux :

» Le numéro du 13 juillet du journal *le Travail*, de Tarija (Bolivie), publie la lettre ci-dessous, dans laquelle on trouve la confirmation de la nouvelle donnée par *la Nacion*, annonçant que tous les compagnons du malheureux Docteur Crevaux n'avaient pas été victimes des Indiens Tobas.

Voici la lettre :

« Aguairenda, 4 juillet 1882.

» Au R. P., Gardien du collège de Tariza.

» L'espoir que le fils de M. Ceballos survivrait à la catastrophe de l'expédition de M. Crevaux, est aujourd'hui une réalité, puisque, par un courrier que m'a envoyé le R. P. convertisseur, de Saint-François Solano, je viens de savoir que le dit jeune homme se trouve, depuis le 1er courant, sain et sauf, dans la maison de la mission de Saint-François Solano.

» Vers le 15 juin, deux Indiens Tobas, envoyés par leur chef, se présentèrent audit Père, demandant de faire la paix moyennant la restitution du jeune captif : le Père convertisseur, agissant d'après les instructions données par la sous-préfecture évangélique du Grand-Chaco, accepta l'offre, et, dans l'après-midi du 1er courant, cinquante Indiens Tobas entrèrent dans la mission de Saint-François Solano, et remirent au R. P. missionnaire le malheureux captif, qui était dans le plus triste état.

» M. Ceballos raconte que, dans le Feju, lieu où M. Crevaux fut massacré, avec ses compagnons, se trouve encore captif le matelot Blanco, de la marine de guerre argentine, qui était un des hommes donnés à M. Crevaux par le gouvernement argentin ; il ajoute que le sieur Romero Rodriguez et un Français, M. Ernest X..., parvinrent à s'échapper des mains des Indiens, le jour de l'assassinat de Crevaux, prenant vers le sud dans la direction d'Ytiyuru ; qu'ils furent longtemps poursuivis par les Indiens ; mais que ceux-ci, n'ayant pu les retrouver, renoncèrent à la poursuite, laissant les fugitifs s'enfermer dans le bois.

» Le manque de temps m'empêche de vous écrire plus longuement ; j'ajouterai seulement que je ne reculerai devant aucun frais ni démarches pour arriver à la découverte de M. Ernest X..., dans le cas où il serait encore vivant.

» Recevez, etc.

» Fr. Dorotées Giannechini,
« Préfet des missions. »

D'autre part, *le XIXe Siècle* publiait la relation suivante :

« L'expédition argentine, envoyée sous les ordres de M. Fontana, pour rechercher les restes du docteur Crevaux et de ses compagnons, est de retour à Buenos-Ayres. Voici, à ce sujet, quelques détails adressés à la Société de Géographie par un Français, M. G. Marguin, qui faisait partie de l'expédition :

» Entrée dans le Pilcomeyo, le 31 juillet, à 9 h. 18 m. du matin, l'expédition arrivait le 18 août, à 2 h. du soir, en un point où la rivière se partage en deux branches : l'une remonte vers le nord, l'autre descend vers le sud-ouest. Les eaux de la première étaient limpides et potables, tandis que celles de la seconde sont jaunâtres, ont une saveur des plus désagréables et possèdent des propriétés purgatives qui les rendent insalubres.

» M. Marguin, se basant sur certaines considérations hydrologiques, parvint à décider le chef de l'expédition à engager l'*Avellanda* dans le bras occidental. Après avoir fait trois ou quatre milles dans le sud-ouest ce bras, se redressant tout d'un coup dans la direction du nord-nord-ouest, devenait moins sinueux et s'était creusé un lit plus large entre deux rives relativement élevées. Mais, après deux reconnaissances dans les journées du 11 et du 12 août, l'expédition, en présence de la baisse des eaux et de l'épuisement des vivres, fut forcée de rétrograder.

» Le 14 août, quinze personnes de l'expédition quittaient l'Avelleneda pour s'embarquer sur la chaloupe à vapeur *la Laura-Leona*, et commencer l'exploration du bras oriental ; elle dura seize jours et fut hérissée d'obstacles innombrables ; la mission ne descendit pas une seule fois à terre, et n'eut par conséquent aucune relation avec les indigènes.

» Quant aux traces de Crevaux et de ses compagnons, M. Marguin avait dès le début perdu l'espoir de les retrouver. M. Fontana lui avait, en effet, déclaré, dès les premiers jours de route, qu'il avait reçu l'ordre de ne pas dépasser le 22° degré.

» L'expédition commençait sa retraite le 30 août ; au bout de huit jours, elle rejoignait l'Avelleneda, et le 29 septembre elle rentrait à Formosa, ne rapportant aucune information sur le drame qui avait mis fin à l'expédition du docteur Crevaux.

» M. Marguin estime que le plan adopté par Crevaux est le seul qui présente des chances sérieuses de succès et que toute expédition qui remontera le Pilcomayo s'expose à un échec. Si, en descendant le cours de la rivière, on est exposé en apparence, à de plus grands dangers, provenant des sauvages, on a cet immense avantage de mettre moins de temps et de ne pas courir les risques de s'égarer.

» Dans ces conditions le voyage doit durer quatre ou cinq mois au plus, tandis qu'en remontant la rivière il faut compter sur au moins dix mois, et aux prix de quelles fatigues atteindrait-on le but, si on parvenait à l'atteindre ! »

Enfin, à la date du 8 janvier dernier, une très intéressante lettre parvint au secrétaire de la société de géographie, M. Maunoir, venant de Capari (province de Tarija, Bolivie) et signé de M. Milhomme. Celui-ci annonce qu'il est incontestable que plusieurs de nos malheureux compatriotes, qu'on croyait massacrés sur le Pilcomayo, sont présentement vivants et prisonniers des Indiens Tobas. M. Milhomme a interrogé le jeune Ceballos, l'enfant qui a réussi à échapper au massacre.

« Le bruit s'est répandu dans le pays que les Tobas retiennent prisonniers plusieurs Européens pour se faire enseigner le maniement des armes : ces prisonniers ou plutôt ces esclaves, sont traités fort rigoureusement. »

Une copie de cette lettre a été transmise au ministère des Affaires étrangères afin qu'il prenne les mesures les plus promptes dans le but de délivrer nos malheureux compatriotes.

A la date de 10 mai dernier, M. Octave de Bernardières, lieutenant de vaisseau, chef de la mission du pasage de Vénus au Chili, apporta la nouvelle à Buénos-Ayres que deux des membres de l'expédition Crevaux étaient encore vivants et retenus prisonniers par les Indiens : Haurat, timonier de la marine française, et Blanco, timonier argentin.

Le gouvernement Argentin chargea en conséquence le Colonel Sola d'organiser une nouvelle expédition militaire pour le Pilcomayo avec deux cents soldats de l'armée régulière pour attaquer les Indiens dans leurs forêts. Un délégué du gouvernement argentin accompagna l'expédition avec mission de chercher des renseignements sur les restes de Crevaux et d'obtenir le rachat des prisonniers.

D'autre côté, la Société de géographie recevait, dans les dernier jours de mai, communication d'une lettre adressés de Caiza, dans le Chaco, à M. Bernardo Trigo, sénateur bolivien. Caiza se trouve à l'extrémité sud de la Bolivie, non loin de la rive droite de Pilcomayo. Voici le texte de cette lettre :

« Caiza, 10 mars 1883.

« Il me semble facile de découvrir les restes de Jules Crevaux par les importantes données suivantes que je viens de recevoir et que je m'empresse de vous transmettre.

« Après neuf jours d'une marche lente et pénible, avec des embarcations défectueuses, l'illustre et malheureux explorateur arriva à un endroit que les sauvages appellent Cuvarocaï, à cinq lieues en amont de Tigre.

« Après avoir assuré un traité de paix entre les expéditionnaires et les Indiens Tobas, Crevaux commença à leur faire des cadeaux. Les mêmes Indiens aidaient les expéditionnaires à enlever hors des embarcations les épices et autres objets qu'ils leur distribuaient.

« Bientôt un des chefs indiens, qui paraissait être le chef suprême, dit à ses soldats et dans son dialecte : « Au lieu d'enlever ces présents peu à peu, il

vaut mieux nous en emparer tout d'un coup en massacrant ces étrangers. »
Et aussitôt, sonnant de la trompe avec une corne suspendue à son col, une multitude d'Indiens Tobas surgit comme par enchantement des bois voisins. Peu d'instants après, le docteur Crevaux et ses compagnons étaient massacrés.

« Les expéditionnaires qui étaient restés dans les embarcations se jetèrent à la nage, mais ils furent aussitôt poursuivis par les Indiens qui s'emparèrent sur l'autre bord de Francisco Zeballos. En pleine rivière, ils firent également prisonnier le père de ce dernier et le tuèrent. Seuls, le Français Ernest Haurat et l'Argentin Carmelo Blanco, excellents nageurs, purent atteindre l'autre bord et se cacher dans un bois. Jusqu'à présent, on ne sait absolument rien sur leur compte. L'interprète Iramaye fut blessé et emmené prisonnier.

« Les cadavres furent jetés à la rivière ; quelques-uns furent laissés sur le bord. Celui du docteur Crevaux fut emporté par les Tobas avec toute solennité jusqu'à un village voisin. Là, les Indiens passèrent la nuit jusqu'au lendemain midi, à chanter autour du cadavre ; après quoi il fut enseveli dans un endroit visible et peu écarté des huttes.

« Cuvarocaï se trouve sur la rive droite du fleuve Pilcomayo, et je crois facile de découvrir la sépulture du hardi voyageur.

« Je tiens ces détails de Don Felisardo Terceros, qui vient d'avoir un entretien avec l'interprète qu'avait emmené le Dr Crevaux. C'est un Indien Chiriguano, de la mission Tiquipa. Il a traversé le désert après avoir été captif des Tobas depuis le jour du massacre, et actuellement il se trouve à Ankaroinga.

« J'espère voir aujourd'hui le chef supérieur de l'expédition (sans doute celle qui a été envoyée récemment contre les Indiens), et le sous-préfet pour qu'ils fassent venir l'Indien, dans le but de nous conduire au plus tôt à l'endroit où se trouvent les restes de Jules Crevaux. »

L'expédition dont on parle ici est évidemment celle organisée par le gouvernement Argentin.

Enfin à la date du 17 mai 1883, M. Thouar écrivait la lettre suivante à la société de géographie :

Tacna (Pérou), 17 mai 1883.

Monsieur le Président,

Je suis arrivé ici il y a deux jours et je pars le 21 courant pour l'intérieur ; mais, avant de m'y engager, je m'empresse de vous faire connaître les points sur lesquels vont porter mes investigations en Bolivie.

1° Causes du massacre de la mission du Dr Crevaux :

Tenir compte de l'incident arrivé à la frontière argentino-bolivienne, où, un marin argentin ayant tiré le revolver, les explorateurs furent attaqués par douze individus ;

Rechercher l'Indien Calinis, guide de la mission d'Irua à Teyo, du 20 au 25 avril, jour de sa disparition. Cet Indien connaissait, paraît-il, les résolutions prises par les Tobas de massacrer les explorateurs, et il en aurait informé le docteur Crevaux ;

L'Indien Yahumahua, qui, le premier apporta la nouvelle du massacre à Tarija ;

Connaître l'auteur de l'article publié le 8 juin 1882 dans le n° 54 du journal *El Trabajo*, de Tarija, qui déclare « avoir vu, quarante-huit heures après, c'est-à-dire le 21 avril, l'Indien à qui le docteur Crevaux avait donné une chemise de toile, le chargeant de remettre au père préfet des missions une lettre datée du 19 avril, d'Irua, dans laquelle il disait : « Nous sommes arrivés à Irua et » nous avons fait la paix avec les Tobas. « L'auteur ajoute : « Pauvre homme, qui ne savait pas que ces Indiens n'étaient pas les Tobas, mais bien des Chiriguanos inoffensifs ! »

2° Prisonniers.

Voir à Caïza le jeune Ceballos, qui a été le prisonnier des Tobas du 27 avril au 1er août 1882.

Voir à Carapari le Français Milhomme, auteur de la lettre adressée à la Société le 17 octobre dernier.

De l'ensemble de toutes mes notes, il résulterait donc qu'il doit y avoir des prisonniers, car tous les explorateurs n'ont pu être massacrés, cela est un fait certain.

Les survivants seraient : Haurat, timonier français; Blanco, marin argentin; Rodriguez, Bolivien; le cuisinier ; Lenguaraz, Indien.

Ci-inclus, je vous adresse les traductions d'un article du *Tacora*, de Tacna, du 4 janvier 1883, n° 4, et d'un article de la *Estrella de Tarija*, du 10 mars 1883.

Il me tarde d'arriver sur les lieux. Je dois beaucoup à MM. Larrieu, vice-consul de France à Tacna, et Dupuy, de la maison Devès frères de Paris, de l'empressement qu'ils ont apporté à m'être utiles et à me faciliter mon voyage dans l'intérieur.

Voici la traduction de l'article de la *Estrella de Tarija*, du 10 mars 1883, dont il est fait mention dans la lettre ci-dessus.

En voyant le massacre, ceux qui étaient dans des pirogues se précipitèrent à l'eau, mais ils furent poursuivis par un grand nombre de sauvages qui s'emparèrent du jeune Francisco Ceballos. Son père fut atteint au milieu du Rio et les Tobas le tuèrent aussitôt. Seuls le Français Haurat et l'Argentin Blanco échappèrent aux Indiens, en nageant rapidement de l'autre côté du Pilcomayo et en s'enfonçant dans les bois. Jusqu'à aujourd'hui on ignore ce qu'ils sont devenus. L'interprète Iramaye fut fait prisonnier.

Les cadavres furent jetés dans le Rio, quelques-uns laissés sur place. Celui du docteur Crevaux fut porté solennellement par les Tobas à un campement voisin du lieu du massacre ; là, les sauvages passèrent toute la nuit et le jour suivant jusqu'à midi, chantant et dansant auprès du cadavre ; après quoi ils l'ensevelirent dans un lieu bien en vue, appelé *Curovarocai*, situé du côté orientale du Pilcomayo.

Cette relation a été fournie par l'interprète du Dr Crevaux, qui vient de s'échapper des Tobas, où il a été retenu prisonnier depuis le jour du massacre.

Actuellement il se trouve à Ankaroinza. C'est un Indien Chiriguano de la mission de Laguipa

Je reçois partout l'accueil le plus empressé, et j'espère trouver auprès du gouvernement Bolivien l'appui nécessaire en une circonstance aussi douloureuse, car je suis décidé à tenter l'impossible pour retrouver les prisonniers, les délivrer, et ramener les restes des victimes tombées sous les coups des Tobas. A. T.

FIN DU DOCTEUR CREVAUX.

SAVORGNAN DE BRAZZA

SAVORGNAN DE BRAZZA

VOYAGES DANS L'INTÉRIEUR DE L'AFRIQUE

Voici une physionomie toute nouvelle : jusqu'à ce moment, nous avons décrit les voyages d'explorateurs Suédois, Américains, Anglais et Français, dirigeant de dangereuses expéditions pour le compte de leur pays, et sacrifiant leur vie à la gloire que leurs efforts pouvaient faire rejaillir sur leur patrie.

M. Savorgnan de Brazza n'est pas Français : il est Italien; et, naturalisé Français, il emploie toute son énergie à planter solidement sur le sol africain le drapeau de sa patrie adoptive. Espérons que, de son côté, la France saura seconder ses efforts, et lui donnera tous les moyens possibles de mener à bonne fin son entreprise.

M. le comte Savorgnan de Brazza est à peine âgé de trente ans; il est d'une taille ordinaire, plutôt grand que petit; sa figure, un peu longue, est entourée d'une barbe assez rare, d'un noir bleu qui frappe à première vue; l'arcade sourcilière est proéminente et dénote une grande énergie; l'œil est profond, noir, très expressif, d'un vif éclat, tempéré par un air de grande douceur; le teint est mat, la peau est brune, sans être bronzée.

Voici les renseignements que le célèbre explorateur a bien voulu me communiquer :

Pierre-Paul-François-Camille Savorgnan de Brazza est né à Rome, le 26 janvier 1852, du comte Ascanio et de la marquise Hyacinthe Simonetti. Sa famille est originaire de Frioul.

Le comte, huitième enfant, d'une nombreuse lignée, resta à Rome jusqu'à l'âge de treize ans; il vint alors à Paris finir son éducation au collège des jésuites, rue des Postes, où il resta deux ans. Entré à l'école navale de Brest, en 1867, il en sortit deux ans après aspirant de 2me classe, au moment de la guerre de Prusse. Il servit alors sur *la Revan-*

che, vaisseau cuirassé, dans la mer du Nord. Aspirant de 1re classe en 1871, il s'embarqua sur *le Jeanne d'Arc*, pour aller à Bougie prendre part à l'expédition de Kabylie.

Attaché quelque temps après à la division de l'Atlantique (sud), sous le commandement de l'amiral du Quilio; il fut témoin de recherches sur l'importance de l'Ogôoué, et conçut le projet de donner suite à l'exploration de ce fleuve, et de chercher par là une voie vers l'intérieur de l'Afrique et un débouché pour notre commerce.

A cette époque déjà le docteur Lenz, envoyé par la société africaine allemande, se disposait à remonter l'Ogôoué.

L'amiral du Quilio encouragea les idées de M. de Brazza, et l'appuya auprès du ministère de la marine. Il fut donc envoyé en mission avec M. le docteur de la marine Ballay et M. Alfred Marche. Les voyages de ce dernier sont tellement liés à ceux de M. de Brazza, qu'il est à peu près impossible de parler de l'un sans l'autre; mais comme M. Marche a souvent voyagé seul et a fait de fort importantes découvertes aussi, comme il a publié le récit de ce qui lui est personnel dans cette expédition, et que je trouve dans sa relation de fort intéressants passages sur les mœurs de ces tribus de l'Afrique occidentale, je demanderai la permission de m'arrêter un instant sur cet explorateur avant de parler spécialement de M. de Brazza.

I

LE GABON ET L'OGÔOUÉ.

Un grand nombre de géographes considéraient la reconnaissance de l'Ogôoué comme une de celles qui pouvaient résoudre les plus importants problèmes de l'hydrographie de l'Afrique équatoriale.

Il était évident que le Nil supérieur ne pouvait suffire à recevoir le volume considérable d'eaux déversées par les lacs méridionaux d'où sort le Loualaba; il devait y avoir un écoulement à l'ouest, formant soit une grande mer intérieure, soit un des fleuves qui débouchent dans l'Atlantique.

De là, les entreprises des Cameron, des Stanley, des Lenz vers le Congo et sur l'Ogôoué.

Le Congo pouvait être un déversoir des grands lacs équatoriaux, mais le grand nombre de ses affluents, et la situation australe de son embouchure, ne suffiraient-ils pas à expliquer la masse d'eau considérable qu'il déverse dans l'Océan Atlantique?

Il n'y avait pas longtemps d'ailleurs que l'on s'occupait de l'Ogôoué. On le connaissait à peine il y a trente ans : Du Chaillu, Braouézu, Serval, l'amiral Touchard, Griffon de Bellay, l'amiral Fleuriot de Langle, M. Walker (de la société de géographie de Londres) atteignirent l'Ogôoué et en parlèrent. M. Aymès, lieutenant de vaisseau, avec la canonnière *le Pionnier*, explora et releva le cours inférieur du fleuve jusqu'au confluent de la rivière Ougougné, où, peu après, s'établissaient les factoreries qui font encore la limite des établissements européens.

Un peu plus tard, M. Walker remonta jusqu'à Lopé, chez les Okanda.

M. Marche avait donc été chargé par le ministre de l'instruction publique d'accampagner, en qualité de naturaliste, l'expédition française, qui, sous les auspices des deux ministères, de la marine et de l'instruction publique, devait tenter de continuer dans ces parages les voyages d'exploration que lui-même, Marche, avait commencés avec son ami, le marquis Victor de Compiègne.

Ces deux voyageurs avaient, en effet, visité le Gabon, en 1874, et voici les renseignements que nous leur empruntons à ce sujet :

« C'est pendant les années qui s'écoulèrent, de 1839 à 1843, à l'époque où l'affaire du droit de visite et la question de la traite des nègres attiraient l'attention sur cette partie de la côte de l'Afrique, que les amiraux Fleuriot de Langle et Bouët-Villaumez, étudièrent l'estuaire du Gabon et préparèrent la prise de possession de la France dans ces contrées.

» Un premier traité fut passé avec le légendaire roi Denis, le chef le plus influent de la rive gauche; il s'était toujours montré plein de bon vouloir et fort hospitalier envers ceux de nos nationaux qu'amenaient chez lui soit leurs intérêts commerciaux, soit les croisières de notre marine, soit les relâches ou les sinistres causés par les gros temps de la mauvaise saison.

» Le gouvernement de juillet, pour récompenser le dévouement du roi Denis, lui envoya la croix de la Légion-d'Honneur. Par la suite, on traita avec tous les chefs de la rive droite, sur laquelle fut fondé l'établissement, et peu à peu toutes les populations des environs reconnurent notre suzeraineté, qui, en 1862, s'étendait déjà jusqu'au cap Lopez.

» L'estuaire du Gabon forme une vaste rade, la meilleure de la côte occidentale, dans laquelle viennent se jeter deux rivières principales : la rivière Como et la rivière Ramboë. L'entrée en est facile, même pour les navires du plus fort tonnage. En pénétrant dans la rade, on aperçoit sur la rive droite le mont Bouët, ainsi baptisé en souvenir du fondateur de la colonie, qui domine ce vaste bassin. En avant de la hauteur, une maison en briques rouges se détache et tranche sur le fond de verdure sombre qui borde le rivage : c'est la mission catholique.

» Un peu plus loin, quelques maisons en bois, puis deux carrés de maisons blanches : c'est Libreville ou le Plateau, la maison du gouvernement, avec l'hôpital; plus au fond, on peut distinguer dans le lointain, sur la plage, les maisons de Glass, où sont les principaux établissements de commerce, anglais, allemands et américains; puis sur une éminence, Baraka, la mission américaine, et Prince-Glass, le village des noirs.

» A l'entrée de la rade, sur la rive gauche, s'élève le village du Roi-Denis. Enfin, au dernier plan, l'île des Perroquets et l'île Coniquet forment le coup d'œil de la rade, et cachent l'embouchure du Come et du Ramboë, à l'horizon, ondulent les premières lignes de hauteur du continent africain, dont les teintes, s'affaiblissant par degrés, se fondent et s'évanouissent dans le lointain.....

» On se fait généralement une idée assez fausse du climat de ces régions; ce n'est pas l'élévation de la température qui le rend si meurtrier, car il est rare que le thermomètre monte plus haut que 32° à l'ombre, et cela pendant les mois les plus chauds, janvier, février, mars, avril et mai. Il donne presque invariablement une moyenne de 25° le matin, de 30 à 32° vers deux heures, et de 26 à 28 le soir; les autres mois de l'année, il descend rarement plus bas que 22° et ne dépasse guère 28°. Le mois le plus frais est juillet ou août, suivant les années.

» On divise l'année en deux saisons, la saison des pluies et la saison sèche, dont chacune se subdivise elle-même en grande et petite saison. La grande saison dure à peu près trois mois; la petite saison, six semaines ou deux mois; quant aux pluies, elles prennent sept mois de l'année, dont quatre de déluge.

« Les principales tribus qui habitent l'estuaire du Gabon et ses affluents sont: les Gabonais du M'pongoué, les Boulou, les Bakcalais, et les Pahouins ou M'Fans; tous appartiennent à la race nègre; de toutes ces peuplades, celle chez laquelle les caractères anthropologiques de la race noire, prognathisme et conformation du crâne, diffèrent le plus du type ordinaire ou Soudanien, est celle des M'Fans. Chez ces diverses tribus, les hommes sont généralement grands, bien proportionnés; les traits relativement réguliers; le nez est moins épaté et les lèvres moins grosses que chez les nègres de la Sénégambie, et je n'y ai jamais remarqué l'atrophie des membres inférieurs que l'on rencontre fréquemment chez les races de l'Afrique méridionale.

« Les Gabonais sont groupés autour de nos établissements et servent de traitants et de domestiques. Les Boulou, qui sont probablement de la race primitive du pays sont maintenant disséminés dans les bois, et les Gabonais les regardent comme des êtres inférieurs.

« Les Bakalais ou Akalai, que l'on trouve partout à partir de la rivière Como, forment la race la plus commerçante de ces régions ; ils sont aussi très grands chasseurs.

« Les Pahouins habitent le pays jusqu'à une assez grande distance à l'intérieur, sans toutefois, à peu d'exception près, empiéter sur la rive gauche de l'Ogôoué. Il sont, sans conteste, les plus braves et les plus grands chasseurs de toutes ces peuplades ; ils gagnent de jour en jour du terrain en montant vers la côte. Déjà ils entourent nos établissements. On avait grand espoir dans ces immigrations, et l'on croyait ces populations, plus énergiques et plus intelligentes, appelées à régénérer les tribus de la côte ; mais elles n'ont fait jusqu'à présent que les absorber physiquement et moralement, et en précipiter la destination ; comme elles, ils sont devenus pillards et paresseux, et je doute fort que les espérances que l'on avait fondées sur eux se réalisent jamais.

« Les nègres ne cultivent guère au Gabon que les produits indispensables à leur nourriture, tels que bananiers, patates douces, arachides, manioc, maïs et ignames. La canne à sucre n'y existe que comme culture de luxe. Ils n'ont, comme animaux domestiques, que des chèvres, des moutons, des poules et, au Gabon même, quelques porcs. On y élève aussi quelques bœufs. » (1)

Les deux explorateurs avaient donc visité le Gabon, puis exploré le cours de l'Ogooué jusqu'au pays des Okanda. Là ils avaient été obligés de redescendre, autant par les maladies que par le mauvais vouloir des gens de l'escorte. Finalement, ils étaient revenus au Gabon et de là en France.

M. Marche, à ce nouveau voyage, avait espéré faire même route avec M. de Compiègne, mais les forces de ce dernier étaient complètement épuisées et il mourut bientôt sur la côte d'Afrique, loin de la France et des siens. Cette expédition de 1875 était placée sous les ordres de M. Savorgnan de Brazza, alors enseigne de vaisseau, auquel était adjoint M. Noël Ballay, aide-médecin de marine.

M. de Brazza proposa à M. Marche de l'accompagner et celui-ci accepta ; l'expédition comprenait alors quatre blancs et une vingtaine d'hommes armés de chassepots ; on pouvait espérer surmonter ainsi les obstacles qui pouvaient se présenter avec plus de succès que dans les expéditions précédentes.

Nous nous bornerons ici à rapporter de ce voyage de M. Marche les

---

(1) Marche, trois voyages dans l'Afrique Occidentale.

détails caractéristiques des peuplades qu'il a fréquentées, renseignements précieux à tous égards et que nous comptons donner parallèlement aux notes géographiques que nous a laissées M. Savorgnan de Brazza.

Et d'abord, il y a un mot que l'on rencontrera souvent dans ces récits ; c'est le mot *palabre* qui a besoin d'être expliqué.

Un palabre est en général une sorte de conseil où doit se juger une contestation ; ce mot désigne à la fois le tribunal qui juge et le procès lui-même. Par suite, ce mot est employé toutes les fois que surgit une querelle entre noirs, et aussi entre noirs et blancs. Ce sont les chefs ou les féticheurs qui doivent juger les palabres. Tout le monde a le droit de parler dans les palabres ; de là, des discussions interminables ; ces conseils sont d'ailleurs une occasion de réjouissances pour les noirs, qui s'y rendent de plusieurs lieues à la ronde. C'est à peu près ce que dans d'autres parties de l'Afrique on nomme un *chaouri*.

M. Marche, au moment de partir, apprit que Cameron était arrivé à la côte.

« J'appris, dit-il, ce grand fait géographique avec une joie mêlée d'un certain retour mélancolique. Il venait de traverser l'Afrique entière ; il était parvenu au bout de sa tâche ; il est vrai qu'il était Anglais, et que, par conséquent, il avait été soutenu. Or, il faut bien qu'on le sache : si l'argent est le nerf de la guerre, il n'est pas moins le nerf des voyages. Nous ne manquons pas en France d'hommes capables de grandes choses : ce qui leur manque, c'est l'argent, que l'Angleterre, l'Amérique, l'Allemagne, ne ménagent pas à leurs explorateurs. »

La France s'endort quelque peu et, comme M. Marche, je voudrais la voir prendre un peu plus de souci de ses conquêtes coloniales.

Le 14 janvier 1876, M. Marche partait en avant pour tâcher de gagner Lopé. Son but était de pousser jusqu'au pays des Okanda et c'est pour cette destination qu'il avait engagé ses hommes ; ceux-ci prétendirent n'aller que jusqu'aux Okota : le voyageur ne s'arrêta pas à ces difficultés, auxquelles on doit s'attendre dans ces parages.

Quelques jours après, M. Marche était abandonné ; M. de Brazza devait lui envoyer des hommes du village d'Edébé ; mais il éprouva les mêmes difficultés. Les palabres se succédaient et les résultats en étaient dérisoires. Enfin les deux explorateurs se retirèrent et se dirigèrent de concert vers Lopé.

On s'étonne quelquefois, dit M. Marche, de voir les relations des différents voyageurs qui ont parcouru une même région concorder si peu entre elles ; on ne se rend généralement pas assez compte du fait que, indépendamment de la façon particulière d'observer du voyageur, de l'état, moral et physique dans lequel il se trouve et qui influe forcément sur l'impression ressentie, la physionomie du pays, surtout lorsqu'il s'agit d'un fleuve comme l'Ogôoué, se métamorphose sans cesse. Elle varie, pour ainsi dire, de jour en jour, suivant la saison, suivant la hauteur des eaux, et les détails, principalement en ce qui regarde le lit de la rivière, changent à chaque instant. Où l'on a passé la veille, on trouve quelquefois un banc de sable ou des roches, et la route est barrée ; où l'on a été obligé de décharger les pirogues, on passe sans difficulté. De plus, les habitants transportent facilement leurs pénates d'un point de la rivière à l'autre ; les villages se déplacent sans cesse et contribuent ainsi à transformer l'aspect du pays.

» Les eaux du fleuve changent de couleur à chaque saison ; lorsqu'elles montent, elles entraînent des détritus de toutes sortes et du limon, et deviennent boueuses et sales ; mais la saison sèche une fois bien établie, elles sont d'une limpidité remarquable. »

C'est ainsi que tant de voyageurs ont échoué sur les côtes de la Sibérie et que Nordenskiold a effectué la circumnavigation que personne n'avait encore pu mener à bonne fin. C'est ainsi que les bords de la mer prennent des aspects différents au Havre, à Dunkerque, à Toulon, et que d'un jour à l'autre l'Océan change de manière d'être.

A Lopé, M. Marche revit quelques figures de connaissance, et eut le plaisir de rencontrer le docteur Lenz, dont nous raconterons un jour les voyages. M. Marche parle de ce hardi explorateur avec une pointe d'ironie, mais en faisant la différence des caractères au point de vue des origines, il est évident que les deux célèbres voyageurs ne pouvaient pas entendre les explorations de la même façon : l'un est Français, l'autre est Allemand, c'est tout dire.

« — Le docteur Lenz, dit M. Marche, est un Autrichien, docteur en philosophie, envoyé par la société africaine allemande, qui a cherché à reprendre la suite de mon premier voyage. C'est un homme de taille moyenne, de figure douce, très patient, trop patient même avec les noirs, qui prennent souvent la patience et la bonté pour de la peur. Aussi ne se sont-ils pas gênés pour le piller. Ils allaient jusqu'à lui décrocher pendant la nuit ses thermomètres : que pouvaient-ils bien en faire ? Quand j'allais le voir, il me raconta que la veille on était venu lui voler, à côté de lui, une moustiquaire et une couverture ; aussi était-il exaspéré. Il avait recommandé à ses hommes une vigilance extrême. La nuit que je passai chez lui, j'étais fort souffrant et ne pouvait dormir ; j'entendis Lenz se lever et crier au voleur ! Nous sortîmes aussitôt de la case, et les hommes de veille se mirent à la poursuite du maraudeur qui avait pris la fuite. Un devait enfin payer pour tous. Rattrapé par les hommes du docteur, sommé de s'arrêter et de se rendre, comme il essayait encore de fuir, il fut tué d'une balle et percé de part en part. Il tomba en criant : « Mi adiouia » (je suis mort!). Nous ne retrouvâmes que le lendemain son cadavre dans les herbes.

» Ce qui est plus étrange, c'est que quelques heures après on vint nous réclamer le prix du sang. Ces coquins demandaient à être payés pour le sang répandu ; ils espéraient que leur requête serait admise, car le docteur avait jusque là subi toutes leurs exigences.

» Je pris la parole et leur dis qu'on ne pouvait pas laver le sang avec des marchandises, et qu'il était beaucoup plus simple de prendre de l'eau. J'ajoutai que s'ils venaient demander une indemnité pour l'homme qu'on leur avait tué, c'est qu'ils approuvaient le vol et s'en déclaraient solidaires. Que c'était à eux par conséquent à payer tout ce qui avait été volé chez eux au docteur Lenz. Comme ils me connaissaient et savaient bien qu'ils n'auraient pas raison avec moi, ils se mirent à rire et déclarèrent que le « palabre » était fini. Ce n'était au surplus qu'un esclave et un voleur, disaient-ils, et les blancs avaient bien fait de le tuer.

» Pour moi, j'étais personnellement à l'abri de leurs rapines; les Okanda me craignaient beaucoup : « On ne peut pas, disaient-ils, tuer *Maléie* : nous, Okanda, nous avons vu la balle des Osseyba arriver sur lui, et tomber.

» En effet, pendant mon premier voyage dans l'Ogôoué, lors de la bataille que nous eûmes à soutenir, de Compiègne et moi, au confluent de la rivière Ivendo, je fus atteint au bras par un projectile qui ne me fit aucun mal ; ce fait, insignifiant pour nous, avait frappé les Okanda, et leur faisait dire que j'avais un puissant fétiche qui me garantissait des balles. » (1)

Le 24 mai, M. Marche se retrouva seul, M. de Brazza étant parti en avant pour gagner par terre le pays des Adouma. Il prit la direction Nord-Est, vers les Simba, qui mirent tout en œuvre pour l'empêcher d'aller plus loin en lui affirmant qu'il n'y avait pas d'autre village Simba, et qu'aller chez les Okona était impossible. Heureusement, le hardi explorateur ne tint aucun compte de leurs mensonges et continua à aller de l'avant ; il ne pouvait cependant pas trouver de guides pour aller chez les Okona ; un chef Osseyba, au contraire, voulait absolument l'emmener chez lui pour le montrer à ses noirs qui n'avaient jamais vu de blanc, et M. Marche se décida à passer l'Ofoué pour traverser le village Osseyba.

---

(1) Marche, trois voyages dans l'Afrique occidentale.

Ces sauvages sont supérieurs aux autres tribus d'alentour et paraissent mépriser fort leurs voisins qui d'ailleurs n'osent pas s'aventurer chez eux; mais ils sont tout aussi *carottiers*, si je puis employer ce mot, le seul qui me paraît bien exprimer ma pensée.

La naïveté de tous ces gens est d'ailleurs bien surprenante; ce sont de grands enfants; ici, il suffit d'un homme qui se lève, va chercher son fusil et fait grand bruit en criant qu'il veut se battre, pour que tout le monde se sauve; là, c'est une boîte de sardines qui excite au plus haut point leur curiosité et ils se battent à qui la possèdera; plus loin, M. Marche n'a qu'à tirer de son sein un serpent de treize sous qu'il fait onduler pour que tous soient frappés de terreur.

Il fallait que l'explorateur revînt à Lopé, car il ne devait pas rester longtemps loin du quartier général. La petite troupe reprit donc le chemin de l'Ofoué en passant par les Bangoué, à l'ouest de la plaine, pour éviter les Simba, et on arriva bientôt à Lopé, non sans avoir fait connaissance avec les fourmis sur lesquelles nous recueillons les renseignements suivants qui nous ont paru fort intéressants :

« Ces fourmis, dit M. Marche, sont les plus voraces de ces régions; elles voyagent par bandes innombrables, et on les voit défiler quelquefois pendant plus de dix heures sans relâche; si quelque cadavre d'animal ou d'homme se trouve sur leur chemin, il est dévoré et réduit à l'état de squelette avec une incroyable rapidité. Le feu seul les fait reculer, et les noirs emploient quelquefois ce moyen pour les détourner. Le voyageur qui tombe au milieu d'une de ces bandes en est aussitôt couvert; on n'a plus qu'une ressource, s'enfuir hors de leurs atteintes, se dépouiller de ses vêtements et les tuer une à une. »

De là, M. Marche partit de Lopé pour traverser le pays des Osseyba; une nuit terrible au milieu des rapides, la rencontre de quelques hippotames et enfin la grande chute de Bôoné signalèrent cette difficile étape. La rive de cette chute est formée de collines de 250 à 300 pieds, très boisées, tombant à pic dans le fleuve; le courant se précipite avec un bruit horrible dans une sorte d'entonnoir : cette masse d'eau, 500 mètres en amont, a un kilomètre d'étendue et s'engouffre dans une passe large de 50 mètres à peine! On passe les pirogues au pied de la chute, à un endroit où elle a déjà 12 mètres environ.

Le 23 août, l'explorateur se trouvait enfin dans un village, Adouma, avec M. de Brazza, qu'il avait rencontré non loin de la rivière Lolo, mais le quitta bientôt pour faire une excursion dans les villages Obanba, qui offrent plusieurs particularités fort intéressantes.

« Ces villages, dit-il, diffèrent notablement de ceux de toutes les autres tribus. Partout, en effet, les cases se tiennent les unes aux autres, laissant rarement entre elles un espace libre ; ici, au contraire, elles sont toutes séparées par un intervalle plus ou moins grand. Elles sont du reste très bien bâties, en paille et bambou, très propres ainsi que tout le village. On me fait entrer dans la plus belle case que j'aie jamais vue dans ces parages ; elle a bien 15 mètres de longueur sur 8 de largeur, et 5 ou 6 mètres de hauteur au centre ; l'intérieur est tapissé de feuilles de différents arbres enfumées par le feu, dont l'effet est assez pittoresque. Dans le milieu, au fond, est une espèce d'autel où se trouve le fétiche, que l'on a caché, sans doute, pour que je ne le voie pas. Autour de la case sont des banquettes en bambou d'environ quatre pieds de long, séparées les unes des autres par des cloisons faites de même. »

Dans tous les villages, Adouma et Oseyba, que l'on rencontre le long du fleuve, les indigènes ont une grande frayeur des blancs ; mais l'explorateur s'attire bien vite leurs bonnes grâces en tuant des pintades qui dévastent ordinairement les pistaches, lesquelles sont la grande ressource et le plus grand objet de commerce de ces tribus entre elles.

Le 18 septembre, M. Marche atteignit la chute de Dormé, point où s'était arrêté M. de Brazza, en 1876 ; on la franchit facilement et on s'engagea dans le pays des Adziana, contrée tout à fait inexplorée jusqu'alors ; aussi l'explorateur fut-il bien vite abandonné par les Adouma, et ce fut réduit à ses six hommes qu'il dut redescendre pour rejoindre le quartier-général, car le délai que lui avait donné le chef de l'expédition était expiré. Sa santé était fort ébranlée.

C'est à cette époque qu'il dut quitter l'expédition pour retourner en Europe ; et le 20 septembre, en effet, il arrivait en France après une absence de deux ans et demi, épuisé par la fatigue et surtout la maladie.

II

MONSIEUR LE COMTE DE BRAZZA

Revenons maintenant à l'expédition de M. de Brazza :

Arrivé à Dakar, le 29 août, à bord du *Mendoza*, M. Savorgnan de Brazza, ne trouvant pas l'aviso qui fait le service entre Dakar et Saint-Louis, se trouva obligé de chercher le moyen de s'y transporter par terre. Il n'y avait pas de temps à perdre, en effet, parce que le *Loiret*, qui devait prendre l'explorateur, attendait à Dakar l'arrivée de l'*Entreprenante*, qui transportait le matériel de l'expédition. De plus, les gens qu'il devait engager à Saint-Louis commençaient à perdre patience, et le moindre retard aurait rejeté l'expédition à la crue de l'année suivante.

Malheureusement, la voie de terre n'étant pas praticable, il fallut affréter son navire, et le 12 septembre, l'explorateur arrivait à Saint-Louis. Il dut remplacer quelques hommes de l'escorte qui s'étaient enfuis : en tout, il se trouvait avec douze laptots et leur chef; les hommes de l'escorte étaient tous musulmans, anciens serviteurs de l'état, et présentant des garanties très sérieuses de fidélité. Ils jurèrent sur le Coran, en présence du *Tampsir* (Cadi) de l'accompagner n'importe où il irait, de le défendre et de lui obéir fidèlement.

Tout marchait donc à souhait et quelque jours après, le *Loiret* et l'*Entreprenante*, ayant à bord MM. Ballay et Marche partirent pour le Gabon.

Le 12 décembre, M. Savorgnan de Brazza, s'aperçut, à Lambaréné, qu'il aurait beaucoup de peine à engager des pagayeurs; cent francs par homme était le moins qu'ils demandaient; mais comme les Inenga et les Galois étaient en rivalité avec les Bakalais, le comte s'avisa d'envoyer M. Marche chez ces derniers pour les décider à venir le chercher. M. Ballay revint malade et sans avoir pu engager personne.

Savorgnan de Brazza partit donc, comme il put, pour Sam Quita, chez les Bakalais et se fatigua tellement à établir le plus exactement possible la carte de Lambaréné à Sam Quita, qu'il tomba malade en arrivant. Décidé néanmoins à atteindre Lopé avec les Inengas et les Galois, il paya les sommes convenues et partit le 18 janvier 1876 avec 120 Galois et dix grandes pirogues de 14 à 17 mètres de longueur, dont huit avaient été achetées afin de pouvoir conserver de plus libres allures vis-à-vis des gens de l'escorte. Vers le même temps, M. Marche partait avec 40 Bakalais et deux pirogues.

Le seul moyen à employer pour obtenir des pagayeurs est l'eau-de-vie; la présence des factoreries à Lambaréné a été d'un grand secours à M. de Brazza en lui permettant d'acquérir de grandes quantités d'eau-de-vie, seule ressource pour sortir les Galois et les Inengas de leur apathie : il lui en coûta 900 litres !

L'explorateur partit donc de Sam Quita le 18 janvier avec neuf pirogues, laissant derrière lui le docteur Ballay très souffrant de la fièvre et de vomissements continuels ; il lui était impossible cependant d'attendre un rétablissement, parce qu'il y avait trois jours de route pour arriver à trouver des vivres et que le pays n'offrait pas assez de ressources pour nourrir tout le monde pendant quelque temps.

Pendant les trois premiers jours, en effet, il fut impossible de s'approvisionner; d'un autre côté, la santé de M. de Brazza s'affaiblit par suite d'un travail excessif au point de le forcer à abandonner toutes ses observations pour la construction d'une carte et de se contenter d'un croquis fait à la boussole. Le 22, il rejoignit M. Marche à Sangalati chez les Okotas ; celui-ci était retenu par les Okotas qui lui promettaient des hommes sans lui en donner et aidaient même les Bakalais à se sauver dans de petites pirogues qu'ils lui vendaient.

M. de Brazza atteignit le 23 le village d'Edibé où la fièvre le reprit; il dut se reposer et attendre M. Marche, qui le rejoignit bientôt avec des Okotas de Sangalaté, qui n'étaient venus que parce que M. Marche les avait menacés de mettre le feu à leur village.

Ici M. de Brazza fait une observation dont on ne saurait contester la justesse et qui me paraît devoir intéresser vivement les explorateurs à venir de cette partie de l'Afrique :

« Le 21, dit-il, nous partions ensemble (M. Marche et lui) pour camper le soir en face du village Okota du chef Giongo, que Renoqué (1) vient me présenter comme étant le grand chef des Okotas et le remplaçant de Edibé. En réalité, c'est un chef qui n'a pas plus d'influence que les autres, mais de qui Renoqué tient à faire le remplaçant d'Edibé; il se créera ainsi un homme à sa dévotion, auquel il fera faire des cadeaux par des Européens qui me succèderont, à condition toutefois que lui, Renoqué, toutes les fois qu'il remontera chez les Okanda, puisse trouver au retour beaucoup d'esclaves à acheter ; en un mot, ce sont les Européens qui font les chefs de tribus dans cette contrée; ce sont eux qui, en leur donnant des cadeaux, leur donnent le peu d'influence qu'ils avaient sur les gens de leur tribu et qui ne sont pas de leur village.

» De même qu'au prochain Européen qui passera, Renoqué présentera Giongo comme chef Okota, de même, à mon arrivée à Lopé, on m'a présenté, comme chef des Okandas, Boaya, fait chef des Okandas par Renoqué et par les cadeaux du docteur Lenz. Quand à Renoqué, il avait fourni à Boaya des avances pour l'achat de beaucoup d'esclaves que ce dernier devait lui fournir quand il serait remonté avec moi chez les Okandas. »

M. de Brazza ayant obtenu de Giongo une pirogue et des Okotas, reprit sa route vers Lopé. Un chef, nommé Konga, se croyant tout permis parce qu'il faisait partie de l'escorte de M. de Brazza, s'avisa de se venger d'une ancienne querelle en enlevant une femme d'un village Okota ; les habitants de ce villages promirent de tirer sur la pirogue quand elle passerait;

---

(1) Renoqué est un chef des Inengas avec lequel l'amiral du Quilio avait conclut des traités.

LES PIONNIERS DE L'INCONNU

Marche à travers l'Ogôoué.

mais M. de Brazza qui tenait absolument à établir des relations avec l'Europe sur la route qu'il suivait, fit lier les mains derrière le dos à Konga et renvoya la femme libre.

Après avoir traversé le pays des Jalimbonga et des Apingi, les voyageurs se trouvèrent devant des rapides où ils éprouvèrent des pertes considérables. Une première pirogue, la meilleure, celle que M. de Brazza croyait la plus sûre et qui par suite était chargée des choses les plus précieuses, de la plus grande partie des instruments, chavira dans le passage : les quelques caisses que l'on put retrouver étaient fort avariées, le chronomètre gâté, le baromètre perdu, etc.

Presque au même moment, une seconde chavirait à environ 200 mètres plus haut ; mais on put sauver les caisses et l'embarcation grâce à la solidité des amarrages. Deux autres pirogues, qui faisaient eau, durent être hâlées à terre ; pendant ce temps les Apingis, accourus à la nouvelle du désastre, mettaient la main sur les caisses qu'ils pouvaient attraper.

Les voyageurs allaient enfin se reposer un instant, quoique n'ayant même plus une seule casserole pour faire la cuisine, quand on vint leur annoncer qu'une nouvelle pirogue, contenant vingt et une caisses en bois, c'est-à-dire quarante deux caisses à porteur en tôle, s'en allait à la dérive. On passa la nuit à explorer les rives du fleuve, et au jour on la retrouva enfin intacte échouée en travers sur un rocher : rien n'avait été perdu.

En somme les pertes faites ce jour, 2 février, étaient considérables : dix caisses, un ballot de tabac, la plus grande partie des étoffes achetées avant le départ de Lambaréné aux factoreries.

Pendant la route jusqu'à Lopé, deux nouvelles pirogues, chargées de caisses soudées, s'emplissaient d'eau dans les rapides ; le 10 février au soir, on arrivait à Lopé (Okando).

« Là, dit M. de Brazza, nous apprîmes que le docteur Lenz, après bien des essais inutiles pour parvenir à remonter chez les Adoumas et les Assiebos, avec les Okandas, avait quitté ce peuple pour aller s'établir chez les Simbas qui habitent à deux jours de l'embouchure de la rivière Ofué. (Les Simbas sont éloignés de Lopé d'une journée de marche). Là il avait tenté d'aller par terre chez les Adoumas et Ossiebos, mais les fétiches des Okanda avaient empêché les Simbas de lui fournir un seul homme. Après un nouvel essai, en apprenant que j'allais arriver à Lopé, le docteur Lenz était venu s'établir de nouveau, le 1er février, chez les Okandas, à moitié route entre Lopé et la rivière Ofué. Ses ressources commencèrent à s'épuiser, mais le docteur a l'intention de profiter de mon arrivée ici pour remonter en même temps que moi chez les Osiebos, car il pense que les

Okandas, se sentant maintenant en force à cause de ma présence, voudront bien l'accompagner. »

Avant d'aller plus loin, M. de Brazza pensa qu'il fallait surtout songer à établir dans ce pays des Okandas une station de ravitaillement en cas de malheur dans l'avenir; il fallait aussi rappeler M. Ballay qui était probablement guéri et faire venir par lui des marchandises achetées aux factoreries pour remplacer celles que l'on avait perdues.

C'est dans ce but que Boaya, chef des Okandas, fut envoyé à Sam Quita avec une lettre rappelant M. Ballay et lui donnant le détail des marchandises qu'il devait se procurer : 3,500 mètres d'étoffes, 10 grands barils de poudre, 50 neptunes, etc. L'étoffe surtout était bien nécessaire, parce qu'à ce moment là, c'était la seule marchandise demandée. Pendant le voyage précédent de M. Marche, c'était le sel qui était en faveur.

III

UN PAS VERS L'INCONNU

En janvier 1877, le bulletin de la Société de Géographie publiait une correspondance de M. de Brazza qui débutait ainsi :

« Je suis enfin heureux de pouvoir vous annoncer qu'il a été fait un pas vers l'inconnu : l'obstacle qui avait arrêté les précédentes expéditions n'a pas surgi devant le docteur Ballay qui à la tête de vingt-deux pirogues d'Okandas, a remonté la presque totalité de nos marchandises dans le pays des Adouma. »

En effet, le docteur Ballay, à peine arrivé avec les marchandises, avait dû retourner au Gabon pour accompagner les malades ; il en avait le loisir, parce que les indigènes ne voulaient remonter le fleuve qu'à l'époque de la baisse des eaux, c'est-à-dire plusieurs mois après.

M. de Brazza profita aussi de ce répit pour se mettre en relations avec les Fans qui avaient arrêté autrefois M. de Compiégne et M. Marche. Il n'eut qu'à se louer des rapports qu'il eut avec eux et notamment du neveu du chef Mamiaka, Zabouret, qui poussa le dévouement jusqu'à se constituer lui-même en otage pendant le temps que M. de Brazza enverrait de l'Ogôoué des pirogues à ses deux Sénégalais.

Au pays des Sébés, l'explorateur fut rejoint par le docteur Lenz, qui se joignit à lui et l'accompagna jusque chez les Adoumas; de là, il reconnut une partie du cours de l'Ogôoué jusqu'à la rivière Sébé, puis retourna en Europe.

M. de Brazza espérait arriver à faire descendre les Sébé et les Adouma chez les Okandas; mais il ne put rien en obtenir et eut à lutter continuellement contre la duplicité, les mensonges et l'avidité des indigènes; si l'on joint à ces ennuis, les souffrances sans fin de la route, on comprendra que la santé de l'explorateur se trouvât gravement compromise.

C'est pendant ce temps que M. Ballay et M. Marche remontaient l'Ogôoué. Ils avaient dépassé la rivière Ivindo, dernier point atteint par la précédente expédition.

— « Ils me rejoignirent, dit M. de Brazza, au pays des Sébé, au moment où, épuisé, j'allais descendre chercher leurs soins. Je remis alors le commandement de l'expédition au docteur Ballay, fortement affaibli lui-même par des accès de fièvre violents et répétés. C'est alors que je chargeai M. Marche de pousser une reconnaissance au-delà du point atteint par le docteur Lenz; il parvint ainsi au confluent de la rivière Lékélé, augmentant de 75 kilom. nos connaissances sur le cours supérieur de l'Ogôoué. »

Comme un certain nombre de marchandises étaient restées à Lopé, sous la garde du quartier-maître Hamon, M. de Brazza alla les chercher dès qu'il put se lever et revint à Doumé en avril 1877. C'est à ce moment que M. Marche fut obligé par l'état de sa santé de quitter l'expéditon pour retourner en Europe.

Il s'agissait maintenant de remonter le cours de l'Ogôoué, un pays tout-à-fait inconnu et loin de toutes communications avec la côte. Le plus difficile était de quitter les Adoumas qui ne pouvaient se résoudre à laisser partir les voyageurs avec tant de marchandises. Dans le principe, ils avaient promis de conduire les explorateurs avec leurs pirogues dans le cours supérieur du fleuve; puis ils tâchèrent de gagner du temps sous différents prétextes; finalement, ils déclarèrent qu'au lieu de remonter, ils devaient redescendre pour aller faire du commerce avec les peuplades plus voisine des côtes.

Un féticheur, séduit par le présent d'un lot considérable d'étoffe, consentit à jeter un interdit sur le cours inférieur du fleuve et cette ruse enleva aux Adoumas leur dernier prétexte, sans cependant les décider à aller en avant.

A ces tracasseries, se joignait un fait plus grave; la petite vérole sévissait et comme on traitait les malades à l'eau froide, elle faisait beaucoup de victimes; on accusait les blancs d'avoir apporté beaucoup de maladies dans leurs caisses.

L'avidité de ces gens est telle qu'un jour le docteur Ballay, dont les soins éclairés, arrachèrent beaucoup de malades à la mort, demandait un peu d'eau pour se laver les mains à la mère de deux enfants qu'il venait de consulter : « Que me paieras-tu, lui dit-elle, si je t'apporte de l'eau ? »

Comme il fallait en finir et que les Adouma avaient toujours les yeux fixés sur les caisses, M. de Brazza disposa en évidence un certain nombre de caisses vides, « qui, dit-il, soigneusement fermées et chargées d'objets sans valeur, paraissait constituer le plus net de notre capital. » Le docteur Ballay et le quartier-maître Hamon chargèrent les bonnes caisses sur des pirogues et partirent avec un certain nombre d'Bdouma. Quand ceux-ci revinrent, M. de Brazza leur montra les caisses vides et partit seul avec ses laptots (1), car aucun des Adouma ne voulut l'accompagner.

Cette partie de l'Ogôoué est dangereuse à cause de la grande quantité de rapides; les laptots, d'autre part, étaient de médiocres pagayeurs, et l'on n'arriva aux chutes Poubara qu'au prix de fatigues sans nombre, de plusieurs bains forcés, de pertes d'instruments, etc.

Ces chutes Poubara sont à 75 kilomètres au-dessous du point extrême atteint par M. Marche ; on était alors en juillet 1877.

Laissons parler M. de Brazza :

« Là le fleuve se divise en deux branches, l'Ogôoué que les indigènes appellent Rebagni, et la rivière Passa. Les deux cours d'eau, interrompus par des chutes et des rapides rapprochés, ont perdu leur importance et ne servent plus de voie de communication. C'est à peine si l'on y voit encore quelques pirogues petites et mal faites, qui ne servent d'ailleurs qu'à traverser d'une rive à l'autre.

» La rivière Passa et l'Ogôoué, diminuent rapidement d'importance et peuvent bientôt être franchis à gué. Leur source doit se trouver dans la chaîne de montagnes dont le versant occidental écoule dans l'Atlantique, sur la côte de Mayombi, des rivières de peu d'importance. »

On avait mis deux ans à reconnaître complètement le cours de l'Ogôoué ; on avait fait respecter le nom de la France sur les deux rives, mais il était évident que l'Ogôoué ne pouvait être une voie pour pénétrer dans l'intérieur. La question était résolue.

Mais qu'y avait-il encore à l'est, dans la profondeur inconnue de ces vastes contrées qui séparent le haut Ogôoué du haut Nil et du Tanganika? Il fallait pourtant ne pas abandonner sa tâche, quelque pénible qu'en parût l'accomplissement, et les explorateurs résolurent de s'engager dans ces pays inexplorés où toutes les tribus sont en guerre les unes

---

(1) Soldats sénégalais.

avec les unes avec les autres, où il faut porter ses bagages, où il n'y a pas de porteurs, où chaque homme reste confiné dans le village où il est né, sans oser jamais s'aventurer à un kilomètre au-delà !

Avec quelle peine parvenait-on à louer quelques hommes qui ne voulaient pas faire plus d'une lieue au plus, qui laissaient souvent leurs fardeaux à moitié chemin après avoir été payés, et même ouvraient les caissses et en volaient le contenu ! Les villages que l'on avait à traverser étaient dévastés par la guerre; les gens de l'escorte eux-mêmes, effrayés à l'idée de quitter le fleuve, qui seul pouvait les ramener dans leur pays, créaient de nouveaux embarras aux explorateurs par leur mauvaise volonté.

M. de Brazza se résolut à employer des esclaves, quoique la chose lui ait déjà mal réussi l'année précédente; mais il n'avait pas le choix. Il se contente de déclarer à ceux qu'il achète qu'ils ne jouiraient de leur liberté que lorsqu'ils n'auraient plus besoin de leurs services.

On arriva ainsi chez les Batéké : ces tribus sont adonnées à la guerre et au pillage, et dénuées de vivres. Les explorateurs marchaient dorénavant nu-pieds, ce qui leur était très pénible.

On avançait, cependant, à petites journées; les porteurs se révoltaient quelquefois, mais il suffisait de faire bonne contenance pour les intimider; les indigènes montraient de temps en temps des intentions hostiles, mais quelques allées et venues mystérieuses, à la tombée de la nuit autour des fameuses caisses, suffisaient à leur faire croire à un fétiche quelconque et à les éloigner définitivement.

Les explorateurs arrivèrent ainsi à une petite rivière, N'gambo, dont le cours les conduisit bientôt à une plus grande, l'Alima.

IV

L'ALIMA ET LA LICONA.

Cette nouvelle rivière coulait vers l'est avec une légère inflexion vers le nord; c'étaii là une bonne occasion de visiter ces contrées; mais l'escorte était faible, les explorateurs malades, les cartouches se faisaient rares.

Devaient-ils continuer leur route? Les compagnons de M. de Brazza opinèrent pour l'affirmative, et l'on partit sans beaucoup d'enthousiasme, mais avec la volonté inébranlable de braver les périls imposés par la situation.

Les Betékis se montraient assez bienveillants et finirent même par donner des renseignements précieux sur les peuplades de l'Alima. « Il y a, disaient-ils, une tribu d'Apfourons qui viennent dans le haut Alima chercher du manioc et de l'ivoire, en retour desquels ils se procurent de la poudre, des armes et des pagnes blancs ; ils emploient souvent la force et il leur arrive d'affamer les pays voisins en extorquant toutes les provisions. »

Quoique les Betékis eussent bien voulu que les blancs fissent la guerre aux Apfourous, M. de Brazza avait le plus grand désir d'entrer en relations avec eux. Il suivit dans ce but le cours de l'Alima, et rencontra un établissement leur appartenant. A sa vue, tous se sauvèrent ; puis, alléchés par des présents laissés sur la rive par les explorateurs, finirent par se laisser approcher. On parvint à leur acheter des pirogues, Dieu sait à quel prix ; mais aussi les pirogues étaient alors d'une valeur inestimable pour les voyageurs. Ils s'en procurèrent jusqu'à huit.

Il y avait maintenant à craindre que les Apfourous ne les laissassent pas naviguer sur *leur* rivière ; les Betékis donnaient les plus sinistres renseignements sur leurs allures ; ceux-ci, en effet, avaient éloigné leurs femmes et leurs enfants, signe certain de leur résolution d'entrer en guerre.

Le premier village les laissa passer ; mais tous les autres les attaquèrent ; trois hommes de l'escorte furent blessés, et il était impossible de répondre aux coups de fusils, car, les pagayeurs s'étant blottis au fond des canots, les autres durent abandonner leurs fusils pour maintenir les pirogues au milieu de la rivière. M. de Brazza s'arrêta près d'un banc d'herbes flottantes, attendant les évènements.

Les deux rives étaient formidablement défendues par un grand nombre de villages ; tous étaient préparés au combat, et la lutte était trop inégale. Quelques coups de fusil suffirent cependant à éloigner un instant les ennemis ; mais il fallait bien se rendre à cette triste évidence que ces villages étaient les premiers établissements des Apfourous, que l'on ne pouvait avancer qu'entre deux haies d'ennemis de plus en plus nombreux, enfin que l'on manquait de munitions.

Il était donc impossible de continuer, et les explorateurs durent se résigner à abandonner cette rivière dont ils n'avaient descendu le parcours que sur une longueur de 100 kilomètres à vol d'oiseau. Le retour s'effectua par terre à travers une forêt marécageuse de 500 mètres et après avoir noyé sept caisses de marchandises.

Les Betékis firent le meilleur accueil aux voyageurs ; mais malheureusement ils ne pouvaient leur être d'un grand secours ; le pays était affamé et il était presque impossible de se procurer de l'eau.

M. de Brazza franchit alors le bassin de l'Alima, traversa la rivière Oba et atteignit le Lébaï-N'gouco, à 180 kil. de l'Alima. Mais comme il était trop difficile d'avoir des vivres et que les hommes étaient à bout de forces, M. Ballay et le quartier-maître Hamon, partirent avec les plus faibles vers les bords de l'Ogôoué, tandis que M. de Brazza continuait sa route avec les plus valides, c'est-à-dire dix porteurs et six hommes d'escorte; il aurait bien voulu marcher vers l'est, mais il fallait éviter les Anghié, vers lesquels aucun indigène n'aurait voulu le conduire.

Ces Anghié sont une tribu guerrière et redoutée qui font de fréquentes razzias chez leurs voisins; les esclaves qu'ils font sont emmenés dans des contrées si lointaines, qu'on n'a pas souvenir d'en avoir jamais vu revenir un seul. M. de Brazza croit que les indigènes confondent le cours inférieur de la Licona, rivière qu'il rencontre à environ 30 kilom. au nord de Lébaï-N'gouco, avec celui du Congo; il n'est pas difficile dès lors de savoir ce que deviennent les esclaves que font les Anghié.

M. de Brazza explora la rivière Licona jusqu'à la rivière Lébaï-Acoua, mais comme la saison des pluies s'approchait, il se vit, à son grand regret, obligé de rebrousser chemin et de reprendre tristement le chemin de l'Ogôoué.

Lébaï-Ocoua, dans la langue du pays, signifie rivière de sel. En effet, les indigènes obtiennent ce produit par l'évaporation de l'eau des petits ruisseaux qui descendent de collines riches en sel.

« Cette découverte, dit M. de Brazza, m'amenait à douter de l'existence des lacs de la région des Ouadaï, auxquels je pensais que l'Alima devait nous conduire. Le problème de l'hydrographie africaine me semblait de plus en plus obscur, car je ne pouvais imaginer que le Congo roulât ses ondes majestueuses en face de moi, dans la direction du soleil levant. De mieux informés que moi doutèrent eux-mêmes du fait extraordinaire lors des premières affirmations de Stanley. Pour mon compte, à peine eus-je pris connaissance de la traversée de cet explorateur, que tout s'illumina complètement; cette succession de cours d'eau que je venais de traverser aboutissait au grand fleuve de Livingstone et de Stanley. » (1)

Cette découverte donnait une importance commerciale considérable à l'Alima, qui n'est éloignée que de 50 milles du point où s'arrête la navigation des pirogues de l'Ogôoué.

« Au moment de descendre le fleuve, ajoute M. de Brazza (2), ce qui n'était qu'un jeu, je pensais à mes porteurs : qu'allaient-ils devenir ? Ils

---

(1) De Brazza, bulletin de la Société de Géographie.
(2) Idem.

étaient trop heureux de se voir dans leur pays natal pour songer à me suivre au Gabon, le seul endroit où leur liberté pouvait être sauvegardée. Ils partirent en grand nombre, et presque tous furent arrêtés et réduits en esclavage dans les premiers villages qu'ils rencontrèrent. Ce fut une leçon pour ceux qui étaient restés et qui se décidèrent à nous accompagner au Gabon. Ils n'ont pu que se féliciter d'avoir pris ce parti, car je leur ai donné un village où leurs cases sont entourées de plantations et habitées par une population de poules, de cabris, etc. Leur existence est luxueuse et fait envie à leurs voisins; heureux de pouvoir se livrer à cette douce nonchalance qui constitue pour le nègre la béatitude parfaite, ils se raillent à juste titre de la sottise de leurs anciens compagnons qui, trop pressés de me quitter, sont allés se livrer d'eux-mêmes à leurs persécuteurs, et sont traînés à travers le pays la fourche au cou et les bûches aux pieds.

» Pour moi, ce n'est pas sans tristesse que je songe à ces humbles auxiliaires à qui j'aurais voulu assurer de meilleures destinées. Le malheur auquel ils semblent perpétuellement voués, l'obstination avec laquelle ils acceptent les dures conditions de leur existence ont souvent préoccupé ma pensée. J'ai déploré de ne pouvoir les arracher à leur misère; mais, en présence de ces mœurs sauvages et de l'obstination résignée des pauvres gens qui en sont victimes, j'ai dû reconnaître mon impuissance. Il faudra bien des interventions généreuses pour triompher de préjugés barbares qui sont encore plus profondément enracinés chez les esclaves que chez leurs trafiquants eux-mêmes. »

La descente de l'Ogôoué se fit rapidement et avec entrain ; un hippopotame renversa la pirogue où se trouvait M. Ballay, mais celui-ci ayant pu se cramponner au bateau, M. de Brazza arriva à temps pour le sauver.

En janvier 1879, M. de Brazza adressait à la Société Géographique de Paris un rapport circonstancié de ce voyage, qui fut lu en séance extraordinaire, à la Sorbonne, le 24 du même mois.

V

LE ROI MAKOKO

Quelque temps après, M. de Brazza fut chargé de faire une nouvelle exploration avec un maigre subside de cent mille francs. Nous reviendrons plus tard sur la modicité cette somme et nous dirons ce que nous pensons du rôle que la France a joué dans cette affaire en comparant ce qu'elle a fait avec les sacrifices considérables que ne se lassent pas de faire les peuples voisins.

A son retour, il fut reçu en séance solennelle par la Société de Géographie sous la présidence de M. Lesseps et raconta dans un brillant discours, que tous les journaux ont publié à cette époque, les péripéties et les succès de ce nouveau voyage.

Nous transcrirons ce discours en entier :

Mesdames, Messieurs,

Pour la seconde fois depuis six ans, je me trouve avec bonheur au milieu de vous. Excusez mon émotion ; elle n'est pas causée uniquement par la joie du retour. Certes, il m'est bien doux d'apporter enfin un peu de satisfaction au cœur d'une mère, et c'est à elle qui, sans compter avec ses inquiétudes, m'a appris le chemin du devoir et des sacrifices, que je veux reporter l'honneur que vous me faites ; il m'est bien doux de partager la joie de ma famille et de mes amis, mais cette joie ne serait pas complète si je n'avais été suivi par vos unanimes sympathies.

Permettez-moi donc, en mon nom et en celui de mes braves collaborateurs, de vous remercier d'abord pour les marques d'intérêt que vous avez déjà données aux missions de l'Ogôoué et du Congo.

Ici même, il y a deux mois à peine, notre illustre président; M. F. de Lesseps, sollicitait votre concours en faveur de la mission que vous m'avez confiée ; aujourd'hui je viens vous en rendre compte. J'ai cru devoir le faire dès mon arrivée, persuadé que vous m'excuseriez si, dans mon empressement à satisfaire vos désirs, je ne pouvais donner à ce rapport succinct une forme plus digne de vous.

Vous vous rappelez sans doute les résultats obtenus antérieurement ; toutefois il est bon de jeter un coup d'œil en arrière, précisément parce que, ayant aujourd'hui une idée plus exacte de l'Afrique équatoriale, nous pouvons mieux mesurer les progrès accomplis et les efforts qui restent à faire.

De 1875 à 1878, tandis que l'intrépide Stanley traversait l'Afrique de l'est à l'ouest, je remontais, en compagnie de MM. Ballay et Marche, que vous connaissez bien, la vallée de notre Ogôoué, à la recherche d'une voie commerciale vers l'intérieur de lAfrique. Sortant du bassin de l'Ogôoué, je m'avançai jusqu'à Okanga, au nord de l'équateur, après avoir traversé deux cours d'eau navigables, l'Alima et la Licona.

L'hostilité des indigènes Apfourou ou Onbandji s'opposa à une descente complète du premier, et le manque absolu de ressources m'empêcha de reconnaître le second.

Si, depuis trois ans que nous parcourions ces contrées jusqu'alors inconnues, notre but n'eût été que de faire une course au clocher vers l'intérieur, nous aurions pu, malgré bien des causes de retard, faire de plus nombreuses découvertes; mais vos instructions n'auraient pas été remplies.

Il a fallu bien du temps, vous le comprenez, pour dissiper les craintes, les défiances ou l'hostilité des tribus indigènes. Ce n'est pas en passant qu'on pouvait se familiariser avec tant de peuplades différentes, abolir des monopoles particuliers contraires à toutes relations commerciales étendues, combattre l'esclavage sans s'attirer la haine, et unir toutes ces tribus dans un même sentiment de bienveillance à notre égard.

Notre marche avait donc été lente; mais notre patience était soutenue par la conviction que l'application de votre programme scientifique et humanitaire ferait reposer sur une base inébranlable notre influence dans ces régions, et que la renommée de nos procédés pacifiques, pénétrant jusqu'au cœur de l'Afrique, y faciliterait notre tâche future.

Nous avions dû semer pas à pas, mais nous devions nous hâter de récolter. Et, en effet, nous n'avions pas encore mis le pied sur le sol de la patrie que nous apprenions la magnifique reconnaissance du Congo par Stanley. Alors, voyant sur la carte le tracé d'un fleuve, tous nos doutes s'évanouirent. La position de l'Alima et les dispositions des riverains, qui ne connaissaient les blancs que par les nombreux combats livrés à leurs frères établis dans l'est, tout indiquait que l'Alima était un affluent du grand fleuve. L'importance de ce fait ne vous échappera pas en jetant un coup d'œil sur la carte provisoire que vous avez entre les mains.

Vous voyez un triangle presque aussi grand que la France, formé par la côte de l'Atlantique, le cours du Congo et les vallées de l'Alima et de l'Ogôoué. Les côtés semblent à peu près égaux, et cependant les terrasses qui le coupent parallèlement à l'Océan sont loin de présenter partout les mêmes obstacles au voyageur. Ainsi, tandis que la vallée de l'Ogôoué donne un accès relativement facile jusqu'à la rivière navigable l'Alima, trente-deux cataractes interrompent la navigation du Congo entre Stanley Pool et Vivi, sur une longueur de 220 kilomètres.

De pareils obstacles n'étaient pas faits pour décourager Stanley. Aussitôt rentré en Europe, il avait proposé le plan que vous connaissez :

Entre Vivi et Stanley Pool, ouvrir à travers montagnes et ravins une route parallèle au Congo, hisser et affaler le long de ces interminables montées et descente des vapeurs démontables qui, lancés définitivement en amont des rapides, iraient sillonner de gré ou de force, les 12 ou 15,000 kilomètres de voies fluviales présentées par le Congo et ses affluents et draineraient vers Stanley Pool les produits d'un bassin aussi étendu que le tiers de l'Europe.

Pour réaliser ce hardi projet, il ne fallait que des millions et encore des millions. En certain pays, on ne se serait pas contenté de la réputation de richesse de l'Afrique équatoriale; on aurait voulu des chiffres, des devis de tout genre, on se serait inquiété de la diminution de bénéfices causée par la concurrence prochaine, certaine, d'autres voies et on aurait eu tort; mais, avec raison, on devait juger que la voie accidentée du Congo, entre Stanley Pool et son embouchure, ne répondait pas à l'importance du transit africain, et qu'en tout cas, les relations commerciales par une route plus avantageuse ne pouvaient s'établir avec fruit au milieu de populations considérables, mal disposées et frémissantes encore au souvenir des blancs dont le passage avait été aussi rapide que celui d'un ouragan.

Si vous aviez oublié le but de ma nouvelle mission, vous le revoyez clairement aujourd'hui.

Les explorations géographiques allaient être poursuivies et conduire à l'ouverture de la voie la plus économique ; des procédés pacifiques devaient nous attacher encore davantage les indigènes, et toutes les nations étaient appelées à profiter de notre œuvre.

Grâce à l'appui de la Société de Géographie et du Comité français de l'Association africaine, le Parlement et les Ministères de l'Instruction publique, de la Marine et des Affaires étrangères voulurent bien contribuer aux dépenses de ma double mission scientifique et humanitaire qui comportait, entre autres, non seulement le choix de l'emplacement de deux stations hospitalières sur le haut Ogôoué et le Congo, mais encore leur installation, car je devais y laisser un personnel provisoire.

M. Ballay eut le soin de compléter les préparatifs d'exploration. Il devait venir me rejoindre en amenant nos vapeurs démontables destinés à la navigation de l'Alima et du Congo, et être accompagné du personnel définitif des stations.

Du jour au lendemain, je quittai l'Europe ; c'était le 27 décembre 1879. Stanley qui pouvait compter sur des millions, était déjà à l'œuvre dans le bas Congo ; avec la promesse d'une centaine de mille francs, je m'élançai encore malade, mais plein d'ardeur, vers l'Ogôoué, non pas en rival, mais en émule d'un homme dont j'admire les qualités.

A mon arrivée au Gabon, je trouvai tout prêts à me suivre de nouveau mes interprètes et mes anciens porteurs du haut Ogôoué, esclaves que j'avais rendus à la liberté et établis dans notre colonie. J'organisai donc sans difficulté ma caravane, secondé par deux compatriotes que je voudrais voir à mes côtés ici, comme ils l'ont été là-bas. Hélas! un an et demi après mon départ, la fièvre devait m'enlever Noguez que j'allais placer à la tête de notre première station ; mais, si je ne peux payer qu'un juste tribut de regrets et de reconnaissance à la mémoire d'un compagnon dévoué qui est tombé à son poste, j'ai du moins la consolation de vous présenter Michaud, mon jeune collaborateur, qui est rentré en France avec moi, après deux ans et demi d'absence. A sa bonne mine, vous ne vous douteriez guère qu'il a partagé toutes nos fatigues, et que lui aussi a payé son tribut à la fièvre ; mais sa physionomie ne saurait autrement vous tromper : toutes les qualités qu'elle reflète, il a su les montrer, soit en conduisant et commandant avec prudence et fermeté, dans des circonstances quelquefois difficiles, des caravanes de sept à huit cents hommes, soit en me secondant toujours avec zèle et intelligence dans le cours de mes explications.

Après avoir pris chez les Inenga et plus loin, toutes les dispositions pour faciliter les relations commerciales et les prochains transports de personnel et de matériel, je remontai l'Ogôoué.

Sans nous arrêter sur cette route que vous connaissez déjà, qu'il me soit permis de vous rappeler qu'un des plus sérieux résultat obtenus fut l'abandon par chaque tribu riveraine de ses prétentions exclusives sur les différentes parties du fleuve, et l'organisation d'un service général de transport confié aux Adouma et aux Okanda, les piroguiers par excellence du bassin de l'Ogôoué. Mes précédentes explorations m'avaient permis de fixer sans hésitation au confluent de l'Ogôoué et de la rivière Passa la position approximative de notre première station. On était là en communication directe avec l'Atlantique et à proximité de l'Alima et du Congo ; restait à choisir le site le plus convenable.

Les circonstances me favorisèrent. Quelques discussions d'intérêt ayant amené un désaccord entre deux tribus voisines, l'une d'elles résolut de se transporter sur la rive droite de Passa et y avait déjà installé deux villages, lorsque nous arrivâmes. Considérant notre présence comme une garantie de paix, celle-ci renonça à se déplacer et consentit à nous vendre le village et les plantations déjà commencées près de Nghimi.

Ainsi fut fondée, en juin 1880, la première station du Comité français de l'Association africaine.

Depuis cette époque, sur cet établissement auquel vous avez donné le beau nom de Franceville, se déploie notre pavillon ; et aujourd'hui, toutes les populations de l'Ogôoué et du Congo inférieur ne voient pas dans « ce morceau d'étoffe » le signe d'une exploitation prochaine, menaçante par leurs habitudes et leurs intérêts, mais bien un emblème de paix et de liberté.

Vers la mi-juin, pensant que M. Ballay et le personnel des stations étaient arrivés à la côte, je les envoyai chercher par 770 hommes montés sur 44 pirogues, sous la direction de M. Michaud ; pour la première fois les gens du haut Ogôoué allaient descendre jusqu'aux factoreries. Je remis alors à M. Noguez la direction de Franceville, et prenant une petite quantité de marchandises, je partis pour le Congo, accompagné de mon fidèle interprète Osia, du sergent Malamine et quelques indigènes.

Je savais bien que nous allions retrouver près du grand fleuve, ces Apfourous dont les colons établis sur l'Alima nous avaient autrefois barré la route ; mais j'espérais que notre réputation nous aiderait à conclure avec eux un traité de paix sans lequel il ne fallait pas songer à installer notre deuxième station.

Si l'état de ma santé eût été plus satisfaisant, j'aurais regardé comme une charmante excursion la traversée des 500 kilomètres en pays inconnu que j'estimais avoir à faire pour atteindre le Congo.

A deux ou trois journées de Franceville, l'aspect du pays change sensiblement.

Au sol argileux du bassin de l'Ogôoué, à ses humides vallées cachées sous d'épaisses forêts, à ses collines couvertes de hautes herbes succède d'abord un terrain accidenté, sablonneux et déboisé, où çà et là quelques rares palmiers dénotent la présence d'un village. Nous voici à la limite des bassins de l'Atlantique et du Congo intérieur ; et, chose curieuse, depuis l'équateur jusqu'à Stanley Pool, ces lignes sablonneuses de partage des eaux sont habitées par une même peuplade, les Batéké, à qui on fait une réputation exagérée de cannibalisme et qui se montrent pacifiques quand on n'attaque pas leurs monopoles. Pendant quelque temps nous suivons une de leurs routes, et trop souvent nous y rencontrons des fourches dont on se sert ici au lieu de chaînes pour conduire les troupeaux d'esclaves. A cette vue mes Gabonais, anciens esclaves devenus libres, allumaient joyeusement leurs feux avec les objets qui leur rappelaient tant de misères ; et quant à moi, dont tous les efforts — partout où j'ai pu séjourner — ont été consacrés à combattre cette ignoble institution, je cherchais non sans tristesse par quels moyens on obtiendra de plus grands et de plus rapides résultats. Il me semble que, si le commerce compris de certaine façon entretient l'esclavage, il peut aussi être une arme puissante contre lui. Nous ferons un jour, je l'espère, pour les Batéké, ce que j'ai pu faire pour leur frères de l'Ogôoué.

Après avoir passé le Lékcti, branches méridionale de l'Alima, nous traversons le plateau des Achicouya, plateau élevé d'environ 800 mètres et séparé de celui des Abomo, par la rivière Mpama.

Nous fûmes bien accueillis par Ngango, chef indépendant des Achicouya, assez beaux hommes, plus propres et mieux vêtus que les Batéké. Non moins curieux que pacifiques, ils se pressaient sur notre passage en poussant des cris de joie, et ne craignaient pas de ravager leurs plantations en nous accompagnant par centaines à travers les champs de maïs, de manioc, de tabac et d'arachide qui couvrent toute la contrée.

Le même accueil nous attendait de l'autre côté de la Npama, chez les Aboma, dont le pays est moins cultivé que le précédent. Le palmier et la navigation sont les principales ressources des Aboma.

Ces noirs, les plus beaux et les plus courageux qu'on rencontre entre le Gabon et le Congo, me parlèrent pour la première fois de ce dernier fleuve appelé ici Oloumo, sur lequel commande le puissant chef Makoko dont ils dépendent.

Nous suivions depuis peu la rivière Léfini (Lawson) et nous venions de construire un radeau lorsqu'un chef, portant le collier distinctif des vassaux du Makoko, se présenta à moi.

« Makoko, me dit-il, connaît depuis longtemps le grand chef blanc de l'Ogôoué ; il sait que ses terribles fusils n'ont jamais servi à l'attaque et que la paix et l'abondance accompagne ses pas. Il me charge de te porter la paroles de paix et de guider son ami. »

Rarement j'éprouvai une joie plus vive, et déjà j'aurais voulu être auprès de cet excellent Makoko ; toutefois, ne me rendant pas un compte exact de

Le grand Féticheur du roi Makoko souhaitant la bienvenue à M. de Brazza.

la position de sa résidence et craignant de faire un trop grand détour, je continuai à descendre le Léfini en radeau, accompagné de l'envoyé de Makoko qui partageait généralement avec nous les provisions qu'on lui apportait de tous côtés.

Arrivés à Ngampo, nous laissons notre radeau et marchons pendant deux jours, sur un plateau inhabité. Brûlé par le soleil, plusieurs fois égaré et me croyant perdu, je commençais à menacer mon guide, lorsqu'à onze heure du soir, après une dernière marche forcée, notre vue s'étendit sur une immense nappe d'eau dont l'éclat argenté allait se fondre dans l'ombre des plus hautes montagnes. Le Congo venant du nord-est où il paraissait comme l'horizon d'une mer, coulait majestueusement à nos pieds sans que le sommeil de la nature fût troublé par le bruit de son faible courant.

C'était là un de ces spectacles qui imposent au voyageur un religieux silence et, dans ce silence, un cœur Français battait plus fort, en songeant qu'ici allait se décider le sort de sa mission.

Vous vous le rappelez, Messieurs, mon but était de faire la paix avec les Oubandji connus sous différents nom d'Abfourou, Bafourou, Achialoum, Agnougnou, etc..., dont la signification se rapporte à leur situation géographique, leur métier, leur costume, etc. Il serait très embarrassant de traduire quelques-uns de ces termes autrement qu'en latin. Celui d'Alhialoumo (marins du Congo) est bien mérité par ces Oubandji qui naissent, vivent et meurent avec leurs familles dans les belles pirogues sur lesquelles ils font seuls les transports d'ivoire et de marchandises entre le haut Alima et Stanley Pool : c'est avec leurs chefs, maîtres pour ainsi dire de la navigation, qu'il fallait traiter.

Le chef de Ngampey montra de bienveillantes dispositions et se chargea de transmettre aux chef Oubandji mes propositions : Choisissez, leur faisais-je dire, entre la cartouche et le pavillon que je vous envoie : l'une sera le signe d'une guerre sans merci, l'autre, le symbole d'une paix aussi profitable à vos intérêts qu'aux nôtres.»

Permettez-moi de vous dire ici quelques mots d'un homme précieux qui m'a accompagné dans tous mes voyages. Le Batéké Ossia, parlant presque tous les idiomes de l'Ogôoué et du Congo inférieur, était plus qu'un simple interprète, c'était aussi un précieux conseiller. Absolument dévoué à ma personne et à mes projets, dont il comprenait l'avantage pour son pays, il a été la cheville ouvrière de mon entreprise, et c'est à lui qu'est dû en grande partie mon succès. Donnant aux esprits un peu surexcités sur le Congo le temps de se calmer, je me rendis chez Makoko.

Je profiterai du peu d'intérêt que présente cet itinéraire pour répondre aux questions que vous seriez tentés de me faire. Et d'abord, si j'ai rejoint le Congo bien au-dessus de Stanley Pool où je devais me rendre, c'est que ce lac est situé à 150 kilomètres plus à l'ouest que ne l'indiquait la carte de Stanley.

— 311 —

Lorsque Stanley descendait le Congo avec la rapidité d'une flèche, il ne pouvait que « constater notre ignorance absolue sur les immenses régions baignées par le Congo et leurs innombrables tribus, et il traversait même — sans s'en douter — les États du redoutable Makoko, cité par Diaz, Cada Mosto et Drapper, et dont la position l'intriguait si vivement. »

Nos explorations géographiques ont eu jusqu'à présent, entre autres résultats, la révélation d'une grande partie de ces régions mystérieuses.

Entre l'Ogôoué, l'équateur et le Congo, la priorité de nos travaux, de nos communs efforts et de vos droits est clairement établie ; nous allons l'étendre maintenant sur la rive droite du Congo jusqu'à son confluent avec la rivière Djoué, au sud de Stanley Pool, limite méridionale des États de Makoko.

Dans cette partie du pays, les plateaux sont plus fertiles, mieux cultivés qu'à l'intérieur ; la population, plus dense, est également pacifique. Sous ce rapport je vous dirai, une fois pour toutes, que l'élément musulman n'ayant pas pénétré dans la partie de l'Afrique représentée sur la carte, la civilisation européenne peut y rencontrer une défiance bien naturelle pour tout ce qui est nouveau, mais non cette hostilité, cette haine, ce fanatisme qui nous obligent, par exemple, à n'avancer qu'en force du Sénégal au Niger. Là-bas, il faudrait une colonne expéditionnaire pour assurer le transport d'une tonne de marchandises ; ici le grand chef blanc peut maintenant exprimer un désir, — des milliers d'indigènes sont prêts à marcher. Si nous n'avons obtenu ce grand résultat que petit à petit, c'est que le grand nombre de tribus et de chefs rendait la tâche plus longue.

En arrivant près des Tuileries de Makoko — composées d'un certain nombre de grandes cases qu'une palissade défend contre la curiosité du public — nous fûmes prévenus que le roi désirait nous recevoir immédiatement.

Après avoir procédé à un « astiquage » général et revêtu nos meilleures loques, nous ne faisions, ma foi, pas trop mauvaise figure, et tandis qu'Ossia allait frapper sur les doubles cloches de la porte du palais pour prévenir de l'achèvement de nos préparatifs, je fis faire la haie à mes hommes qui, suivant l'usage du pays, portaient les armes le canon incliné vers la terre.

Aussitôt la porte s'ouvrit. Un grand nombre de serviteurs étendirent devant mes ballots de nombreux tapis et la peau de lion, attribut de la royauté ; on apporta aussi un beau plat plat en cuivre de fabrication portugaise, datant du deuxième ou du troisième siècle, sur lequel Makoko devait poser ses pieds ; puis, un grand dais de couleur rouge ayant été disposé au-dessus de ce trône improvisé, le roi s'avança, précédé de son grand féticheur, entouré de ses femmes et suivi de ses principaux officiers.

Makoko s'étendit sur sa peau de lion, accoudé sur des cousins ; ses femmes et ses enfants s'accroupirent à ses côtés. Alors, le grand féticheur s'avança gravement vers le roi et se précipita à ses genoux, en plaçant ses mains dans les siennes ; puis, se relevant il en fit autant avec moi, assis sur mes ballots en face de Makoko. Le mouvement de génuflexion ayant été imité successivement par les assistants, les présentations étaient accomplies. Elles furent suivies d'un court entretien dont voici à peu près le résumé.

« Makoko est heureux de recevoir le fils du grand chef blanc de l'Occident, dont les actes sont ceux d'un homme sage. Il le reçoit en conséquence ; et il veut que lorsqu'il quittera ses États il puisse dire à ceux qui l'ont envoyé que Makoko sait bien recevoir les blancs qui viennent chez lui non en guerriers mais en hommes de paix. »

Messieurs, je suis resté vingt-cinq jours chez Makoko, et plus longtemps dans ses États ; on n'y aurait pas mieux traité ses enfants que nous ne l'avons été. Tous les matins, pendant notre séjour chez lui, sa femme m'apportait elle-même des provisions ; et tout le monde voulait nous faire des cadeaux que la modicité de nos ressources nous obligeait à rendre beaucoup moins en espèces qu'en amabilités.

Je vous ferai grâce de tous les entretiens familliers que j'eus presque chaque jour avec Makoko dont la curiosité était insatiable.

Ne connaissant les blancs que par la traite des noirs et l'écho des coups de fusil tirés sur le Congo, il était resté longtemps incrédule aux récits que ses sujets lui faisaient de notre conduite. « Sans redouter la guerre plus que les blancs, me disait-il, nous préférons la paix. J'ai interrogé l'âme du grand sage — de mon quatrième ancêtre — et convaincu que nous n'aurions pas à lutter contre deux partis, j'ai résolu d'assurer complètement la paix en devenant l'ami de celui qui m'inpirait confiance. »

Accueillies comme elles méritaient de l'être, ces ouvertures nous conduisirent à la conclusion d'un traité aux termes duquel le roi plaçait ses États sous la protection de la France et nous accordait une concession de territoire à notre choix sur les rives du Congo. Tels sont les traits principaux ce ce traité qui fut ratifié une vingtaine de jours après mon arrivée, dans une assemblée solennelle de tous les chefs immédiats et vassaux de Makoko. Le traité étant signé, le roi et les chefs mirent un peu de terre dans une petite boîte et, en me la présentant, le grand féticheur me dit : « Prends cette terre et porte-la au grand chef des blancs ; elle lui rappellera que nous lui appartenons. » Et moi — plantant notre pavillon devant la case de Makoko : — « Voici, leur dis-je, le signe d'amitié et de protection que je vous laisse. La France est partout où flotte cet emblème de paix, et elle fait respecter les droits de tous ceux qui s'en couvrent. » J'ajoute que, depuis cette époque, Makoko ne manque pas, matin et soir, de faire hisser et amener le pavillon sur sa case, comme il m'avait vu le faire.

Qui m'eût dit, quelques temps auparavant, que nous acquerrions d'une façon si agréable notre station du Congo ! Enfin Makoko, tenu au courant de mes démarches auprès des chefs Oubandji, et intéressé à leur succès, les avait appuyées de toute son influence. Le résultat était proche, et il fallut, non sans regret, nous séparer de Makoko pour aller a Nganchouno, sur le grand fleuve, où devait avoir lieu l'assemblée des chefs Oubandji.

Il semblait donc que les négociation au-devant desquelles nous allions dussent aboutir aussi facilement que celles dont l'initiative avait été prise par Makoko. Toutefois il fallait compter, ici comme ailleurs, avec l'imprévu ; et l'imprévu se montra tout d'abord défavorable.

Je ne tardai pas à constater la mauvaise volonté de Nganchouno. Une dizaine de jours après notre arrivée, plusieurs grandes pirogues montées par des chefs Oubandji s'arrêtèrent devant le village, et je voulus profiter de l'occasion pour les disposer en faveur de mes projets. Comme on dit là bas, « un palabre » eut lieu. M'apercevant que Nganchouno s'occupait beaucoup plus de ses propres intérêts que de traduire mon discours, je demandai qu'Ossia portât directement ma parole aux Oubandjis. Aussitôt, opposition formelle de Nganchouno qui veut lever la séance.

En vain j'essaye de calmer ses susceptibilités et ses craintes ; le palabre est rompu, les Oubandjis se retirent.

Je ne pouvais rester sous le coup de cet échec. A mon tour, je menace Nganchouno qui trahit les intérêts de son souverain pour des avantages privés que son imagination lui fait croire en danger. A ce danger imaginaire j'oppose l'autorité de Makoko ; Nganchouno s'élance au dehors, rappelle les Oubandji et s'excuse devant eux de n'avoir pas compris les ordres de Makoko et mes intentions. Mon interprète Ossia les leur explique, et ils partent alors en nous donnant l'assurance qu'ils porteront à leurs frères mes paroles de paix et les engageront à y répondre suivant mes désirs.

Quelques jours plus tard toute une flottille de magnifiques pirogues, creusées chacune dans un seul tronc d'arbre et portant jusqu'à 100 hommes, descendait le fleuve et venait aborder en face de Ngombila. Toutes les tribus Oubandji du bassin occidental du Congo, entre l'équateur et Makoko, avaient tenu à être représentées à ce palabre d'où sortirait la paix ou la guerre. La réunion de ces quarante chefs, revêtus de leur plus beau costume, était véritablement un spectacle imposant.

Ce fut au milieu d'un profond silence que je pris la parole : « Tous savaient que dans le haut Alima nous ne nous étions servis de nos armes que pour notre défense. Nous eussions pu continuer ; en nous retirant devant leur défense d'avancer, en vivant en paix partout où nous allions, nous avions donné des gages de nos bonnes intentions. Aujourd'hui, nous désirions installer un village dans le haut Alima et un autre à Ntamo, dans le but d'y échanger des produits européens et africains. Leur intérêt comme le nôtre était donc de conclure la paix nécessaire à ces relations. »

La discussion fut longue, car bien des intérêts divers étaient en jeu. Mais la plus forte appréhension des Oubandjis, contenue jusqu'alors, allait se faire jour. L'un d'eux s'avança vers moi avec autant de fierté que de gravité et, me montrant un îlot voisin :

« Regarde, me dit-il, cet îlot. Il semble placé là pour nous mettre en garde contre les promesses des blancs, car il nous rappellera toujours qu'ici le sang des Oubandjis a été versé par le premier blanc que nous avons vu. Un des siens, qui l'a abandonné, te donnera à Ntamo le nombre de ses morts et de ses blessés; mais je te dirai que nos ennemis ont pu échapper à notre vengeance en descendant le fleuve comme le blanc, mais qu'ils n'essayent pas de le remonter ! »

Tout en m'attendant à rencontrer ces sentiments parmi les riverains du du Congo, j'avoue que la façon hardie dont ils furent exprimés ne laissa pas que de me causer une certaine impression. Je dus employer toutes les ressources de ma diplomatie pour dégager notre responsabilité de faits auxquels nous n'avions aucune part, et les bien convaincre que nos relations, loin de nous servir à les exploiter, assureraient contre toute éventualité leur tranquillité et leur bonheur.

La paix fut conclue -- et d'abord, on enterra la guerre.

En face de ce malencontreux îlot qui avait failli nous jouer un si vilain tour, on fit un grand trou ; puis chaque chef y déposa l'un une balle, l'autre une pierre à feu, un troisième y vida sa poire à poudre, etc., et lorsque moi et mes hommes, nous y eûmes jeté des cartouches, on y planta le tronc d'un arbre qui repousse très rapidement. Enfin la terre fut rejetée sur le tout, et un des chefs prononça ces paroles :

« Nous enterrons la guerre si profondément que ni nous ni nos enfants ne pourront la déterrer, et l'arbre qui poussera ici témoignera de l'alliance entre les blancs et les noirs. »

« Et nous aussi, ajoutai-je, nous enterrons la guerre ; puisse la paix durer tant que l'arbre ne produira pas de balles, de cartouches ni de poudre. »

On me remit ensuite une poire à poudre vide en signe de paix et je leur donnai mon pavillon. Mais alors, tous les chefs voulurent en avoir un qu'ils frottèrent contre le premier ; et bientôt toute la flottille Oubandji fut pavoisée de nos couleurs.

La fondation de notre station du Congo était désormais assurée. Sans vous faire assister aux fêtes qui nous furent données, nous descendrons le grand fleuve pour aller mettre la dernière main à l'œuvre si heureusement poursuivie.

La descente se fit sur une de ces belles pirogues dont je vous ai parlé.

Au bout de cinq jours — la force du vent nous ayant quelquefois obligés à relâcher — l'aspect du Congo change complètement. Jusqu'ici, il coulait entre des berges élevées, écartées de 800 à 2,000 mètres ; maintenant l'horizon s'élargit. Droit devant nous apparaît un point noir semblable à un navire, d'autres surgissent à droite et à gauche ; ils grossissent, nous reconnaissons des îles, et nos hommes crient joyeusement : « Ncouna ! » — C'est le nom indigènes d'une sorte de lac formé par le Congo, lac appelé aujourd'hui Stanley Pool, et sur la rive droite duquel se trouve Ntamo, dernier village avant les rapides et but de notre voyage.

Par sa position, Ntamo est, en effet, la clef du Congo intérieur. Nos travaux allaient être récompensés : les premiers nous allions prendre cette clef, non pour fermer la voie mais pour en assurer la neutralité.

La faveur dont nous jouissions, grâce à l'amitié de Makoko, nous valut dès notre arrivée un excellent accueil, et pendant dix-huit jours, ce fut à qui nous offrirait le plus de cadeaux.

Les chefs vinrent me rendre l'hommage auquel j'avais droit. Dans un grand palabre, je leur déclarai que j'avais choisi pour notre concession le territoire compris entre la rivière Djoué et Impila sur la rive droite du Congo. L'acte de prise de possession fut rédigé et signé, conformément aux ordres de Makoko, et les villages arborèrent immédiatement le pavillon.

C'était le 1er octobre 1880. Trois mois à peine s'étaient écoulés depuis notre départ de Franceville, dix hommes et un caporal avaient tranquillement parcouru près de 700 kilomètres; outre les connaissances scientifiques acquises, ils rapportaient un traité d'amitié et de protectorat conclu avec le chef le plus puissant du pays, et venaient de fonder votre seconde station sur le Congo au village Ntamo, auquel vous avez donné le nom de Brazzaville. Je vous en remercie; le titre oblige, je ne l'oublierai pas.

Une de mes plus grandes préoccupations fut la question des voies de communication avec la côte.

Ni l'une ni l'autre des deux voies qui suivent le Congo ne répondait aux conditions d'économie de bras, de temps et d'argent dans lesquelles on devait établir la véritable route de Ntamo à l'Atlantique.

Mais il en existait une infiniment meilleure qui se dirigeait presque droit à l'ouest par la vallée du N'Douo qui se jette dans le Niari. Pour la première fois, j'entendais parler de ces cours d'eau ; sous quel nom le Niari se jette-t-il à l'Océan ? Il fallait résoudre ce problème.

Je laissai mon brave sergent sénégalais Malamine et trois hommes à la garde du poste, et je partis avec les autres.

Précédés jusqu'à présent par notre réputation, nous avions été partout bien reçus ; ici nous nous trouvions presque égarés, inconnus à tout le monde et pour surcroît d'ennui, pour le présent, nous arrivions sans nous en douter dans un pays de mines de cuivre dont les habitants se montraient défiants.

Dans notre situation, vouloir satisfaire notre curiosité, c'était compromettre le passé et l'avenir. Mieux valait changer de route. J'avoue que cette sage détermination me coûta infiniment, car elle renvoyait la reconnaissance du Niari à une époque indéterminée.

Nous rentrâmes dans un pays accidenté où il fallait constamment escalader et descendre des hauteurs de 50 à 150 mètres, sinon davantage, au sommet desquelles étaient généralement situés les villages.

On eût dit que nous étions condamnés à avancer sans relâche. A peine arrivés dans un village, des porteurs se présentaient, débarrassaient les précédents de leurs charges et repartaient avec le même entrain. Cela ne dura pas.

Inclinant légèrement notre route vers le Congo, nous rencontrons des populations moins naïves et moins empressées de porter nos caisses que de les vider. Elles s'y prenaient, du reste, d'une façon originale, choisissant pour nous voler le moment où elles nous offraient une sorte de divertissement musical.

A leurs grandes et petites flûtes j'opposai les nôtres; tout en exposant au chef nos réclamations, j'envoyais quelques balles de mon Winchester dans un arbre voisin, et aussitôt on retrouva les objets volés au son d'une plus agréable musique.

Nous avions fait environ 90 kilomètres, lorsque le voisinage de nouvelles mines de cuivre et de plomb motiva un nouveau changement de direction, cette fois bien marqué vers le Congo, à travers de grandes montagnes de quartz et de grès colorés en rouge et en jaune par l'oxyde de fer.

Ici, nous entendons parler des blancs, nous revoyons des plantes d'importation, goyavier et manguier, des étoffes européennes; mais le pays est de moins en moins en moins sûr. L'hostilité croissante à mesure que nous nous rapprochions d'établissements européens nous imposait une excessive prudence, et je m'estime heureux d'avoir évité tout incident fâcheux en traversant le chaos de montagnes qui, de la rivière Louala, s'étend à Mdambi Mbongo où je rencontrai Stanley.

Messieurs, le hasard a réuni un instant deux hommes, deux antithèses : la rapidité et la lenteur, la hardiesse et la prudence, la puissance et la faiblesse, mais les extrêmes se touchent; leurs sillons différents, tracés avec la même persévérance, convergent au même but : le progrès.

Et ces deux hommes ont reconnu les dures nécessités de leur tâche; ils se rendent justice : votre missionnaire s'honorera toujours du cordial accueil que lui a fait le plus intrépide explorateur de l'Afrique.

En descendant le Congo et remontant ensuite le long de la côte de l'Atlantique, j'éprouvai un grand serrement de cœur en apercevant des hommes portant au cou le hideux carcan de l'esclavage ! Et nous avons jadis ruiné nos colonies pour.........., mais je m'arrête, Messieurs, nous arrivons au Gabon. Là, du moins, nos couleurs nationales ne couvrent pas le seul adversaire contre lequel j'ai lutté partout en votre nom, au nom de la science et de l'humanité!

Nous débarquâmes à Libreville le 15 décembre 1880. Une cruelle déception nous attendait : ni le docteur Ballay, ni le personnel des stations n'était arrivé! Fallait-il donc en France plus d'un an pour construire une chaloupe? Avait-on renoncé à l'exploration de l'Alima? Étions-nous oubliés, abandonnés?... Je ne vous dirai pas tout ce que j'ai souffert en cherchant l'explication d'un retard si préjudiciable à nos projets. La mission que m'avait confiée le Comité français de l'Association africaine était remplie; je pouvais aller en Europe prendre le repos dont j'avais besoin. Mais non, je ne le pouvais pas, je ne devais pas abandonner sans ressources nos stations et les braves gens que j'avais à 800 et 1,200 kilomètres dans l'intérieur, et vingt-quatre heures après mon arrivée au Gabon, je repartais avec ma petite troupe grossie de deux marins, Guiral et Amiel, et de plusieurs indigènes charpentiers, jardiniers, etc.

Tandis que nous quittions Ntamo, M. Michaud descendait pour la seconde fois l'Ogôoué avec sa flotille de pirogues ; et depuis un mois et demi il était arrivé aux factoreries de Lambaréné. Là, les piroguiers, découragés de ne voir encore rien venir, menaçaient chaque jour de retourner chez eux et mettaient à une rude épreuve la patience et l'habileté de M. Michaud, lorsque ma petite troupe fit son apparition.

A la nouvelle de notre retour, les esclaves des Gallois et des Inengas venaient en foule prier de leur accorder un refuge à la station.... Mais les ressources.

Par l'établissement de nouvelles stations, la question de l'esclavage serait cependant résolue dans ce riche bassin ; riche en effet, ce sol d'une fertilité exubérante, où l'on dédaigne la noix de palme, l'arachide, les essences les plus précieuses : bois rouge, ébène, etc., où le commerce de l'ivoire et du caoutchouc rapporte près de 1,000 pour 100, où toute la contrée n'est que forêts de caoutchouc !

Je ne vous surprendrai malheureusement pas, en vous disant par qui commencent à être exploitées les richesses que nous avons révélées. Mon patriotisme s'inquiète de l'absence des factoreries françaises, car les colonies et même les possessions ne sont que des causes d'épuisement pour une nation lorsqu'elle ne peut y envoyer que des soldats. Ne soyons pas les gendarmes de la colonisation moderne, ce serait un métier de dupe. Il faut être humain, mais avant tout patriote.

Aux chutes de Bôoué, ma pirogue chavira. Il fallut travailler longtemps dans l'eau pour sauver son chargement, et j'y gagnai la dyssenterie qui ne m'a pas laissé trop gras. Par-dessus le marché je m'étais blessé sérieusement le pied gauche sur une roche. Un charlatan de l'endroit appliqua sur la plaie un onguent qui me fit enfler le pied, gros comme la jambe. Privé de médicaments et de ma trousse que j'avais laissée aux officiers belges de la mission Stanley, je pris mon couteau et taillai dans le morceau jusqu'à un centimètre de profondeur, supprimant tout ce qui n'avait pas une couleur de chair fraîche. J'en fus quitte pour deux mois d'inaction et, en arrivant à Franceville au mois de février 1881, je fus le premier voyageur à qui votre station hospitalière ait rendu service.

Noguez n'avait pas perdu son temps. Je trouvai là réunis une centaine d'indigènes, hommes, femmes, enfants, déjà habitués au travail. Il ne restait qu'à achever ce qu'il avait si bien commencé. On fit de nouveaux magasins, de nouvelles caves et on prépara de jolies chambres. Nos légumes, nos plantations de goyaviers, d'orangers, de café..., notre bétail, cabris, moutons, porcs, etc..., tout était soigné, prospérait et déjà la station vivait uniquement sur ses revenus. J'allais oublier notre âne, et notre ânesse, belles et bonnes bêtes qui, en voyageant, n'avaient pas perdu de leur entêtement, mais c'était bon, là-bas, de les entendre braire, et encore meilleure de parcourir, montés sur leur dos, notre charmant domaine, tout comme si nous eussions été à Montmorency.

Nos relations étaient établies sur un excellent pied avec tous nos voisins, il ne s'agissait pas de nous endormir dans les délices de Franceville désormais prêt à recevoir ses nouveaux hôtes qui arrivaient sans doute avec le matériel destiné à la navigation de l'Alima.

Or, 120 kilomètres de route nous séparaient du confluent de l'Obia et de la Lékiba, tributaires de l'Alima, point choisi pour le lancement du vapeur; mais cette route, il fallait l'ouvrir, la fa.re de façon qu'elle supportât le transport de poids énormes, installer un magasin de montage sur l'Alima et enfin organiser le service des transports entre l'Alima et l'Ogôoué.

C'était bien quelque chose que d'avoir une volonté ou un plan arrêté : passons à l'exécution du programme.

La première partie n'exigeait que des jambes et des bras. En effet, après avoir de nouveau exploré le pays afin de choisir le meilleur tracé, je me procurai assez facilement 400 travailleurs.

Les escouades de défricheurs et de terrassiers furent organisées ayant à leur tête nos Gabonais, devenus conducteurs des ponts et chaussées, dirigés par mes ingénieurs Michaud, Amiel et Guiral, et bientôt la large et longue trouée ouverte à travers la forêt fut transformée en une route praticable.

La seconde partie de notre plan était moins pénible, mais plus difficile à exécuter. Toutes les tribus dont l'amitié nous était acquise n'étaient pas également intéressées à nos projets. Si le choix du tracé de la route avait éveillé quelques antagonismes, que serait-ce lorsqu'il s'agirait des bénéfices des transports ? Et puis changer à chaque instant de porteurs entraînait une trop grande perte de temps et d'argent. Il était donc nécessaire d'organiser ici, comme sur l'Ogôoué un service général, confié à un seul et même personnel ; et il importait de l'établir avant que les modifications d'intérêt, résultant d'un premier transport, n'eussent frappé l'esprit des diverses tribus.

Voici comment, après un premier essai infructueux, je réussi à vaincre les hésitations des porteurs de l'Alima, qui n'étaient jamais venus à Franceville.

M. Michaud, que j'avais envoyé ravitailler notre station du Congo, s'étant blessé à la chasse et ne pouvant faire ce voyage, je partis à sa place. J'emmenai quelques hommes de plus que j'employai à faire construire des ponts sur le Ngialikù et le Leketi, et nous continuâmes lentement notre route. Arrivé chez les Abomas, j'expédiai le ravitaillement à Malamine et je revins aux sources de l'Alima. La nouvelle de la construction des ponts rapidement répandue et amplifiée avait produit son effet.

Craignant que le commerce ne prit la route de terre de Franceville à Ntamo les tribus riveraines de l'Alima m'appelaient maintenant. Un grand palabre fut tenu auquel assistaient tous les chefs venus de 50 kilomètres à la ronde : j'obtins tout ce que je désirais pour l'installation de notre poste de l'Alima et le service de transport entre cette rivière de l'Ogôoué.

Cela se passait en septembre 1881. Trop malade alors pour me rendre à Franceville, j'y envoyai un de mes hommes prendre des médicaments et prévenir que tout était prêt pour l'exploration de l'Alima. Je m'imaginais que les compagnons attendus depuis deux ans devaient être arrivés ! — Je me trompais.

Seul, un de mes camarades, M. Mizon, enseigne de vaisseau, désigné pour prendre la direction de Franceville, était arrivé à la station, le 27 du même mois. J'appris par sa réponse que le docteur Ballay était involontairement retenu au Gabon. De longues réparations exigées par un matériel défectueux reculaient indéfiniment notre exploration ; peut-être même M. Ballay allait-il retourner en Europe !

Vers le 10 octobre je pus aller à Franceville; il ne me restait plus qu'à remettre entre les mains de mon successeur une œuvre dont il fallait maintenant tirer parti. Ici prennent fin mon rôle et ma responsabilité ; je n'ai plus qu'à vous raconter mon retour à travers des contrées complètement inconnues.

Pour ne pas abuser de votre attention si bienveillante, nous nous transporterons sur la route de Franceville au Congo, au village de Nhango. C'est de là qu'à la fin de janvier 1882, nous allions partir avec l'espoir de vous rapporter un nouvel itinéraire. J'envoyai cinq hommes porter des marchandises à Malamine, chef de notre station de Ntamo. On a dit que peu de temps après ma visite Stanley, cédant à un mouvement passager de dépit, avait essayé de gagner les services de Malamine et de détourner les chefs Batékés de leurs engagements avec nous ; mais il n'y avait pas là de quoi s'alarmer : ma présence à Ntamo n'était même pas nécessaire pour faire respecter vos droits et vos intérêts. Ils sont entre des mains fidèles et dévouées et, non moins que sur les parchemins, les engagements des populations sont gravés dans leur cœur.

Poursuivant notre route sur des montagnes sablonneuses, nous rencontrons les sources du Léketi, de la M'paka ; et le 8 février nous voyons un petit filet d'eau : c'était la source de l'Ogôoué, de ce fleuve que j'avais remonté pour la première fois il y a six ans.

Cette découverte me fit une vive impression ; mon esprit fatigué, surexcité par la fièvre, embrassa en quelques instants le passé, le présent et l'avenir de l'œuvre à laquelle j'avais donné fortune, jeunesse et santé. Vous le comprenez, vous qui avez éprouvé la force du dévouement à une idée ; vous savez combien peu pèsent dans la balance de notre vie, les sacrifices qu'impose parfois le devoir, mais vous savez aussi quelle muette et horrible souffrance torture l'homme qui redoute de voir ses efforts rester stériles.

Je veux croire, Messieurs, que vous saurez faire fructifier les nôtres, et je puiserai dans cette espérance la force d'aller jusqu'au bout.

Un mois plus tard, nous arrivions sur les bords du Niari, jolie rivière de 80 à 90 mètres de largeur qui va se jeter à l'Océan sous se nom de rivière de Quillon.

Non loin de sa rive gauche se trouve les fameuses mines de cuivre et de plomb dont le voisinage nous avait obligés à nous détourner en venant de Ntamo.

De là j'aperçus, au milieu des montagnes qui encadrent à moitié l'horizon, la coupure qui livre un facile passage pour se rendre à notre station du Congo.

Nous étions donc en bonne voie maintenant pour reprendre la reconnaissance de la voie la plus avantageuse entre Ntamo et l'Atlantique ; et pénétrés de l'importance de notre itinéraire, nous continuâmes notre chemin sur la rive gauche du Niari.

La vallée, assez large, plate et semée çà et là de petites cultures isolée, se prolonge à peu près droit à l'ouest entre deux plateaux, de nature et de hauteur différentes. L'un, celui du sud, vous est déjà connu puisque nous l'avons suivi pour nous rendre chez Stanley. Cette vallée du Niari est donc comme une large faille en travers d'énormes terrasses parallèles à l'Océan ; mais tandis que le Congo les traverse à la façon d'un escalier, le Niari, jusqu'à son confluent avec la rivière Lalli coule sans un rapide, sur un sol uniforme, fertile dont la population, plus dense que celle de la France, nous fit partout bon accueil.

Une centaine de kilomètres plus à l'ouest, le Niari incline un peu vers le nord ; et nous nous en écartons après avoir traversé son petit affluent, le Nkengé. Nous commencions alors à nous élever vers un plateau. Là les indigènes avaient bien entendu parler des blancs, mais ce n'était pas de nous : l'accueil allait changer complètement.

Nous avions eu déjà plus d'un désagrément, lorsqu'un jour, deux de mes hommes qui avaient pris une route différente, furent arrêtés et retenus dans un village. Les habitants croyaient ainsi me rendre service en faisant une bonne affaire. « Là-bas, disaient-ils en montrant la direction du Congo, le blanc paye quand on lui ramène ses esclaves ; pourquoi ne payerait-il pas ici ? » Vous pensez si ces méprises étaient faites pour entretenir l'amitié entre la population et mes hommes !

Cette scène désagréable aurait pu être oubliée comme le reste ; mais le lendemain, en arrivant, à cinq heures du soir, au village de Kimbendge, nous rencontrons les dispositions les plus mauvaises, les plus hostiles à notre égard. On nous refuse de l'eau, du feu, et une place pour nous reposer, même hors du village ! Tandis que je discutais avec le chef, mes hommes, excités de leur côté par les naturels, s'échauffaient ; l'un d'eux, menacé, veut montrer la puissance de nos armes en déchargeant son fusil contre un arbre, et, au même moment, reçoit une balle qui lui travers le poignet. On court au milieu des cris et du cliquetis des armes ; c'est un combat dans les plus mauvaises conditions. En vain, pour l'arrêter, j'arrache à l'un de mes Sénégalais le fusil qu'il qu'il vient d'enlever à un naturel et je le remets au chef ; celui-ci le prend, me vise, me manque, les balles sifflent de tous côtés, et nous comptons six blessés avant de nous abriter et battre en retraite.

Outre M. Michaud, vous voyez ici deux de mes compagnons. Ils sont bien jeunes, mais leur conduite, ce jour-là m'a rappelé que « la valeur n'attend pas le nombre des années. »

Messieurs, la situation laissait à désirer. N'ayant aucun espoir d'arrangement, il fallait nous retirer au plus vite. Après la marche de la journée et les coups de fusil qui nous avaient servi de souper, nous marchâmes toute la nuit, sous une pluie battante, dans la direction du sud ; au jour, nous avions atteint le sommet des montagnes. A nos pieds s'étendait la plaine verdoyante de la Loundima, ou Loema, dont les sources étaient voisines.

Nous descendons, et bientôt nous apercevons un groupe de villages. C'était Mboko où le minerai de cuivre se ramasse à fleur de terre.

Enfin, de Mboko nous marchons à l'ouest en coupant la grande corde que la Loundima dessine au sud et nous venons nous reposer à Kimbounda, village Bassoundi, situé entre la Loundima et le Loango. Cinq ou six jours de marche à peine nous séparent soit de Mboma sur le Congo, soit de Landana sur la côte de l'Atlantique.

Les Bassoundis ne seraient pas moins intéressants à étudier que les Babouendé et les Ballali dont nous venons de traverser le pays, mais je crains que vous ne soyez aussi fatigués que nous l'étions nous-mêmes. Nous nous traînions alors ; nous volerons aujourd'hui à Landana où le 17 avril 1882, le supérieur de la mission française et la colonie européenne nous donnèrent de si nombreuses et de si touchantes marques d'intérêt et d'affection que nous oubliâmes une bonne part de nos misères, de nos privations et de nos dangers dans cet avant-goût des joies que nous réservait votre fraternel accueil.

Messieurs, je sais que le public convié à la Sorbonne par notre grande Société de Géographie est une élite scientifique. La science aimable pour elle-même, n'en déplaise à quelques beaux esprits, ne l'est pas moins pour les avantages qu'on en retire ; et je vous prie, vous, dont les idées et les travaux reçoivent tous les jours des applications qui assurent la paix, répandent la richesse ou développent le bien-être, je vous prie de me permettre, en résumant les travaux de la mission de l'Ogôoué, non pas d'insister plus qu'il ne convient ici sur leurs conséquences, économiques et politiques, mais de ne point les passer tout à fait sous silence.

Eh bien, en deux ans et demi, avec les faibles ressources mises à notre disposition, nous avons, au point de vue géographique, ajouté à nos précédentes conquêtes un territoire aussi étendu que le tiers de la France ; nos itinéraires relevés à l'estime et appuyés sur de nombreuses observations astronomiques ont un développement d'environ 4,000 kilomètres, et le calcul de nos observations météorologiques fournira une quantité considérable d'altitudes. Divisions entre bassins intérieurs et maritimes, passages entre ces bassins et grandes voies de communication ont été étudiés, et notre collection vous permettra sans doute d'avoir une idée générale de la constitution géologique de cette contrée.

Au point de vue humanitaire, la fondation de vos stations hospitalières de l'Ogôoué et du Congo nécessitait une étude aussi complète que possible du pays, de ses ressources, de son avenir ; et leur sécurité dépendait des bonnes dispositions des populations et de leurs chefs. Nous avons rapporté des preuves que toutes ces conditions ont été remplies.

Enfin, vous prépariez une nouvelle exploration. Tout a été disposé pour en assurer le succès.

A vous de profiter, ou du moins de faire profiter notre pays, des résultats de tous genres de la mission que vous m'avez confiée.

En terminant ce trop long récit, votre missionnaire vous doit encore une indication plus précise sur ce qu'il croit utile d'entreprendre.

Sans doute l'exploitation des bassins de l'Ogôoué et de l'Alima pourra rapporter des centaines de millions ; mais rappelez-vous que la clef du Congo intérieur, c'est-à-dire de ce réseau fluvial par lequel on drainera toutes les richesses de l'Afrique équatoriale, rappelez-vous que cette clef est Ntamo, que cette clef est dans vos mains, et que la voie la plus avantageuse de Ntamo à l'Atlantique est celle que nous avons découverte dans notre dernier voyage.

Je crois donc aujourd'hui que la voie ferrée à établir dans ces régions, devra suivre la vallée du Quillon ou du Niari pour aboutir à notre station du Congo : tel doit être le complément de nos travaux.

En perdrons-nous le bénéfice en reculant devant une dépense insignifiante ?

Rappelez-vous les sentiments des populations, leurs intérêts liés aux vôtres, les traités que leurs chefs ont signés et que vous ratifierez et, en regard de cette situation privilégiée acquise à peu de frais, aux prix de nos efforts, en regard de tant d'avantages, voyez l'isolement de nos voisins qui, cependant, ont déjà dépensé des millions !

Notre but n'est pas le même ?

Ah ! vous apporterez à notre œuvre l'appui de votre influence, si vous croyez qu'on puisse servir les intérêts de sa patrie tout en servant la cause de la science et de la civilisation ! Et quant à moi, le plus grand honneur que vous puissiez me faire sera de me dire : « En avant »

Pendant la séance, M. de Lesseps avait fait un appel éloquent à notre patriotisme, demandant que la France ne payât pas d'ingratitude les grands services de cet intrépide explorateur.

« Il y a ici, s'écria-t-il, en face de nous, sa mère, une vraie dame romaine, mère d'une nombreuse famille, qui a presque engagé sa fortune pour soutenir son fils dans ce voyage périlleux. Après tous les efforts de M. de Brazza, la France ne voudra pas le laisser sans ressources. J'espère que les chambres et le gouvernement rendront hommage à M. de Brazza, qui a planté le drapeau de la France dans une des régions les moins connues de l'Afrique, et qu'ils concourront à la plus grande conquête africaine que nous ayons pu faire ! »

— 323 —

Et nous aussi, nous serions tentés non seulement de crier à la France qu'il est temps d'encourager ces hardis pionniers de l'inconnu et de leur

Le grand Féticheur du roi Makoko dansant devant M. de Brazza

donner toutes les ressources nécessaires pour étendre notre influence dans l'Afrique centrale, mais aussi de lui faire toucher au doigt combien jusqu'à ce moment elle a montré d'indifférence à ceux qui donnaient ainsi leur vie pour elle dans des pays sauvages, au milieu de souffrances et de fatigues inouïes, loin de leurs amis, de leurs parents et de cette patrie qu'ils aimaient tant.

» Et pourquoi ne pas augmenter nos richesses coloniales ? Pourquoi laisser à nos voisins une initiative dont ils usent si largement à notre barbe et souvent à nos dépens ?

Je crois qu'il faut profiter de l'occasion que nous offre M. de Brazza de nous établir au centre de l'Afrique d'une manière solide et durable ; je crois surtout qu'il serait bon d'amener en France quelques chefs influents qui, en retournant chez eux, ne manqueraient pas de faire à leurs sujets et à leurs voisins une peinture éloquente de notre civilisation et donneraient ainsi des bases solides à notre influence dans toute l'Afrique équatoriale. Rappelez-vous ce brave Apatou, qui n'accompagne Crevaux qu'à la condition de venir avec lui en France ; n'en trouverait-on pas ainsi plus d'un qui aurait la même ambition ?

Voici le texte de la convention dont M. de Brazza a demandé la ratification au gouvernement français :

« Traité conclu entre le chef Ngaliémé, agissant au nom de Makoko, souverain des Batékès du Congo, et M. P. S. de Brazza, enseigne de vaisseau, agissant dans l'intérêt de la France.

» Acte de prise de possession d'un territoire cédé, et adhésion donnée à son occupation par les chefs fondataires de Makoko, qui l'occupent.

» Au nom de la France et en vertu des droits qui m'ont été conférés, le 10 septembre 1880, par le roi Makoko, le 3 octobre 1880, j'ai pris possession du territoire qui s'étend entre les rivières Djué et Impila. En signe de cette prise de possession, j'ai planté le pavillon français à Okila, en présence de Ntaba, Scianho-Ngekalah, Ngaeko, Iuma-Noula, chefs vassam de Makoko, et de Ngaliémé, le représentant officiel de son autorité en cette circonstance, j'ai remis à chacun des chefs qui occupent cette partie du territoire un pavillon français, afin qu'ils l'arborent sur leurs villages en signe de ma prise de possession au nom de la France.

» Ces chefs, officiellement informés par Ngaliémé de la décision de Makoko, s'inclinent devant son autorité et acceptent le pavillon, et par leur signe fait ci-dessous donnent acte de leur adhésion à la cession de territoire fait par Makoko. Le sergent Malamine, avec deux matelots, reste à la garde du pavillon et est nommé provisoirement chef de la station française Ncouna (aujourd'hui Brazzaville).

» Par l'envoi à Makoko de ce document, fait en triple et revêtu de ma signature et du signe des chefs, ses vassaux, je donne à Makoko acte de ma prise de possession de cette partie de son territoire pour l'établissement d'une station française.

» Fait à Ncouna, dans les Etats de Makoko, le 3 octobre 1880.

Signé : *L'enseigne de Vaisseau*,

De Brazza.

» Ont apposé leur signature :

Le chef Ngaliémé, le représentant de Makoko. — Le chef Ngacko. — Le chef Scianho Ngaekalah, qui porte le collier d'investiture et commande à Ncouna, sous la souveraineté de Mokoko. — Le chef Juma-Noula. — Le chef Ntaba. »

Ce document prouve évidemment que le roi africain a l'intention d'une entente sérieuse avec nous. C'est à la France à faire tout le possible pour ne rien perdre de ces avantages.

La demande de M. de Brazza fut portée à la Chambre, et M. Duclerc déposa, sur le bureau, un projet de loi dont voici l'exposé des motifs ;

Messieurs,

» Le 3 octobre 1880, M. Savorgnan de Brazza, officier de notre marine nationale, après avoir découvert une voie nouvelle vers le cours supérieur du Congo, signait avec le suzerain et les principaux chefs du pays des Batékès, un traité portant cession à la France d'une certaine étendue du territoire comprise entre les rivières Djné et Impila, et dont la possession devait nous assurer l'accès navigable de ce grand fleuve. Cet acte n'entraînait, en retour, d'autres charges que les obligations morales résultant de la remise d'un pavillon français aux chefs qui l'avaient conclu.

» On n'a pas à rappeler ici les conditions dans lesquelles s'est accompli le voyage de l'explorateur français, et les circonstances qui lui permirent de devancer toute occupation sur le point qu'il avait choisi. Dès que les résultats obtenus par M. Savorgnan de Brazza ont été connus en France, ils y ont été accueillis avec une faveur marquée, et les interprètes autorisés du commerce national n'ont pas été seuls à appeler l'attention du gouvernement sur la nécessité de ne point laisser perdre les fruits de l'heureuse et persévérante initiative de notre compatriote.

» Ce mouvement d'opinion se trouvait justifié par l'importance même de l'œuvre déjà accomplie par M. de Brazza, et par les perspectives que laissaient entrevoir les premiers résultats. Tous les témoignages s'accordent à reconnaître la valeur des débouchés que notre commerce, et à sa suite, le commerce de toutes les nations, sont assurés de trouver dans les riches contrées ainsi ouvertes à l'action pacifique et civilisatrice de la France.

» On connaît, en effet, le caractère éminemment libéral du régime que, en matière de tarifs, notre organisation coloniale nous permet de maintenir dans nos établissements d'outre-mer.

» Enfin, il suffira de rappeler la part que notre pays a prise à l'abolition de l'esclavage et à la répression de la traite des noirs, pour indiquer les heureuses conséquences que, au point de vue purement humanitaire, on est en droit d'attendre des relations confiantes qu'il s'agit de nouer, dans cette partie de l'Afrique, entre la France et les chefs d'un groupe important de la population.

» Tels sont les motifs principaux qui ont déterminé le gouvernement à vous soumettre le traité signé par M. Savorgnan de Brazza. Il se croit d'autant plus autorisé à solliciter votre approbation que cet arrangement conclu avec le souverain d'un pays indépendant, ne saurait provoquer aucune susceptibilité de la part des nations qui, au même titre que nous-mêmes et dans le même but, se préoccupent avec une activité croissante d'ouvrir au commerce et à la civilisation l'accès du centre de l'Afrique.

» En conséquence, nous avons l'honneur de vous proposer de voter le projet de loi dont la teneur suit :

» PROJET DE LOI.

» *Article unique.* — Le Président de la République est autorisé à ratifier et à faire exécuter les traité et acte conclus les 10 septembre et 3 octobre 1880 entre M. Savorgnan de Brazza, enseigne de vaisseau, d'une part, et le roi Makoko, suzerain des Batékès, et ses chefs, d'autre part. »

Inutile de dire que ce projet de loi a été voté à l'unanimité ainsi qu'un crédit de huit cent mille francs, pour donner à M. de Brazza les moyens de faire une nouvelle expédition.

Les chambres syndicales tinrent aussi à honneur de donner l'exemple du patriotisme et d'affirmer l'initiative privée qui voulait soulever M. de Lesseps.

« Les efforts de M. de Brazza, dit M. Hiélard, président de l'Union, répondent au mouvement général d'expansion au dehors qui se produit actuellement; la civilisation déborde sur les mondes vierges encore. En ouvrant à notre commerce des débouchés nouveaux, nous faisons des peuples que nous conquérons ainsi non seulement des amis, mais des associés, puisqu'ils deviennent des consommateurs. »

M. de Brazza prit alors la parole et fit observer que notre exportation subit en ce moment un ralentissement, parce que nous demeurons stationnaires, tandis que les différentes nations deviennent de plus en plus industrielles et manufacturières. Sur cette terre d'Afrique, envahie par l'Europe, la lutte s'est ouverte, et cette lutte est actuellement impossible partout où s'est établie l'influence de l'Angleterre. Elle possède le Nil, elle s'étend sur le haut Niger, sur le Soudan oriental; une seule région est libre encore de notre influence : c'est celle qui va de notre colonie du Gabon aux possessions portugaises.

« Cette contrée de l'avenir, continue-il, mérite toute l'attention, car cette vaste côte est le débouché du plus vaste ensemble de voies de communications, avec huit mille kilomètres de cours d'eau. Cette région fût-elle pauvre, fût-elle un désert, il n'y aurait pas de sacrifices trop grands pour y faire flotter notre drapeau ! La question est devenue aujourd'hui une question nationale, et ce serait à désespérer de l'avenir si l'œuvre entrevue restait irréalisable ! »

Le 30 novembre 1882, M. de Brazza était reçu par le Conseil municipal au pavillon de Flore, où on lui décernait une médaille d'or. Depuis, il a été promu officier de la Légion-d'Honneur ; — mais il est toujours à Paris, attendant les huit cent mille francs qu'on lui a votés, et qui se promènent encore à travers les innombrables mailles de la bureaucratie ministérielle..... Et, M. Stanley est depuis longtemps au Congo !

29 janvier 1883.

SUPPLÉMENT

On sait que le Gouvernement français consentit à sanctionner le traité conclu entre M. de Brazza et le roi Makoko, et que des ressources suffisantes ont été mises à la disposition du jeune explorateur. M. Savorgnan de Brazza, par décret en date du 15 février 1883, fut en outre promu au grade de lieutenant de vaisseau.

On avait songé d'abord à un grand transport, qui aurait embarqué tout le matériel avec le personnel ; mais on a reconnu qu'un bâtiment de mer de ce genre ne pourrait être utilisé à cause de son fort tonnage. On a donc résolu d'employer un petit bateau à vapeur qui pourra remonter le fleuve de l'embouchure jusqu'aux stations à créer.

Le matériel sera transporté par des navires de commerce. Le Ministre de la guerre a mis à la disposition de M. Savorgnan de Brazza un détachement de tirailleurs algériens qui se joindront aux artilleurs sénégaliens.

Voici la liste complète du personnel :

Etat-major : MM. Michelez, ancien élève de l'Ecole des Mines ; — De Lastour, ancien élève de l'Ecole des Mines ; Blindel, comptable ; — Michaud, ancien élève des Arts et Métiers ; — Decazes, ancien officier, qui a fait un long séjour au Sénégal.

Agents auxiliaires : Joseph Michaud, ancien élève des Arts et Métiers, comme son frère, et qui a fait partie de l'expédition précédente ; — De Montagnac, qui a fait un séjour dans le haut Sénégal ; — Eckmann, employé ; — Pierron, qui a séjourné longtemps à Madagascar ; — Veistroffer, alsacien ; — Rouf, Buffet, employés ; — Borderie, Lescau, Tabuteau, Henri Rochefort fils, Mabru, de Ménerville et Flicoteaux.

Telles étaient les dispositions prises, et cependant les préparatifs traînaient en longueur, et M. Savorgnan de Brazza se plaignit un jour à moi-même des lenteurs administratives qui lui faisaient attendre si longtemps les sommes mises à sa disposition.

Et aussi, pendant ce temps, les racontars des reporters allaient leur train : on prétendait que le major Austro-Hongrois Carl Dobner (*Figaro* du 6 février) aurait été pris au service de l'Association internationale africaine, et qu'il devait s'embarquer le 7 pour le Congo. Cette information fut très vivement démentie ; le *Figaro* avait même ajouté que le traité signé par M. de Brazza avec le roi Makoko était considéré par l'Association comme n'ayant aucune valeur. Il fut prouvé, au contraire, que l'Association avait donné l'ordre formel à tous ses agents de respecter de la manière la plus scrupuleuse les acquisitions faites par la France au Congo, en vertu du traité Brazza-Makoko, que les Chambres avaient sanctionné.

D'un autre côté, la presse anglaise se mettait en mouvement pour apprécier nos progrès en Afrique ; la Chambre des Communes même fut saisie d'une interpellation concernant les affaires du Congo. M. Forsters avait demandé s'il était vrai que le gouvernement anglais eût entamé des négociations avec le cabinet de Lisbonne au sujet du Congo, et s'il était réellement question d'un traité cédant au Portugal les rives du Congo ainsi qu'une portion assez étendue de l'Afrique centrale.

Sans s'arrêter un instant à ce que ces cessions platoniques avaient de bizarre, le *Times* fit, avec un grand sérieux, l'historique de la question (à sa façon bien entendu), et dit que M. Stanley a seul l'honneur d'avoir démontré l'importance du Congo pour le commerce de l'Afrique. Il ajoutait que le roi des Belges avait, de son côté, placé l'entreprise de M. Stanley sur un terrain international, scientifique et philanthropique.

« Quant à M. de Brazza, disait-il, il n'a fait que soulever la question de souveraineté, et a réveillé ainsi les anciennes revendications du gouvernement portugais. L'Angleterre a des intérêts sur les rives du Congo, mais ces intérêts ont un caractère purement philanthropique, sans aucune couleur politique. Cependant, elle a droit d'être consultée, si une puissance européenne prétend exercer sa souveraineté dans ces parages. Deux puissances élèvent naturellement des prétentions à ce sujet. La France n'a aucune espèce de droits; le Portugal, au contraire, a découvert l'embouchure du Congo au quinzième siècle, et c'est le gouvernement portugais qui a établi les premières stations au sud de ce fleuve. »

Ne disait-on pas même qu'une expédition commerciale était partie, sans bruit, de Naples, pour le Loango, côte occidentale, et M. de Brazza attendait toujours !

L'avant-garde, cependant, sous la conduite de M. de Lastours, était partie le 31 décembre, et était arrivée à Libreville (Gabon), d'où M. de Lastours envoyait la lettre suivante :

Libreville, 2 février 1883.

Nous voici depuis quatre jours au Gabon, après un voyage assez pénible, mais sans incident. Nous sommes venus de San-Tomé sur le petit côtre du gouvernement qui fait le service postal. Ce petit bateau à voile jauge bien huit tonneaux, et nous étions dix-huit à bord, couchés sur nos malles amarrées sur le pont, à la pluie et au soleil.

Le lieutenant de vaisseau Félix, qui le dirigeait, a eu tant d'amabilité et d'entrain qu'il nous presque fait oublier le peu de confort de sa coquille de noix.

Il y avait avec nous trois jeunes gens français qui viennent s'installer ici pour faire des plantations ; ce sont presque les premiers colons. Et pourtant quel pays admirablement riche et fertile ! quelle belle situation pour une grande cité coloniale !

Une rade magnifique, une côte assez élevée produisant tout ce que l'on veut bien se donner la peine de planter.

Au point de vue sanitaire, la colonie a été atrocement calomniée ; il n'y a de malades ici que ceux qui font des excès qui les tueraient aussi bien en Europe. Quant à la fièvre, même genre que celle de Quelimane au Zambèze : on n'en meurt pas, puisque l'explorateur Courret et moi sommes revenus sains et saufs de notre voyage au Zambèze.

Jamais de fièvre jaune, très rarement des accès pernicieux, survenant presque toujours chez des alcooliques : c'est le médecin du *Catinat* qui m'a donné ces renseignements.

A terre, où je loge, je n'ai pas de moustiques et nous sommes en pleine mauvaise saison! Si les habitants voulaient travailler, ce serait le paradis, mais il ne faut pas compter sur eux, au moins sur les Gabonais pur sang. Les noirs d'autres races, les Pahouins surtout, qui débordent de tous côtés et absorbent ou chassent les autres tribus, feront dans l'avenir de bons travailleurs On emploie surtout ici des Kroumen (12, 15 et 18 francs par mois); ce sont d'admirables ouvriers agricoles, supérieurs peut-être aux Cafres du Zambèze.

Il y a une douzaine de factoreries éparses dans les environs; mais presque tout le commerce se trouve entre les mains de deux maisons, une *allemande*, l'autre *anglaise*.

Après avoir commencé leur fortune dans le commerce du bois rouge, elles continuent à gagner de l'argent avec l'ivoire et le caoutchouc. On a établi ici une liberté commerciale absolue. La conséquence de ce principe de libre échange exagéré a été que depuis vingt ans on exporte pour 20 millions de caoutchouc et d'ivoire de cette colonie, sans qu'elle touche un centime et sans que ce sacrifice ait en rien profité au commerce français, puisque tout part pour Liverpool ou Hambourg.

Quand tout aura été drainé, les Allemands et les Anglais démonteront leurs maisons, s'en iront, et le tour sera joué! C'est ainsi que nous entendons la colonisation en France! C'est triste! Et, pour nous récompenser de nos complaisances, ces maisons étrangères vendent aux indigènes des fusils de précision et des munitions par quantités énormes. Le *Basilic*, une petite canonnière, qui revient de l'Ogôoué, a été, tout dernièrement, reçue à coups de « winchester ».

Le gouverneur vient de prendre un arrêté pour interdire ces ventes; mais il est bien tard !

Les nouvelles de l'intérieur sont peu satisfaisantes; j'ai vu une lettre de Ballay, qui fait craindre que quelques imprudences n'aient été commises dans l'intérieur; ce dernier est parti pour Brazzaville, et j'espère qu'il arrivera avant Stanley, qui a débarqué au Congo le 6 décembre.

Dès que le paquebot anglais sera arrivé, je partirai sur un petit vapeur de la maison allemande pour remonter l'Ogôoué jusqu'aux factoreries.

Malgré les nouvelles dont j'ai parlé plus haut, je pars plein d'espoir, avec une petite escorte que j'ai pu me procurer ici.

Vous savez quel âpre plaisir j'ai à lutter avec toutes ces difficultés. S'il n'en était ainsi, serais-je ici ?

Un conseil pratique en terminant. Si vous avez des amis disposant de 100,000 francs, envoyez-les ici planter des palmiers à huile. Dans cinq ans. ces 100.000 francs vaudront un million.

Le gouverneur actuel est un homme charmant qui demande des Français à cor et à cris, et auprès duquel on trouverait un appui très bienveillant.

Michaud, Brazza frères, mes compagnons et moi, nous nous portons admirablement.

Cette lettre part par la *Seudre*, et vous arrivera, je pense. Quand ?... Je n'en sais rien.

F. RIGAIL DE LASTOURS.

A la date du 26 avril, *le Courrier du Havre* publiait la relation suivante :

L'avant-garde de l'expédition de M. de Brazza s'est emparée, après une faible résistance de la part des indigènes, de *Punta-Negra* ou *Pointe-Noire*, située sur la côte occidentale d'Afrique, entre Loando et Landana, par 44° 46' de latitude.

Pour comprendre la portée de cet évènement, il faut se rappeler que le projet de M. de Brazza comportait deux voies de communication pour l'exploitation du Congo, partant toutes deux de Brazzaville, station fondée sur la partie du fleuve navigable, en amont de la première cataracte de Ntamo. La première de ces voies serait établie par l'Alima, par un chemin reliant cette rivière à l'Ogôoué, fleuve aboutissant à l'estuaire du Gabon. Mais cette route est longue, car elle comprend environ 1100 kilomètres, sur lesquels 200 seulement peuvent être effectués en steamer d'un faible tirant d'eau à partir de l'embouchure de l'Ogôoué ; au-delà, on rencontre des rapides qui ne permettent que l'emploi des pirogues. Quant au chemin créé par de Brazza pour relier l'Ogôoué à l'Alima ; il y a environ 125 kilomètres.

Si cette voie, précisément en raison de sa longueur, était bonne pour pénétrer au loin dans l'intérieur des terres, elle avait le grand inconvénient de ne pouvoir lutter avec la route que Stanley avait fait construire le long du Congo, depuis Stanley-Pool jusqu'à Vivi, première cataracte que l'on rencontre en remontant le fleuve.

Il était évident que les marchandises arrivées à l'extrémité du Congo navigable, prendraient pour se rendre à la mer cette nouvelle voie, que l'on pourrait avec des services bien organisés, parcourir en une quinzaine de jours, tout au plus.

C'est sous l'empire de cette conviction que M. de Brazza, après avoir conclu un traité avec le roi Makoko, se mit à explorer les régions entre Brazzaville et la mer. Après examen attentif des vallées et des cours d'eau, il trouva enfin des débouchés magnifiques, la vallée de Niari, qui, partant du rivage de la mer, s'élève par une pente douce jusqu'au Congo navigable. La distance n'est que de 350 kilomètres environ.

Dès lors, la solution du problème était trouvée. Pour concentrer entre des mains françaises presque tout le trafic du Congo, il fallait trois choses :

1° avoir le concours de l'Etat ; 2° nous établir sur le littoral, dans la région du Niari ; 3° créer un chemin de fer économique aboutissant de la mer à Brazzaville.

Le premier point a été acquis après de longues et étonnantes tergiversations. Les Chambres ont approuvé les traités conclus par M. de Brazza, et lui ont fourni les ressources nécessaires pour continuer son œuvre ; de son côté, le gouvernement lui a conféré le titre de commissaire du gouvernement français, c'est-à-dire avec des pouvoirs qui lui permettront d'obtenir, de la part des agents de l'Etat, soit au Sénégal, soit au Gabon, l'appui dont il aura besoin.

Au commencement d'avril, M. de Brazza est parti avec un nombreux personnel pour le Congo, où il avait été précédé par une avant-garde.

C'est cette avant-garde (M. de Brazza n'ayant pas eu le temps d'arriver sur les lieux) qui a dû s'emparer de Punta-Negra. Cette position, située dans une vaste baie, est peu éloignée de la vallée du Niari. Ainsi s'exécute la seconde partie du programme.

Quant à la troisième partie, l'établissement du chemin de fer économique, il s'écoulera probablement plusieurs années avant qu'il soit possible de la réaliser.

D'après les dépêches récentes, on a vu que le commandant d'un navire de guerre portugais avait protesté et réclamé des secours, et que d'autre part, un député portugais avait demandé, au Parlement, des explications au gouvernement.

Le ministre a, dans sa réponse, confirmé ce qu'il avait dit précédemment, à savoir : que le gouvernement français agissait dans des pays placés en dehors des possessions portugaises, et que, dès lors, il avait pleine liberté d'action.

Il est certain, en effet, que dans cette question du Congo, malgré tous les efforts de l'Angleterre pour amener un conflit entre les deux pays, la France a toujours agi loyalement avec le Portugal, dont elle a reconnu formellement les droits qui lui appartiennent d'une manière indéniable. Les droits de la couronne portugaise sur les territoires de Kabinda et de Molembo, du 5° 12' jusqu'au 8° latitude méridionale sont établis par le traité du 2 janvier 1571 entre l'Angleterre et le Portugal, par celui du 29 octobre de la même année, par le traité de Paris du 10 février 1763, passé entre le Portugal, l'Espagne, la France et l'Angleterre, par celui de 1786 entre la France et le Portugal, par ceux du 19 février et du 22 janvier 1815 entre le Portugal et l'Angleterre, et surtout par la convention additionnelle du 28 juillet 1817.

Conformément à ces droits, le Portugal a toujours exercé dans ces parages, soit un contrôle douanier, soit la surveillance des traitants. Ainsi, en 1839, une corvette royale parcourt la côte jusqu'à Molembo et perçoit des droits d'importation sur tous les navires et toutes les factoreries ; aucune nation ne proteste.

Cependant, à partir de cette année, nous voyons le gouvernement anglais s'efforcer de s'immiscer dans les affaires du Portugal, et arriver peu à peu à dénier ses droits le plus clairement établis. Le commandant d'un croiseur anglais proposa au gouvernement général d'Angola de coopérer, par ses forces navales, à la répression de la traite. Cette offre fut acceptée. Mais l'autorité portugaise, redoutant les embûches de John Bull, eut soin (dans la convention du 29 mai 1839) de déclarer que le Portugal était en mesure de suffire seul à cette tâche, et que « la côte depuis Molembo jusqu'au huitième degré de latitude sud serait respectée comme domaine du Portugal. »

Voyant que le piège était éventé, le gouvernement anglais refusa de ratifier cette convention.

En 1843 et en 1848, nouvelle proposition du même genre de la part de l'Angleterre ; le Portugal la repousse en disant qu'il se chargera lui-même de la répression de la traite ; en effet, il fait détruire plusieurs factoreries d'esclaves.

Pour affirmer encore plus nettement ses droits, le gouvernement portugais fit occuper effectivement l'Ambriz, forma un établissement à l'embouchure du Congo et maintint ses droits de suzeraineté sur les indigènes, dont il réprima les révoltes et les pillages (1859, 1860, 1869, 1876).

Après cela, il y aurait lieu de s'étonner des mauvaises chicanes élevées contre le Portugal par l'Angleterre, si l'on ne connaissait le monstrueux égoïsme de cette dernière puissance, égoïsme qui la porte à regarder comme un vol fait à ses dépens l'extension coloniale de n'importe quelle nation.

En terminant, nous émettons le vœu que le gouvernement français prenne possession de toute la côte, qui s'étend de notre possession du Gabon au 5° 12' de latitude, point extrême des possessions portugaises. Il importe, en effet, qu'aucune puissance ne vienne s'établir entre les deux points que nous occupons, dans le but de nous contrecarrer et de séparer notre établissement du Gabon de celui que nous allons fonder à Punta-Négra.

En s'annexant le territoire compris entre son comptoir de Sherbro et la république de Liberia, l'Angleterre vient de nous donner un exemple qu'il est prudent d'imiter. D'ailleurs, nous avons déjà trop à souffrir de l'établissement des Anglais à Bathurst, établissement qui coupe en deux nos possessions sénégalaises, pour laisser se constituer encore une enclave de cette nature entre le Gabon et Punta-Négra.

Les préparatifs, d'ailleurs, sous la direction de M. le comte Mabrie de Labarde, secrétaire de M. de Brazza, se faisaient en l'absence de ce dernier, avec une grande activité. Il s'agissait de faire embarquer 8 à 900 colis, composés de provisions de toutes sortes, viandes salées et conserves, destinés à la nourriture des membres de l'expédition, le pays où ils devaient séjourner ne produisant guère que du riz ou du manioc.

Un grand nombre de fusils à pierre a été mis par le gouvernement français à la disposition de M. de Brazza. Il paraît que les sujets du roi Makoko préfèrent ce genre de fusils à tous les fusils Gras du monde. L'or et l'argent sont inutiles ; les indigènes leur préfèrent de petits objets usuels.

A la date du 16 mars, on lisait dans *la Gironde* :

Le but immédiat du voyage que M. de Brazza et ses compagnons vont accomplir, est la création, sur différents points du territoire cédé par le roi Makoko, de stations qui pourront être offertes comme lieux de résidence aux personnes qui demanderont à venir s'établir dans le pays pour le cultiver.

M. de Brazza a le plus grand espoir dans la réussite de la colonisation. Il part muni des pleins pouvoirs du gouvernement français, avec le titre de « commissaire du gouvernement. »

Déjà quelques membres de l'expédition sont arrivés dans la colonie ; tous ceux qui sont restés partiront dimanche avec M. de Brazza. La colonie comprendra ainsi vingt-cinq personnes à peu près.

Hier M. de Labarde a visité le vapeur qui a été acheté à M. Montaudon, constructeur-mécanicien de notre ville.

Ce vapeur n'a pas été construit spécialement à cette occasion ; il n'est pas neuf, et M. Montaudon, après l'avoir vendu à M. de Brazza, n'a eu qu'à y faire les réparations dont il avait besoin. M. de Labarde a voulu s'assurer hier que le vapeur, après réparations faites, était bien en état de servir à l'usage auquel on le destine.

La Société de Géographie de Bordeaux, ainsi qu'elle a l'habitude de le faire au passage dans notre ville d'un voyageur célèbre, a déjà manifesté l'intention d'offrir à M. de Brazza un témoignage de sympathie.

Quelques membres de la Société ont pressenti à cet effet M. de Labarde ; celui-ci ne pourra donner aucune réponse jusqu'au retour de Paris de M. de Brazza, retour qui s'effectuera probablement ce soir ou demain matin.

La *Seudre* partira de Rochefort le premier mai, pour le Gabon, touchant à Dakar pour prendre trente artilleurs sénégalais, destinés à la mission de Brazza.

L'adresse des correspondants pour le *Sagittaire*, le vapeur qui a emmené le premier détachement de l'expédition Brazza, est Port-Banane, au Congo, côtes occidentales d'Afrique, par voie portugaise de Lisbonne, aux soins de M. l'agent en chef de la maison Daumas-Béraud. Les départs de Paris ont lieu le 30 de chaque mois.

Enfin, M. de Brazza partit de Pauillac la nuit, à deux heures, à bord du *Précurseur*.

Le *XIX*ᵉ *Siècle*, à la date du 15 juin, publiait les très curieux renseignements suivants :

D'après les dernières nouvelles reçues de Libreville (Gabon), en date du 22 avril, le *Précurseur* a quitté Dakar le 7 avril et touchait le 12 au cap des Palmes où l'on perdit un jour pour l'engagement des Kroumanes (1).

C'est avec peine qu'on est parvenu à en engager 35 sur différents points de la côte; en sorte qu'arrivée au Gabon la mission Brazza avait un effectif de 206 hommes en tout, 22 civils, 22 militaires ou marins, 126 Laptots et 35 Kroumanes.

Le *Précurseur* avait donc mis un mois pour faire la traversée de Bordeaux au Gabon.

Dès le début, il été démontré que plus d'une bonne volonté s'est trouvée dépourvue des aptitudes et des qualités indispensables dans une expédition de ce genre; ceux-là qui sont au courant des péripéties inhérentes aux voyages lointains, pour les débutants surtout, n'en seront point surpris.

Libreville, le chef-lieu de notre station du Gabon, n'est encore composé que de trois maisons, une église et quelques cabanes. Le plus bel ornement de cette ville naissante est un cadre de végétation équatoriale qui rappelle par sa richesse Taïti ou Ceylan.

Vers le commencement de mars, M. Mizon, lieutenant de vaisseau, envoyé du comité du comité français, est redescendu jusqu'à Lambaréné, dans l'intention de procurer des pirogues à MM. de Lastours, Jacques de Brazza, le frère de l'explorateur, Michaud et Pierron, qui ont remonté avec lui l'Ogôoué.

M. Peccile, aide-naturaliste de M. Jacques de Brazza, est resté à Lambaréné, puis il est venu ensuite à Libreville, où il a trouvé M. Eckmann, membre de la mission, parti à l'avance en janvier. A eux deux, ils doivent s'employer à trouver des pirogues et des *piroguiers* dans le bas fleuve.

Le docteur Ballay et M. Stanley ont dû arriver presque en même temps à Brazzaville. On dit que Stanley dispose d'un millier d'hommes, dont une centaine de blancs sur le Congo et le Kouilou. Une mission, ou expédition belge, occupe l'embouchure de ce dernier fleuve, qui prend le nom de Niari, au-delà de Yanghéta.

Les navires français sont répartis comme suit : le *Dupetit-Thouars* est allé chercher des nouvelles à Saint-Thomé ; le *Basilic* et le *Marabout* sont au Gabon ; le premier revient de Lambaréné. C'est le *Dupetitt-Thouars* et le *Sagittaire* qui ont occupé Pointe-Noire et Loango. Le *Voltigeur* est à Porto-Nuovo, près de Wydah.

On dit la situation fort changée sur le Bas-Ogôoué. Profitant de la longue absence de M. de Brazza, les maisons étrangères et leurs traitants ont essayé,

---

(1) Les Kroumanes sont des noirs de la côte, des esclaves qui s'engagent librement et font d'excellents serviteurs.

par tous les moyens avouables et inavouables, de nous créer des difficultés. C'est ainsi que M. Masson, commandant supérieur au Gabon, s'est vu forcé d'interdire la vente des fusils et munitions de guerre, que les maisons en question fournissaient aux indigènes avec une complaisance exagée et dans un but facile à comprendre.

Le commandant supérieur du Gabon, eu égard à la situation, avait bien voulu faire la police du bas fleuve, régler les *palabres* avec les indigènes, en un mot étendre sa juridiction; mais ne possédant ni les ressources nécessaires, ni le personnel suffisant, il dut se borner à interdire la vente des fusils et à créer à Lambaréné un poste composé d'un quartier-maître avec deux hommes.

Quant aux commerçants français, ils disposent de trop faibles capitaux pour pouvoir rivaliser avantageusement avec les riches maisons étrangères établies depuis vingt ans. Il en résulte pour eux une situation telle qu'ils se sont vus presque obligés de signer des pétitions dirigées contre le commandant du Gabon!

Les maisons étrangères jouissent du privilège énorme, refusé aux Français, d'avoir des entrepôts particuliers, sous le prétexte qu'ils font le commerce en grand; de la sorte ils ne paient de droits à l'importation qu'en faisant sortir leurs marchandises de l'entrepôt. Les petites maisons françaises n'étant pas autorisées à avoir un entrepôt particulier, et aucun lieu de dépôt général n'existant, le commerçant français paie des droits d'importation dès l'arrivée de sa marchandise.

Tout dernièrement, trois jeunes gens sont arrivés, dans le but de fonder un établissement agricole. Le commandant leur a donné, pour presque rien, une concession de terrain avec des palmiers en plein rapport. Il est certain qu'avec de la conduite, du travail et de la persévérance, ces jeunes gens pourront assez vite faire fortune.

Une chose très regrettable, c'est qu'il n'y ait point de ligne postale française sur la côte occidentale d'Afrique, afin de relier entre elles et avec la métropole nos possessions principales : le Sénégal, le Gabon, Banane, etc.

Ainsi, il arrive souvent que les lettres vont du Gabon au cap de Bonne-Espérance, pour revenir ensuite vers le Gabon, afin de passer en Europe! C'est bien ici le cas de dire que pour nos affaires d'Afrique la ligne droite n'est pas toujours la plus courte.

Le meilleur moyen pour les lettres d'Europe à destination du Gabon, c'est de les adresser par Lisbonne, d'où un départ a lieu le 5 de chaque mois.

FIN

Limoges. — Imprimerie Marc BARBOU et Cⁱᵉ.